SİNAN MEYDAN

İşte Türkiye'nin Kurtuluş Reçetesi...

AKL-I KEMAL

ATATÜRK'ÜN AKILLI PROJELERİ

2. CİLT

D1731771

Aklı Kemal 2 / *Sinan Meydan*

© *2014,* İnkılâp Kitabevi Yayın Sanayi ve Ticaret AŞ

Yayıncı ve Matbaa Sertifika No: 10614

Editör Ahmet Bozkurt
Yayıma hazırlayan Burcu Bilir
Kapak tasarım Okan Koç
Sayfa tasarım Derya Balcı

ISBN: 978-975-10-3211-9

14 15 16 17   10 9 8 7 6
İstanbul, 2014

Baskı ve Cilt
İnkılâp Kitabevi Yayın Sanayi ve Ticaret AŞ
Çobançeşme Mah. Sanayi Cad. Altay Sk. No. 8
34196 Yenibosna – İstanbul
Tel : (0212) 496 11 11 (Pbx)

ᴵᴵᴵ İNKILÂP Kitabevi Yayın Sanayi ve Ticaret AŞ
Çobançeşme Mah. Sanayi Cad. Altay Sk. No. 8
34196 Yenibosna – İstanbul
Tel   : (0212) 496 11 11 (Pbx)
Faks : (0212) 496 11 12
posta@inkilap.com
www.inkilap.com

İşte Türkiye'nin Kurtuluş Reçetesi...

AKL-I KEMAL

ATATÜRK'ÜN AKILLI PROJELERİ

2. CİLT

SİNAN MEYDAN

İNKILÂP

Sinan Meydan

1975 yılında Artvin'de doğdu. İlk ve orta öğrenimini Artvin Şavşat'ta, yükseköğrenimini İstanbul Üniversitesi Edebiyat Fakültesi Tarih bölümünde tamamladı. "Atatürk, Ön-Türk Tarihi ve Yakın Tarih" çalışmalarına devam etmekte ve *Bütün Dünya* dergisinde yazmaktadır.

Yayımlanmış eserleri şunlardır:

1. *Atatürk ve Kayıp Kıta Mu*, İstanbul, 2005.
2. *Son Truvalılar, "Truvalılar'ın Kayıp Kökleri"*, İstanbul, 2005.
3. *"Atatürk'ü Anlamak İçin" Nutuk'un Deşifresi,* İstanbul, 2006.
4. *Sarı Lacivert Kurtuluş, "Kurtuluş Savaşı'nda Fenerbahçe ve Atatürk"*, İstanbul, 2006.
5. *"Atatürk ve Kayıp Kıta Mu-2"*, Köken, İstanbul, 2008.
6. *Atatürk ile Allah Arasında, "Bir Ömrün Öteki Hikâyesi"*, İstanbul, 2009.
7. *Atatürk'ün Gizli Kurtuluş Planları, "Parola Nuh"*, İstanbul, 2009.
8. *Sarı Paşam, "Mustafa Kemal, İttihatçılar ve II. Abdülhamit"*, İstanbul, 2010.
9. *Atatürk ve Türklerin Saklı Tarihi, "Türk Tarih Tezi'nden Türk-İslam Sentezi'ne"*, İstanbul, 2010.
10. *Cumhuriyet Tarihi Yalanları*, (1. kitap), İstanbul, 2010.
11. *Cumhuriyet Tarihi Yalanları*, (2. kitap), İstanbul, 2011.
12. *Akl-ı Kemal, "Atatürk'ün Akıllı Projeleri"*, (1.cilt), İstanbul, 2012.
13. *Akl-ı Kemal, "Atatürk'ün Akıllı Projeleri"*, (3.cilt), İstanbul, 2012.
14. *Akl-ı Kemal, "Atatürk'ün Akıllı Projeleri"*, (4.cilt), İstanbul, 2013.
15. *"Başbakan R. Tayyip Erdoğan'ın Tarih Tezlerine" El-Cevap*, İstanbul, 2013.
16. *Akl-ı Kemal, "Atatürk'ün Akıllı Projeleri"*, (5.cilt), İstanbul, 2014.
17. *Akl-ı Kemal, "Atatürk'ün Akıllı Projeleri"*, (5 cilt bir arada), İstanbul, 2014.

www.sinanmeydan.com.tr

Neden AKL-I KEMAL?

Bu Arapça tamlamayla kastettiğim MUSTAFA KEMAL ATA-TÜRK'tür. Çünkü hem O'nun aklı kemale ermiştir; yani O, olgunlaşmış, mükemmelleşmiş bir akla sahiptir, hem de O'nun adı Kemal'dir. Bu nedenle O, AKL-I KEMAL'dir. Osmanlı Devleti'nin son zamanlarında dilciler, Arapça tamlamalarla yeni sözcükler türetmişlerdi. Ben de bu gelenekten yola çıkarak bugünlerin Atatürk karşıtı Arapçılarına, onların anlayacağı dille seslenmek istedim... Onlara aklıselimle hareket eden MUSTAFA KEMAL'in neler başardığını anlatmak istedim. Onlara AKL-I KEMAL'i anlatmak istedim... Türkçe anlattım anlamadılar, Arapça anlatırsam belki anlarlar diye düşündüm!..

Not: Gerçek bir Türkçe âşığı olan Atatürk, 1930'larda Arapça "Kemal" adını Türkçe "kale" anlamına gelen "Kamal" biçiminde yazıp söylemiştir.

Sevgili kızım İDİL MAYA MEYDAN'a...

"Atatürk: Uluslararası anlayış, işbirliği ve barış yolunda çaba göstermiş, gelecek kuşaklar için örnek olacak; eğitim, bilim ve kültür alanlarında olağanüstü bir devrimci."

UNESCO-1981

İçindekiler

PROJE 2

GÜNEYDOĞU ANADOLU PROJESİ (GAP)
(Toprak Reformu ve İnsanlık Gölü)

PROJE 3

DEMOKRASİ PROJESİ

Önsöz

Diktatörler Çağında Bir Demokrat: Atatürk

Tarihte köklü devrim yapan ülkelerden hiçbiri hemen çok partili demokrasiye geçememiştir. Örneğin **Fransa**'ya demokrasi, Fransız İhtilali'nden yıllar sonra gelebilmiştir. Bırakın demokrasiyi, Fransa'da cumhuriyet bile defalarca yıkılıp yeniden kurulmuştur. Türkiye Cumhuriyeti'nin kurulduğu yıllarda Avrupa'da sadece **İngiltere**'de gerçek demokrasi vardır. **İsviçre**'de, **İsveç**'te, **Norveç**'te, **Finlandiya**'da, **Belçika**'da, **Hollanda**'da ve **Çekoslovakya**'da kısmen demokrasi vardır. **Fransa**'da gerçek demokrasi yoktur. Örneğin savaş çıkar çıkmaz Komünist Partisi'nin yayınları yasaklanmış, milletvekillikleri iptal edilmiştir. Savaştan sonra kurulan **Vichy Hükümeti**, faşist anlayışın temsilcisi olmuş, Yahudi düşmanlığı konusunda Almanlarla işbirliği yapmıştır. 1924'te **Sovyetler Birliği**'nde kanlı, baskıcı Stalin dönemi başlamıştır. 1930'ların başında **Almanya**'da **Hitler nazizmi**, **İtalya**'da **Mussolini faşizmi** başlamıştır. 1936'da **İspanya**'da **Franco faşizmi** vardır. Polonya'da askeri bir darbeyle iktidara gelen **Mareşal Pilsudaski** diktatörlüğünü ilan etmiştir. **Macaristan**'ı diktatör **Amiral Horthy** yönetmiştir. **Romanya**'da **Kral Carol**, **Yugoslavya**'da **Kral Aleksandr** diktatörleşmişlerdir. **Arnavutluk**'ta Cumhurbaşkanı **Zago** krallığını ilan etmiştir. **Bulgaristan**'da 1923-1935 arasında üç askeri darbe yaşanmıştır: 1936'da **Çar Boris** diktatör olmuştur. Aynı dönemde **Yunanistan**'da da birçok darbe yaşanmıştır. Son olarak 1936'da darbe yapan **General Metaksas** diktatör olmuştur. **Avusturya**'da 1933'te diktatörlük olmuş, 1936'da

Almanya ile birleşmiştir. **Portekiz**'de 1928'den beri **Salazar**'ın diktatörlüğü vardır. Avrupa bu durumdayken Ortadoğu'da, Akdeniz bölgesinde bir tek demokrat ülke bile yoktur.[1]

Türkiye Cumhuriyeti'nin kurulduğu yıllarda dünyada gerçek anlamda bir diktatörler çağı yaşanmaktadır. Dünya ve Avrupa eli kanlı diktatörlerin baskısından inim inim inlerken, Türkiye, halife/sultanların baskısından kurtarılmış, egemenlik ulusa verilmiştir.

Türkiye'nin farkı hiç şüphesiz **Atatürk**'tür.

Atatürk yaratılış olarak demokrattır; çünkü araştıran, sorgulayan, eleştiren ve *"Düşünceye düşünceyle karşılık vermek gerekir,"* diyen özgür ve bağımsız bir kafa yapısına sahiptir. Akıl ve bilimi tek gerçek yol gösterici olarak kabul etmiş, hiçbir kalıplaşmış düşüncenin esiri olmamıştır. Yaptığı olağanüstü işlere rağmen hiçbir zaman *"Her şeyi ben yaptım!"* diye böbürlenmemiştir. Her zaman ulusunu yüceltmiş, bütün başarılarını halkıyla paylaşmıştır.

Devrimlerini önce halka sormuş sonra halkın ayağına kadar götürmüştür. Örneğin Ocak 1923'teki Batı Anadolu gezisiyle kurulmakta olan yeni Cumhuriyet'in ilkelerini ve halifelik konusunu kamuoyuyla tartışmıştır (Eskişehir-İzmit-İzmir gezisi ve İzmit basın toplantısı). Bu seyahatin nedenini şöyle açıklamıştır: *"Padişahlığın kaldırılışı, halifelik makamının yetkisiz kalışı üzerine halk ile yakından görüşmek, ruh durumunu ve düşünce eğilimini bir daha incelemek önemliydi."* Atatürk, bu seyahatinde halkı uygun yerlerde toplayarak halkla soru-yanıt biçiminde altı yedi saat süren görüşmeler yapmıştır. 1923'te İzmir'de halkla buluşmasında, halka şöyle seslenmiştir: *"Efendiler, (...) maksadım halkla kardeşçe sohbet etmektir. Bu dakikadaki muhatabınız TBMM Reisi ve Başkumandan değildir. Sade bir milletvekili ve sizi çok seven bir hemşeriniz, Mustafa Kemal'dir. Bu sebeple benden neler öğrenmek istiyorsanız serbest olarak sormanızı rica ederim."* 1925'teki Kılık Kıyafet Devrimi'ni ve 1928'deki

---

1 Bkz. Sina Akşin, **Türkiye Önünde Üç Model**, İstanbul, 1997, s. 93-118.

Harf Devrimi'ni halka anlatmak için de il il dolaşmıştır. 1930'da seçimlerden hemen sonra bir yurt gezisine daha çıkarak halkın şikayetlerine, sorunlarına bizzat kulak kabartmıştır. 1937'de de doğu illerini kapsayan bir yurt gezisine çıkarak bölge halkının sorunlarını dinlemiştir. Yurt gezilerinde masraflı törenlerden kaçınılmasını, kurban kesilmemesini istemiştir. Örneğin 1929 ve 1932 yıllarındaki İstanbul ziyaretlerinden önce, İstanbul valiliğini, masraflı törenlerden kaçınılması konusunda uyarmıştır. Hatta 1932'deki İstanbul ziyareti sırasında hiç karşılama töreni yaptırmamıştır. Hiçbir zaman bir koruma ordusuyla gezmemiş, hep halkın içinde, halkla birlikte olmuştur. Kendisi de dahil hiç kimseye ayrıcalık tanınmasını istememiştir. Örneğin bir gün trende kondüktör bir kişiye bilet sormayınca Atatürk kondüktöre, o kişiye niçin bilet sormadığını sormuş, "o mebus" yanıtını alınca da, *"Oh ne âlâ halkçılık!"* diye karşılık vermiştir. Hiçbir zaman tek başına yemek yememiş, savaşta askerleriyle, barışta dostlarıyla ve halkla birlikte yemek yemiştir. Hiçbir şeyi ulusundan saklamamış, hep olduğu gibi görünmüştür. Örneğin 1928'de Sarayburnu'nda yeni harfleri halka tanıtırken halkın içinde, *"Şerefinize içiyorum!"* diyerek kadeh kaldırmıştır.

Kendisine başkalarının gammazlanmasından, imzasız gelen ihbar mektuplarından nefret etmiştir. *"Samimi ve dürüst insanlar aynı zamanda medeni cesaret sahibi olur, imzalarını saklamaya tenezzül etmezler, belli ki bunu yazan ahlaksız yalancının biridir,"* demiş ve bu mektupları dikkate almamıştır. Kendisini aşırı yüceltenleri azarlamış, dost meclislerinden ve sofrasından uzaklaştırmıştır. Örneğin kendisine, *"Büyük Atatürk,"* diye hitap edenleri, *"Benden söz ederken böyle riyakâr ifadeler kullanmayın,"* diye uyarmıştır. Hiçbir zaman hoşgörüyü elden bırakmamış, meşhur sofrasında birine sinirlendiğinde, kendisi sofradan ayrılmıştır.

O kadar alçakgönüllüdür ki, bir baloda küçük çocukları toplayıp masaları devirip siper yaptırıp gazoz kapaklarıyla savaş oyunu oynamıştır.

Kendisine "din konusunda" çirkin iftiralar atılmasına karşın hiçbir zaman dini "şov" aracı olarak kullanmamış, dinini çok sade bir şekilde yaşamıştır. *"Benim naçiz vücudum elbet bir gün toprak olacaktır..."* diyerek kendisinin de bir "ölümlü" olduğunu hep hatırlamış ve hatırlatmıştır.

Sokaklara, caddelere ve şehirlere adının verilmesini istememiştir. Örneğin Erzurum'da bir caddeye "Atatürk caddesi" adının verilmesini isteyenlere, *"O caddeye cumhuriyet caddesi adını verin,"* demiş; Ankara'ya "Atatürk" adının verilmesini isteyen bazı milletvekillerine de, *"Bir ismin kalması ve söylenmesi için şehirlerin temellerine sığınmak şart değildir. Tarih zorlanmayı sevmeyen nazlı bir peridir. Fikirleri ve vicdanları tercih eder,"* demiştir. Paralarda sürekli kendi fotoğrafının bulunmasını istemeyerek, **kim cumhurbaşkanı olursa paralara onun fotoğrafının konulmasını** önermiştir. Heykeli dikildiğinde, **Fatih, Yavuz, Mimar Sinan** ve **Piri Reis** gibi Türk büyüklerinin de heykellerinin dikilmesini istemiştir.

Hiçbir zaman kendisini meclisin üstünde bir güç olarak görmemiş, bütün devrimlerini meclisin onayına/oyuna sunmuş, yasa koyma veya yasaları veto etme hakkı olmamış, halife ve padişah olmayı kabul etmemiştir. Kendisine CHP'nin sürekli başkanlığı teklif edildiğinde, *"Milletin sevgi ve güvenini kaybetmediğim müddetçe tekrar seçilirim,"* diyerek bu teklifi de reddetmiştir.

Vatan haini oldukları için yurtdışına sürgün edilen yüzelliliklerden bazılarını affetmiş, dahası yüzelliliklerden ölmüş olanların yurt içinde kalan ailelerine de dul ve yetim maaşı verilmesini sağlamıştır.

Başarıdan başarıya koşmuş bir asker olmasına rağmen, *"Mecbur olmadıkça savaş bir cinayettir"* ve *"Yurtta barış dünyada barış"* diyerek hep barıştan yana olmuştur. Bu nedenle de **eski Yunan Başbakanı Venizelos,** 12 Ocak 1934'te, Oslo'daki Nobel ödül komitesine başvurarak Atatürk'ü dünya barışına yaptığı katkılardan dolayı **Nobel'e aday** göstermiştir.

En önemlisi de Atatürk gerçekleştirdiği devrimle, ortaçağ

kalıntısı yarı bağımlı bir ümmetten, her şeyiyle çağdaş tam bağımsız bir ulus yaratmıştır.

Bütün bunlar yetmemiş, oturmuş, Türk toplumuna demokrasinin önemini anlatabilmek için, demokrasinin (*Vatandaş İçin Medeni Bilgiler*) kitabını yazmıştır. Üstelik bütün bunları 1920'lerin 1930'ların dünyasında, diktatörler çağında yapmıştır. İşte bu nedenle Atatürk, diktatörler çağında bir demokrattır.

Şu an elinizde tuttuğunuz AKL-I KEMAL'in 2. cildinde, Atatürk'ün yukarıda özetlediğim demokratik karakterinin bir sonucu olan "özgürlük" ve "demokrasi" mücadelesinin bilinmeyenlerine çok geniş bir şekilde yer verilmiştir.

AKL-I KEMAL'in 2. cildinde yer alan "**Atatürk'ün Akıllı Projeleri**" şunlardır:

1. **İDEAL CUMHURİYET KÖYÜ PROJESİ:** Geleceğin projesi olan İdeal Cumhuriyet Köyü, Türk Tarım Devrimi ve köy aydınlaması... ABD'nin Türk Tarım Devrimi'ne vurduğu darbenin belgeleri...

2. **HALKEVLERİ PROJESİ:** Halkevleri, Halkodaları, Millet Mektepleri, Köy Eğitmenleri, Köy Enstitüleri ve Atatürk'ten sonra köy aydınlanmasının nasıl yok edildiği...

3. **GÜNEYDOĞU ANADOLU (GAP) PROJESİ:** Türkiye'de feodalizm ve Kürt sorununun kökleri, Atatürk'ün Doğu'ya verdiği önem, Cumhuriyet'in Doğu'daki yatırımları, Atatürk'ün toprak reformu mücadelesi ve Atatürk'ten sonra toprak reformunun nasıl unutturulduğu...

4. **DEMOKRASİ PROJESİ:** Atatürk'ün Cumhuriyet ve demokrasi mücadelesinin bilinmeyenleri, Türkiye'de kadın hakları ve demokrasi, Atatürk Cumhuriyeti'nin çağına göre demokratik bir yapıda olduğunun kanıtları ve Atatürk'ten sonra "demokrasi" diye diye demokrasinin nasıl yok edildiği...

AKL-I KEMAL'in sizlere ulaşmasında büyük katkıları olan İnkılâp Kitabevi çalışanlarına, gece boyu uyumamakta direnen beş buçuk aylık kızım İDİL MAYA MEYDAN'ı besleyerek, oynatarak ve susturarak bana en büyük desteği veren sevgili eşim ÖZLEM AKKOÇ MEYDAN'a teşekkürü bir borç bilirim.

İyi okumalar...

Sinan MEYDAN
Başakşehir/İstanbul/2012

ATATÜRK'ÜN
AKILLI PROJELERİ

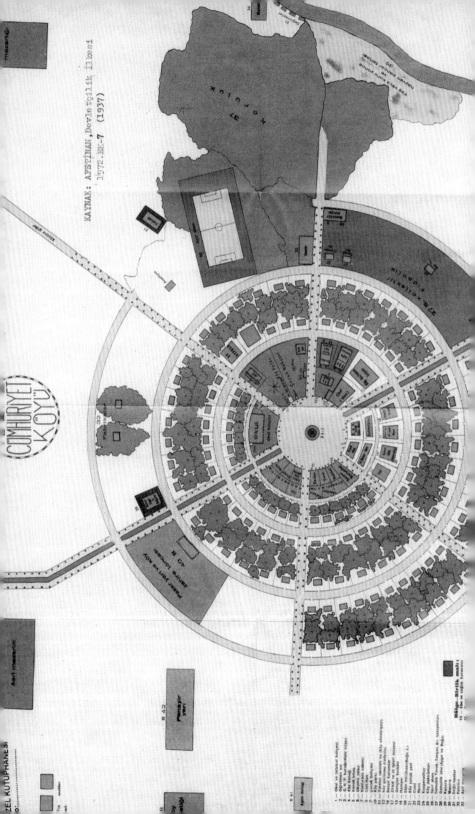

PROJE 1

İDEAL CUMHURİYET KÖYÜ PROJESİ

Osmanlı İmparatorluğu döneminde, "reaya" (sürü) olarak adlandırılıp merkezden çevreye itilen, dışlanan, aşağılanan, üstüne üstlük cepheden cepheye koşturulup ağır bir vergi yükü altında ezilen Türk köylüsü, cumhuriyetin ilanından sonra rahat bir nefes alabilmiştir. *"Köylü milletin efendisidir,"* diyen Atatürk, ekonominin yükünü sırtlanan tarım sektörüne ve bu sektörün lokomotifi durumundaki köylüye çok büyük bir önem vermiştir. Türk Devrimi özünde bir köylü devrimidir. Nitekim Mahmut Esat Bozkurt, *"Türk ihtilaline Türk köylü ihtilali denilebileceğini"* belirtmiştir.[2] İsmet İnönü de 1930'da Sivas'ta, *"Anadolu'nun ortasında kurulmuş bir köylü hükümetiyiz,"* diyerek bir anlamda Cumhuriyet hükümetinin kimliğini açıklamıştır.[3]

Atatürk ve Köylü

Kendisi de bir köy çocuğu olan Atatürk, hayatı boyunca hep köylünün yanında olmuştur. Bilindiği gibi Atatürk'ün dayısının Selanik Langaza yakınlarında bir çiftliği vardır. Atatürk çocukken bu çiftlikte çok güzel zamanlar geçirmiştir.

Atatürk'ün, köylünün önemini kavramasında 1914 yılında Bulgaristan Sofya'da ateşemiliter olduğu günlerde tanık olduğu bir olayın çok önemli bir yeri vardır. Onun, yıllar sonra söyleyeceği, *"Köylü milletin efendisidir"* sözünün kaynağı da bu olaya dayanmaktadır. Lord Kinross'tan okuyalım:

"Bir gün danslı çay saatinde Sofya'da şık bir gazinoda oturmuş orkestrayı dinliyordu. O sırada köylü kılığında bir Bulgar

---

2 Mahmut Esat Bozkurt, *"Öz Türk Köylüleri"*, **Anadolu** dergisi, İkinciteşrin (Kasım) 1939; **Teori** dergisi, S. 218, Mart 2008, s. 74.

3 Muzaffer Erdost, *"Toprak Reformunun Ülkemizin Toplumsal Ekonomik ve Siyasal Yapısındaki Yeri"*, **Toprak Reformu Kongresi 1978**, Ankara 1978, s. 207.

girip yanındaki masaya oturdu. Garsonu üst üste çağırdı; garson onu önce önemsemedi, sonra da servis yapmayı reddetti. Arkadan da gazinonun sahibi köylüye çıkıp gitmesini söyledi. Köylü: 'Beni buradan atmaya nasıl cesaret edersiniz' diye kalkmayı reddetti. 'Bulgaristan'ı benim çalışmam yaşatıyor. Bulgaristan'ı benim tüfeğim koruyor'. Bunun üzerine polis çağırdılar. O da köylüden yana çıktı. Köylüye çay ve pasta getirmek zorunda kaldılar, o da bunların parasını tıkır tıkır ödedi.Mustafa Kemal, sonra bu olayı arkadaşlarına anlatırken 'İşte ben Türk köylüsünün de böyle olmasını istiyorum' dedi. 'Köylü memleketin efendisi durumuna gelmedikçe Türkiye'de gerçek bir ilerlemeden söz edilemez'. Kafasında ilerideki Kemalist slogan böyle filizlenmişti: Köylü memleketin efendisidir."[4]

Atatürk'ün köylüye verdiği önemi ortaya koyan çok sayıda yaşanmış örnek olay vardır. Konuyu fazla uzatmamak için sadece iki önemli olayı aktarmakla yetineceğim:

Atatürk, 15 Ocak 1933 tarihinde, çok yağmurlu bir günde bir yurt gezisine çıkmıştır. İstasyon uğurlamaya gelenlerle dolmuştur. Birden halkın içinden fırlayan bir köylü Atatürk'ün ayaklarına kapanmıştır. Yer ıslak ve çamurlu olduğundan köylünün üstü başı, yüzü gözü sulu çamura bulanmıştır. Bu manzarayı gören Atatürk:

"Nasılsın yurttaşım?" diye sormuştur.

Köylü, "İyiyim Paşam iyiyim!" diye yanıt vermiştir.

"İyi olmana sevindim. Benden ne istiyorsun?"

"Hayır Paşam, bir şey istemiyorum!"

"Niçin geldin öyleyse?"

"Seni gördüm, kendimi tutamadım, ayaklarına kapanmak istedim."

"Yok, sen benden bir şey istiyorsun. Söyle bana, yapacağım."

"Sağlığından başka bir isteğim yok Paşam."

Bunun üzerine Atatürk köylüye bakarak şöyle demiştir:

"Ben biliyorum senin benden ne istediğini. Sen beni kucaklamak istiyorsun."

---

4 Lord Kinros, **Atatürk, Bir Milletin Yeniden Doğuşu**, 12. bas., İstanbul, 1994, s. 87.

Bunu duyan köylünün gözleri parlamıştır:

"*Evet Paşam. Gözlerim kapanmadan bir kucaklasam diyordum.*"

Atatürk, üstü başı, yüzü gözü çamur içindeki köylüyü kolları arasına alarak yanaklarından öpmüştür. Bu sırada Atatürk'ün de üstü başı, yüzü gözü çamur içinde kalmıştır. Köylünün sevinç gözyaşları çamur içindeki yüzünden akmaya başlamıştır.[5]

Atatürk, 1936 yılında Florya Köşkü'nde bulunduğu bir gün yaveri Nuri Conker'le birlikte köşkten kaçarak Büyükçekmece taraflarına gitmiştir. Burada dolaşırken çift süren Halil Ağa adlı bir köylüye rastlamıştır. Halil Ağa, çiftin bir tarafına öküz diğer tarafına ise merkep koşmuştur. Atatürk kendisini tanımayan Halil Ağa'ya çifte, öküz yerine neden merkep koştuğunu sormuştur. Halil Ağa, öküzünün vergi memurlarınca alındığını söylemiştir. Atatürk bu konuyu neden yetkililere iletmediğini sorunca Halil Ağa, kaymakam, vali ve başvekilin kendisinin dertleriyle ilgilenmeyeceklerini söylemiştir. Atatürk büyük üzüntü içinde, Halil Ağa'nın yanından ayrıldıktan sonra yaverine, İstanbul valisini, başvekili ve bakanları köşke çağırmasını emretmiştir. Ayrıca köylü Halil Ağa'nın da köşke çağrılmasını istemiştir. Yaver Nuri Conker, köylü Halil Ağa'yı güç bela ikna ederek köşke gelmesini sağlamıştır.

Devletin üst düzey yöneticileri köşkte sofradayken Atatürk, "*Birazdan efendimiz gelecek,*" diyerek sofradakilerin dikkatini çekmiş ve kısa bir süre sonra da herkesin meraklı ve şaşkın bakışları arasında "*efendilerinin sofraya buyurması*" talimatını vermiştir. Atatürk, köylü Halil Ağa'yı sofradakilere tanıttıktan sonra ondan, devlet yöneticileri hakkında kendisine söylediklerini burada da aynen tekrarlamasını istemiştir. Halil Ağa utana sıkıla, yöneticiler hakkında daha önce Atatürk'e söylediklerini tekrarlamıştır. Başvekil, vali ve kaymakam başta olmak üzere sofradaki yöneticiler neye uğradıklarını şaşırmışlardır.

Köylü Halil Ağa sofradan ayrıldıktan sonra Atatürk, sofradaki yöneticilerin gözlerinin içine bakarak şunları söylemiştir:

---

5 Nazmi Kal, **Atatürk'le Yaşadıklarını Anlattılar**, Ankara, 2001, s. 189.

"Halil Ağa'nın öküzünü elinden alan bir yasa yaptıksa bu yasa yurt çıkarlarına aykırıdır. Nasıl yaparız? Eğer yaptığımız yasa böyle yorumlanıyorsa hükümet nasıl bir yönetim içindedir? Sonra unutmayın ki olay İstanbul'da geçiyor. Bunun Van'ı var, Bitlis'i var, kıyı bucak ilçesi var. Acaba oralarda neler oluyor? Bu çark iyi dönmüyor beyefendiler.

Biz Cumhuriyeti süs olsun diye yapmadık. Toplumdan yana bir yönetim kurmak için yaptık. Hükümetin müfettişleri var, kaymakamları var. Bunlar Halil Ağa'nın öküzünü vergi borcundan satıyorlar. Yaptıklarının ne demek olduğunu elbette bilmeleri gerekti. Bunlar size hiçbir şeyi söylemiyor. Halil Ağa'nın öküzünü satıp vergi gelirini şişkin göstermeye çalışıyorlar... Hadi bunları bırakalım, milletvekili arkadaşlarımız var. Yolluk alıyorlar, toplumla, halkla konuşuyorlar, bunlar da size bir şey söylemiyor. Bir parti örgütümüz var, halkın içinde dirsek dirseğe yaşamaları gerekli, onlar da yurdun zararına olan böyle bir uygulamadan söz etmiyor. Ne demektir bu? Bizim toplumla beraber ve toplum için değil, topluma rağmen bir sistem kurduğumuzu sanmaktır! Asıl üzüldüğüm, parmak bastığım yer burası. Biz Cumhuriyeti anlatamamışız baylar. Buradan bu çıkıyor.

Cumhuriyetin ne olduğunu anlatmak zorundayız. Hükümetin ve partinin görevi budur. (...) Yaptığımız devrimlerin yaşaması bilinçli bir Cumhuriyet ve devrim kuşağının yetiştirilmesine bağlıdır. Halil Ağaların başına gelenler, Hükümete ve Büyük Millet Meclisi'ne ulaşmıyorsa tehlike var demektir."[6]

Atatürk'ün ifadesiyle, "Cumhuriyet kimsesizlerin kimsesidir". Kimsesizlerin en kimsesizi de yüzyıllarca dışlanmış, sömürülmüş ve zamanla unutulmuş köylü olduğuna göre, Cumhuriyet, her şeyden önce köylünün kimsesidir.

Şu sözler Atatürk'e aittir:

"Türkiye'nin gerçek sahibi ve efendisi, gerçek üretici olan köylüdür. O halde herkesten daha çok refah, mutluluk ve servete hak kazanmış ve layık olan köylüdür. Diyebilirim ki, bugünkü fe-

---

6 İsmet Bozdağ, "Atatürk'ün Sofrası" **Günaydın** gazetesi, 1975.

laket ve yoksulluğun tek sebebi bu gerçeği görememiş olmamızdır. Gerçekten yedi asırdan beri dünyanın çeşitli taraflarına sevk ederek kanlarını akıttığımız, kemiklerini topraklarında bıraktığımız ve yedi asırdan beri emeklerini ellerinden alıp israf eylediğimiz ve buna karşılık daima küçük ve hor görerek davrandığımız ve bunca fedakârlık ve ihsanlarına karşı nankörlük, küstahlık, zorbalıkla uşak derecesine indirmek istediğimiz bu gerçek sahibin huzurunda tam bir utanç ve saygı ile gerçek yerimizi alalım."[7]

Atatürk Cumhuriyeti'nin en belirgin özelliği, merkezi/yönetimi dönme-devşirme-soylu unsurlara teslim eden Osmanlı'nın *"etrak-ı bi idrak"* diyerek "çevreye" ittiği Türk köylüsünü, "Halkçılık" ilkesi gereğince toplumun diğer kesimleriyle eşit görerek, hatta *"milletin efendisi"* yaparak yeniden "merkeze" taşımak istemesidir. Köylü, Atatürk ve Cumhuriyet sayesinde ülkenin en alt kademelerinden en üst kademelerine kadar yükselebilme şansı bulmuştur. Nitekim Atatürk'ün Cumhuriyeti'nde bir "çoban" başbakanlık ve cumhurbaşkanlığı gibi devletin en üst kademelerine kadar yükselebilmiştir.

Atatürk fırsat buldukça köylülerin dertlerini dinlemiştir.

7 Utkan Kocatürk, **Atatürk'ün Fikir ve Düşünceleri**, Ankara, 1999, s. 316, 317.

Atatürk, cumhuriyetçi neslin köylüyü bilinçlendirmesini istemiştir. 1931 yılında İzmir Türk Ocağı'ndaki bir toplantıdan sonra orada bulunanlarla sohbet ederken, *"Çocuklar, tek olarak ya da küçük-büyük gruplar halinde tek tek dolaşıp köylülerimizi devrimlerimiz hakkında aydınlatmak gereğini duymuyorsunuz. Bakın iki üç gerici-yobaz neler başarabiliyor,"* deyince orada bulunan gençlerden biri, *"Paşam ödeneğimiz yok ki!"* deyince Atatürk şunları söylemiştir: *"Köyleri dolaşmak için ödeneğiniz mi yokmuş! Bu ödeneğin nereden nasıl sağlanabileceğini Menemen gericilerinden, Laz İbrahim Hoca'dan, Nalıncı Hasan'dan, Manifaturacı Osman'dan, Sütçü Mehmet'ten öğrenin efendiler."*[8]

Köylüyü "efendi" yapmak için bir devrim yapan Atatürk, Türk ulusunun dünya üzerindeki varlığını, halkın büyük çoğunluğunun köylü/çiftçi olmasına bağlamıştır:

"Milletimiz çok büyük acılar, mağlubiyetler, facialar görmüştür. Bütün bunlardan sonra yine bu topraklarda bulunuyorsa bunun temel sebebi şundadır: Çünkü Türk çiftçisi bir eliyle kılıcını kullanırken diğer elindeki sabanla topraktan ayrılmadı. Eğer milletimizin büyük çoğunluğu çiftçi olmasaydı, biz bugün dünya yüzünde bulunmayacaktık."[9]

Atatürk, Cumhuriyet'in ekonomik siyasetinin temel ruhunun köylüyü/çiftçiyi kalkındırmak olduğunu belirtmiştir:

"Efendiler! Milletimiz çiftçidir. Milletin çiftçilikteki çalışmasını yeni ekonomik tedbirlerle son hadde eriştirmeliyiz. Köylünün çalışmasının neticeleri ve verimlerini kendi menfaati lehine son hadde çıkarmak, ekonomik siyasetimizin temel ruhudur."[10]

Tarım Devrimi

Cumhuriyet ilan edildiğinde Türkiye'de toplam nüfusun %82'si tarımla uğraşmaktadır. Toplam ulusal gelirin %58'i ta-

---

8 Komisyon, **Atatürk'ün Bütün Eserleri**, C 25, s. 80.
9 Kocatürk, **age.**, s. 316.
10 **age.**, s. 317.

rımdan sağlanmaktadır. Ancak tarım ilkel yöntemlerle yapıldığı için ve topraklar bilinçsiz kullanıldığı için üretim çok azdır. Türkiye güya tarım ülkesidir ama çok az tarım mühendisi vardır. Ekmeklik unun bile çoğu dışarıdan satın alınmaktadır. Sığır vebası hayvancılığı öldürmektedir. Ayrıca köylü topraksızdır. Köylünün sabanı ve öküzü bile yoktur.[11] Doğu'da, cumhuriyetle de insanlıkla da bağdaşmayan aşiret düzeni vardır. Köylü hem ağanın, hem öşür (aşar), yol ve hayvan vergilerinin hem de bu vergileri toplayan mültezimlerin baskısı altındadır.

Gerçi Osmanlı Devleti'nin son dönemlerinde tarımdaki yetersizliğe karşı bazı çareler aranmış ve bu çerçevede 1885'te Halkalı'da bir *Yüksek Tarım Okulu* açılmıştır. Ayrıca Selanik, Bursa ve Adana' da *Tarım Uygulama Okulları* açılmıştır. Ancak girilen savaşlar nedeniyle bu okullardan beklenen verim alınamamıştır.[12]

Atatürk, Türkiye'nin öncelikli sorunlarından birinin tarım olduğunu düşünerek işe başlamıştır. Konuşmalarında sıkça tarımın önemine vurgu yapmıştır. Ona göre kılıç kullanmaktansa saban kullanmak çok daha yararlıdır:

"Kılıç kullanan kol yorulur, nihayet kılıcı kınına koyar ve belki kılıç o kında küflenmeye, paslanmaya mahkûm olur, Fakat saban kullanan kol gün geçtikçe daha ziyade kuvvetlenir ve daha çok kuvvetlendikçe daha çok toprağa sahip olur."[13]

Türkiye'nin bir modern tarım ülkesi olması gerektiğini belirten Atatürk, bunun en kısa zamanda gerçekleşmesi için makineli tarıma geçilmesi gerektiğini söylemiştir:

"Ben de çiftçi olduğumdan biliyorum, makinesiz ziraat olmaz. El emeği güçtür. Birleşiniz! Birliklerle makine alırsınız. Senede yüz dönüm çalışır, on misli eker, yüz misli elde edersiniz. Bir de toprağa sevdiği tohumu bulup atmalıdır. Memleketi-

---

11 1927 sayımına göre Türkiye'de 1.187.000 karasabana karşılık, büyük çoğunluğu 4 yıllık Cumhuriyet döneminde dağıtılan, yalnızca 211.000 demir pulluk vardır. Yahya Tezel, **Cumhuriyet Döneminin İktisadi Tarihi**, 3. bas., İstanbul, 1994, s. 102. Metin Aydoğan, **Atatürk ve Türk Devrimi**, "Ülkeye Adanmış Bir Yaşam, 2", 10. bas., İzmir, 2008 s. 300.
12 Özer Ozankaya, **Cumhuriyet Çınarı**, Ankara, 1994, s. 262.
13 Kocatürk, **age.**, s. 318.

miz çiftçi memleketi olmaya henüz hak kazanmamıştır. Ziraat memleketi olacağız. Bu da ancak makineli ziraatla olacaktır."[14] "El emeği yeterli değildir. Makinelerden yararlanmak lazımdır. Asırlardan beri kullanmakta olduğumuz sabanları bir tarafa bırakacağız. Çağın ilerlemesinin gerektirdiği bütün zirai alet ve araçları memlekete getireceğiz. İnsan kuvvetini makine ile telafi etmek mecburiyetindeyiz. Fakat yalnız çalışmak, yalnız lazım olan zirai alet ve araçları elde etmek yeterli değildir. Çalışmanın yolunu da bilmek lazımdır; bunun için de ilim lazımdır, fen lazımdır, irfan lazımdır. Bundan ötürü çiftçilerimizi bu görüş noktasında yetiştirmek icap eder. Bu yoldan gideceğiz."[15]

"Bütün çiftçilerimizin makine sahibi olması, makine kullanmayı bilmesi, makine yapacak kurumlara sahip olması lazımdır. Bu da yeterli değildir efendiler! Eğer biz bu faaliyetlerin ürününü tarlada, köyde, harmanda çürümeye mahkûm edersek, halkın çalışması ödülsüz kalır. Lazımdır ki, bu ürünler dışarıya da iletilebilsin. Onun için de yollar lazımdır, muhtelif taşıt araçları lazımdır; demiryolu, otomobil ve diğerleri... Ne hazindir, efendiler! Konya, Eskişehir şurası ve burası birer hazine olduğu halde vasıtasızlık yüzünden başka taraflara iletilemiyor. İhtiyacımız olan bir kısım buğdayı dışardan getiriyoruz; böyle şey olur mu?"[16]

Görüldüğü gibi Atatürk, tarımsal gelişime çok büyük bir önem vermiş, bunun için de köylünün/çiftçinin bilim ve tekniğin son imkânlarından yararlanması gerektiğini belirtmiştir. Tarımsal üretimin artırılması için fenni, makineli tarım yapılmasını, ürünlerin sürümünü sağlamak için kara ve demir yollarının ve taşıt araçlarının geliştirilmesini istemiştir.

Genç Cumhuriyet'in tarım politikası, 17 Şubat-4 Mart 1923 tarihleri arasındaki İzmir İktisat Kongresi'nde belirlenmiştir. Kongreye katılan 1135 delegesinin 425'i çiftçidir.[17]

---

14   age., s. 318.
15   age., s. 318.
16   age., s. 319.
17   A. Afet İnan, **İzmir İktisat Kongresi 17 Şubat-4 Mart 1923**, Ankara, 1989, s. 19.

İktisat Kongresi kararlarında çiftçi ve tarım konusuna tam 95 madde ayrılmıştır. Öncelikle köylünün belini büken aşar vergisinin kaldırılması istenmiştir. Ayrıca Ziraat Bankası aracılığıyla köylüye kredi sağlanması, yol vergisinin kaldırılması kararlaştırılmıştır. Yabancılara toprak satışının yasaklanması istenmiştir. Devletin çiftçiye her konuda yardım etmesi; araç, gereç ve tohum sağlaması, zararlılarla mücadeleye destek olması talep edilmiştir. Çiftçinin eğitilmesine ağırlık verilmesi, tarım okullarının kurulması, üreticiye tarım bilgisi veren dergi, kitap ve kitapçıkların bedelsiz olarak verilmesi, orduda askere de uygulamalı tarım derslerinin verilmesi öngörülmüştür.[18]

1932'de **Tarım Eğitimi Kongresi**'nde köy öğretmenlerinin aynı zamanda iyi birer tarımcı olmaları öngörülmüştür. Ayrıca örnek çiftlikler kurulması, bazı devlet çiftliklerinde tarım eğitimi verilmesi, orduda tarım öğretimi yapılması gibi önlemler üzerinde durulmuştur.[19]

Atatürk, Cumhuriyet'in "tarım politikasını" şöyle açıklamıştır: *"Milli ekonominin temeli tarımdır. Bunun içindir ki tarımda kalkınmaya büyük önem vermekteyiz. Köylere kadar yayılacak programlı ve pratik çalışmalar bu amaca yayılmayı kolaylaştıracaktır. Fakat bu çok önemli işi isabetle amacına ulaştırabilmek için ilk önce ciddi etütlere dayalı bir tarım politikası tespit etmek ve onun için de her köylünün ve bütün vatandaşların kolayca kavrayabileceği ve severek tatbik edebileceği bir tarım rejimi kurmak lazımdır. Bu politika ve rejimde yer alabilecek başlıca önemli noktalar şunlar olabilir: Bir defa, memlekette topraksız çiftçi bırakılmamalıdır. Bundan daha önemli olanı ise bir çiftçi ailesini geçindirebilen toprağın hiçbir sebep ve suretle bölünemez bir nitelikte olması, büyük çiftçi ve çiftlik sahiplerinin işletebilecekleri arazi genişliği, arazinin bulunduğu memleket bölgelerinin nüfus yoğunluğuna ve toprağın verim derecesine göre sınırlandırılması lazımdır. Küçük büyük bütün çiftçilerin iş makinelerini artırmak, yenileştirmek ve korumak önlemleri vakit geçirmeden*

---

18   Bkz. Ozankaya, **age.**, s. 253.
19   **age.**, s. 263.

alınmalıdır. Memleketi; iklim, su ve toprak verimi bakımından, tarım bölgelerine ayırmak gerekir. Bu bölgelerin her birinde, köylülerin gözleriyle görebilecekleri, çalışmaları için örnek tutacakları verimli, modern pratik tarım merkezleri kurulmalıdır. Gerek mevcut olan ve gerekse de bütün memlekette, tarım bölgeleri için yeniden kurulacak tarım merkezlerinin kesintiye uğramadan tam verimli olarak faaliyetlerini, şimdiye kadar olduğu gibi devlet bütçesinden ağırlık vermeksizin kendi gelirleriyle kendi varlıklarının idaresini ve gelişmesini sağlayabilmeleri için, bütün bu kurumlar birleştirilerek geniş bir işletme kurumu oluşturulmalıdır. Bir de başta buğday olmak üzere, bütün gıda ihtiyaçlarımızla sanayimizin dayandığı çeşitli hammaddeleri temin ve dış ticaretimizin esasını oluşturan çeşitli ürünlerimizin ayrı ayrı her birinde miktarlarını arttırmak, kalitesini yükseltmek, üretim masraflarını azaltmak, hastalıkla uğraşmak için gereken teknik ve yasal her önlem zaman geçirilmeden alınmalıdır."

Buna göre Atatürk'ün belirlediği Cumhuriyet'in tarım politikasının temel ilkeleri şunlardır:

- Tarım milli ekonominin temelidir.
- Tarımı geliştirmek için köylere kadar planlı ve programlı çalışmalar yapılmalıdır.
- Önce bilimsel incelemelere dayalı pratik ve kolay uygulanabilir bir tarım politikası ve tarım rejimi belirlenmelidir.
- Ülkede topraksız çiftçi bırakılmamalıdır (Toprak reformu yapılmalıdır).
- Tarım arazileri nüfus yoğunluğuna ve toprağın verim derecesine göre sınıflandırılmalıdır.
- Makineli tarıma geçilmelidir.
- Ülke; iklim, su ve toprak verimi bakımından "tarım bölgeleri"ne ayrılmalıdır.
- Bu bölgelerde köylüye örnek olacak pratik "tarım merkezleri" kurulmalıdır.
- Tarım merkezleri birleştirilerek geniş bir "işletme kurumu" oluşturulmalıdır.
- Başta buğday olmak üzere bütün gıda ihtiyaçlarıyla sanayi-

nin dayandığı çeşitli hammaddeleri sağlamak ve dış ticaretin esasını oluşturan çeşitli ürünlerin ayrı ayrı her birinde miktarlarını arttırmak, kalitesini yükseltmek, üretim masraflarını azaltmak, hastalıkla uğraşmak için gereken teknik ve yasal her önlem zaman geçirilmeden alınmalıdır.

Atatürk, *"Devlet, temel unsur olan çiftçiyi ve çobanı kuvvetlendirmek mecburiyetindedir. Bunu kuvvetlendirmek de öyle lafla olmaz; kuvvetlenmesi arzuya layıktır, demekle de olmaz. İlmin, fennin ve asrın gerektirdiği vasıta ve araçlara fiilen (işe) girişmek lazımdır,"*[20] diyerek, köylü/çiftçi ve tarım konusunda çok önemli adımlar atmış; gerçek anlamda bir tarım devrimi yapmıştır.

Atatürk, Orman Çiftliği'nde tarım makinelerini incelerken

Atatürk Cumhuriyeti'nin köylü/çiftçi ve tarım konusundaki o devrimci adımlarından bazıları şunlardır:

- Tarım Bakanlığı kurulmuştur.
- 1925'te köylüden/çiftçiden alınan aşar (öşür) vergisi kaldırılmıştır.

---

20 Kocatürk, **age.**, s. 317.

- 1932'de Tarım Eğitimi Kongresi düzenlenmiştir.
- Örnek çiftlikler kurulmuştur.
- Tarım ve hayvancılığı desteklemek için Ziraat Bankası yeniden düzenlenmiştir.
- 442 sayılı *"Köy Kanunu"* çıkarılmıştır.
- 682 sayılı *"Her Nevi Fidan ve Tohumların Meccanen Tevzi ve Devlet Uhdesinde Bulunan Arazinin Fidanlık İhdası İçin Ziraat Vekâletine ve İdare-i Hususiyetlere Bilabedel Tevzii Hakkında Kanun"* çıkarılmıştır.
- 3242 sayılı *"Göçmenlerle, Nakledilenlere ve Muhtaç Çiftçilere Tohumluk ve Yemlik Dağıtılması Hakkında Kanun"* çıkarılmıştır.
- Bu kanunlar doğrultusunda fidan ve tohumlar köylüye parasız dağıtılmıştır.[21] Köylüye süne böceğine dirençli buğday tohumu, altı çeşit çeltik tohumu dağıtılmıştır.
- 1930'da çıkarılan 1710 sayılı kanunla çiftçiye 3 milyon liralık yardım yapılmıştır.
- 1926'da çıkarılan 852 sayılı kanunla traktör kullanan çiftçilere ekonomik ve teknik yardım desteği verilmiştir.
- 1797 sayılı kanunla pulluk başta olmak üzere tarım makineleri üreten işyerleri desteklenmiştir. Çok kısa bir sürede traktör sayısı 183'ten 2000'e çıkmıştır.[22]
- 904 sayılı *"Islah-ı Hayvanat (Hayvanları İyileştirme) Kanunu"* çıkarılmıştır.[23]
- 1928'de *"Hayvan Sağlık Zabıtası Kanunu"* çıkarılmıştır.
- Pendik ve Erzincan'da Bakteriyoloji Laboratuvarları kurulmuştur.
- Ankara ve Mardin'de serum kurumları kurulmuştur.
- Ankara Tavukçuluk Enstitüsü kurulmuştur.
- 1924'te *"Zirai İtibar Birlikleri Kanunu"* çıkarılmıştır.

---

21 Metin Aydoğan, **Türkiye Üzerine Notlar, 1923-2005**, 14. bas., İzmir, 2005, s. 66.
22 **Tarih IV, Kemalist Devrimin Tarih Dersleri**, 3. bas., İstanbul, 2001, s. 282.
23 **age.**, s. 317, 318.

- Tarım Kredi Kooperatifleri kurulmuştur.[24]
- Ankara Yüksek Ziraat Enstitüsü kurulmuştur.
- Ankara Yüksek Veterinerlik Enstitüsü kurulmuştur.
- Kayseri Yonca Tohumu Temizleme Kurumu kurulmuştur.
- Eskişehir Kurak Arazi Tarımı İstasyonu kurulmuştur.
- Bursa İpekböcekçiliği Enstitüsü kurulmuştur.
- Ankara, Diyarbakır, Edirne ve Erzincan ipekböcekçiliği okulları kurulmuştur.
- Erzincan, Kastamonu, Konya, Çorum, Sivas, Erzurum, Edirne ve Kepsut'ta ziraat okulları kurulmuştur.[25]
- Tarım eğitimi için yurtdışına 74 öğretmen gönderilmiştir.
- 1934'te *"İskân Kanunu"* çıkarılmış ve topraksız köylüye toprak dağıtımına başlanmıştır.
- 2834 sayılı *"Tarım Satış Kooperatifleri ve Birlikleri Hakkında Kanun"* çıkarılmıştır.
- Toprak Mahsulleri Ofisi kurulmuştur.
- Devlet Üretme Çiftlikleri kurulmuştur.[26]
- Halkevleri ve Halkodalarında "tarım şubeleri" kurulmuştur.
- Köy yolları yapılmıştır.[27]
- Tohum ıslah (iyileştirme) istasyonları kurulmuştur.[28]
- Köylüye faizsiz ve uzun vadeli kredi verilmiştir.[29]

---

24 Tarım Kredi Kooperatifleri Kanunu'na göre teminat (güvence) gösterecek malı olmayan çalışkan ve girişimci çiftçilerin "kişisel itibar" üzerinden "masrafsız ve kefilsiz" kredi bulabilmeleri amaçlanmıştır. Böylece krediyi köylünün ayağına götürme uygulaması başlatılmış ve büyük bir başarı elde edilmiştir. 1929-1932 arasındaki 3 yılda 51.500 köylünün 2,5 milyon lira sermaye ve 532.000 lira ihtiyat akçesiyle ortak olduğu 572 kredi kooperatifi kurulmuştur (**Tarih IV**, s. 291).

25 **Tarih IV**, s. 285, 286.

26 Ozankaya, **age.**, s. 263.

27 1923-1926 yılı arasında 27.850 kilometre köy yolu açılmış, onarılmış ve düzeltilmiştir. Aydoğan, **age.**, s. 73.

28 Eskişehir ve Halkalı'da patates, Adapazarı'nda mısır, Adana'da pamuk çiftçisine hizmet edecek tohum ıslah istasyonları kurulmuştur.

29 Osmanlı'da Ziraat Bankası'nın çiftçiye açtığı kredinin üst sınırı hiçbir zaman ödenmiş sermayenin %30'unu geçmemişken, bu oran Kurtuluş Savaşı sırasında %53'e, Cumhuriyet döneminde %136'ya çıkarılmıştır. Osmanlı döneminde 1888'den 1920'ye kadar, 32 yıl içinde köylüye verilen borç toplamı 22 milyon lirayken, Kurtuluş Savaşı sırasında, yokluk ve yoksulluk içinde, 3,5 yıl içinde çiftçiye 7 milyon lira kredi verilmiştir. 1923-1933 arasındaki 9 yılda ise çiftçiye/köylüye verilen kredi miktarı 121 milyon liraya çıkmıştır (**Tarih, IV**, s. 289).

- Ülkedeki iklim koşullarını sürekli inceleyip tarımcıları önceden uyarmak için 101 ayrı bölgede meteoroloji istasyonları açılmıştır.
- Pamuk istasyonları kurularak kaliteli ve bölgelere uygun pamuğun yetiştirilmesi amaçlanmıştır.[30]
- Öğretmenler ve doktorlar katır sırtında dağ köylerine giderek insan ve hayvan hastalıklarının kökünü kazımıştır.[31]
- Köy eğitmenleri, okuma yazma oranı %02 olan köylere giderek hem köylülere okuma yazma öğretmiş hem de ekonomik, sosyal, kültürel, bilimsel konularda temel bilgiler vermiştir.
- 1938'de Toprak Mahsulleri Ofisi kurulmuştur.
- Aralık 1938'de Birinci Köy ve Ziraat Kongresi toplanmıştır.[32]

Şevket Süreyya Aydemir, Atatürk'ün genç Cumhuriyeti'nin köylü, çiftçi ve tarım konusunda yaptıklarını şöyle özetlemiştir:

"Çarklar işledi. 1923'ten 1938'e kadar köylüye 200.162 liralık pulluk dağıtıldı. 1933'ten 1934 senesine kadar Yüksek Orman Mektebi 166 mezun verdi. 3 yerde birer Orta Ziraat Mektebi ve 1933'te Ankara'da Yüksek Ziraat Enstitüleri açıldı. Bu arada 3204 sayılı kanun, Orman Umum Müdürlüğü'nü hükmi şahsiyet haline getirdi ve 1938'e kadar 2 orman reviri kuruldu."[33]

Benoit Mechin, Cumhuriyet'in tarım konusundaki başarısını şöyle anlatmıştır:

"Kara ve demiryolu şebekeleri ıslah edilir edilmez ve toprak mahsullerinin sevkine fazla imkânlar görülür görülmez Türk köylüleri terk edilmiş arazilerini de işlemeye ve tarım yöntemlerini hissedilecek şekilde ıslaha başladılar. Ağaç sabanların ve

---

30 Adana tohum ıslah istasyonunun ürettiği Türk pamuk tohumu iki yıl içinde Çukurova'da ince dokumaya elverişli pamuk üretiminde kullanılmıştır. Bu başarı üzerine aynı çalışma Ege bölgesine yönelik olarak Nazilli'de de başlatılmıştır (**Tarih, IV**, s. 284). Nazilli'de üretilecek pamukların değerlendirilmesi için Nazilli Sümerbank Basma Fabrikası kurulmuştur (1937).

31 Turgut Özakman, **Cumhuriyet**, "Türk Mucizesi", 2. Kitap, 22. bas., Ankara, 2010, s. 665.

32 Doğan Avcıoğlu, **Milli Kurtuluş Tarihi**, C 4, İstanbul, 2000, s. 1410.

33 CHP'nin XV. Yıl Kitabı'ndan nakleden Şevket Süreyya Aydemir, **İkinci Adam**, C 2, 7. bas., İstanbul, 2000, s. 321.

hayvan harmanlarının yerini makineli düğenler ve traktörler aldı. Birtakım gelişigüzel tarla, vaktiyle sapsarı renkteki hububat yığınları haftalarca hava tahribatına bırakılan yerlerde devlet siloları yükseldi. Binlerce senelerden beri kuraklıktan inleyen yerlere yeni sistem sulama kanalları ile su akıtıldı. 15.000 çeşme yapıldı ve halkın kullanımına sunuldu. Tarım kooperatifleri arttı. Doğrudan doğruya başbakanlığa bağlı ve bütçeden tahsilâtlı iki komisyon faaliyete geçti. Bunlar köylünün sağlık şartlarını iyileştirmeye memur oldular. Komisyondan birisi iskân işleriyle, diğeri de köylülerin savaşlarda kaptıkları hastalıklarla uğraştılar."[34]

Cumhuriyet'in başarılı tarım politikası ve **Atatürk'ün Örnek Çiftlikler Projesi** sonucunda bakımsız ve perişan çiftlikler her bakımdan geliştirilmiş, insan ve hayvan hastalıkları azaltılmış, çocuk doğumu artmış ve modern tarım yöntemleriyle çok daha fazla ve çok daha kaliteli ürün alınmıştır.

Öncelikle bataklıklar kurutularak hem hastalıklar önlenmiş hem de yeni tarım alanları oluşturulmuştur. Bu amaçla Hollandalı uzmanlardan yararlanılmıştır.[35]

1924 yılında Adana pamuklarına zarar veren pembekurtla mücadele edilmiştir. Özellikle güney illerini işgal eden çekirge sürüleri yok edilmiştir. 1927 yılında güney sınırlarımıza yaklaşan çekirge sürülerine karşı 586.000 dönüm arazi çinko levhalarla kapatılmıştır. Sürme ve rastık hastalıklarına, portakal parazitlerine, zeytin sineklerine karşı devamlı bir mücadele yürütülmüştür. Bazı güney illerinde buğdaylara musallat olan süne böceği ile mücadele edilmiştir.[36]

Kıbrıs ve İtalya'dan tohumluk buğday getirilerek halka dağıtılmıştır. Yine aynı şekilde pirinç üretimini iyileştirmek için de altı tür çeltik tohumu getirtilerek halka dağıtılmıştır.[37]

---

34 Benoit Mechin, **Kurt ve Pars**, çev. Ahmet Çuhadar 2. bas., İstanbul, 2001, s. 251.
35 August R. von Kral, **Kemal Atatürk'ün Ülkesi**, "Modern Türkiye'nin Gelişimi", çev. S. Eriş Ülger, İstanbul, 2010, s. 88.
36 **Tarih, IV**, s. 287.
37 **age.**, s. 281.

Zararlılarla bilimsel yöntemlerle mücadele edebilmek için İzmir ve Adana'da uzmanlarca idare edilen mücadele istasyonları kurulmuştur.[38]

Pamuk üretimi ve kalitesi artırılmıştır. Bu amaçla çok sayıda Amerikalı ve bir Belçikalı uzmanın görüşlerine başvurulmuştur. Pamuk üretimi 1936'dan başlayarak 24.000 balyaya yükselmiştir. Amerika'dan en kaliteli tohum getirilerek köylüye dağıtılmıştır. Adana Seyhan Irmağı'nın suladığı ovadaki ve İzmir'deki uygulamalar çok başarılı olmuş, İmroz Adası'nda, Çanakkale'de, Balıkesir ve çevresinde ve Kars'ta pamuk üretim alanları oluşturulmuştur.[39]

Bağcılık ve bahçecilik geliştirilmiştir. Yabancı alkollü içkilerin dışalımının kısıtlanmasından sonra bağcılığa önem verilmiştir. Ayda ortalama 800.000 ton olan toplam üretimin yarısı içecek ve şarap üretiminde kullanılmak üzere üzüm suyuna ayrılmış, diğer yarısı ise kuru üzüm olarak işlenmiştir.[40]

1936'da Rize ve Trabzon'da çay üretimine, Samsun ve Turhal yakınında da soya üretimine başlanmıştır.[41]

1924 yılında çıkarılan bir kanunla Rize ve Borçka dolaylarında fındık, portakal, limon, mandalina ve çay tarımı teşvik edilmiştir. Bu kanunun amacı, halka çalılıkları ve kuru ağaçları söktürerek yerine bahçe yaptırmaktır. Bu kanun, bir taraftan bu gibi arazi sahiplerine çalılıkları temizlemek zorunluluğu yüklediği gibi, diğer taraftan da hükümeti, bahçe yapacakların ihtiyaç duyacağı fidanları yetiştirmek ve parasız dağıtmak için fidanlıklar kurmaya mecbur kılmıştır. Üç yıl için çıkarılan kanun daha sonra üç yıl daha uzatılmıştır.[42]

Hayvancılığı geliştirmek için *"Hayvanları İyileştirme Kanunu"* çıkarılmıştır. Bu doğrultuda önce hayvan hastalıklarıyla mücadele edilmiştir. Yılda 600.000 lira maddi zarara yol açan

---

38 age., s. 287.
39 age., s. 86, 87.
40 age., s. 87.
41 age., s. 86.
42 Tarih, IV, s. 283.

sığır vebasına karşı aşı bulunup çoğaltılmıştır. Sığır vebası, 10 yıllık bir mücadele sonunda 1932 yılında tamamen yenilmiştir.[43] İnsanlara da geçen şarbon hastalığına karşı aşı bulunmuş ve her yıl 300.000 hayvan aşılanmıştır.[44]

Daha sonra yabancı hayvan türlerinden yararlanılmış, Macar uzmanların gözetiminde at yetiştirilen haralar oluşturulmuştur. Karacabey, Bursa, Eskişehir ve Ankara'da oluşturulan örnek haralarda ve Trakya, Sivas ve Doğu'daki birkaç örnek hayvan çiftliğinde çok başarılı modern hayvancılık yöntemleri uygulanmıştır.[45] Ayrıca hayvancıların aşı ve veteriner gereksinimleri ücretsiz karşılanmıştır. Ankara, İstanbul, İzmir, Bursa, Konya, Eskişehir, Kırklareli, Kayseri, Adana, Diyarbakır, Sivas, Erzurum ve Kars'ta hayvan pazarları açılmış, hayvanların pazarlanmasına ve taşınmasına yardım edilmiştir. Veterinerlerin çalışma koşulları iyileştirilmiş, Pendik ve Erzincan'da **bakteriyoloji laboratuvarları**, Ankara ve Mardin'de **serum kurumları** açılmıştır. O döneme dek yurtdışından getirilen 36 tür aşı ve serumun tümü Türkiye'de üretilmiştir.[46] 1928'de *"Hayvan Sağlık Zabıtası Kanunu"* çıkarılmıştır. Bu kanun 1931' de çıkarılan 517 maddelik çok kapsamlı bir *"Hayvan Sağlık Zabıtası Nizamnamesi"* ile tüm ülkeye yayılmıştır. Bu uygulama o dönemde birçok gelişmiş Batı ülkesinde bile olmayan çok ileri bir uygulamadır. Örnek ahır planları geliştirilmiş, mera ıslahına önem verilmiş, Doğu Anadolu'ya hizmet için "Kayseri Yonca Tohumu Temizleme Kurumu" açılmıştır. Tavukçuluğu geliştirmek için Ankara'da "Tavukçuluk Enstitüsü" kurulmuştur.[47]

Hububat, pamuk, patates gibi önemli tarım ürünlerinin iyileştirilmesi için araştırma geliştirme kurumları oluşturulmuştur. Örneğin kuraklığa dayanıklı temiz hububat tohum cinslerini

43 Tarih, IV, s. 316.
44 age., s. 317, 318.
45 R. von Kral, **age.**, s. 88.
46 Tarih, IV, s. 318.
47 Aydoğan, **Atatürk ve Türk Devrimi**, 2, s. 305.

araştırmak için Eskişehir ve Halkalı'da, patates ve Mısır için Adapazarı'nda; Pamuk için Adana'da **tohum iyileştirme istasyonları** açılmış ve Eskişehir'de **Kurak Arazi Ziraati İstasyonu** (drayfarming) kurulmuştur.[48]

Balıkesir ve Çanakkale'de merinos koyunu yetiştirilmeye başlanmıştır.[49]

Geçmişte çok yaygın olan ama savaşlar nedeniyle bitme noktasına gelen **ipekböcekçiliği** yeniden canlandırılmıştır. Hükümet, özellikle Bursa, Menderes Ovası, Diyarbakır ve Doğu Anadolu'da **ipekböceği üretme çiftlikleri** kurmuştur. Bursa ve Denizli'de de kurulan ileri düzeydeki teknik okulların laboratuvarlarında kaliteli ipek üretimi için çalışmalar yapmıştır.[50] En çok ipek yetiştirilen Bursa Mustafakemalpaşa'da dut fidanı yetiştirmek için bir **dut fidanlığı** yapılmıştır. Doğu illerinde ipekböcekçiliğin ilerlemesi için Erzincan'da da bir dut fidanlığı yapılmıştır.[51] Şamfıstığı tarımını geliştirmek için Antep'te de bir **fıstık fidanlığı** kurulmuştur.[52]

Bağcılığı geliştirmek için Erenköy fidanlığı iyileştirilmiş ve Bilecik, Kırklareli, Manisa, Tekirdağ ve Ankara'da **fidanlıklar** kurulmuştur.[53]

Genç Cumhuriyet, sadece yoksul Anadolu köylüsünün/çiftçisinin sorunlarıyla değil, 1924'ten itibaren mübadeleyle Anadolu'ya gelen yoksul göçmenlerin sorunlarıyla da uğraşmak zorunda kalmıştır. Kurtuluş Savaşı'nda Anadolu'da evsiz barksız kalmış insanlara, bu evsiz barksız göçmenler de eklenince 118.2 milyon liralık bütçeye sahip genç Cumhuriyet'in karşı karşıya kaldığı sorunun boyutu çok daha iyi anlaşılacaktır.[54] Göçmenlere ve evleri yıkılmış

---

48 Tarih, IV, s. 284.
49 R. von Kral, **age.**, s. 88.
50 **age.**, s. 89.
51 **Tarih IV**, s. 283.
52 **age.**, s. 284.
53 **age.**, s.284
54 Kurtuluş Savaşı sırasında 830 köy tümüyle, 930 köy kısmen düşman tarafından yakılmıştır. Yanan bina sayısı 114.408, hasar gören bina sayısı ise 11.404'tür (Feridun Ergin, **Ali İktisat Meclis Raporları**, Yaşar Eğitim Kültür Vakfı Yayınları,

olanlara yiyecek ve giyecek verilmiş, felaketzedelere ordunun hayvanları dağıtılmıştır. Bu insanlara gıda stokları, tohumluk olarak dağıtılmıştır. Ziraat Bankası'ndan para yardımı yapılmıştır. Evleri yıkılanlar devlet dairelerinde barındırılmıştır. Toplam nüfusu 38.030 olan 6538 aile yeni konuta kavuşturulmuştur. Göçmenlere 7618 ton gıda, 22.501 çift öküz, 27.501 adet tarım aleti ve marinası dağıtılmıştır. Kırsal alanda 19.279 ev tamir edilmiş, 4567 ev yeniden yapılmış ve 66 yeni köy kurulmuştur. 6321 parça arsa ve 1.567.000 dönüm tarla, bağ ve bahçe verilmiştir.[55]

Genç Cumhuriyet'in Tarım Devrimi son derece başarılı olmuştur. İşte bazı rakamlar:

Türkiye'de ekilen arazi sathı 1925'te 1.829.000 ton iken, 1938'de 6.802.000 tona, 1953'te 13.561.000 tona çıkmıştır: Artış oranı %1600'dür.[56]

Pamuk ekimine ayrılan arazi 1925'te 45.000 hektar iken, 1938'de 249.000 hektara, 1952'de 670.000 hektara yükselmiştir.[57]

Pamuk üretimi 1920'de 20.000 tondan 1927'de 120.000 tona,[58] 1952'de 165.000 tona çıkmıştır.[59]

Tütün üretimi 1923'te 20.500 tondan 1927'de 64.000 tona çıkmıştır.[60]

Üzüm üretimi 1923'te 37.400 tondan 1927'de 40.000 tona çıkmıştır.[61]

Buğday üretimi 1923'te 972 tondan 1939'da 3636 tona çıkmıştır.[62]

No: 1, s. 19). Uşak'ın üçte biri, Alaşehir'in tümü, İzmir'in önemli bir bölümü yakılmıştır. Manisa'nın 18.000 yapısından yanlızca 500'ü ayakta kalmıştır (Lord Kinross, **Atatürk, "Bir Milletin Yeniden Doğuşu"**, çev. Necdet Sender, 12. bas., İstanbul, 1994, s. 375).

55 Ergin, **age.**, s. 20.
56 Mechin, **age.**, s. 252.
57 **age.**, s. 252.
58 Ergin, **age.**, s. 24; Aydoğan, **age.**, s. 301.
59 Mechin, .**age.**, s. 252.
60 Ergin, **age.**, s. 24, Aydoğan, **age.**, s. 301.
61 Ergin, **age.**, s. 24, Aydoğan, **age.**, s. 301.
62 Yahya Tezel, **Cumhuriyet Döneminin İktisadi Tarihi**, 3. bas., İstanbul, 1994, s. 354.

Aynı dönemde 145.000 ton zeytin, 40.000 ton fındık, 28.000 ton incir üretilmiştir.[63]

1923'te 15 milyon olan koyun sayısı 23 milyona, 4 milyon olan sığır sayısı ise 9 milyona ulaşmıştır.[64]

Şevket Süreyya Aydemir'in verdiği rakamlar da tarımdaki büyük artışı doğrulamaktadır:

"1923'te Türkiye'nin tütün üretimi 26.000 tondu. 1926'da bu miktar 54.000 tona çıktı. Harpten önce 150.000 balya olan pamuk üretimi 1923'te 90.000 balyaya düşmüş fakat 1926'da Çukurova'daki olumsuz durum hesaplanmazsa 1925 hesaplarına göre 110.000 balyaya kadar yükselmişti. Eski bir üretim maddesi olan afyon harpten önce 10.000 sandığa kadar çıktıktan sonra 1923'te 2200 sandığa kadar düşmüş, fakat 1926'da 4400 sandığa kadar yükselmişti.Ege'nin özel bir üretimi olan kuru üzüm, en düşük seviyesini 1920'de 18.000 ton olarak kaydettikten sonra 1923'te 36.000 tona varmış, 1926'da gene bu seviyeyi muhafaza etmişti.Kuru incir 1922'de 6200 tona kadar düştü. Halbuki harpten önce ortalama 20.000 tondaydı. 1926'da 27.000 tona yükseldi. Yıllara göre değişen fındık üretimi de barış yapılınca harekete geldi ve bolluk senesi olan 1925'te 50.000 ton ve müteakip azlık senesi olan 1926'da16.000 ton olarak o zamanki normal seviyelerde gelişti."[65]

Atatürk döneminde 1923–1929 yılları arasında, tarımsal üretimin yıllık büyüme hızı %8,9'u bularak milli gelir büyüme hızını (%8,6) geçmiştir. 1930-1939 yılları arasında küresel kapitalizmin yaşadığı büyük buhranın olumsuzluğuna karşın, Türk tarım kesimi büyümesini sürdürmüştür. Bu dönemde tarımda yıllık büyüme hızı %5,1 olarak gerçekleşmiştir.[66]

En büyük Cumhuriyet mucizelerinden biri tarımda gerçekleştirilmiştir. Cumhuriyet'in başarılı tarım politikaları sonucun-

63 Ergin, **age.**, s. 24, Aydoğan, **age.**, s. 302.
64 Mustafa Kaymakçı, *"Bu Rakamlar Tam Yılmaz Özdil'lik"*, **www.odatv.com**, 2 Kasım 2010.
65 Şevket Süreyya Aydemir, **İkinci Adam**, C.1, 9.bas., İstanbul, 1999, s. 351.
66 Kaymakçı, **agm.**

da tarımsal üretim çok ciddi miktarda artmıştır. Türkiye öncelikle un, şeker ve bezde dışa bağımlılıktan kurtulmuştur. Köylü üzerinde ağa ve beylerin egemenliği giderek azalmıştır.

1936 yılında Atatürk bir çiftçi olarak, İçel'in Tekir Köyü'nde 36 çiftçi ile beraber, 2836 sayılı yasaya göre bir tarım kredi kooperatifi kurmak için, 30 Haziran 1936 günü Silifke Ziraat Bankası'na başvurmuştur. Sağdaki belge o başvurunun kabul edildiğini göstermektedir. Soldaki belgede ise Atatürk'ün Silifke Tekir'de kurulan ilk Tarım Kredi Kooperatifi'nin 1 sayılı ortağı olması münasebetiyle kendisine telgraf çeken dönemin Ekonomi Bakanı Celal Bayar'a verdiği yanıt yer almaktadır.[67]

---

67 Atatürk, kooperatifin 1 numaralı kurucu üyesi olarak kooperatif kuruluş işlemlerinin tamamlandığını kendisine bildiren zamanın başbakanına bir telgrafla şu yanıtı vermiştir: *"Tarım Kredi Kooperatiflerinin ilki olan Tekir Kooperatifi'nin bittiğini sevinerek öğrendim. Bu kooperatifte bir sayılı üye olarak bulunmamı muhabbetle yâd etmenize teşekkür ederim. Tarım Kredi Kooperatiflerinin bütün yurdu kaplamasını başarı gayretlerinizden bekliyoruz."* (Atatürk'ün Tamim Telgraf ve Beyannameleri, C 4, Ankara, 1964, s. 576.)

Savaş yorgunu Türkiye, başarılı tarım politikaları sonunda arpa ve yulafa ek olarak buğday da ihraç etmeye başlamıştır.[68] Türkiye, bira üretiminde kullanılmak üzere Almanya'ya arpa, İtalya'ya arpa ve yulaf, Almanya, Belçika, İtalya ve İsviçre'nin yanı sıra daha düşük miktarlarda da olsa başka ülkelere de buğday dışsatımı (ihracı) yapmıştır.[69] Düyun-u Umumiye'ye bağlı reji idaresinin 1925'te satın alınmasından sonra uygulanan başarılı tütün politikası sonunda 1928'de toplam tütün üretiminin %70'i, fındık üretiminin %52'si dışsatıma (ihracata) ayrılmıştır.[70]

1926'da 1,5 milyon lira olan dışalım (ithalat), 1927'de 0,9 milyon liraya düşmüştür. 1930'da buğday dışalımına gerek kalmamıştır. O günlerde bu durumdan *"Önce buğdayı bile dışarıdan alıyorduk, şimdi ipekliyi memlekette yapıyoruz"* diye övünç duyulmuştur.[71]

Tarımda ortaya çıkan bu olumlu gelişmelerde, üretici merkezli, çağdaş tarımsal politikalara ağırlık verilmesi, fiyat ve vergi değişkenleri yoluyla çiftçiler lehine kaynak yaratılması, oluşturulan deneme ve araştırma istasyonları ve Anadolu'nun erkek nüfusunun yeniden toprağa dönmesine olanak veren barış ortamının sağlanması gibi nedenler etkili olmuştur.[72]

Atatürk Cumhuriyeti, bütün bu "devrimci" adımlarla köylüyü gerçekten de "milletin efendisi" yapmaya çalışmıştır, ancak yüzyılların ihmali, kemikleşmiş feodal ilişkiler ve Atatürk'ten sonra devrimin yarım kalması gibi nedenlerle bu konuda istenilen sonuç elde edilememiştir.

Bir Dünya Projesi: İdeal Cumhuriyet Köyü

Atatürk ölünceye kadar köylünün/çiftçinin dertlerine kafa yormuştur. Kalkınmanın tabandan, yani "köyden" başlaması ge-

68 R. von Kral, age., s. 85.
69 age., s. 86.
70 Tezel, age., s. 358.
71 Ergin, age., s. 24.
72 Kaymakçı, agm.

rektiğini düşünen Atatürk, Türkiye'nin gerçek anlamda çağdaşlaşması için "her şeyiyle çağdaş köyler" kurulması gerektiğini düşünmüştür. Bu amaçla İdeal Cumhuriyet Köyü Projesi'ni geliştirmiştir.

Atatürk'ün üzerinde çalışarak uygulanmasını istediği bu proje, Afet İnan'ın *"Devletçilik İlkesi ve Türkiye Cumhuriyetinin Birinci Sanayi Planı 1933"* ve *"Cumhuriyetin Ellinci Yılı İçin Köylerimiz"* adlı kitaplarında yer almıştır.[73]

Afet İnan, aslını TTK'ya bağışladığı Atatürk'ün İdeal Cumhuriyet Köyü Projesi'nin belgesini, Trakya Genel Müfettişi General Kazım Dirik'ten aldığını ve Atatürk'ün bu projeyi onaylayıp geliştirerek uygulanmasını istediğini belirtmiştir.

Kazım Dirik'in torunu K. Doğan Dirik, *"Vali Paşa Kazım Dirik"* adlı kitabında, İdeal Cumhuriyet Köyü Projesi'nden, *"Atatürk tarafından hazırlatılan ve köy kalkınmasında bütün yurtta örnek olarak kullanılması amaçlanan (...) Kazım Dirik'in köylerde uyguladığı pla*n" diye söz etmiştir.[74]

Bu projenin hem hazırlanmasında hem de uygulanmasında büyük emeği geçen Vali Kazım Dirik, 1934 yılı sonlarında yayınlanan bir demecinde İdeal Cumhuriyet Köyü Projesi'yle doğmaya başlayan yeni köylerden "örnek köyler" diye söz etmiştir:

"Yeni alıştığımız örnek köyleri, insanın başını döndürecek bir inkılap yarışı yapmaktadır. Bunu görmeyen ve seyredemeyenler çabuk hükmedemezlerse haklıdırlar. Öyle köylere rastladım ki köyünün mektebi, parkı, spor meydanı, sineması, radyosu, genel tuvaleti, fenni mezbahası, atış ve avcı kulübü, tayyare cemiyeti, kredi kooperatifi, tavuk, horoz istasyonu, Gazi heykeli, 500 lira harcanarak yapılmış köy duş yerleri, demirden çöp kutuları gibi medeni ve sosyal ihtiyaçlara cevap veren varlıkları bir araya toplamışlardır.

73 A. Afet İnan, Cumhuriyetin Ellinci Yılı İçin Köylerimiz; A. Afet İnan, Devletçilik İlkesi ve Türkiye Cumhuriyetinin Birinci Sanayi Planı 1933", Ankara, 1972, Ek 7.
74 K. Doğan Dirik, Vali Paşa Kazı Dirik, "Bandırma Vapuru'ndan Halkın Kalbine", İstanbul 2008, s.292,293.

Bizim bir yıl önce yayınladığımız program artık diyebilirim ki idare amirlerinin elinden çıkmış, köylü bünyesine, onun medeni duygularına yapışarak bir kamçı halinde onları yarışa sürüklemiştir. Valinin ve kaymakamlarının rolleri üçüncü derecede kalmıştır. Birbirini seyre ve ziyarete giden, her birinin köyünde kusur arayan, tatlı latifelerle tenkit eden köy gençlerine sık sık rastlarsınız. Yeni fikre, yeni zihniyete ve inkılap mefkurelerine ayak uyduramamış olan muhtarlar iskambil kağıdı gibi, köy gençleri tarafından alaşağı edilmekte ve derhal şikayetler yükselmektedir. Onun için gittikçe artan 'inkılap kıskançlığı' günün en aziz işaretidir.. Evet "köylerde inkılap kıskançlığı'...

İşte büyük şeflerimizin (parmak) bastığı nokta budur. 'Köylüyü, Gazi manivelası ile yükselmek' ve İsmet Paşa'nın buyruğu gibi onların yetiştirdiği ürünleri değer pahası ile satıp zengin etmek ve **sevgilerini inkılap emellerine göre yükseltmek***, sıhhatli, neşeli köylümüzü daima gürbüz ve kuvvetli görmek... Çünkü köylerde varlık ve bereket olursa şehir ve kasabalarda iktisadi hareketler belirir. Aksi takdirde köylü de, şehirli de, devlet de mutsuz olur. İşte demokrat cumhuriyetimizin (...) belirginleşen farkı ve başarı tablosu da buradadır:* **Hiç kimse kendisi için değil herkes Türk cemiyeti için çalışmalıdır.***"*[75]

Kazım Dirik'in bu konuşmasındaki "Köylerde inkılap kıskançlığı", "Gazi manivelası", "sevgilerini inkılap emellerine göre yükseltmek" ve "Herkesin Türk cemiyeti için çalışması" ifadeleri çok dikkat çekicidir. Dirik, devrimin amacına ulaşması için köylüyü "Gazi manivelası" ile bilinçlendirerek her bakımdan yükseltip köyleri "inkılap kıskançlığı" ile birbiriyle yarışır hale getirmek gerektiğine inanmıştır.

Atatürk, bu proje konusunda Hasan Rıza Soyak'a da şunları söylemiştir: *"Eğer Hükümet, Dirik'in girişim ve düşüncelerini benimser, bir elemeden geçirir, daha derli toplu, daha hesaplı, daha kapsamlı bir biçime koyarsa, ele mükemmel bir 'köyleri kalkındırma programı' geçebilir."*[76]

75 **Yeni Asır** gazetesi, 13 Kasım 1934'ten nakleden Dirik, **age.**, s. 289.
76 Hasan Rıza Soyak'tan aktaran, Özakman, **age.**, s. 560.

Afet İnan, Cumhuriyet'in 50. yılı nedeniyle 1970'lerde tekrar gündeme gelen bu projenin hayata geçirilmesi için Bayındırlık Bakanlığı ve valilere mektuplar göndermiştir. 1970'li yıllarda bu projenin hayata geçirilmesi için "çalışma atölyeleri" bile kuran Afet İnan, finansman sorununun çözülmesi için meclise yasa tasarısı sunulmasına da önayak olmuştur. Ancak proje bir türlü hayata geçirilememiştir.

Atatürk'ün İdeal Cumhuriyet Köyü Projesi'nin amacı "çağdaş" ve "çevreci" bir köy yaratmaktır.

İdeal Cumhuriyet Köyü Projesi, daire yerleşim planına sahiptir. Daire planın tam merkezindeki küçük dairenin etrafına, gittikçe genişleyen dört daire eklenmiştir. Plan bu yönüyle, ilk bakışta bir "dart tahtasını" andırmaktadır. Merkezden çevreye doğru helezonik bir biçimde gittikçe genişleyen dört parçalı köy planı, merkezden dışa doğru 6 yolla bölünmüştür.

Aslı Türk Tarih Kurumu'nda saklanan "İdeal Cumhuriyet Köyü Projesi"nde okul, cami, köy konağı, sağlık ocağı, otelhan, çocuk bahçesi ve fabrika dahil toplam **43 yapı** bulunmaktadır. Plana göre köyün orta yerine yapılacak 'anıt'ın etrafında sosyal tesisler, terzi, bakkal, berber gibi mekânlar yer alacaktır.

Planın tam merkezinde bir "anıt" vardır. Merkezin hemen sağına "köy meydanı" yerleştirilmiştir. Köy meydanında ise "köy parkı" ve "çocuk bahçesi" vardır. Köy parkının ve çocuk bahçesinin çevresinde ise oyun yeri, telefon, itfaiye, çeşme, havuz ve tuvalet göze çarpmaktadır. Planın sağında, en dış çemberden dışa doğru açılan alanda çok geniş bir koruluk vardır. Koruluğun sonundaki çayın kenarında, kuzeyde değirmenler, güneyde ise "yaş ve kuru yonca ile hayvan pancar tarlası" görülmektedir. Planın sağ üst köşesinde "hayan mezarlığı", sol üst köşesinde ise "asri mezarlık" vardır. Planın yine sol üst köşesinde "kireç ve taş ocakları"na yer verilmiştir.

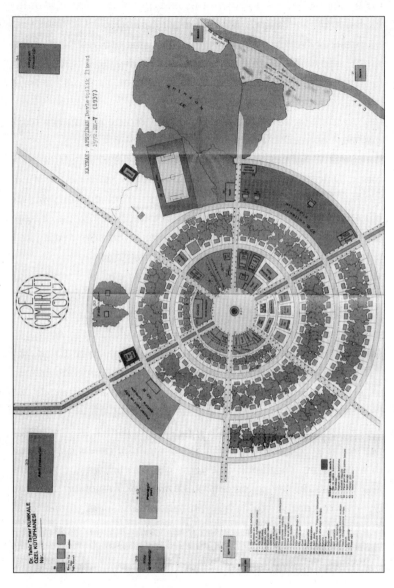

Atatürk'ün İdeal Cumhuriyet Köyü Projesi

Atatürk'ün İdeal Cumhuriyet Köyü'nde yer alan kurumlar, yapılar ve alanlar şunlardır:

1. Okul ve Tatbikat Bahçesi
2. Öğretmenevi
3. Halkodası (CHP Kurağı)
4. Köy Konağı
5. Konuk Odası
6. Okuma Odası
7. Konferans Salonu
8. Otel-Han
9. Çocuk Bahçesi
10. Köy Parkı
11. Telefon Santrali ve Köy Söndürgesi
12. Radyolu Köy Gazinosu
13. Ebe ve Sağlık Kurucusu
14. Tarımbaşı
15. Hayvan Sağlık Kurucusu
16. Sosyal Kurumlar
17. Ziraat ve Et İşleri Müzesi
18. Gençler Kulübü
19. Hamam
20. Etüv Makinesi (Buğu s.)
21. Köy Yunak Yeri
22. Cami
23. Revir
24. Kooperatifler
25. Köy Dükkânları
26. Spor Alanı
27. Damızlık Tavuk, Tavşan ve Arı İstasyonları
28. Damızlık Ahır (Aygır ve Boğa)
29. Kanara
30. Mandıra
31. Değirmenler
32. Fabrika
33. Asri Mezarlık

34. Hayvan Mezarlığı
35. Kireç, Taş, Tuğla ve Kiremit Ocakları
36. Yonca ve Hayvan Pancar Tarlası
37. Koruluk
38. Köy Gübreliği
39. Fenni Ağıl
40. Pazar Yeri ve Köy Zahire Locası
41. Aşım Durağı
42. Panayır Yeri
43. Selektör Binası

İşte Atatürk'ün, 1930'larda üzerinde çalıştığı İdeal Cumhuriyet Köyü Projesi... Uygulandığı halde aşiret, tarikat eksenli feodal yapıyı yok ederek kalkınmayı ve aydınlanmayı tabandan, köyden başlatacak; merkezinde insan, hayvan ve doğa olan çağdaş bir akıllı proje!...

Köy planı dikkatle incelenecek olursa köyde kültür, sanat ve eğitime, çocukların ve gençlerin yetişmesine, tarım ve hayvancılığa çok önem verileceği, köy halkının bütün sosyal ihtiyaçlarının karşılanacağı, bilim ve teknikten yararlanılacağı görülecektir.

- Okul ve tatbikat bahçesi, öğretmenevi, halkodası (CHP Kurağı), okuma odası, konferans salonu köyde kültür, sanat ve eğitime önem verileceğini,
- Çocuk bahçesi, gençler kulübü, spor alanı, köyde çocukların ve gençlerin çağın şartlarına göre yetişmesine önem verileceğini,
- Köy parkı, telefon santrali ve köy söndürgesi, radyolu köy gazinosu, ebe ve sağlık kurucusu, hayvan sağlık kurucusu, sosyal kurumlar, hamam, köy yunak yeri, cami, revir, asri mezarlık, aşım durağı, panayır yeri, kooperatifler, köy dükkânları, köy halkının bütün sosyal ihtiyaçlarının karşılanacağını,
- Tarımbaşı, hayvan sağlık kurucusu, ziraat ve et işleri müzesi, damızlık tavuk, tavşan ve arı istasyonları, damızlık ahır (aygır ve boğa), kanara, mandıra, yonca ve hayvan pancar tarlası, köy gübreliği, fenni ağıl, değirmenler, pazar yeri ve köy zahire locası, köyde tarım ve hayvancılığa önem verileceğini,

- Mandıra, değirmenler, fabrika, fenni ağıl, selektör binası, ziraat ve et işleri müzesi, etüv makinesi (buğu s.) köyde makineli tarım yapılacağını, bilim ve teknikten yararlanılacağını göstermektedir.

Köy projesindeki öğretmenevi, okuma salonu, konferans salonu, radyolu köy gazinosu, ziraat ve et işleri müzesi, gençler kulübü, spor alanı, fabrika ve özellikle de hayvan mezarlığı çok dikkat çekici yapılardır.

Orda bir köy hayal edin, uzakta! O köyün bir konferans salonu, ziraat ve et işleri müzesi, fabrikası ve dahası bir hayvan mezarlığı olsun!..

Bugün, 2011 Türkiyesi'nde bile böyle bir köy hayal etmek ne kadar da zor öyle değil mi? Bugün bizim hayal bile edemediğimiz o köyü, bu ülkenin kurucusu Atatürk'ün ve ondan ilham alan devlet adamlarının bundan 80 yıl önce hayal etmiş olmasına ne demeli peki?

Atatürk'ün İdeal Cumhuriyet Köyü Projesi, Atatürk'e ve genç Cumhuriyet'e yöneltilen "acımasızlık", "tepeden inmecilik" ve "dinsizleştirmecilik" suçlamalarının ne kadar temelsiz olduğunu gözler önüne sermesi bakımından da çok önemlidir.

Projede "hayvan mezarlığı" ve "hayvan sağlığını koruma merkezinin" yer alması Atatürk'ün sadece insanları değil hayvanları da çok sevdiğini; projede bir "caminin" yer alması ise Atatürk'ün dine ve dindara saygılı olduğunu göstermektedir. Her şeyden önce bir köy projesi geliştirmesi, Atatürk'ün kalkınma modelinin "tepeden inmeci" değil, tam tersine "tabandan yükselmeci" ve "halkçı" olduğunu kanıtlamaktadır.

İdeal Cumhuriyet Köyü Projesi, hayvan mezarlığıyla, geniş yeşil alanlarıyla, korukluklarıyla, yaş ve kuru yonca, hayvan pancar tarlasıyla, tavuk, tavşan, arı, aygır ve boğa istasyonlarıyla, insan ve hayvan sağlığını koruma merkeziyle her şeyden önce dört dörtlük gerçek bir "çevreci" projedir. Projede, doğaya; bitkiye ve hayvana dolayısıyla da çevreye olağanüstü değer verildiği görülmektedir.

Bugün, Türkiye'nin kurtuluşunu, HES'lerde, "çılgın kanal

projelerinde" görenlerin çevreye verdikleri önemle, "İdeal Cumhuriyet Köyü"nün mimarı Atatürk'ün çevreye verdiği önemi karşılaştırınca ortaya çıkan büyük fark cidden düşündürücüdür.

Hayvan Mezarlığının Şifresi

Atatürk'ün İdeal Cumhuriyet Köyü Projesi'nin en dikkat çeken yönü projedeki "hayvan mezarlığı"dır. Dünyada hangi şehir planlamacısı, hangi mimar veya mühendis planladığı köyde ya da şehirde hayvan mezarlığına yer verir ki? Bugünün çağdaş kentlerinin bile kaçında planlı hayvan mezarlığı vardır ki? İnsan hayatının bile hiçe sayıldığı bugünün acımasız dünyasında kim bir yerleşim planına hayvan mezarlığı koymayı düşünür ki? Kimde vardır bu büyük sevgi, bu büyük merhamet, bu büyük insanlık? Kimde vardır bu duyarlılık?

Atatürk'ün İdeal Cumhuriyet Köyü Projesi'nde yer alan "hayvan mezarlığı" başlı başına bir hayvanseverlik örneğidir.

İnsan, İdeal Cumhuriyet Köyü Projesi'ndeki bu hayvan mezarlığını görünce ister istemez bazı şeyleri düşünmeden edemiyor: Hayatının büyük bir bölümü cephelerde, savaş meydanlarında geçen, gözlerinin önünde yüzlerce binlerce insanın öldüğünü gören Atatürk'ün, üzerinde çalıştığı köy projesinde hayvanların ölülerini bile düşünecek kadar merhametli olması, öncelikle ondaki insan sevgisinin boyutlarını düşündürüyor. *"Bu nasıl bir hayat görüşüdür ki, hayvanlar için bile mezarlık planlamış,"* diye düşünmeden edemiyor insan.

Atatürk'ün İdeal Cumhuriyet Köyü Projesi'nde hayvan mezarlığını görmek aslında beni hiç şaşırtmadı. Çünkü uzun yıllardır Atatürk'ün hayatını inceleyen biri olarak, onun gerçek bir hayvansever olduğunu çok iyi biliyorum.

Şimdi Atatürk'ün pek bilinmeyen "hayvan" sevgisine şöyle bir göz atalım.

Atatürk'ü tanıyanlar, onun her ne amaçla olursa olsun hayvanların kurban edilmesine karşı olduğuna tanık olmuşlardır: Örneğin gazeteci-yazar Falih Rıfkı Atay, Atatürk'ün hayvanseverliğinden ve kurban karşıtlığından "İnce *ruhlu insanlar gibi Atatürk de hayvanları severdi. Kurban kestirmezdi. 'Ömrümde bir tavuğun boğazlandığını görmemişimdir,' derdi,*"[77] diye söz etmiştir.

Kütüphanecisi Nuri Ulusu'nun da benzer gözlemleri vardır: "*Atatürk kurban bayramında veya herhangi bir törende kurban kesilmesine karşıydı... Bu hayvan velev ki bir tavuk olsun kesilmesine tahammül edemez ve de huzurlarında katiyen hayvan kesilmesini istemezdi. (...) 'Şaşırıyorum şu tavuk, hindi, koyun kesenlere, kasaplara, nasıl o bıçağı alıp da canlı canlı bir yaratığı kesip, öldürüp derisini, içini, dışını oyup çıkarabiliyorlar, bayağı yürek isteyen bir iş,' der ve sonra, 'Allah, Allah' diye başını sağa sola çevirerek şaşkınlığını yüz mimikleriyle de ifade ederdi.*"[78]

Atatürk, yurt gezilerinde kendisini karşılamak için yapılan törenlerde kurban kesilmesini istememiştir. Buna karşın İran Şahı'yla birlikte çıktığı bir Türkiye gezisinde Çanakkale Kirazlı'daki karşılama töreninde ısrarla kurban kesilmek istenmesine büyük tepki göstermiştir.[79]

Atatürk, hayvanların kurban edilmesine o kadar çok üzülmüştür ki, bir ara Diyanet İşleri Başkanı Rıfat Börekçi'ye, Kurban Bayramı'nda kurban kesilmesi yerine hayır kurumlarına bağış yapılmasının dini bakımdan doğru olup olmadığını sormuştur.[80]

Atatürk, çok yoğun temposuna rağmen değişik zamanlarda köpek beslemiştir. Örneğin 1916'da 16. Kolordu Komutanı olarak Doğu Cephesi'ne giderken, Sofya'da ateşemiliter olarak görev yaptığı günlerde yavru olarak aldığı ve bizzat terbiye ettiği seter cinsinden Alp adlı bir köpeği de yanında götürmüştür. Bazen güneşin sıcaklığıyla kavrulan yol üzerinde yürüyemeyecek hale gelen Alp'in, aralıklarla Atatürk'ün atının önüne gelip acı acı havlamaları çoğu kez bir süvari erinin kucağında sona ermiştir.[81]

---

77 Falih Rıfkı Atay, **Çankaya**, Pozitif Yayınları, İstanbul, ty, s. 633.
78 Mustafa Kemal Ulusu, **Atatürk'ün Yanı Başında**, "Çankaya Köşkü Kütüphanecisi Nuri Ulusu'nun Hatıraları", İstanbul, 2008. s. 192.
79 age., s. 192.
80 Sinan Meydan, **Atatürk ile Allah Arasında**, "Bir Ömrün Öteki Hikâyesi", 3. bas., İstanbul, 2009, s. 792.
81 Erol Mütercimler, **Fikrimizin Rehberi**, İstanbul, 2008, s. 339.

Atatürk Sofya'da köpeği Alp'le birlikte (en sağda)[82]

Yaveri Cevat Abbas, Atatürk'le köpeği Alp arasındaki ilişkiden şöyle söz etmiştir:

"Kendisine çok sadık olan bu köpek daima kumandanımın odasında yatardı. Uykudan kalkma zamanını öğrenmiş olan Alp, kumandanımın alışılmış zamanını geçirmiş uzun uykusundan şüphelenir, cibinliği açar, nefes alıp almadığını dinlerdi.

Köpeğin heyecanını gören kumandanım nefesini keser, hareketsiz bir halde sonucu beklerdi... Alp birkaç kez nefes dinlemek hareketini yineledikten sonra telaşını arttırır, havlar, oda içinde koşar ve nihayet kumandanımın seyyar karyolası altına girerek kamburlaştırdığı sırtı ile hareket etmeyen efendisini kaldırmaya çalışırdı.

Bu derece hassasiyet gösteren Alp, kumandanımın en sadık bekçiliğini Suriye felaketine kadar yaptı. Nablus geri çekilişinde Beytülhasan'da tutulduğumuz cehennemi bir tayyare bombardımanından şaşıran Alp, bir daha bizi bulamadı. O günlerde Nab-

82 Fotoğraflar; **ATATÜRK,** hzl. Mehmet Özel, T.C. Kültür Bakanlığı Yayınları, s. 28; Hanri Benazus Koleksiyonu; *"Sofya'da Askeri Ataşeyken Arkadaşlarıyla",* www.isteataturk.com, 27 Mart 2010.

lus'taki karargâhımıza döndüğünü ve bilahare kaybolduğunu çok seneler sonra haber vermişlerdi."[83]

Atatürk'ün Kurtuluş Savaşı yıllarında da Alber adlı bir köpeği vardır. Alber, beyaz-sarı renklerde bir av köpeğidir. Atatürk, Kurtuluş Savaşı sırasında ele geçirilen Yunan komutanların birinden alınan Alber'i çok sevmiş, onun ölümünden derin bir üzüntü duymuştur.[84]

Atatürk, Kurtuluş Savaşı yıllarında köpeği Alber'le

83 Turgut Gürer, **Atatürk'ün Yaveri Cevat Abbas Gürer, Cepheden Meclise Büyük Önder ile 24 Yıl**, İstanbul, 2006, s. 172-174.
84 Dr. Altan Armutak, **Performans** gazetesinden nakleden Bekir Coşkun, "*Atatürk'ün Köpeği*", **Hürriyet** gazetesi, 30 Ocak 2000.

Atatürk, Kurtuluş Savaşı yıllarında köpeği Alber'le

Atatürk'ün Alp ve Alber'den sonra çok sevdiği Foks adlı bir köpeği daha olmuştur. Seyyar fotoğrafçılık yapan Hasan Efendi adındaki birisinden 50 lira gibi yüksek bir fiyata satın aldığı Foks, aslında bir sokak köpeğidir. Foks, Atatürk'ün en sevdiği hayvan olarak Cumhurbaşkanlığı Köşkü'nde her zaman el üstünde tutulmuş, ona her zaman büyük özen gösterilmiştir.[85]

Atatürk'ün, çok sevdiği köpeği Foks'la ilişkisini, kütüphanecisi Nuri Ulusu'dan dinleyelim:

"Atatürk'ün bir dönem Foks adlı bir köpeği olmuştur... Foks'u sevmişti, ona alışmıştı. Bir gün Ankara'da bir vilayete tayini çıkan valilerden bir zat, Atatürk'e veda ziyareti için köşke gelmişti. Atatürk, çalışma odasına valiyi kabul etmişti. Misafiri Atatürk'ün yanına getirdiğimizde Vali Bey, Atatürk'e doğru yaklaşıp eski İstanbul efendilerinin yarı beline kadar eğilerek el öpme merasimine tam başlarken, Atatürk'ün devamlı ayağının dibin-

---

85 **agm.**

de oturan köpeği Foks, bu hamleye yabancı olduğundan, sanki Atatürk'e bir saldırı olacağını sanarak birdenbire bu zatın paçasına doğru ani bir hamle yapmıştı. Çok korkan Vali Bey, kendini toparlayamadan yere yuvarlanınca, odada olan bizler gülmemek için kendimizi zor tutmuştuk. Atatürk ise, misafirinin böyle komik bir duruma düşmesine neden olan köpeği Foks'a çok kızmıştı.

Atatürk'ün köpek sevgisinin belge fotoğrafları

Bu Foks köpekle, komik bir tren yolculuğumuz vardır. İstanbul Florya'dayız, emir geldi, banliyö treniyle Sirkeci'ye doğru bir şehir dolaşması var dendi. Yeşilköy'e arabalarla geldik, hiç kimseye yine haber verilmediği için sade bir vatandaş gibi istasyona çıktık. Gidip hepimize birinci mevki biletini sıraya girerek aldık. Fakat Foks Atatürk'ten ayrılmadığı için, onu da bizimle birlikte birinci mevkie getirdik. Biraz sonra biletçi, biletlerimizi görüp zımbalamak için geldi, zımbaladı, ama sıra köpeğe gelince, 'Bu birinci mevkide gidemez, bileti nerede?' deyince furgon biletini gösterdik. 'Bu biletle burada gidemez!' yanıtını verince Atatürk, **'Pekiyi, alın furgona götürün, ne yapalım'** demesiyle biletçi köpeği götürmek için eğildiğinde Foks aniden 'hırr' diye biletçinin eline bir saldırdı ki, biletçi; 'Kalsın, kalsın, burada kalsın!' diye kaçıverdi!.. Atatürk, **'Neden köpeğe bilet sorarsın be adam!'** diyerek bu olaya çok gülmüştü.

Bu olaydan bir müddet evvel de yine misafiri Reşit Galip Bey'in ayaklarına saldırıp, paçasından ısırmasından sonra Foks bu sefer de hiç yapmadığı bir şekilde sahibi Atatürk'e de saldırıp ısırmıştı. Hepimizin ödü kopmuştu, ama neyse dişlerini çok fazla geçirmemişti, tedaviyle birkaç günde iyileşmişti.

İşte bu olayların peş peşe olmasından sonra çiftliğe gönderilen Foks, burada da hırçınlığını ve saldırganlığını artırmaya başladığı için, çiftlik baytarları Atatürk'ü de ikna ederek Foks'u iğne ile öldürdü. Ardından da, Atatürk bu köpeği çok sevmişti, diye köpeği alıp güzelce , muntazaman derisini soymuşlar, yırtıcı kuşların, kartal vs. gibi içi nasıl dolduruluyorsa, Foks'un da içini, güzelce bir doldurarak bir camekâna koyuvermişler.

Bir müddet geçmişti, bir gün çiftliğe gidildi. Bu olaydan hiçbir bilgisi ve haberi olmayan Atatürk, camekânın önüne gelip de Foks'u canlı gibi görünce, birdenbire çok şaşırdı ve bir an çok hüzünlendi, bir sandalye istedi oturdu. Camekândaki cansız köpeğe baktı ve bir müddet sonra bize dönerek, **'Sevdiğim bir köpeği bu halde göremem, bunu derhal buradan çıkarttırın ve çiftlikte müsait bir yere gömün,'** diye talimat verdi. Talimat yerine getirildi ve Foks gömüldü.

Ertesi gün İbrahim bize, 'Yahu bu köpek Atatürk'ü benim yanımda ısırmıştı, ona rağmen dolgulu halini görünce neredeyse gözleri doldu, hayret değil mi?' demişti. Bir gün merakına yenik düşüp Atatürk'e bunu sorduğumda, Atatürk'ün kendisine *cevaben, 'İbrahim, her ısırana kızarsak yandık! Foks, esasında bana fenalık yapmak, canımı acıtmak için ısırmadı, öyle olsaydı ben onu hissederdim, o öyle bir köpek değildi. Onun için o doldurulmuş halini içime sindiremedim,' demiş. Bundan da ne denli hassas bir yapıya sahip olduğu açıkça görülmüyor mu? O her şeyi en iyi bilir, görür ve ona göre de davranırdı."*[86]

Foks'un hikâyesini Falih Rıfkı Atay da benzer şekilde anlatmıştır.[87]

Uzun yıllar Cumhurbaşkanlığı Muhafız Alayı'nda korunan Foks, 2002'den beri **Anıtkabir'de Atatürk ve Kurtuluş Savaşı Müzesi'**nde sergilenmektedir.

Anıtkabir Atatürk ve Kurtuluş Savaşı Müzesi'nde sergilenen Foks

Atatürk'ün sevdiği hayvanlardan biri de **attır.** İyi bir binici olan Atatürk'ün değişik zamanlarda çok sevdiği atları olmuştur.

Sabiha Gökçen Atatürk'ün at sevgisini şöyle anlatmıştır:

"Paşa'nın at tutkusu vardı. Bütün hayvanları severdi ama atlara karşı çok başka bir zaafı vardı. Onların, başlarını, sırtlarını, yelelerini, kuyruklarını okşarken ellerinin sevgi ile titrediğini, gözlerinin sevgi ile parladığını çok görmüşümdür. Onun kadar ata güzel binen bir insan daha görmedim dersem yeridir. Sık sık

86 Ulusu, age., s. 48-50.
87 Atay, age., s. 633-634.

at gezintileri yapar, yorgunluğunu bu çok sevdiği hayvanların sırtında, onlarla konuşarak dinlendirirdi. Bana öyle geliyor ki atların da Paşa'ya karşı çok başka bir sevgileri vardı. Bazen seyislerine başkaldıran, huysuzlaşan bu hayvanlar Gazi Paşa'nın sesi ile hemen yumuşayıverirler, terslenmekten vazgeçerek kendilerini binicilerine teslim ederlerdi. Onu at sırtında seyretmenin çok ayrı bir zevki vardı."[88]

Bir ara Atatürk'ün bir tayı vardır. Bu tayı çok sevmiştir. Bir muayene esnasında bu tayın ruam hastalığına yakalandığı anlaşılmıştır. Hem tıbba hem de yasaya göre tayın öldürülmesi gerekmektedir.

Tayın öldürüleceğini öğrenen Atatürk çok üzülmüştür. Tayı

son kez okşayıp sevmek istemiştir. Ancak baytar heyeti, tehlikeli olduğu gerekçesiyle bu isteği geri çevirmiştir. Ancak Atatürk, eldiven giyerek hayvanı sevmek konusunda ısrar edince doktorlar çaresiz izin vermişler ve Atatürk de tayını son kez gözyaşları içinde okşayıp sevmiştir.

Atatürk bu olayı anlattığı gece, *"Benim çocuğum olmadığında gizli neden ve isabet varmış; eğer evladımı kaybetmiş olsaydım, sonsuz keder ve elem duyardım,"* demiştir.[89]

Bir keresinde de Atatürk, yeni doğum yapmış atını ve tayını akşam sofrası kalabalığında parke salona getirterek misafirlerine göstermiştir.[90] Atatürk en çok Sakarya adlı atını sevmiştir.

---

88 Sabiha Gökçen, **Atatürk'ün İzinde Bir Ömür Böyle Geçti**, hzl. Oktay Verel, İstanbul, 1982, s. 41.

89 Asaf İlbay, *"Atatürk'ün Hususi Hayatı"*, **Tan gazetesi**, 13 Temmuz 1949'dan nakleden Ahmet Bekir Palazoğlu, **Atatürk Kimdir, "Atatürk'ün İnsanlığı"**, C 2, Ankara, 2005, s. 98; Mütercimler, **age.**, s. 1109.

90 Mütercimler, **age.**, s. 1109.

Köpekler ve atlar dışında Atatürk'ün en çok sevdiği hayvanlar kuşlardır. Sabiha Gökçen, *"Onun bir tek kuşa ateş ettiğini hiç kimse görmemiştir..."* demiştir.[91] Atatürk'ün, kuşçu Nuri Usta'nın baktığı çok sayıda güvercini vardır. Onların yemlenmelerini ve uçuşlarını büyük bir hazla izlemiştir.[92] Bir gezide kendisine armağan edilen güvercinleri yememiş, *"Bu bıldırcınlar kesilmeyecek, hepsine iyi bakılacak, sarayın kuşları olarak muhafaza edilecek,"* diyerek bahçede bir kafeste saklanmalarını istemiştir. O günden sonra da bir daha güvercin yememiştir.[93] Fakat ne yazık ki Atatürk'ün yemeğe kıyamadığı o güvercinler birkaç gün sonra bir kedi tarafından yenmiştir.[94] Atatürk kanaryaları da çok sevmiştir. Bir ara Yalova'da kanarya beslemiştir. Bir gün kafesten çıkartılan kanaryayı öpmek isterken kuş kaçıp büyük bir Çin vazosunun içine düşmüştür. Kanarya tüm uğraşlara rağmen vazodan çıkarılamayınca Atatürk'ün emriyle vazo kırılarak kuş kurtarılmıştır. Çiftlikteki Marmara Köşkü'nde her sabah düzenlenen çay partilerine katılan müzisyen Cevat Memduh Altar, Atatürk'ün iki beyaz kanaryası olduğunu, onların kafesini mermer masanın üzerine koydurup kapaklarını açtırttığını ve uçuşlarını zevkle seyrettiğini anlatmıştır.[95]

Atatürk'ün bir dönem de uzun tüylü bir Ankara kedisi vardır.[96]

Sanırım Atatürk'ün İdeal Cumhuriyet Köyü Projesi'nde neden bir hayvan mezarlığına yer verdiği şimdi çok daha iyi anlaşılmıştır!..

İdeal Cumhuriyet Köyleri

Atatürk'ün İdeal Cumhuriyet Köyü Projesi, zannedildiği gibi sadece kâğıt üzerinde kalan bir proje olmamıştır. Atatürk, bu

91 Gökçen, **age.**, s. 361.
92 Mütercimler, **age.**, s. 1110.
93 Halit Kıvanç, "*İlk Kadın Tayyarecimiz Sabiha Gökçen*", **Milliyet gazetesi**, Yıl 7, S. 2356, 6 Aralık 1956, s. 4; Gökçen, **age.**, s. 361, 362.
94 Cemal Granda, **Atatürk'ün Uşağı'nın Gizli Defteri**, drl. Turhan Gürkan, İstanbul, 1971, s. 75.
95 Şerafettin Turan, **Mustafa Kemal Atatürk, Kendine Özgü Bir Yaşam ve Kişilik**, 2. bas., Ankara, 2008, s. 658, 659.
96 Mütercimler, **age.**, s. 18.

projenin bir an önce hayata geçirilmesini istemiştir. Bu doğrultuda ilk aşamada 1935 yılında İzmir'in köylerinde bir imar planı hazırlanmıştır. Bu plana göre geliri fazla olan köyler beş yıldan önce, geliri orta köyler beş yılda, geliri daha az olanlar da on yılda tamamen imar edilecektir.[97] Bu programın en sonuna, "Kemalist Bir Türk Köyünün Planı" konulmuştur[98]. Vali Kazım Dirik, bu planı bizzat düzenleyerek köylere göndermiştir. Özellikle İzmir ve civarındaki köyler planı uygulamak için adeta birbiriyle yarışmıştır. Dirik, planın uygulanmasını geciktiren, işi ağırdan alan köylere gitmeyerek bir anlamda o köyleri cezalandırmıştır. Dirik'in köylerine gelmediğini gören köylüler işleri hızlandırmaları gerektiğini anlamıştır.[99]

Kazım Dirik, o günlerde Bergama'dan dönerken uğradığı bir örnek köyün okuma odasında toplanan çok sayıdaki Türk köylüsüne şunları söylemiştir:

"Bütün köylerimiz seferber haldedir. Hepsi köylerini yükseltmek, hayatlarını, yaşayışlarını düzeltmek ve kazançlarını artırmak için birbirleriyle yarış yapıyorlar. Ben Cumhuriyet köylüsünün içindeki ateşe ve imana aşığım. Bütün hayatımı köylerde geçirmek, köylüleri Atatürk'ün ve Cumhuriyet'in istediği seviyeye yükseltmek için uğraşıyorum. Bu ulusal savaşta herhalde başarılı olacağız. Kalkınma birçok köylerimizde fazlasıyla başlamıştır. Şu resimlerini gördüğünüz köylerde andaçlar, okullar, çocuk bahçeleri, oyun yerleri ve daha birçok modern işler başarılmaktadır. Sizin köyünüzde yapılan işleri daha genişleteceğiz. Daha canlı ve göze çarpar bir plan üstünde işleyeceğiz. İyi ürün, güzel damızlık hayvanlar, ordumuza katırlar, sütlü inekler, koyun ve keçiler ve her cins mal yetiştireceğiz. Tavuklarımızı da unutmayacağız. Şu başladığınız okulla birlikte tam bir örnek köy kuracağız. Mezbahamız çok iyidir. Köy için mükemmel bir gelir kaynağı olmuştur. Şu kahvelerdeki eski hayatı yenileştirmek, temiz, sağlıklı, açık ve geniş bir köy gazinosu yapmak gereklidir. Siz

---

97   Planın ayrıntıları için bkz. Dirik, age., s. 289, 290.
98   age., s. 289.
99   age., s. 289 ve dipnot 61.

ne kadar çok çalışırsanız, ben sizi o kadar çok sever ve bağlanırım. Yapılan işlerden çok memnunum sevinçle ayrılıyorum." [100] Bu doğrultuda **Trakya'nın bazı bölgelerinde** çalışmalar yapılmış, Polenezköy civarında bir Cumhuriyet köyü kurulmuş, Ankara'da Temelli köyünde bu plana göre bazı çalışmalar yapılmıştır.

Ankara Temelli köyünde, bölgenin yapısı nedeniyle tam anlamıyla bir dairesel plan uygulanamamıştır. Ancak Polenezköy'deki Cumhuriyet Köyü'nde daire şeklinde bir yapı oluşturulmuştur: Ortada bir meydan ve meydana açılan geniş yollar, planın uygulandığını göstermektedir. Ancak planı oluşturan diğer üniteler hayata geçirilememiştir. [101]

Örnek Köyler konusunda özellikle Kazım Dirik'in çabalarıyla Trakya'da çok yoğun çalışmalar yapılmıştır. 1936 yılında yapılan 32 örnek köy 1938 yılında 200'ü bulmuştur. Bu örnek köyler, köylünün özverisi, yardımı ve çalışmasıyla hayata geçirilmiştir. Yapılan çalışmalardan, getirilen hizmetlerden çok memnun kalan köylüler, örnek köylerin kurulması için ellerinden geleni yapmışlardır. [102]

Kazım Dirik'in Trakya'daki örnek köyler çalışmalarıyla ön plana çıkması Ankara'da bazılarını rahatsız etmeye başlamıştır. Recep Peker, *"Köy Kanunu"*na göre köylüden fazla vergi aldığı iddiasıyla Kazım Dirik'i Atatürk'e şikayet etmiştir. Bunun üzerine Atatürk, Trakya'ya gelerek Kazım Dirik'in yaptırdığı örnek köyleri ziyaret etmiştir. Köylerde incelemeler yapıp köylülerle konuşan Atatürk, köylerin çağdaşlığından ve köylülerin mutluluğundan çok memnun kalmıştır. [103] *"Girdikleri evlerdeki temizlik, kitaplar, fotoğraflar ve karyola gibi düzgün eşya bilhassa takdirlerini celbetmiştir..."* [104] Böylece Recep Peker'in şikayetinin yersiz ve temelsiz olduğunu da anlamıştır.

---

100 Yeni Asır gazetesi, 1 Mayıs 1935'ten nakleden Dirik, **age.**, s. 291.

101 Bugün Atatürk'ün **İdeal Cumhuriyet Köyü**'nü hayata geçirmek için kurulmuş olan bazı gençlik örgütlenmeleri vardır. Bu konudaki çalışmaları **http://www.cumhuriyetkoyu.org/** adlı siteden takip edebilirsiniz.

102 Dirik, **age.**, s. 291.

103 Hulusi Turgut, **Kılıç Ali'nin Anıları**, İstanbul, 2005, s. 603-604; Dirik, **age.**, s. 294, 295.

104 Dirik, **age.**, s. 294.

Atatürk'ün İdeal Cumhuriyet Köyü Projesi, daha sonra Başbakan İnönü'nün "Kombinalar", Başbakan Bülent Ecevit'in "Köykent" ve MHP'nin 'Tarımkent" projelerine esin kaynağı olmuştur.[105]

Kombinalar Projesi

İsmet İnönü 29 Aralık 1937 tarihinde TBMM'de yaptığı konuşmada açıkladığı Köycülük Programı'nın ikinci maddesine göre köy birlikleri kurulması ve bu birliklerde yarı kolektif bir çalışma sistemine geçilmesi istenmiştir. Bu yeni sistemde yer alacak her köy ve köyler birliği bir "kombina" teşkil edecektir. İlk aşamada 1000 kombina kurulacaktır.

İsmet İnönü, kombinaları şöyle anlatmıştır:

"Yeni aletler, harman makineleri, sürme ve sulama tertipleriyle planlı olarak tanzim edilmiş bulunan ziraat kombinalar vücuda getirmek istiyoruz. Bu kombinalar, toprağın ve muhitin icaplarına göre biraz büyük, biraz küçük olabilecekse de herhalde her biri bir bütünlük halinde olacaktır. Bu kombinalara Orta Anadolu ve Doğu Anadolu'da çok ihtiyaç vardır.

Düşündüğümüz ilk plan 1000 kombina üzerine tesis olunacaktır. Bunlar dört senelik bir tecrübenin vereceği neticeye göre yapılacak ve çoğaltılacaktır."[106]

Şevket Süreyya Aydemir, İnönü'nün Kombinalar Projesi hakkında şu değerlendirmeyi yapmıştır:

"Kombinalara gelince (...) köyde birlikler yaratılması, bu birliklerin, teknik iskelet, yani makine istihsal vasıtaları mihveri etrafında teşkilatlandırılması fikri adeta bir doktrinin harekete geçirilişiydi. Köyler; asrın tekniğine adım uydurabilecek birer müstahsil ünite haline gelecekti. Bu, ileri, inkılâpçı bir hareketti.

---

105 Köykent Projesi'nin ayrıntıları için bkz. Cihan Erdönmez, *"Köykent: Olumlu ve Olumsuz Yönleriyle Bir Kırsal kalkınma Projesinin Çözümlenmesi"*, **Süleyman Demirel Üniversitesi Orman Fakültesi Dergisi**, Ser: A, S. 2, Yıl: 2005, s. 35-51; Elif Çolakoğlu, *"Kırsal Kalkınma Projelerine Bir Çözüm Arayışı Olarak Köy-Kent Projesi"*, **ZKÜ Sosyal Bilimler Dergisi**, C 3, S. 6, 2007, s. 187-202.

106 Aydemir, **İkinci Adam**, C 2, s. 324.

Bu kombinaların, gene her biri birer kombina olan devlet zirai işletmeleri veya üretme çiftlikleri ile işbirliğine gidebilmeleri halinde bu işbirliğinden en ziyade köyler kazançlı çıkabilirdi."[107] Kombinalar Projesi, basının ilgisizliği, siyasilerin vurdumduymazlığı ve İsmet İnönü'nün başbakanlıktan ayrılması ve özellikle de Atatürk'ün ölmesi gibi nedenlerle gündemden düşerek unutulmuştur.[108]

* * *

Bülent Ecevit, Köy-Kent Projesi'nin, Atatürk tarafından planlanan, programlanan, şekilleri çizilen İdeal Cumhuriyet Köyü Projesi'nden esinlenilerek hayata geçirilmek istendiğini bizzat ifade etmiştir.[109]

Bülent Ecevit, Atatürk'ün İdeal Cumhuriyet Köyü Projesi' nden esinlenerek hazırlattığı Köykent Projesi'ni uygulamaya da geçirmiştir. **Bolu-Taşkesti, Van-Özalp Köy (1978-79 ilk uygulama)** ve **Ordu Mesudiye Köykent Projesi** bunların başında gelmektedir.

İdeal Cumhuriyet Köyü Projesi'nden Venüs Projesi'ne

Atatürk'ün İdeal Cumhuriyet Köyü Projesi, sadece bir Türkiye projesi değil, bir dünya projesidir; hatta geleceğin projesidir.

Şöyle ki, Atatürk'ün İdeal Cumhuriyet Köyü Projesi, dünya çapında bir hareket olan ve "tüm insanlığın iyiliği için bilimsel yöntemlerle büyük bir sosyal kalkınmayı" savunan Zeitgeist Hareketi tarafından geleceğin "Venüs Projesi" olarak dünyaya sunulmuştur.[110]

Dünyayı kasıp kavuran Zeitgeist filmlerinde[111] anlatılan Ve-

---

107 age., s. 326.
108 age., s. 329.
109 Bülent Ecevit, *"Köylü Milletin Efendisi Olmalıdır"*, http://www.dsp.org.tr, (Erişim Tarihi: 28 Mayıs 2002).
110 Zeitgeist Hareketi hakkındaki tartışmalar için bkz. Komisyon, **Zeitgeist Ne Anlatıyor?** İstanbul, 2010.
111 İlk belgesel film, 2007'de **Zeitgeist: The Movie**; ikinci, **Zeitgeist: Addendum** 2008'de yayınlanmıştı. Zeitgeist"in 3. filmi **Zeitgeist – Moving Forward** adıyla

nüs Projesi dikkatle incelendiğinde Atatürk'ün İdeal Cumhuriyet Köyü Projesi'nden (ç)alıntı olduğu görülecektir. Ancak Venüs Projesi'nin yaratıcısının 1916 doğumlu Jacgue Fresco olduğu ileri sürülmektedir.

Zeitgeist Hareketi, 3. filminde Venüs Projesi'ni anlatmıştır. Proje, gelecekteki medeniyetin nasıl planlanması gerektiğine dair tespitlerde ve öngörülerde bulunmuştur.

Filmde, Venüs Projesi'yle ilgili çizimler yer almış ve teknoloji ile çevrenin ideal kullanımından söz edilmiştir.

  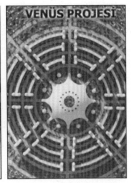

Görüldüğü gibi, Venüs Projesi çizimlerindeki "kent planı" Atatürk'ün İdeal Cumhuriyet Köyü Projesi'ndeki "köy planına" şaşırtıcı derecede benzemektedir.[112]

Ya geleceğin projesi olan **Venüs Projesi**'ni hazırlayanlar Atatürk'ün İdeal Cumhuriyet Köyü Projesi'nden esinlenmiş ya da Atatürk ve genç Cumhuriyet'i kuranlar 80 yıl kadar önce geleceğin projesini akıl edebilmiştir. Hangisi doğru olursa olsun, her iki durumda da bir kez daha Atatürk'ün "dehası" ile şekillenen genç Cumhuriyet'in büyük başarısı gözler önüne serilmekte ve bizlerin bu dehaya karşı nasıl "kayıtsız" kaldığımız görülmektedir.

---

vizyona girmiştir.

112 Mehmet Öcal, *"Atatürk'ün İdeal Cumhuriyet Köyü Projesi, Venüs Projesi Olmuş"*, **Eğitim Yuvası Formu**, 30 Nisan 2011.

Venüs Projesi'ndeki kent planı çizimi

Köy Aydınlanması

Atatürk'ün İdeal Cumhuriyet Köyü Projesi dikkatle incelenecek olursa Atatürk'ün kafasındaki ideal köyün; eğitime, bilime, kültüre, sanata, ekonomiye önem verilen, sosyal olanakların çok fazla olduğu çağdaş ve çevreci bir köy olduğu görülecektir. Atatürk, kafasındaki "ideal köyü" hayata geçirebilmek için köy halkını her konuda aydınlatmak ve bilinçlendirmek istemiştir. Bu amaçla da Millet Mektepleri, Halk Dershaneleri, Köy Öğretmen Okulları, Köy Eğitmen Kursları ve Halkevleri kurmuş ve Köy Enstitülerinin altyapısını hazırlamıştır.

Nitekim Atatürk, İdeal Cumhuriyet Köyü Projesi'nde 3 numarada Halkodası (CHP Kurağı)'na yer vermiştir.

Cumhuriyet'in ilk yıllarında Türkiye, nüfusunun %80'i köylerde yaşayan bir tarım ülkesidir. Ancak bu köylerin yaklaşık %90'ında okul yoktur. Cumhuriyet'in ilk yıllarında Türkiye'deki 40.000 köyün sadece 5000'inde okul vardır. Köylerde hâlâ eski dönemlerdeki gibi "hocalar" etkilidir.[113]

Genç Cumhuriyet eğitim ve ekonomi arasında doğrudan bir ilişki kurmuştur. Ekonomik kalkınmanın ancak köyden başlatılacak bilimsel ve pratik bir eğitim seferberliği ile mümkün olacağını düşünerek hareket etmiştir. Türk ekonomisinin ve onun bel kemiği durumundaki köy ekonomisinin temeli tarıma dayandığından tarımsal eğitime ağırlık vermiştir.

Bu nedenle İzmir İktisat Kongresi'nde, nüfusun % 90'ını oluşturan köylünün eğitim olanaklarına kavuşturulması öncelikli konulardan biri olarak ele alınmıştır. Bu eğitimin köylünün işine yarayacak, uygulamalı ve pratik bir eğitim olmasına dikkat edilmiştir. Bu nedenle özellikle tarımsal eğitime ağırlık verilmiştir. Kongrede bu konuda alınan kararlar şunlardır:

1. Köylülere tarımın tüm dallarını uygulamalı olarak öğretecek biçimde yazılmış kitap ve dergilerin bastırılarak ücretsiz dağıtılması,

2. İlkokullarda ve ortaöğretim basamağındaki okullarda sanayi ve tarımın yine uygulamalı olarak öğretilmesi,

3. Her ilde birbirine yakın köyler için yeter toprağı olan birer yatılı ilkokul açılması ve buralarda uygulamalı ve kuramsal tarım derslerinin de öğretilmesi,

4. Her ilde büyüklüğüne göre bir ya da daha çok sayıda uygulamalı tarım öğretimi yapılacak örnek çiftlikler niteliğinde çiftlikler açılması,

5. Köylerdeki ilkokulların hepsinin beş dönümlük bir bahçesi, iki ineklik, tekniğe uygun bir ahırı, yeni yöntemlere göre bir arılığı ve öğretmenler için iki odalı bir evi bulunması.[114]

Görüldüğü gibi genç Cumhuriyet'in köy okullarındaki eğitim programı, doğudan köy ekonomisini geliştirmek için tasarlanmış bir programdır. Cumhuriyet'in köy okulu sadece kuru bilgilerin ezberletildiği hayatın gerçeklerinden kopuk bir yer

---

113 Cemil Öztürk, **Atatürk Devri Öğretmen Yetiştirme Politikası**, Ankara, 1996, s. 250, 251.
114 Ozankaya, **age.**, s.253.

değil, küçük çağdaş bir tarımsal işletme olarak düşünülmüştür. Böylece köy gençleri hem çağdaş bir eğitim öğretim alacaklar, hem de modern tarım tekniklerini öğrenerek üretim yapacaklardı. Bu program, öğretmeni bir eve ve işletmeye sahip kılarak köy halkının gerçek bir parçası ve doğal önderi yapmayı amaçlamıştır. Köy imamlarının yerini köy öğretmenlerinin alma zamanı gelmiştir artık...

Millet Mektepleri ve Halk Dershaneleri

Atatürk, halk eğitimiyle ilgili ilk adımını daha Kurtuluş Savaşı yıllarında, 15 Temmuz 1921'deki Maarif (Eğitim) Kongresi'yle atmıştır.

Kurtuluş Savaşı'nın ardından 15 Temmuz 1923'te Birinci Heyet-i İlmiye Toplantısı yapılmıştır. Bu toplantı sonunda bir *"Halk Eğitimi Raporu"* hazırlanmış ve 25 Kasım 1923'te de halk eğitimi çalışmaları başlatılmıştır.

1926 yılında da İlköğretim Genel Müdürlüğü'ne bağlı "Halk Terbiyesi Şubesi" açılmıştır.

11 Kasım 1928'de *"Millet Mektepleri Talimatnamesi"* kabul edilmiş, 1 Ocak 1929'da da Millet Mektepleri'nin ilk dershanesi açılmıştır.

Halk dershanelerinde, eski harfleri bilenlerin iki ay, bilmeyenlerin ise dört ay eğitim görmeleri kararlaştırılmıştır. Atatürk de "başöğretmen" olarak kasaba kasaba, köy köy, halkın ayağına kadar giderek bu Halk dershanelerinde halka yeni harfleri öğretmiştir.[115]

Ülkenin her yanında açılan Millet Mekteplerine 15 ile 45 yaşları arasındaki tüm yurttaşların katılmaları zorunlu tutulmuştur. 45 yaşının üzerindeki yurttaşlar için bu kurslara katılmak isteğe bırakılmıştır.

Millet Mektepleri Talimatnamesi'ne göre herkese yeni harflerle okuma yazma öğretilmesinin amaçlandığı, okuma yazma

---

115 Firdevs Gümüşoğlu, **Ülkü Dergisi ve Kemalist Toplum**, İstanbul, 2005, s. 82-84.

seferberliğinin köylerden başlatılması gerektiği vurgulanmıştır. Örneğin talimatnamenin 2. maddesinde, *"Millet Mekteplerinin umumi teşkilatı sabit ve seyyar olmak üzere (A) ve (B) dershanelerinden, halk okuma odalarıyla, köy yatı dershanelerinden (yatılı okul) mürekkeptir,"* denilirken, 3. maddesinde de, *"Şehir ve kasabalarda ve mektebi bulunan köylerde açılan Millet Mektebi dershanelerine sabit; mektepsiz köylere bir devre için muallim (öğretmen) göndermek suretiyle açılan dershanelere de seyyar dershane denir,"* denilmiştir.[116]

A tipi dershanelerde hiç okuma yazma bilmeyenler veya Arapça harfleri okuyup yazabilenlere yeni harfler öğretilmişken, B tipi dershanelerde ise A tipi dershaneyi bitirmiş olanlara "yurttaşlık bilgisi" ile hayatta gerekli olan temel bilgiler verilmiştir. A tipi dershanede öğretmen haftada dört saat alfabe, okuma yazma ve imla kuralları ile, haftada iki saat temel matematik kavramlarını öğretmekle yükümlüdür. B tipi dershanelerde ise iki saat okuma yazma, iki saat hesap ve ölçüler, bir saat sağlık bilgisi ve bir saat yurt bilgisi dersleri öğretilmiştir.[117]

Millet Mekteplerinde halka yalnızca okuma yazma öğretilmemiş, aynı zamanda günlük yaşamda gerekli matematik ve sağlık bilgileri ile çağdaş yurttaş olabilmek için gereken bütün temel bilgiler verilmiştir.

Atatürk, özellikle kırsal kesimde, köylerde halk eğitimini yaygınlaştırmak amacıyla çok sayıda kitap hazırlatmıştır. Bunlar: *"Köy Kıraati"*, *"Halk Okuma Kitabı"*, *"Millet Mektepleri ile Halk Dershanelerine Mahsus Yurt Bilgisi"* gibi adlar taşıyan pratik kitaplardır. Çok anlaşılır ve arı duru bir dille yazılmış olan bu kitaplarda halk, "ağa, şeyh, derviş, hacı, hoca" diye adlandırılan kişilere ve tarikat öğretilerine karşı dikkatli olması konusunda uyarılmış, Osmanlı İmparatorluğu'nun çöküş nedeninin köylünün ihmal edilmesi ve yoksullaşması olduğu belirtilmiş ve kadının toplumsal yaşamda daha ön planda yer alması gerektiğinin altı çizilmiştir.[118]

---

116 age., s. 84.
117 age., s. 85.
118 age., s. 88.

Millet Mekteplerini bitirenlere verilen vesika

"*Köy Kıraati*" adlı kitaptaki bir okuma parçası, Atatürk'ün "İdeal Cumhuriyet Köyü" derken aslında neyi amaçladığını gözler önüne sermesi bakımından çok dikkat çekicidir.

İşte "*Gazi ve Mehmetçik*" adlı o okuma parçası:

"*Her tarafta mektepler açılıp çoğalmaya başladı. Çocuklar Arapça mavalların ve asılsız masalların yerine toprağın nasıl ekilip biçileceğini, madenin nasıl çıkarılıp işleneceğini, dut yaprağının nasıl atlas olacağını öğrenmeye koyuldu.*

71

Bir taraftan Büyük Millet Meclisi halkın rahatına, memleketin ilerlemesine yarayacak birçok kanun yaptı. Herkes tarlasına köyüne sahip oldu. Aşar kalktı. Dört karı almak yasak oldu. Kadını, keyfi istemeyince eski pabuç gibi sokağa atmak âdeti kalktı. (...) Türk köylüsü, Mehmetçik, orduda iken okuyup yazmaya heveslenmişti. Yıllarca çalıştıktan sonra harfleri biraz seçer ve lakin bir türlü birbirine ekleyerek doğru dürüst okuyup yazamazdı. Hoş, yalnız o değil, köyün imamı da, muhtarı da mektupların, gazetelerin içinden bir türlü çıkamazlardı ya... Belli idi ki bu eciş bücüş işaretlerde aşılmaz bir zorluk vardı. (...) Arap harflerini yıllarca çalıştığı halde sökememişti. Bu Türk harflerini bir ay içinde su gibi öğrendi. Bunların biri birine eklenmesi de kolaydı. Şimdi gazeteleri, kitapları gürül gürül okumaya, hesaplarını, mektuplarını harıl harıl yazmaya başladı."[119]

Halk dershanelerinde ve Halkodalarında okutulması için hazırlanan bu ders kitaplarıyla halk, pek çok konuda aydınlatılmak, bilinçlendirilmek istenmiştir. Bu konulardan biri de "sağlıklı çevre koşulları" ve "hastalıkların nedenleri"dir. Örneğin *"Köy Kıraati"* adlı kitapta *"Sazlıköyün Derdi"* adlı yazıda bu konular şöyle işlenmiştir:

"Sazlıköy ile Kahramanlar köyünün arası ancak bir saat çeker, ama insanlarının gürbüzlüğüne ve sağlamlığına bakılınca ayrılıkları çoktur. Sazlıköy halkının yarıdan fazlası sarı ve cılızdır. Çocuklarının yüzleri solgun boyunları armut sapı gibi ince, karınları davul gibi şişkin, bacakları değnek gibi zayıf... Kahramanlar köyüne gelince iş büsbütün değişir. Bunların çoğu kapı gibi iri, demir gibi sağlam adamlardır. Harmanlıklarda oynayan çocuklar kırmızı suratlı topuz gibi yuvarlaktır.

Birbirine komşu olan bu iki köy insanlarındaki ayrılığın sebebini çok merak ettim. Kahramanlara geldiğim zaman işi köylüden sordum; bana:

'Eskiden Kahramanlar, Sazlı'dan daha kötü idi. Gezicilik insana çok şeyler öğretiyor. Ben de askerlikte köyden çıkmıştım.

---

119 Anonim, **Köy Kıraati**, Devlet Matbaası, İstanbul, 1928, s. 14-17.

Beş altı yıl birçok memleket dolaştım. Bir köyü sıtmadan kurtarmanın çok kolay bir iş olduğunu öğrendim.

Buraya döndüğüm ilk yıl kendi evimden başlayarak yavaş yavaş bütün köyün evlerindeki pencerelere çok ince delikli tel geçirttim. Kasabadan aldığımız bu teller sıtmayı taşıyan sineklerin evlere girmesine ve marazi açılmasına engel oluyordu. Ama iş bununla bitmedi. Evlerin, tarlaların kenarlarında sular birikir, bataklık yaparlardı; sinekler buralardan ürerlerdi. O yaz başında bu su birikintilerine birkaç kere gaz yağı döktüm. Gaz yağı sineklerin yumurtalarını öldürüyordu. Faydasını anlayınca köylü de buna alıştı. Sonra düşündüm ki, bu bataklıklara yol açan, durgun suları çaya akıtsak, gaz yağı dökmeye, bu yüzden ziyana girmeye hacet kalmayacak. Ertesi gün köylüyü topladım, işi anlattım hep bir olduk. Beş on gün içinde köyün etrafında durgun su bırakmadık. İşte böylece sineklerin kökü kurudu; sineklerle beraber sıtmanın da arkası kesildi. Şimdi aradan otuz yıldan fazla geçmiştir. Köyümüzde bir tek sıtmalı, bir tek cılız insan yoktur.'

Ayrılırken Ahmet Ağa'nın mübarek ellerini öptüm. Sazlıköyü'nün derdini, bütün Anadolu köylerinin derdini düşündüm. Bundan sonra her köyde bir Ahmet Ağa'nın yetişmesini ve onun yaptığı gibi köyümü sıtmadan kurutmasına içimden dua ettim."[120]

Millet Mekteplerini bitirenlerin öğrendiklerini unutmamaları için de haftalık *Halk* gazetesi yayımlanmıştır. Gerek kitaplar gerek gazeteler Millet Mekteplerinde öğrenim görenlere ücretsiz dağıtılmıştır.[121]

Atatürk, İdeal Cumhuriyet Köyü'nü hayata geçirmek için her şeyden önce köylünün bilinçlendirilmesini amaçlamıştır.

1929-1933 tarihleri arasında Türkiye'de 54.050 Millet Mektebi açılmıştır. Bunun 18.589'u kentlerde, 35.461'i köylerdedir. Beş yıl içinde Millet Mekteplerine devam eden 2.305.924 kişiden 1.124.926 kişi yeni yazıyı öğrenip diploma almıştır.[122]

---

120 age. s. 58-60.
121 Ozankaya, **age.**, s. 257.
122 Bilal Şimşir, **Türk Yazı Devrimi**, Ankara, 2008, s. 242-245; Ozankaya, **age.**, s. 257.

1929-1936 tarihleri arasında Millet Mekteplerinden toplam 2.546.051 kişi diploma almıştır.[123] Hiç okuma yazma bilmeyen 458.000 köylü kadından 152.968'ine Millet Mekteplerinde okuryazarlık belgesi verilmiştir.[124]

Resmi istatistiklere göre 1929-1950 yılları arasında A ve B dershaneleri olarak adlandırılan 84.000'e yakın Millet Mektebi açılmıştır. A dershanelerinden 1.400.000'den fazla kişi, B dershanelerinden 350.000'den fazla kişi belge almıştır.[125]

Türkiye'de 1927 yılında okuma yazma oranı erkeklerde %7 kadınlarda %04 iken, Harf Devrimi'nden 7 yıl sonra, 1935 nüfus sayımına göre (toplam 17 milyon) okuma yazma oranı erkeklerde %23'e, kadınlarda %8'e yükselmiştir.[126] Bu oran, Harf Devrimi öncesinin neredeyse üç katıdır.[127] Okuma yazma oranı sürekli artarak 1940'larda %30'lara yükselmiştir. Neresinden bakılırsa bakılsın bu artış bir dünya rekorudur.

Türkiye'de 1727-1927 yılları arasındaki 200 yılda yaklaşık 30.000 kitap basılmışken, Harf Devrimi'nin yapıldığı 1928 yılından 1943 yılına kadar geçen 15 yıllık sürede 31.000 kitap basılmıştır. Sadece bu rakam bile Harf Devrimi'nin olağanüstü başarısını gözler önüne sermeye yeter.

Görüldüğü gibi Atatürk, Harf Devrimi'yle Türkiye'yi bir gecede cahil bırakmamış, tam tersine Harf Devrimi'nden sonra yeni harfleri halka öğretmek için açtığı Millet Mektepleriyle ve Halkevleriyle halkı Türk tarihinin hiçbir döneminde olmadığı kadar hızlı bir şekilde aydınlatmış, bilinçlendirmiştir.[128]

Benoit Mechin'in dediği gibi: "*Gazi bu sonucu elde etmek için bütün memleketi okula gönderiyordu. Bilgili insanlarla hiç okuma yazma bilmeyenler, sokak süpürgecileri ile hocalar ve milletvekilleri, köylülerle birlikte askerler ve memurlar, hepsi*

123 Sami N. Özerdim, **Yazı Devriminin Öyküsü**, Ağustos 1998, s. 24-45.
124 Şimşir, **age.**, s. 245.
125 Turhan Oğuzkan, **Türkiye Cumhuriyeti'nde Halk Eğitimi**, ek, s. 83'ten nakleden H. Fethi Gözler, **Atatürk İnkılâpları, Türk İnkılâbı**, İstanbul, 1985, s. 256.
126 Sina Akşin, **Kısa Türkiye Tarihi**, İstanbul, 2007, s. 237.
127 Özakman, **age.**, s. 792, dipnot 436a.
128 Harf Devrimi'ne yönelik eleştirilere verilen yanıtlar için bkz. Sinan Meydan, **Cumhuriyet Tarihi Yalanları**, 1. Kitap, İstanbul, 2010, s. 419 vd.

okula devama mecbur edildiler. Ve böylece herkes okuyup yaza-cak ve önlerinde yeni bilgi kapılarının açıldığını göreceklerdi."[129]

Köy Eğitmenleri Projesi

Cumhuriyet kurulduğunda tüm ülkedeki toplam öğretmen sayısı 3000 kadardır. Bunların da yarısı öğretmen okulu çıkışlı değildir. Erkek öğretmen okullarında 400, kız öğretmen okulla-rında ise 300 kadar öğrenci vardır. 4 Kasım 1920'de Balıkesir Milletvekili Vehbi Bey, TBMM'de yaptığı konuşmada eğitimin içler acısı durumunu şu sözlerle ortaya koymuştur: "*Bir kasaba-da yalnızca birkaç yüz hane gayrimüslim buna karşılık binlerce hane Müslüman yaşadığı halde, gayrimüslimlerin düzenli ilko-kulları, ortaokulları, yüksek öğrenim görmüş öğretmenleri oldu-ğunu görüyoruz. Buna karşılık on binlerce Müslüman nüfusun bir tek okulu yoktur.*" Aynı toplantıda birçok milletvekili, kendi illerinde hiç okul bulunmadığını dile getirmiştir.[130]

İdeal Cumhuriyet Köyü Projesi'nde okul, öğretmenevi ve okuma odası gibi mekânlara yer veren Atatürk, köylünün eği-timine çok büyük bir önem vermiştir. Millet Mektepleriyle bu konuda önemli bir başarı elde edilmiştir, ancak zaman içinde büyük bir öğretmen sıkıntısı baş göstermiştir. Mustafa Necati Bey'in gayretleriyle Köy Öğretmen Okulları kurulmuştur. Bunlar Türkiye'de öğretmen yetiştirmek için kurulmuş ilk okullardır.[131] Ancak bu okullarda istenilen sonuç alınamamıştır. Bunun üzeri-ne Atatürk, dönemin Kültür Bakanı Saffet Arıkan'a, "*Ordudan yararlanılamaz mı? Ordumuzda ne çavuşlar vardı, biliyorsun. Onlardan öğretmen yetiştirilemez mi?*"[132] diyerek soruna çö-züm getirmiştir. Bunun üzerine askerliğini çavuş olarak yapmış köylü çocuklarının, sekiz aylık bir kursta, köylüye okuma yazma ve basit hesap öğretecek, onlara sosyal ve ekonomik hayatların-

129 Mechin, **age.**, s. 273.
130 Ozankaya, **age.**, s. 228, 229.
131 Öztürk, **age.**, s. 250.
132 Bahattin Uyar, **Tonguç'un Eğitmenleri**, Ankara, 2000, s. 77.

da rehber olacak şekilde yetiştirildikten sonra köylere "eğitmen" olarak atanmalarına başlanmıştır.[133]

Atatürk'ün işaretiyle harekete geçen Bakan Saffet Arıkan, ilköğretim genel müdürü olarak görevlendirdiği İsmail Hakkı Tonguç'la birlikte çalışmaya başlamıştır.[134]

Saffet Arıkan   *İ. Hakkı Tonguç*

Tonguç, köyleri dolaşarak bir rapor hazırlamıştır. O rapor doğrultusunda öğretmen yetiştirme konusunda kısa sürede çok ciddi adımlar atılmıştır. Yetiştirilecek yeni tip öğretmen, köyün adeta bir parçası olacaktır. Bu köy öğretmeni, Cumhuriyet'in değerlerini ve eğitim politikasını en basit bir dille çocuklara ve büyüklere anlatacaktır. Bu köy eğitmeni, köyü içerden dönüş-

133 Öztürk, **age.**, s. 250.
134 Cumhuriyet'in en önemli projelerinden biri **milli eğitim**dir. Atatürk, çağdaşlık ve bağımsızlık ideallerinin ancak laik ve ulusal bir eğitimle mümkün olabileceğini görmüş ve bu doğrultuda daha Kurtuluş Savaşı yıllarından itibaren çalışmalar başlamıştır. İlk eğitim kongresi, Kurtuluş Savaşı devam ederken 1921 yılında toplanmıştır. Atatürk, Eğitim Devrimi'ni yaparken hem yerli hem de yabancı uzmanlardan yararlanmıştır. **John Dewey, Kemerrer, Kühne** gibi dünyanın en önde gelen eğitim bilimcileri ve felsefecileri Türkiye'ye çağrılmış, onların görüşleri Türkiye'nin koşullarına uyarlanarak hayata geçirilmiştir. Atatürk, Milli Eğitim Bakanlığı'nın başına hep ülkenin en değerli eğitimcilerini getirmiştir. Öncelikle **Mustafa Necati Bey** gelmiştir. Onun eğitim kadrosunda Rüştü Uzel, Cevat Dursunoğlu, **İsmail Hakkı Tonguç** vardır. Daha sonra 1930'larda **Saffet Arıkan** gelmiştir. Saffet Arıkan, Halil Fikret Kant'ın faşizan görüşlerine önem vermeyerek İlk Öğretim Genel Müdürlüğü'ne **İsmail Hakkı Tonguç**'u getirmiştir (Ozankaya, **age.**, s. 242).

türecektir. 6-8 aylık kısa süreli kurslarla eğitimden geçirilerek köye gönderilecek olan yeni köy öğretmeninin adı "eğitmen"dir. Eğitmene, köyde yaşayabileceği ve çalışabileceği büyüklükte, gereksinimini karşılayacak kadar tarla, temel araç gereçler ve çok az miktarda bir maaş verilecektir. Eğitmenler, askerliğini yapmış, iyi derecede okuma yazma bilen uyanık gençlerden seçilmiştir. Sonraları, eğitmenlerin eşleri, kızları, kardeşleri ve yakın akrabalarından oluşan "kadın eğitmen" yetiştirme denemesi de yapılmıştır.

İsmail Hakkı Tonguç'un köyleri dolaşarak hazırladığı rapora göre köy öğretmeninin/eğitmeninin nitelikleri şöyle olmalıdır:

1. Eğitmen köy hayatını yaşayarak öğrenmiş olmalıdır.
2. Yaş, bilgi, görüş, anlayış bakımlarından köyde yapacağı işler dolayısıyla karşılaşacağı güçlükleri yenebilecek durumda olmalıdır.
3. Sade fakat ileri bir yaşamı köye sokabilmek için bıkmadan çalışabilmelidir.
4. Köyün zorunlu eğitim çağındaki çocuklarıyla gençlerine okuma yazma, hesap, yurt ve yaşama bilgilerini, yürürlükteki eğitim-bilim yöntemlerine göre öğretebilecek düzeyde olmalıdır.
5. Köyde, özellikle eğitim, tarım işleri ve genel yaşam düzeyini yükseltici işler bakımından devleti temsil edebilecek kudrette olmalı, devleti temsil edebilmelidir.
6. Köyün, devletin ve kendi alınyazısının, birbirine bağlı olduğunu bilerek çalışabilmelidir.[135]

Tonguç'un bu raporu, bazı itirazlara karşın tarım ve eğitim bakanlıklarının işbirliğiyle 11 Haziran 1937'de mecliste kabul edilmiştir.

Kanunun 1. maddesi şöyledir: "*Nüfusları öğretmen gönderilmesine elverişli olmayan köylerin, öğretim ve eğitim işlerini görmek, ziraat işlerinin fenni bir şekilde yapılması için köylülere rehberlik etmek üzere köy öğretmenleri istihdam edilir.*"[136]

---

135 Gümüşoğlu, age., s. 94-95.
136 Anonim, **Köy Eğitmenleri Kanun ve Talimatnamesi**, Kanun No: 3238, 13.

Atatürk bir okul
ziyaretinde (1937)

Atatürk, bir gencin dilekçesini
incelerken (Kasım 1930)

İlk eğitmen kursu, Eskişehir'in Çifteler Çiftliği'nde açılmıştır. 1936'da açılan bu deneme kursunda üç proje ile üç okul bitirilmiş, ayrıca tarım aletlerinin bakım ve onarımı, atların ve ineklerin yapay tohumlama işleri, ekinlerin, otların biçilip harmanlanması gibi işler yapılmıştır. Bu işler, yaparak, yaşayarak gerçekleştirilen bir eğitim süreciyle tamamlanmıştır. Sınıf sistemi yerine grupla çalışmaya, ekip/takım çalışmasına; teorik bilgiden çok gözlem, deney ve uygulamaya ağırlık verilmiştir.[137]

Köy eğitmenlerinin, köy hayatında karşılaşacakları sorunları, basit ve pratik çözümlerle ortadan kaldıracak tarzda yetiştirilmeleri amaçlanmıştır. Bunun için ilk dönemlerde eğitmenlere yol gösterecek "kılavuz" ders kitapları hazırlanmıştır. Bu kitaplardan *"Okuma Kitabı"*nın bizzat eğitmenlerce hazırlanması istenmiştir.

*"Burada, daha önce hiçbir yerde görülmemiş bir uygulama söz konusudur. Eğitmenin ders kitabı yine eğitmene yazdırılacaktır. Hasan Âli Yücel'in, eğitmen adaylarının hazırladığı metinler üzerinde düzeltme yapılmaması için gönderdiği talimat anlamlıdır. Bu uygulamada; uygarlık merkezinden uzak bir köyde çalışacak olan eğitmenin, o köye yabancı bir üslupla eğitim vermesine engel olmak, köylü-eğitmen yabancılaşmasının önüne geçmek ve öğretmenin 'yaban' olarak görülmesini engellemek başlıca kaygıyı oluşturur."[138]

---

137 Uyar, **age.**, s. 106.
138 Gümüşoğlu, **age.**, s. 97.

Alınan bu karar kısa sürede uygulanmış ve bu doğrultuda eğitmenlerin yazdıkları okuma parçalarından oluşan *"Halk Okuma Kitabı"* yayınlanmıştır. Kitabın yazılış amacı "giriş" bölümünde şöyle ifade edilmiştir:

"Yazılar seçilirken mevzuların köy hayatına dair olanlarına fazla kıymet verilmişti. Bu suretle köylüler arasında yayılması faydalı görülen kıymetlerin çoğu, hikâye, türkü, destan ve temsil şeklinde yazılmış olan parçalarla ifade edilmiş bulunmaktadır. Bunlar birçok insanın seve seve okuyacakları yazılardır."[139]

Köy Öğretmenleri Kanun ve Talimatnamesi'nde belirtildiği gibi bu projede merkezden ve pazar yerlerinden uzak köylerde köylünün üretimini artırmak ve sağlığı tehdit eden koşulları ortadan kaldırmak birincil görev olarak belirlenmiştir. Bunun dışında okuma yazma, yurt ve yaşam bilgisi dersleriyle "köydeki durağan hayata hâkim olacak şekilde" yeni bir atmosfer yaratılması amaçlanmıştır. Burada, "köyün kaderiyle kendi kaderinin ve devletin kaderinin birbirine bağlılığına" yapılan vurgu çok dikkat çekicidir.[140]

Eğitmen, bakanlığın kendisine verdiği plan dahilinde, köylülerin de yardımıyla şu görevleri yerine getirmekle yükümlüdür:

- Köy okulu yapacak,
- Köyün zirai (tarım) durumunu kayıt ve tespit edecek,
- Fidanlık yetiştirecek,
- Köy içinde birer hektardan az olmamak üzere koru ve meyve bahçesi oluşturacak,
- Bulunduğu köyün yağmur durumunu tespit edecek,
- Fenni kümes, kovan gibi araçlardan köylüleri yararlandırarak köye örnek olacak...[141]

Köy eğitmenlerine verilen bu görevler, Atatürk'ün yeşilliklerle bezeli, modern tarım yapılan ve köy halkı için her türlü

---

139 Anonim, **Halk Okuma Kitabı**, Tarım ve Kültür Bakanlığı Köy Eğitmeni, Tarım ve Kültür Bakanlığı Köy Eğitmeni Yetiştirme Kursları Neşriyatı, S. 23, Devlet Basımevi İstanbul, s. 1.
140 Gümüşoğlu, **age.**, s. 95.
141 Anonim, **Köy Eğitmenleri Kanun ve Talimatnamesi**, Kanun No: 3238, s. 8-10.

sosyal imkâna sahip İdeal Cumhuriyet Köyü'nün düşünceden uygulamaya geçirilmesinde herkesten çok köy eğitmenlerine (öğretmenlerine) güvendiğini ve herkesten çok onlara görev ve sorumluluk yüklediğini göstermektedir.

Turgut Özakman, Cumhuriyet'in Köy Eğitmenleri Projesi' yle köylerin çehresinin nasıl değiştiğini şöyle ifade etmiştir:

"*Çatısında al bayrağın dalgalandığı beyaz badanalı, tek katlı küçük köy okulları köylere Cumhuriyeti, uygarlığı, bilgiyi, aydınlanmayı getirmişti. Öğretmen köye tarımda, hayvan bakımında sağlık konusunda bilgice yardımcı oluyordu. Köy İhtiyar Heyetinin kâtipliğini yapıyordu. Köylü, el altından dinsiz diye tanıtılan köy eğitmenlerinin dini de iyi bildiklerini görüp ayılmaktaydı. Öğretmen köylüyle aynı dili konuşuyordu: Hepsi köy kökenliydi çünkü. Köyü, köylüyü iyi biliyordu. Köy için yetiştirilmişlerdi.*

Okuma-yazma öğrenen köylünün kitaplardan yararlanması, okumayı unutmaması için, köylerde okuma odası kurulmaya başlanmıştı. Bunlar ya muhtarlığın bir bölümü, ya köy okulunun bir köşesi, belki bir raftı. Bakanlık buralara parasız kitaplar yolluyordu. Köycülük kolları da okuma odası olan köylere ziyarete geldikleri zaman armağan olarak kitaplar getiriyorlardı."[142]

Bu Köy Eğitmenleri Projesi ileride Köy Enstitüleri Projesi'ne kaynaklık edecektir.

Türkiye'nin dört bir yanında asırlardır ihmal edilmiş, kaderine terk edilmiş, okuma yazma oranının %1'lerde, 2'lerde seyrettiği köylere eğitim, üretim, bilgi, kültür ve sanat götürmek için hayata geçirilen Köy Eğitmenleri Projesi kısa zamanda çok büyük bir başarı elde etmiştir. Köyler kalkınmaya, köylüler aydınlanmaya, üretim ve kültür artmaya başlamıştır.

Köy Eğitmenleri Projesi sayesinde 1940'ların ortalarına gelindiğinde Türkiye'deki 40.000 köyün 7.000'ine daha okul götürülmüştür.[143] Koskoca Osmanlı'da sadece 5.000 köye okul

---

142 Özakman, **age.**, s. 525.
143 Öztürk, **age.**, s. 251.

götürülebilmişken, genç Cumhuriyet sadece 4 yılda (1936-1940) 7.000 köye okul götürmüştür. Böylece toplamda 12.000 köy okula ve öğretmene kavuşmuştur.

17 Nisan 1948 tarihli bir genelgeyle Köy Eğitmen Kursları kapatılmıştır.[144]

HALKEVLERİ PROJESİ

Atatürk'ün toplumsal aydınlanma projelerinin başında Halkevleri gelmektedir. Halkevleriyle köyden kente bütün bir toplumun eksiksiz bir şekilde aydınlatılması amaçlanmıştır. Millet Mektepleriyle başlayan okuma yazma seferberliği ve halk aydınlanması, Halkevleriyle daha da artırılarak devam ettirilmiştir.

Halkevleri, Çekoslovakya'da dernek olarak örgütlenen, kent ve kasabalarda merkezleri, köylerde lokalleri olan, Çek ve Slovak toplumunu kültürel olarak canlı tutan "Sokollar"dan esinlenilerek hayata geçirilmiştir. 1930'ların başında Atatürk'ün önerisiyle ve dönemin Milli Eğitim Bakanı Dr. Reşit Galip'in çağrısıyla bir ekip oluşturularak Sokol benzeri bir örgütlenme için çalışmalara başlanmıştır.[145]

Halkevlerinin açılmasına Cumhuriyet Halk Partisi'nin 1931' deki 3. Kurultayı'nda karar verilmiştir.

1912'de İttihat ve Terakki'nin kurduğu Türk Ocakları kapatılarak onun yerine Halkevleri açılmış, Türk Ocaklarının mal varlıkları da Halkevlerine devredilmiştir.[146]

Atatürk, çağdaş demokratik devrimini halka benimsetmek amacıyla kurduğu Halkevlerinin başına Dr. Reşit Galip'i getirmiştir.

Türk Rönesansı'nı başlatacak olan Halkevleri, 19 Şubat 1932' de Ankara'da yapılan bir törenle açılmıştır. Türkiye genelinde An-

---

144 Gümüşoğlu, **age.**, s. 99.
145 **age.**, s. 129.
146 Yusuf Sarınay, **Türk Milliyetçiliğinin Tarihi Gelişimi ve Türk Ocakları -1912 -1931-**, İstanbul 1994, s. 144-145; Tevfik Çavdar, *"Halkevleri"*, **Cumhuriyet Dönemi Türkiye Ansiklopedisi**, C 4, s. 878-879.

kara Halkevi'yle birlikte aynı anda 14 Halkevi açılmıştır.[147] Kısa süre sonra bu sayı 24'e çıkmıştır.

Ankara Halkevi'nin açılışında konuşan Dr. Reşit Galip, Halkevlerinin açılış amaçlarını şöyle ifade etmiştir:

"Davamız, uygarlık yarışında yitirilen zamanı en kısa zamanda kazanmak, layık olduğumuz dereceye yani en ileriye varmaktır. Bugün 14 ilimizde birden partili partisiz her vatandaşın yararlanabileceği Halkevleri halkın hizmetine giriyor. Bu sayı her yıl yeni katılacak Halkevleri ile binleri aşacak ve bu kültür ve eğitim kurumları bütün yurdu kaplayacaktır. Ara sıra devrimlerin bittiğinden bahsedenlere rastlıyoruz. Bu görüş tembel, yorgun, cesaretsiz ruhların görüşüdür. Çünkü bitmeyen bir özlem, yorgunluk tanımaz bir çalışma, gevşekliğe düşman bir irade ile ilerlemek, engelleri çatır çatır kırmak, yol kesen olumsuz ruhu nerede bulursak orada boğarak arayı ışık hızıyla kapatmak zorundayız."

Her Halkevi kendi yönetim organlarını kendi seçecektir. Halkevleri gerçekten halkın evleri olmuş, tüm vatandaşları hiçbir ayrım gözetmeden kucaklamıştır.

Halkevlerinin Ankara'da bir genel merkezi de yoktur; sadece eşgüdümü sağlamak amacıyla Halkevleri Bürosu vardır.

Halkevleri Türkiye'nin en ücra köşelerine kadar konferanslar, sohbetler, konserler, sergiler, kurslar, tiyatro ve film gösterileri, anma toplantıları, çevre ve köy araştırmaları, folklor çalışmaları, derlemeler, sosyal yardım faaliyetleri, bireysel ve kitlesel sporlar, kitap ve dergi yayımlama, kütüphane kurma gibi birçok farklı alanda eğitici ve aydınlatıcı etkinlikler yapmıştır.

Her Halkevinde bir okuma odası bulunması ve gezici kütüphanelerle okuma alışkanlığının artırılması amaçlanmıştır.

Halkevleri eğitim-kültür-aydınlanma seferberliğini, hayatın bütün alanlarında çalışarak, halka her konuda yardım etmeyi ilke edinmiş öğretmenler ve gönüllü genç kadınlar ve erkeklerle gerçekleştirmiştir.

---

147 Bu Halkevleri şunlardır: Ankara, Adana, Afyon, Aydın, Bursa, Çanakkale, Denizli, Diyarbakır, Eskişehir, Konya, İstanbul, İzmir, Samsun, Van.

Halkevleri 1932'den itibaren doğrudan CHP'ye bağlı olarak teşkilatlanmaya başlamış ve hızla ülke geneline yayılmıştır. Partinin ve yeni kurumun amacı "Halkevleri Yönetmeliği"nde şu cümlelerle ifade edilmiştir:

"Partimiz, kılavuzluğu ile kurtardığı vatanı siyasal, sosyal ve ekonomik derin ve sağlam temeller üzerinde yükseltmek karar ve dölenindedir (azim). Partimiz, Türk ulusunu medeniyet alanında da layık olduğu yere yani en yüksek dereceye çıkaracağı davasındadır. Son iki, üç asırlık siyasal ve sosyal düşüklük ve gerileme etkelerinin (amil) ulusal hayat yürüyüşüne verdiği ağırlık ve bu süre içinde başka ulusların aldığı yol gözümüzün önündedir. Bu görü bize nasıl çalışmamız gerekli olduğunu anlatır."[148]

İkinci yılında sayıları 80'e çıkan Halkevleri sadece illerde değil ilçelerde de açılmaya başlanmıştır. Bafra, Alanya, İnebolu, Urla, Nazilli, Milas, Mudanya, Bergama, Kula, Silvan, Ünye, Ürgüp, Ödemiş gibi ilçelerde Halkevleri açılmıştır.

Başbakan İsmet İnönü, ikinci açılış yıldönümü kutlamasında yaptığı konuşmada, *"Halkevlerine yön gösteren düşünce yurtseverliktir. Halkevleri bütün vatandaşların ortak malıdır. Herkes burada bir araya gelerek vatanın geleceği için programlar geliştirecektir. Yeni Türklerin bilim, kültür ve spor çerçevesinde yetiştirilmesine çalışıyoruz,"* demiştir.[149]

Halkevlerinde, o sırada dünya genelinde etkili olan modern mimarlığın belirgin etkileri görülmüştür. Bu nedenle Halkevleri, hem Türkiye Cumhuriyeti'nin çağdaş temellerinin atılması ve ulusun bilinçlendirilmesi hem de Erken Cumhuriyet Dönemi modern Türk mimarlığının gelişimi açısından büyük önem taşımaktadır.

Yeni Türkiye'de "ulus bilinci" oluşturmak ve bu bilinci sağlamlaştırmak; yeni Türkiye halkına devrimleri benimsetmek ve onları bu yönde eğitmek amacıyla kurulan Halkevleri, bilim kadar sanatın da toplumda yer edinmesine öncülük etmiş ve gerçek anlamda kültürel bir devrim başlatmıştır.

---

148 C.H.P. **Halk Evleri Öğreneği**, Ankara, 1935, s. 3.
149 Özakman, age., s. 503.

Halkevleri, o döneme kadar gençlerin okul ve arkadaş çevresiyle, yetişkinlerin cami ve tarikat çevresiyle sınırlı olan mekânsal çerçeveyi genişletmesi ve böylece yeni ve çağdaş bir toplumsal katılım anlayışı yaratması ile sosyal bir devrim niteliği taşımaktadır. Cumhuriyet'in anıtsal Halkevi projeleri ve bu projeler doğrultusunda yurdun dört bir yanında inşa edilen Halkevi binaları, Cumhuriyet'in kendine özgü bir mimari anlayış geliştiremediği iddiasını tamamen çürütmektedir.

Kayseri Halkevi, Leman Tomsu-Münevver Belen (1937)

Genç Türkiye Cumhuriyeti, 20. yüzyılın ilk yarısında tüm dünyadaki tasarım eğilimlerini etkisi altına alan modernizmden etkilenmiştir. Cumhuriyet'in önemli simgelerinden olan Halkevi binaları, Türkiye mimarlık tarihinde çok özel bir yere sahip eserlerdir. Sosyal hayatta yaşanan modernleşmenin mimari alandaki karşılığı Halkevleridir.

Her kentte ve kasabada kurulması hedeflenen Halkevlerinden, bu hedef doğrultusunda 1931-1951 tarihleri arasında toplam 478 tane inşa edilmiştir. Dönemin başarılı mimarlarının ilgilendiği öncelikli konulardan biri Halkevleri olmuştur. Ekonomik, sosyal ve kültürel anlamda yeniden inşa edilmekte olan ülke genelinde, kentlerin modern bakış açısına göre planlanması, önde gelen şehircilik anlayışları arasındadır. Cumhuriyet'in şehircilik anlayışı, başlangıç itibariyle çok ileri düzeyde bir anlayıştır. Her şehirde mutlaka bir "Gazi Bulvarı" veya "Atatürk Caddesi" bulunması, bu toplanma mekânlarının kentin ana aksını meydana getirmesi ve bu aksın bir "Cumhuriyet Meydanı" ile bağlanması, anlayışın temelini oluşturmuştur. Halkevi binaları da alınan imar kararlarına göre ilkokul, belediye binası ve hükümet konağı ile birlikte bu anacaddelerde veya meydanda konumlandırılmıştır. Zonguldak ve Bursa Halkevleri, bu duruma iyi birer örnek oluşturmaktadır.

İzmit Halkevi, Seyfi Arıkan, (1939)

Halkevlerinin kuruluş yönetmeliğinde, yapıların mimari programı da yer almıştır, ancak binalar elbette her kentte yerel gereksinimlere ve değişikliklere göre farklılıklar göstermiştir. Sinema, gösteri ve buna benzer etkinlikler için bir salon, derslikler, kütüphane, jimnastik salonu ve idari kısım, tipik bir Halkevinin bölümleri olarak sıralanmıştır. Açık alan olarak ise avlu, meydan veya bahçe kullanılmıştır. Kıyı kentlerinde "su sporu" için ayrılan özel alanlar olan "kayıkhaneler", yapının yerine bağlı olarak en iyi manzaranın algılandığı noktaya konumlandırılan ve balo veya düğün gibi organizasyonlar için kullanılan "salon", büyük Halkevlerinde ise önemli etkinliklere özel kıyafetlerle katılınması ve girişte paltoların çıkarılması gerektiği alışkanlığını toplum yaşamına yerleştirecek "vestiyer" işlevi gören "gardırop odası", her Halkevinde bulunması gereken temel birimlere ek olarak rastlanan mekânlar arasındadır. Tüm bu işlevsel mekânlar, modern toplumlarda günlük yaşamın bir parçası olan ve çağdaşlaşma yolunda önemli birer sosyal adım olarak nitelendirilebilecek davranışları Türk halkına benimsetme amacına yönelik olarak tasarlanmıştır.

Cumhuriyet'in çağdaş uygarlık idealini yansıtan Halkevleri arasında yarışmayla yapılan Kadıköy Halkevi önemli bir örnektir. Ayakta kalan birkaç Halkevinden biri olan Kadıköy Halkevi Projesi, yarışmada birinci olan Rüknettin Güney'e aittir. A. Sabri ve Emin Onat'tan oluşan ekibin ikinci olduğu yarışmada, Leman Tomsu ise üçüncülük ödülü almıştır.

Kadıköy Halkevi Proje Yarışması,
1'incilik Ödülü Rüknettin Güney (1938)

Kadıköy Halkevi Proje Yarışması, 2'ncilik Ödülü:
A. Sabri-Emin Onat (1938)

Kadıköy Halkevi Proje Yarışması, 3'üncülük Ödülü:
Leman Tomsu, (1938)

Yine yarışma sonucu belirlenen Bursa Halkevi mimari projesinin sahipleri ise Münevver Belen ve Abidin Mortaş'tır. Döneme ilişkin kapsamlı bir kaynak olan *Arkitekt*'e başvurulduğunda, 1930'lu yılların tüm önemli mimarlarının mutlaka bir veya birkaç tane Halkevi projesi tasarladığı görülecektir.[150]

Bursa Halkevi Mimari Proje Yarışması,
1'incilik Ödülü: Münevver Belen

---

150 Ayşe Dorukan, **Cumhuriyetin Çağdaşlaşma Düşüncesinin Yaşama ve Mekâna Yansımaları: Halkevi Binaları Örneği**, İTÜ Fen Bilimleri Enstitüsü, Bina Bilgisi Programı, Yayımlanmamış Doktora Tezi.

İdeal Cumhuriyet Köyü Projesi'nin sahibi Atatürk, Halkevlerinin mimari projeleriyle de yakından ilgilenmiş, projeleri gözden geçirerek görüş ve önerilerini bildirmiştir.

Halkevleri kısa sürede tüm ülkeye yayılmıştır. İkinci kuruluş yılında (1933) ülke genelindeki Halkevi sayısı 80'i aşmıştır. Bu Halkevlerinde 1663 toplantı yapılmış, bu toplantılara 500.529 kişi katılmıştır. Ayrıca 915 konferans, 373 konser, 515 temsil verilmiş, bu etkinlikleri toplam 478.837 kişi izlemiştir. Halkevi kitaplıklarındaki toplam kitap sayısı 60.000'i aşmıştır. Kitaplıklardan yararlananların sayısı ise 150.000'i geçmiştir. Halkevleri sözcük, atasözü, masal, halk müziği, halk dansları, halk şiirleri, halk hikâyeleri ve yerel meslek terimleri derlemiştir.[151] Halkevlerinde amatör tiyatro kursları açılmıştır. Türkiye tarihi boyunca hiçbir dönemde böyle bir "kültür patlaması" yaşanmamıştır.

Halkevi sayısı 1935 yılında 103'e,[152] 1936 yılında ise 136'ya yükselmiştir. Türkiye'nin sadece İstanbul, Ankara, İzmir gibi büyük kentlerinde değil; Van, Bingöl, Tunceli, Lüleburgaz, Safranbolu gibi Anadolu'nun doğusundan batısına, kuzeyinden güneyine birçok iline ve ilçesine Halkevi yapılmıştır. Örneğin 1936'da açılan Halkevleri şunlardır: Akhisar, Ayancık, Babaeski, Bandırma, Birecik, Bolvadin, Bor, Çapakçur (Bingöl), Çarşamba, Develi, Devrek, Elbistan, Ereğli, Fethiye, Gebze, Gelibolu, Gerze, Gönen, Harput, İskilip, Kilis, Kırşehir, Lüleburgaz, Nevşehir, Niksar, Salihli, Siverek, Turgutlu, Yalvaç, Safranbolu, Zile. Halkevleri, Atatürk'ün çağdaş demokratik halk devrimi kapsamında yüzyıllardır unutulmuş, neredeyse hiçbir yatırım yapılmamış Anadolu'ya dengeli bir şekilde dağıtılmıştır. 1936'da Halkevlerinin üye sayısı 55.000'e çıkmıştır.

---

151 Anıl Çeçen, **Halkevleri,** Ankara, 1990, s. 122-123.
152 1935'te açılan Halkevleri şunlardır: Akçakoca, Alaşehir, Ayvalık, Bartın, Bayburt, Beşiktaş, Beyoğlu, Şişli, Üsküdar, Şehremini, Burdur, Dinar, Edremit, Gerede, Göynük, İnegöl, Kadıköy, Kandıra, Merzifon, Mudurnu, Simav, Söke, Tire (Çeçen, **age.,** s. 125).

Atatürk Tunceli Pertek Halkevi'nde (1937)

Halkevlerinin amaçlarını ve yaptıkları çalışmaları çok daha iyi anlamak için özellikle Anadolu'daki herhangi bir Halkevinin bir yıllık faaliyetlerine göz atmak gerekir. Örneğin, Kayseri Halkevi'nin 1932 yılındaki faaliyetlerinden bazıları şunlardır:

1. Kayseri Belediyesi'nin bahçesinde Halkevi kütüphanesi ve okuma salonu açılmıştır.
2. Halka sunulmak üzere çok yoğun bir güzel sanatlar programı hazırlanmıştır.
3. Kayseri Vilayet Gazetesi'nde köylülere modern tarım teknikleri öğretmek amacıyla *"Zirai Öğütler"* adlı bir yazı dizisi yayınlanmıştır.
4. Cumhuriyet Bayramı, Halkevinde halkın katılımıyla çok coşkulu bir şekilde kutlanmıştır.
5. Halkevinde tarım, ekonomi, tarih, sanat ve dil konularında çok sayıda konferans verilmiştir. Örneğin bu konferanslardan birinde Kayseri tarihine ait 5-6 bin yıllık izler gösterilmiş ve anlatılmıştır.
6. Halkevi salonunda Kayserili halk şairleri deyişlerini saz eşliğinde söylemiştir.

7. Okuma-yazma bilen vatandaşları "medeni bilgiler" konusunda aydınlatmak amacıyla Hacı Mahmut Mektebi'nde haftada üç gün, 18:00-20.00 saatleri arasında bir kurs açılmıştır.

8. Halkevi binasında isteyenlere Fransızca, İngilizce ve Almanca ücretsiz olarak öğretilmiştir[153].

Bunlar Kayseri Halkevi'nin ilk açıldığı yıl gerçekleştirdiği belli başlı faaliyetlerden bazılarıdır. Halkevi ilerleyen yıllarda çok daha çeşitli faaliyetler gerçekleştirmiştir. Örneğin, 22 Haziran 1937 Pazartesi gününden itibaren lisenin Müzik Öğretmeni Hikmet Bey tarafından verilecek Batı müziği ve keman kursuna kayıtların başlayacağı duyurulmuş ve derslerin her pazar günü saat 10:00'da Halkevinde verileceği belirtilmiştir.[154] Asıl şaşırtıcı olan bu kursa gösterilen ilginin çok fazla olması nedeniyle pazar günü 10.00'da verileceği duyurulan kursun salı ve cuma akşamları saat 20:00'da devam edeceğinin açıklanmış olmasıdır.[155] 1937'de Halkevinin açtığı Batı müziği ve keman kursuna Kayserililerin yoğun ilgi göstermiş olması bugünün (2012) Türkiyesi'nden Kayseri'ye bakan bir insanın inanamayacağı bir durumdur doğrusu.

Görülen o ki, Türkiye Halkevleriyle aydınlanmaya başlamıştır. Kim ne derse desin bunun adı Anadolu Rönesansı'dır.

Nafi Atuf Kansu, 1935 yılında Türkiye genelindeki Halkevlerinde yapılan etkinlikleri şöyle sıralamıştır:

- 782 gösteri düzenlenmiş, bu gösterileri 294.000 kişi izlemiştir.
- 776 konser verilmiş, bu konserleri 137.000 kişi dinlemiştir.
- 636 film gösterilmiş, bu filmleri 296.000 kişi izlemiştir.
- 1503 konferans verilmiş, bu konferanslara 322.000 kişi katılmıştır.
- 740 özel gece yapılmış, bu gecelere 233.000 kişi katılmıştır.
- 23 sergi açılmış, bu sergileri 34.000 kişi gezmiştir.

---

153 Mustafa Şanal, *"Atatürk Döneminde Kayseri Halkevi ve Faaliyetleri (1932-1938)"*, **Atatürk Araştırma Merkezi Dergisi**, Kasım 2006, S. 64-66, s.263-265

154 *"Halkevi Başkanlığı'ndan"*, **Kayseri Vilayet Gazetesi**, 22.06, 1937'den aktaran Şanal, **agm.**, s. 281.

155 *"Halkevi Başkanlığı'ndan"*, **Kayseri Vilayet Gazetesi**, 28.06.1937'den aktaran Şanal, **agm.**, s. 281.

- 36 yerli malı günü düzenlenmiş, bugünleri 224.000 kişi paylaşmıştır.
- 1867 spor günü yapılmış, bugünlere 48.000 kişi katılmıştır.
- 495 köy gezisi yapılmış, bu gezilere 21.000 kişi katılmıştır.
- 1370 eğlence gecesi düzenlenmiş, bu gecelere 400.000 kişi katılmıştır.
- 211 çaylı sohbet toplantısına 46.000 kişi katılmıştır.
- Halkevlerindeki kitap sayısı 107.000'e ulaşmıştır.
- Sözcük derleme çalışmaları sonunda 40.000 fiş elde edilmiştir.
- Sadece Ankara Halkevi Edebiyat Kolu 29 konferans, 15 oturum; Güzel Sanatlar Kolu ise 25 konser düzenlemiştir.
- Köylerde halk ozanlarına ulaşılarak ozan geleneği desteklenmiştir.
- Kooperatifçilik desteklenmiştir.
- Halk müziğinde derleme çalışmaları yapılmış, Ankara ve Bartın'da köylü koroları kurulmuştur.
- Tiyatro kolları kasabaları, köyleri dolaşarak temsiller vermiştir.
- Bölge tiyatrolarının temelleri atılmıştır.
- Köy seyirlik oyunları derlenmiştir.
- Küçük orkestralar ve korolar kurulmuştur.
- Sosyal yardım kolları kurulmuştur.
- Ankara Halkevi'nin Ankara Cezaevi'nde açtığı kursta 300 hükümlüye okuma yazma öğretilmiştir.[156]

İçişleri Bakanı ve Parti Genel Sekreteri B. Şükrü Kaya, 20 Şubat 1938'de, altıncı kuruluş yıldönümü nedeniyle vermiş olduğu konferansta, Halkevlerinin kısa süredeki büyük başarısını rakamlarla ortaya koymuştur.

Şükrü Kaya'nın verdiği bilgiye göre 1932'de 24 Halkevi ve 34.000 üyesi vardır. Aradan geçen altı yıl sonra, 1938'de ise bu rakam 209 Halkevine ve erkek-kadın 100.000'den fazla üyeye ulaşmıştır.[157] Halkevlerinin, toplumu bilinçlendirme ve eğitme programına uygun olarak büyük bir çaba ve gayret sarf edilmiş-

---

156 Çeçen, age., s. 128-136; Özakman, age., s. 557, 558.
157 B. Şükrü Kaya "Halkevlerinin Açılış konferansı", "Ülkü-Halkevleri Dergisi", C 11, S. 61 (Mart 1938), s. 1.

tir. Bu faaliyetler çerçevesinde 1933'te Halkevlerinde 915 konferans verilmişken, bu sayı 1938'de 3056 olmuştur. Yine 1933'teki 373 konser, 1938'de 1164 konsere çıkmıştır. 1933'teki 511 temsil (tiyatro) 1938'de 1549'a çıkmıştır. Diğer taraftan sinema ve radyo sayısı da artmıştır. Halkevleri kütüphanelerinde (kitap sarayları) de devamlı bir kitap artışı söz konusudur. Bu sayı 1933'te 59.444, 1938'de ise 129.362 cilde ulaşmıştır. Aynı yıllarda okuyucu sayısı 149.000'den 1.590.000'e yükselmiştir. Köylere ayrı bir önem verilerek köy gezileri yapılmış, sergiler açılmış ve halk dershaneleri açılmıştır. Halkevlerinde 1935'te 59 sergi açılmışken, 1938'de 179 sergi açılmıştır. Köy gezileri 1935'te 495 iken, 1938'de ulaşılan köylerin sayısı 1495'i bulmuştur. Halk dershanelerinde verilen ders adedi 8300'den, 16.000'e ulaşmıştır. Halkevlerine 1935'te 500.000 vatandaş gelmişken, 1938'de evlere gelenlerin sayısı 6.642.000 kişiye ulaşmıştır. 1937'de faal üye sayısı 95.253'tür. Bunların 8877'si öğretmen, 15.577'si çiftçi, 23.935'i işçi, 5113'ü tüccar, 1551'i doktor, 1904'ü avukat, diğerleri de başka sanat ve mesleklere mensup vatandaşlardır.[158]

Devlet Tiyatroları'nın 1960 yılında 500.000 seyirciye ulaşamadığı bir Türkiye'de Halkevlerinin daha 1933 yılında 500.000 seyirciye ulaşmış olması çok ama çok dikkat çekicidir.[159]

Halkevlerinde dokuz kol faaliyeti yürütülmüştür. 1. Dil ve edebiyat; 2. Güzel sanatlar; 3. Tiyatro; 4. Spor; 5. Sosyal yardım; 6. Tarih ve müze; 7. Halk dershaneleri ve kurslar; 8. Kütüphane ve yayın; 9. Köycülük.[160]

---

158 agm., s. 2.
159 Özakman, age., s. 784, dipnot 403.
160 Bu alanlardaki faaliyetlerin ayrıntıları için bkz. Gümüşoğlu, age., s. 133-138.

Atatürk, Ankara Halkevi'nin kütüphanesinin onuncu yılda hazır olmasını istemiştir. Halkevlerinin kurulduğu ilk sekiz yılda 2 milyon kişi kütüphanelerden yararlanmıştır ki, bu rakam ülkedeki tüm okuryazarların %6'sına denk gelmektedir.[161] 1938 yılında Halkevi kütüphanelerinde 129.362 kitap vardır ve bu kitaplardan 1.590.000 okur yararlanmaktadır. Etkinlikler için Halkevlerine gelenlerin toplam sayısı ise 6.642.000 kişidir.[162] Bu rakamlar, Cumhuriyet'in çok kısa bir zamanda nasıl büyük bir kültürel dönüşüm yarattığını gözler önüne sermesi bakımından çok dikkat çekicidir.

Halkevlerinde halkın her konuda çağdaş bilgilerle donatılması amaçlanmıştır. Halkevlerinde, dil, edebiyat, tarih, güzel sanatlar konularında çalışmalar yapılmış, tiyatro oyunları oynanmış, spor etkinlikleri, sosyal yardım programları düzenlenmiş, halk dershaneleri ve kursları açılmıştır.

Halkevlerine yüklenen "toplumsal değişim" rolünü, İsmail Hakkı Baltacıoğlu, "*Halkın Evi*" adlı eserinde şöyle ifade etmiştir:

"*Halkevlerinin ilk mühim vazifesi her alanda gerilikle savaşmaktır: Ahlakta, sanatta, muaşerette, musikide, tiyatroda, mima-*

161 Gümüşoğlu, **age.**, s. 139.
162 Alper Akçam, **Anadolu Rönesansı Esas Duruşta**, Ankara, 2009, s. 354.

ride gerilikle savaşmak. Halkevleri bütün bu Ortazaman, yahut 19. asır artıklarıyla karşılaşmaları ve onları gençlik havasından atmalıdır. Bunun için iki şey gerekir: Önce milli kültür şuuru, sonra da kültürü yaymak. Halkevi milli edebiyatın evi olmalıdır. Halkevi milli musikinin evi olmalıdır. Halkevleri milli resmin tezyini sanatın evi olmalıdır. Halkevi milli yaşayışın evi olmalıdır. Bütün bu milli kültür tatları Halkevinde tadılmalıdır. Halkevlerinde irticayla savaşıldığı kadar, mukallitlik (taklitçilik), kozmopolitlik (karışıklık), soysuzlukla da savaşmalıdır."[163]

Halkevleri yüzyıllardır kaderine terk edilmiş Türk halkını çok kısa bir sürede her bakımdan bilinçlendirmeye ve aydınlatmaya başlamıştır. Birçok ilde ve ilçede halk, Halkevleri sayesinde tiyatroyu, konseri, çok sesli müziği tanımış, böylece dinle sarıp sarmalanmış kendi sınırlı dünyalarının dışına çıkarak sanatın evrensel zevkine varmıştır. Halkevlerinde açılan okuma yazma, satranç, daktilo, tiyatro, saz, koro, biçki-dikiş, halı, çocuk bakımı, çocuk eğitimi, ilkyardım gibi kurslarda töre kıskacına sıkışmış on binlerce genç kız yetişmiştir. Halkevlerindeki toplantılarda Mimar Sinan, Fuzuli, Yunus Emre, Karacaoğlan, Ziya Gökalp, Namık Kemal gibi Türk büyükleri anılarak halka tarih bilinci verilmiştir. Halkevleri, kentlerde kasabalarda ve köylerde küçük orkestralar, bandolar, korolar kurmuştur. Spor çalışmaları yapılmış, Türk diline önem verilmiş, Türk dilini zenginleştirecek derleme ve tarama çalışmaları yapılmış ve 26 Eylül'lerde dil bayramı kutlanmıştır. Halkevlerinde her yıl yüzlerce sohbet toplantısı yapılmış ve konferans düzenlenmiştir. Bir yıl içinde yüz köye giden Halkevleri vardır. Halkevlerinin köycülük kollarına katılan Cumhuriyet'in idealist doktorları, ebeleri, hemşireleri, öğretmenleri, tarımcıları, fencileri yüzlerce yıldır ağanın, şeyhin, şıhın insafına bırakılmış köylere girmiştir. Köycülük kolları kısa sürede köylülerle kaynaşmış, dostluk kurmuş, birçok konuda bilgi vermiş ve köylülere eğitici kitapçıklar dağıtmıştır. Türk köylüsünün genlerine işlemiş olan kadın-erkek dayanışması, eski köy

---

163 İsmayıl Hakkı Baltacıoğlu, **Halkın Evi,** Ankara, 1950, s. 33.

oyunları canlandırılmış, toprak bayramı, bağ bozumu, harman, hıdrellez, nevruz kutlamaları şenliklerle bayram havasında kutlanmaya başlanmıştır. Cumhuriyet'in, gerçek anlamda bir halk devrimi olduğunun en somut kanıtlarından biri Halkevleridir.[164] Halkevlerinin köylerin aydınlatılmasında nasıl bir işleve sahip olduğunu anlamak için Anadolu'daki bir Halkevinin köycülük kolunun bir yıllık faaliyet raporuna bakmak gerekir. Örneğin, **Kayseri Halkevi'nin köycülük kolunun** 1933 yılındaki faaliyetlerinden bazıları şunlardır:

1. Halkevinde yapılan çok sayıda müsamere ve konserlere köylüler çağrılmış ve köylere çok sayıda gezi düzenlenmiştir.
2. Köycülük kolunun doğal üyesi olan köy öğretmenleri aracılığıyla birçok köylü vatandaşa okuma-yazma öğretilmiştir.
3. Yazı bilmeyen çok sayıda köylünün mektup ve dilekçeleri yazılmıştır.
4. Yardıma muhtaç köylülerden 461 kişi ücretsiz olarak hastaneye yatırılmıştır.
5. Köylerde bulunan harp malülleri ile şehit aile ve çocuklarının şehirdeki işleri takip edilerek onlara yardımcı olunmuştur.
6. Yardıma muhtaç asker aileleri ile toprak sahibi olup da topraklarını ekemeyenlerin tarlaları imece yoluyla ektirilmiştir.
7. Suyu olmayan İspile Köyü'ne sondaj aleti gönderilerek gerekli inceleme yapılmıştır.[165]

Kayseri Halkevi'nin 1937 yılı faaliyet raporundan Halkevi kollarının birçok köyü ziyaret ettiği anlaşılmaktadır.

Örneğin, 1937 yılının Eylül ayının ilk haftasında Halkevinin köycüler, spor ve sosyal yardım kolu üyeleri, doktorlar ve aydınlardan oluşan bir kafile Kanardı köyüne yaya olarak gitmiştir. Halkevi üyeleri bu köyde çeşitli faaliyetlerde bulunup köylü çocuklara şeker ve her eve asılmak üzere bir Atatürk resmi hediye etmiştir.[166]

---

164 Atatürk'ün çağdaş demokratik halk devrimini **burjuva devrimi** olarak adlandıran "köksüz solcularımızın" bu gerçeklerden haberi var mıdır acaba!
165 Şanal, **agm.**, s. 268.
166 **agm.**, s. 282.

12 Aralık 1937'de Halkevi'nin köycüler, spor ve sosyal yardım kolları üyelerinden oluşan 32 kişilik bir kafile Vali Adli Bayram'ın başkanlığında, Kayseri'ye 8 kilometre uzaklıkta bulunan Anbar köyüne yaya olarak gitmiştir.[167]

19 Aralık 1937'de Halkevi'nin köycüler,spor ve sosyal yardım ile dil, edebiyat ve tarih kolları üyelerinden 46 kişilik bir kafile Vali Adli Bayman'ın gözetiminde Kayseri'ye 12 kilometre mesafede bulunan eski Kayseri yerleşmelerinden Kaneş-Gültepe-Karahöyük köyüne yaya olarak gitmiştir.[168]

Bu köy gezilerinde mutlaka doktorlar yer almış ve hastalar ücretsiz muayene ve tedavi edilerek ilaçları da ücretsiz verilmiştir.[169]

1937 yılının ilk beş ayı sonunda Kayseri Halkevi'nin faaliyetlerinden Ülkü dergisi şöyle övgüyle söz etmiştir:

"... Her hafta her mahallenin kadınlarını film göstermek için davet ederek sinemanın başında ve arasında kısa ve özlü, yerli ağzı fakat garplı fikri ile telkinler yapmaya önem veriyorlar. Her pazar köylüyü en iyi anlayan ve köy işleri ile en yakından en fazla salahiyetle ilgilenen insanlardan toplanan verimli bir heyetle köy gezilerini yapmaya devam ediyorlar; bundan sonra yaptıkları köy gezileri için daha esaslı, şıklığından ziyade derli toplu oluşuna ehemmiyet verilmiş broşürler neşrederek Kayseri köylerini bir bütün memlekete tanıtmaya çalışacaklardır..."[170]

Görüldüğü gibi Kayseri Halkevi bir taraftan köylüyü eğitip kültürlendirirken, diğer taraftan Halkevi kolları köylünün ayağına kadar giderek köylünün akla gelebilecek her türlü sorunuyla ilgilenip çözümler üretmiştir. Halkevlerinin, köylünün ayağına kadar gitmesi, Atatürk'ün Halkçılık ilkesinin en iyi uygulamalarından biridir. Bu uygulama, onun *"Köylü milletin efendisidir"* sözünün sadece bir slogan olmadığını göstermesi bakımından da dikkate değerdir.

---

167   **agm.**, s. 283.
168   **agm.**, s. 283.
169   **agm.**, s. 276.
170   Ülkü dergisi, S. 51, C 9, Mayıs 1937, s. 219-220'den nakleden Şanal, **agm.**, s. 280.

"Atatürk halk eğitimine çok büyük önem veriyordu. Halk egemenliği halkın eğitilmiş olmasını da gerektiriyordu. Bu evlerde okuma yazma öğretilir, bu evlerden piyano, keman sesleri yükselir, bu evlerde konferanslar verilir, oyunlar sergilenirdi."[171]

Halkevinde eğitim öğrenim gören gençler

Halkevleri halkı aydınlatmak için çok sayıda kitap, dergi ve broşür yayımlamıştır. Ankara'da Şubat 1933'te yayına başlayan *Ülkü* dergisinin yanı sıra her Halkevi kendi dergisini çıkarmıştır. Halkevi dergilerinin sayısı, *Ülkü* dahil, 62-75 arasındadır.[172]

Halkevlerinin en önemli yayın organı olan *Ülkü* dergisi, halka, Cumhuriyet'in kuruluş felsefesini, bağımsızlığın özgürlüğün ve çağdaşlığın önemini halkın diliyle anlatmaya çalışan bir yayın organıdır. Bu dergide Atatürk devrimleri, Atatürk'ün, tarih, dil ve kültür çalışmaları bütün boyutlarıyla ve halkın anlayacağı bir dille halka anlatılmıştır.

Ülkü dergisinin en dikkati çeken yönlerinden biri, Atatürk'ün *"Köylü milletin efendisidir"* anlayışı gereği "köycülük" konusuna

---

171 Bedia, Akarsu, **Atatürk Devrimi ve Temelleri**, 3. bas., İstanbul, 2003, s. 102.
172 Gümüşoğlu, **age.**, s. 141.

çok geniş yer vermesidir. *Ülkü* dergisinde köycülük, Atatürk'ün "Halkçılık" ilkesinin en önemli boyutu olarak işlenmiştir. Özellikle 1940 yılına kadar *Ülkü*'de çıkan halkın yaşam düzeyinin yükseltilmesinden söz edilen neredeyse her yazıda "köy" hem bir sorun olarak hem de kültürün "saf kaynağı" olarak ele alınmıştır.[173]

Köycülüğü ayrıntılı olarak ilk işleyen *Kadro* dergisidir. *Kadro* dergisi, toprak reformuyla feodalizmin tasfiyesine vurgu yaparken; *Ülkü* dergisi, kültürel değişimle köyün dönüştürülebileceğine vurgu yapmıştır. Bunun yanında her iki dergi de kalkınmanın ancak köylüyü köyünde tutarak sağlanabileceğini savunmuştur.

Kadro dergisindeki "köycülük" tartışmalarında "köy ekonomisi" üzerinde durulmuştur. Özellikle İsmail Hüsrev (Tökin) ve Vedat Nedim (Tör) yazılarında Türkiye'nin köy ekonomisini ve toplumsal yapısını işlemişlerdir.[174]

Ülkü dergisinde yer alan "köycülük" yazıları, köylünün eğitim ve kültür düzeyini yükseltmek (yetişkinlerin ve çocukların eğitimi), üretim araçlarını modernleştirmek, köy imarı (köy mimarisi), köy monografileri, köy kent ilişkisi ve köyün ülke kalkınmasındaki yeri konularındadır.

Dergide, Nusret Kemel (Köymen), A. Süreyya İşgör, Selahaddin Kandemir, Kerim Öner, Abdullah Ziya, Muallim Kemal, Trakyalı Ali Galip gibi yazarlar "köycülük" konulu yazılar kaleme almışlardır.[175]

Halkevleri Projesi'ni bitirirken tekrar hatırlatalım: 1936 yılında 103 Halkevi çatısı altında çeşitli etkinliklere katılan insan sayısı 2.100.000'dir.[176] 1938 yılında etkinlikler için Halkevlerine gelenlerin toplam sayısı ise 6.642.000 kişidir. Dile kolay! Türkiye'de bir yıl içinde 6.642.000 insan kitapla, bilimle, sanatla, sporla ve kültürle ilgilenmiştir.

---

173   age., s. 211.
174   age., s. 213.
175   age., s. 217.
176   age., s. 375.

Ankara Halkevi
(1930'lar)

Halkevleri 2 Mayıs 1951'de kapatılmış, ancak 27 Mayıs 1961'den sonra Kültür Dernekleri adıyla yeniden çalışmaya başlamıştır.

Köy Enstitüleri

Atatürk'ün İdeal Cumhuriyet Köyü Projesi'nin bir yansıması da Köy Enstitüleridir. ABD'li Fay Kırby, Köy Enstitüleri için –biraz da abartarak– *"Kemalizm'in ta kendisi,"* demiştir.[177]

Köyün ve köylünün kalkındırılmasının ancak köyün ve köylünün temel ihtiyaçlarını sağlayacak çağdaş bir eğitimle mümkün olacağını düşünen Atatürk, Köy Eğitmenleri (Öğretmenleri) Projesi'ni hayata geçirmişti. Bu proje, köyün içeriden dönüşümünü sağlamaya ve köyün eğitimine yönelik ilk köklü girişim-

---

177 Fay Kırby, **Türkiye'de Köy Enstitüleri**, 2. bas., Ankara, 2000, s. 270; Akçam, **age.**, s. 101, s. 109. Yalnız, Köy Enstitülerinin bir dönemden sonra Kemalizm'den bazı ciddi "sapmalar" gösterdiği de unutulmamalıdır.

dir. 1936'da uygulanmaya başlanan Köy Eğitmenleri Projesi, 1940'lardaki Köy Enstitüleri Projesi'nin ön hazırlığı ve laboratuvarı işlevini görmüştür.[178]

Köy Enstitüleri Projesi, özgün bir "tabandan kalkınma" projesidir. Yıllarca Köy Enstitüleri üzerinde çalışan Fay Kırby, bu gerçeği şöyle ifade etmiştir:

"İkinci önemli sonuç asıl Köy Enstitülerinin Pestalozzi, Dewey, Kershensteiner gibi Batı eğitimcilerinin düşüncelerine göre kurulmuş eğitim sistemlerinden alınarak açılmış okullar değil, onlardan bazı temel noktalarda ve ayrıca nitelik ve nicelik bakımından da değişik bir sisteme dayandığıdır. (...) Üçüncü sonuç, Köy Enstitülerinin Batılı eğitimcilerin düşün ve sistemlerinin taklidi olmadığı gibi, şu ya da bu partinin, şu ya da bu bakanın keyfine dayalı bir buluş da olmadığıdır. (...) Köy Enstitülerinin, Türkiye'nin eğitim sorunun doğal ve zorunlu olarak vardığı uzun aramalar ve deneyler sonunda kolektif çalışmalarla ortaya çıkarılmış bir eser olduğu, onda hiçbir yapaylık ve siyasal çıkar bulunmadığı incelemede apaçık belirtilmiştir."[179]

17 Nisan 1940 tarihinde 3803 sayılı *"Köy Enstitüleri Yasası"* mecliste tek oturumda 278 oyla ve oybirliğiyle kabul edilmiştir. O oylamaya katılmayan 148 milletvekilinden üçü sonraki yıllarda Köy Enstitülerinin kapatılmasına neden olacak Demokrat Parti kurucularından Adnan Menderes, Celal Bayar ve Fuat Köprülü'dür.[180]

Tarım Bakanlığı'nın belirlediği 11 değişik yörede Köy Enstitüleri kurulmuştur. 1937-38'de açılmış olan 3 öğretmen okulu da enstitüye dönüştürülmüştür.

Köy Enstitüleri, köy öğretmeni ve diğer meslek erbabını yetiştirmek üzere, ziraat işlerine elverişli arazisi bulunan yerlerde Maarif Vekâleti (Milli Eğitim Bakanlığı) tarafından açılmıştır.

Enstitüye alınacak öğrenciler, 5 yıllık köy okullarını bitirenler arasından seçilmiş ve enstitüde 5 yıl okumuştur. Bu öğreti-

---

178 Gümüşoğlu, **age.**, s. 102.
179 Kırby, **age.**, s. VII.
180 Gümüşoğlu, **age.**, s. 102.

min yarısı kültür, yarısı da teknik-tarımdır. Teknik-tarım dersleri uygulamalıdır. Mezunlar gittikleri yörede bir okula atanmıştır. Öğretmenin geleceği, 3 yıl önceden köye bildirilmiş, köyün öğretmenevi ve okul yapması istenmiştir. Devlet öğretmene kendi ihtiyaçlarını karşılayacak ve tarım derslerine yetecek kadar toprak, tarım aletleri ve 60 TL sermaye vermiştir. Öğretmenlere ilk altı ayda yalnızca 20 TL aylık verilmiştir.[181]

Köy Enstitülerinin kuruluşuna ilişkin yasaya göre, 20 yıl boyunca köylerde çalışacak olan öğretmenlerin görevleri ayrıntılı olarak belirlenmiştir.

Bu görevlerden bazıları şunlardır:

Madde 5: Bu kurumlarda öğrenimlerini bitirerek öğretmen olanlar, 20 yıl çalışmak zorundadır... Ayrılanlar, devlet kurumlarına ve memurluklara alınmazlar.

Madde 6: Köy Enstitüsü çıkışlı öğretmenler, atandıkları köylerin her türlü eğitim, öğretim işlerini görürler. Örnek bağ, bahçe, atölye gibi tesisler kurarak köylüye önderlik ederler, bunlardan yararlanmalarına yardımcı olurlar.

Madde 11: Öğretmenlere, üretim için ve öğrencilerin uygulama yapacağı araçlar, tohum, çiftlik, fidan vb. araç gereçler okul demirbaşlarına geçirilerek, devletçe verilir.

Madde 14: İşletmedeki her türlü eşya, hayvan vb. okulun malıdır. İşletmeden elde edilecek ürün öğretmenin olur.[182]

Bu kanun sayesinde Türkiye'de, eşine pedagoji tarihinde rastlanmayan bir ilköğretim seferberliği başlatılmıştır.[183] Bu seferberliğin sonucunda 1940 yılında 11 enstitü açılmıştır. 1945-1946 yılında enstitü sayısı 20'yi bulmuştur.[184]

Enstitüler kısa sürede büyük bir başarı elde etmiştir. Enstitülerde yetişen öğretmenlerin köylere dağılmasıyla okul ve öğrenci sayılarında büyük bir artış görülmüştür.

1924-1936 yılları arasındaki 12 yılda ilkokul sayısı %25'lik

181 Akşin, **age.**, s. 237, 238.
182 Pakize Türkoğlu, **Tonguç ve Enstitüleri**, İstanbul, 1997, s. 154; Gümüşoğlu, **age.**, s. 103.
183 İsmail Hakkı Tonguç, **Canlandırılacak Köy**, Ankara, 1998, s. 532.
184 Gümüşoğlu, **age.**, s. 102, 103.

bir artışla 4894'ten 6112'ye çıkmış; 1936-1946 yılları arasındaki 10 yılda ise bu sayı, %146'lık bir artışla 6112'den 15.009'a çıkmıştır. Öğrenci sayısındaki artış ise ilk dönemde %92, ikinci dönemde ise %114'tür. İsmail Hakkı Tonguç'un verdiği bilgilere göre bu ikinci dönemde asıl artış köylerde olmuştur. Bu dönemde okul sayısındaki artış %185, öğrenci sayısındaki artış ise %119'dur.[185]

İsmet İnönü'nün 7 Ağustos 1944 tarihli İzmir Radyosu konuşmasında, 1929-1930 ders yılında ilkokulu bitirenlerin sayısı 17.000 iken 1943-1944 yılında bu sayının 75.000'e çıktığını bildirmiştir. Yalnızca 1945 yılı rakamlarıyla ilkokullardaki öğrenci sayısının bir önceki yıla göre 23.415 artması, Türkiye'deki ilköğretim seferberliğinin gerçekten de çok büyük bir başarıya ulaştığını kanıtlamaktadır.[186]

Köy Enstitüleri için yapılacak binalar, yerleşim yerine ve iklim koşullarına göre mimarlar ve mühendisler arasında yapılan yarışmayla projelendirilmiştir. İlke olarak, tek katlı çok bina yapılmasına karar verilmiştir. Binalar öğretmenlerin, öğrencilerin ve köylülerin "imece" usulü yardımıyla inşa edilmiştir.

1942 yılında Hasanoğlan Köy Enstitüsü'nde bir yüksek bölüm açılmıştır. Yüksek Köy Enstitüsü'nde bulunan kollar şunlardır:

- Güzel Sanatlar,
- Yapıcılık,
- Maden İşleri,
- Hayvan Bakımı,
- Kümes Hayvancılığı,
- Tarla ve Bahçe Ziraatı,
- Zirai İşletme Ekonomisi,
- Köy ve El Sanatları Kolları...[187]

---

185 İsmail Hakkı Tonguç, **Kitaplaşmamış Yazılar**, C 1, Sunuş, 2. bas., Ocak 1998, s. 5'ten nakleden Akçam, **age.**, s. 29.

186 **Milli Eğitim Bakanlığı Tebliğler Dergisi**, S. 356, 26 Kasım 1945'ten nakleden Engin Tonguç, **Bir Eğitim Devrimcisi: İsmail Hakkı Tonguç**, 3. bas., İzmir, 2007, s. 458.

187 Tonguç, **Canlandırılacak Köy**, s. 535.

Sayıları 21 olan Köy Enstitülerindeki kitap sayısı ise 100.000' dir. *"Bunlardan 75.000'i geriye dönüş (1946 sonrası) döneminde, 25.000'i kapandıktan sonra siyasetçilerin buyrukları ile yasaklanarak mutfak, hamam ocaklarında yaktırılmıştır."*[188]

*Gölköy Köy Enstitüsü'nde kendi binalarının
tuğlalarını üreten öğrenciler*

Kendi okulunu kendi yapan enstitü öğrencileri

188 Halil Oran, **Köy Enstitüleri**; Mevlüt Kaplan, **Aydınlanma Devrimi ve Köy Enstitüleri**'nden aktaran Akçam, **age.**, s. 125.

Köy Enstitüleri, öğrencilerin bireysel yeteneklerini ortaya çıkarıp geliştirerek öğrencilere çağdaş dünyanın imkânlarından yararlanmayı ve zevk almayı öğretecek ve özgüven aşılayacak bir eğitim ve öğretim programı uygulamıştır. Öğrenciler için yüzme, ata binme, dağa tırmanma, motorlu deniz araçları çalıştırma, mandolin, flüt çalma, ulusal oyunlar oynama, radyo ve gramofondan müzik dinleme, köy gezilerine çıkma, çevre incelemeleri yapma, kitap, dergi okuma, kitaplık, müze kurma, eğlence düzenleme, temsiller verme, türkü söyleme gibi çeşitli etkinlikler gerçekleştirilmiş; öğrencilere kız erkek ayrımı yapmadan bisiklet, motosiklet kullanımı öğretilmiştir.[189]

Köy Enstitüsü orkestrası

Köy Enstitülerinde karma eğitim vardı

Köy Enstitülerinde kız öğrenciler, erkek öğrencilerle birlikte eğitim görüp eşit yurttaşlık bilinciyle yetiştirilmiştir.

Köy Enstitüleri, insan merkezli bir projedir. Köy Enstitülerinde öğretmek, öğrenmek, işbirliği içinde çalışarak üretmek mantığı geçerlidir. Köy Enstitülerinde öğretmenler öğrenci, öğrenciler öğretmendir: Öğretmenler henüz öğrenciyken köy yaşamını tanımışlar ve bu yaşamı nasıl daha çağdaş ve verimli bir hale getirebileceklerini düşünerek öğretmen olmuşlardır.

"Tarlalarda ve sınıfta fedâkarlık ruhu içinde pratik eğitim gören Enstitü mezunları, köylerdeki cehalet, yoksulluk, bağnazlığın amansız düşmanıydılar. Özellikle kız mezunlar, gönderil-

189 Gümüşoğlu, **age.,** s. 105.

dikleri köyün öğretmeni, ebesi ve sağlık memuru olmuşlar, köy yaşamında önemli birçok eğitim ve hizmet işlerini büyük bir coşku içinde yerine getirmişlerdir."[190]

Alper Akçam'ın çok doğru bir şekilde belirttiği gibi, "*Köy Enstitülerindeki bu yaşam gökten zembille indirilmemiş, Kemalist kuramcılar tarafından da kurgulanmamıştır. Bu yaşam, yeniden canlandırılmış Anadolu yaşamıdır zaten. Kadını kendinden ayrı tutmamış göçebe gelenekli kan topluluklarının ortaçağ karanlığının henüz yok etmeyi başaramadığı, Cumhuriyet'in canlandırma etkinliğiyle buluşmuş davranış biçimidir.*"[191]

Öğrenciler, kendi yaptıkları binalarda barınmışlar, kendi diktiklerini giymişler, kendi ektikleri ağaçları sulamışlar, kendi yetiştirdikleri sebze ve meyveleri tüketmişler, kendi yazdıkları piyesleri oynamışlar, kendi kurdukları elektrik şebekeleriyle aydınlanmışlar; kısacası kendi ürettiklerini tüketmişlerdir.

Enstitü öğretmenleri ve öğrencileri sadece kendi bireysel aydınlanmalarını sağlamakla kalmamışlar, köy halkının da aydınlanması için büyük çaba harcamışlardır.

*Müzik aleti çalan
bir enstitü öğrencisi*　　　*Dikiş makinesi kullanan bir
enstitü öğrencisi*

190　Kemal Karpat, **Türk Demokrasi Tarihi**, İstanbul, 1996, s. 321-322.
191　Akçam, **age.**, s. 47.

Köy Enstitülerinin 1930'ların ve 1940'ların faşist Avrupası' ndan esinlenilerek hayata geçirildiği, Köy Enstitülerinin başındaki İsmail Hakkı Tonguç'un "faşizan bir gençlik" yaratmak istediği iddiaları tamamen gerçekdışıdır.

Her cumartesi yapılan ve tüm yöneticilerin eleştirilebildiği genel toplantılar, vazgeçilmez günlük serbest okuma saatleri, öğrencilerin öğretmenleri hakkındaki düşünceleri taşıdıkları defterlere özgürce yazmaları ve enstitülerin halkla kurduğu dostça ilişkiler, Köy Enstitülerinin "faşist kurumlar" olduğu iddiasını çürütmektedir.[192]

Fay Kırby'ın da belirttiği gibi, Köy Enstitülerinin *"Eğitmen düşünü tümüyle ulusaldır; hiçbir yerden kopya edilmemiştir. Bunun Almanya'da elli yıl önce denenip bırakılmış bir yöntem olduğu yolundaki savın, yalnızca rastlantısal bir benzerliğe dayanarak varılmış bir yargı olmaktan öte bir değeri yoktur."[193]* Köy Enstitülerinin başındaki Tonguç, "faşizme" tamamen karşı bir Türk hümanistidir. Nitekim Alman faşistleri iktidara gelir gelmez, Tonguç'a kaynaklık etmiş birçok düşünürü tutuklamışlardır. Antifaşist bir roman olan *"Fontamara"*yı Hasanoğlan Köy Enstitüsü'ndeki tarım öğretmeni İzzet Palamar'a hediye etmesinden dolayı suçlanan Tonguç, faşizm karşıtlığından dolayı Türkiye'deki Nazi kuyrukçularının boy hedefi olmuştur. Komünistlikle suçlanarak işinden, ekmeğinden edilmiştir.[194]

Şu düşünceler İsmail Hakkı Tonguç'a aittir:

"Tek parti rejimlerinde daima iktidar mevkiinde bulunan parti, hükümetleri, okulun yalnız kendi partilerinin ilkelerini uygulayan bir cihaz haline gelmesini en tabii hallerinden biri addediyorlardı. (...) Bu olay yüzünden okul bilimsel muhtariyetini tamamen kaybediyor ve bir politika aleti haline geliyordu. Artık orada çocukların, pedagoji ve psikoloji bilimlerinin kaidelerinden ziyade partinin dünya görüşüne ve hayat anlayışına göre

---

192 age., s. 224.
193 Kırby, age., s. 120; Akçam, age., s. 336.
194 Akçam, age., s. 111.

icat edilmiş suni bir pedagojinin dikta ettirdiği esaslara uyularak eğitilmeleri icap ediyordu. Particiler, herhangi bir sebeple yerlerinden ayrılınca, günün birinde başka bir parti iş başına geçecek ve aynı şekilde hareket edecek olursa çocukların ve gençlerin ne hale düşeceklerine önem vermiyorlardı. (...) Faşizan ilkelerine göre idare edilen memleketlerde, partinin icat ettiği rozetleri göğüslerinde taşıyan, siyah veya kahverengi gömlekleri giyen üniformalı, kızlı erkekli parti mensubu genç sürüleri, iki cihan savaşı arasındaki yıllarda bir kısım Avrupa şehirlerinde pek sık görünürlerdi."[195]

Türkiye'de tek parti iktidarının olduğu bir dönemde "tek parti" yönetimini, particiliği ve Avrupa'daki "faşist sistemi" eleştiren, bütün hayatı "faşizmle" mücadeleyle geçmiş İsmail Hakkı Tonguç'u "faşizan" diye suçlamak büyük bir yalandır.

Köy Enstitülerinin "din düşmanı" olduğu tezi de doğru değildir. Örneğin Çifteler Köy Enstitüsü'nde din konusu, tarih ve politikanın bir parçası olarak ele alınmış, Sünni ve Alevi gelenek ve görenekler incelenerek dinlerin bugünkü kültür yapısı içindeki yerleri konuşulmuştur. Ayrıca Alevi ve Sünni öğrenciler bir araya gelerek her iki kültüre ait oyunları birlikte oynamışlardır.[196]

Köy Enstitüleri, Komünist Rusya'daki gibi "dinsizleştirme" politikasının uygulandığı kurumlar olmamalarına karşın, toplumun "dindarlaşmasını" amaçlayan kurumlar da olmamıştır. Köy Enstitülerinde "din" yerine "akla" ve "bilime" vurgu yapılmıştır. Ancak Türk köylüsünün asırlardır en temel problemlerinden birinin "Allah ile aldatılmak" olduğu dikkate alınacak olursa, köylüyü aydınlatmak, köylüyü bilinçlendirmek amacıyla yola çıkan Köy Enstitülerinde "gerçek din eğitiminin" olmaması bence büyük bir eksikliktir. Toplumu neredeyse her konuda bilinçlendiren Köy Enstitülerinin, toplumu en çok ihtiyacı olan konuda, din konusunda da bilinçlendirmesi gerekirdi. Köylünün

---

195 Tonguç, **Canlandırılacak Köy**, s. 517-518.
196 Akçam, age., s. 131.

"dindarla-dinciyi" ayırt edecek düzeye getirilmesi bile dini kullanan "gerici" çevrelere büyük bir darbe vuracak, böylece "din istismarıyla" toplumsal aydınlanmanın engellenmesi önlenecekti. Ayrıca Köy Enstitülerinin "din" karşısındaki "kaygısız" tutumu, sonraki süreçte Köy Enstitülerinin "din karşıtı" olarak algılanmasına yol açmış ve bu algı Köy Enstitülerinin sonunu hazırlamıştır.

Köy Enstitülerinin eleştirilecek temel özelliklerinden biri Atatürk'ün Ön Türk merkezli Türk Tarih Tezi'nin yerine Yunan-Roma eksenli Greko-Latin Tezi'ni işlemesidir. Hasan Âli Yücel'in Antik Yunan ve Roma kaynaklarını çevirmesiyle başlayan "Greko-Latin" hayranlığı, Atatürk'ün "millet inşasında" çok önemli yer tutan ve bilimsel olarak da çok güçlü referanslara sahip olan Türk Tarih Tezi'nin unutulmasına yol açmıştır. Asırlardır ihmal edilmiş, kendi tarihinden habersiz Türk köylüsüne yapılacak en büyük iyiliklerden biri, ona Antik Yunan ve Roma tarihini değil, köklerinin bağlı olduğu eski Türk tarihini öğretmek olmalıydı. Atatürk'ün çok büyük önem verdiği Halkevleri ile daha sonraki dönemde açılan Köy Enstitüleri arasındaki en ciddi fark "tarih öğretimi" konusunda karşımıza çıkmaktadır. Halkevlerinde Türk Tarih Tezi öğretilirken Köy Enstitülerinde Greko-Latin Tezi öğretilmiştir.

Köy Enstitülerinin Türkiye'nin "milli bünyesine" aykırı, "Batıcı" insan tipi yetiştirdiği iddiası da –enstitülerin son zamanları hariç– doğru değildir. Tam tersine, Köy Enstitülerinin kuruluş amacı, asırlardır Türk kültürünün yerine Arap kültürüne alıştırılmış, böylece ulusal kimliği, kişiliği unutturulmuş, kırsala mahkûm edilmiş ve geri bırakılmış Türk köylüsünü, çağdaş değerlerle ve kendi öz kültürüyle yüzleştirmektir. Köylerde halk ağızlarından yapılan tarama ve derleme çalışmaları, köylerde oynanan eski Türk oyunları, canlandırılan eski Türk gelenekleri ve görenekleri, kadın-erkek birlikte yapılan törenler ve toplantılar, Türk köylüsüne eski öz kültürünü hatırlatmak için enstitülerde yapılan çalışmalardan sadece birkaçıdır.

Tarlada çalışan enstitü öğrencileri

Cumhuriyet'in Atatürklü yıllarında "milli kültür" denilince Türk ulusuna ait eski öz değerler; kadın erkek eşitliği, eski Türk tarihi, Türk dili, Türk gelenekleri ve görenekleri, eski Türk oyunları, Yunus Emreler, Karacaoğlanlar, Alevilik, Bektaşilik gibi tasavvuf ekolleri vb. unsurlar akla gelirken; 1946'dan sonra "milli kültür" denilince, Arap kültürüne ait eski öz değerler; Arap dili, Arap gelenekleri ve görenekleri, İslam dini, türban, Nurculuk, Nakşilik ve Kadirilik tarikatları vb. unsurlar akla gelmeye başlamıştır.

1950'den sonra "milli kültür" ve "yerellik" denilince, aslında kastedilen Türk kültürü değil, Türk kültürüne boca edilmiş vıcık vıcık Arap kültürüdür. Bu dönemde *"yerellikle bütünleşme denilen şey, her sokağa bir cami, caminin altına bir market, Alevi köylerini de kapsamak üzere her köye bir imam gönderilmesi, Kuran kursu, medrese açılması, tarikat örgütlenmesinin köylere kadar uzanması, türban ve çarşafın neyi sembolize ettiği bilinciyle birlikte en uzak kırsal alanlara ve ilkokul çağındaki çocuklara kadar gitmiş olması, 80'li yıllardan önce toplum çoğunluğunun gelip geçtiğini bile ayrımsamadığı kandil günlerinin topluca bir dinsel ayin olarak kutlanması, büyük kentlerin bulvarlarında bile iş günlerinde sokaklara kadar taşmış cami cemaatleri oluşturulması ise, gerçekten de Türkiye epeyce 'yerellikle bütünleşmiştir'! Ama yerelliğin içindeki ritü-*

eller birer ikişer ortadan kalkmış, kız-erkek birlikte eğlenilen köy düğünlerinde kadınlar ayrı bir alanda eğlenmeye zorlanır olmuş, Ankara'nın doğusundaki tüm yerleşim birimlerindeki toplantılarda haremlik-selamlık uygulamaları başlatılmış, daha yirmi otuz yıl öncesine kadar Anadolu'daki tüm kültürlerin birlikte kutladığı ve mevsimsel bir 'kış yarılama töreni' bir insanlık geleneği olan yılbaşı bir Hıristiyan bayramı olarak algılanmaya başlanmış, daha birçok benzer gelişme yaşanmıştır..."[197]

Köy Enstitülerindeki etkinliklerden görüntüler

Köy Enstitüleri, köy aydınlaması için çok önemli yayınlar yapmıştır. Bunlardan en önemlisi, Milli Eğitim Bakanlığı tarafından 17.000 adet basılıp ülkenin dört bir yanına dağıtılan *Köy Enstitüleri Dergisi*'dir.[198]

Köy Enstitüleri Projesi, Türkiye'nin kültür ortamını "ileri" anlamda çok ciddi bir şekilde değiştirmiştir. Köy Enstitülerindeki 17.341 öğretmen arasından 300 yazar ve şair, 4000'e yakın müzik

197 **age.,** s. 89, 90.
198 **age.,** s. 84.

öğretmeni ve ressam çıkmıştır.[199] Örneğin Fakir Baykurt, Mahmut Makal, Talip Aydın gibi ünlü yazarlar enstitü kökenlidir.

1940'ta kurulmaya başlayan Köy Enstitülerinin sayısı 1944'te 20'ye, öğrenci sayısı 16.400'e ulaşmıştır. 4 yılda çeşitli ihtiyaçları karşılayan 306 yapı tamamlanmıştır. 15.000 dönüm alan ekilip biçilmiştir. Meyveli meyvesiz 250.000 fidan dikilmiştir. 1500 dönümlük alana sebze ekilmiştir. 1200 dönümlük alana bağ kurulmuştur. 9000 baş hayvan bakılmıştır.[200]

Köy Enstitülerinde 1954 yılına değin 25.000 enstitülü öğretmen yetiştirilmiştir.[201] Bu kadar kısa zamanda, üstelik savaş şartlarının yokluk günlerinde, Türkiye'nin değişik köylerinde 25.000 öğretmen yetiştirilmiş olması, dünya ölçeğinde büyük bir başarıdır.

Köy Enstitülerinden yetişen "bilinçli" ve "aktivist" gençlik Türkiye'de 1960 sonrasındaki gençlik hareketlerinin, TÖS, TİP gibi büyük siyasal örgütlerin öncülüğünü yapmıştır.[202]

ABD'li Fay Kırby'a göre Köy Enstitüleri Projesi, 20. yüzyılda benzerine çok az rastlanan sonuçlar vermiştir: "*Yalnız Türkiye'de değil tüm dünyada 20. yüzyılın dili ile kendini açıklayabilecek köylü ender sayılacak bir olaydır.*"[203]

Bu büyük başarıları hiçe sayarak Atatürk'ün önderliğinde gerçekleştirilen Cumhuriyet Devrimi'ne dil uzatanların büyük bir yanılgı veya ihanet içinde oldukları çok açıktır.

İsmet İnönü'nün İki İsteği

Atatürk'ün İdeal Cumhuriyet Köyü Projesi'ni hayata geçirmek için yoğun çaba sarf eden İsmet İnönü, "köylerin birleştirilmesi" ve "kombinalar" projeleriyle İdeal Cumhuriyet Köyü Projesini daha da geliştirmiştir.

199 age., s. 30.
200 Mehmet Başaran, Özgürleşme Eylemi, Köy Enstitüleri, 4. bas., İstanbul, 2006, s. 29; Akçam, age., s. 347.
201 Akşin, age., s. 238.
202 Akçam, age., s. 30.
203 Kırby, age., s. 271.

İsmet İnönü'nün 1940'larda köy ve köylü adına iki önemli isteği daha vardır. İnönü, köylüyü gerçekten milletin efendisi yapmak için Köy Enstitülerinin sayılarının artırılarak en az 60'a çıkarılmasını ve 200.000 tarımcı yetiştirilmesini istemiştir.[204]

İsmet İnönü'nün neden ısrarla 200.000 tarımcı yetiştirilmesini istediği sorusuna Engin Tonguç şu yanıtı vermiştir:

"Bunu toprak ağalarına karşı tutumunun ışığında incelemek gerekir. Birkaç yıl içinde 200.000 tarımcı hangi alanda kullanılacaktır? Bunlar Köy Enstitülerinden alınarak yetiştirileceğine göre en yoksul köylerden ve çoğunlukla topraksız, ya da az topraklı ailelerden gelecektir. Toprakları olmazsa, bunları köylere tarımcı olarak göndermekle ne elde edilecektir? Bunların tarım memuru olarak devlet hizmetinde çalıştırılmaları da düşünülemez. 40.000 köy için 200.000 tarım memuru... Üretim yapamayan memur yetiştirmenin de anlamı yoktur. Bize göre İnönü'nün bu tasarısının bir tek amacı olsa gerekir. En kısa sürede çözümlenmesi gerektiğini söylediği toprak reformu sorununda bu 200.000 kişilik tarımcı kadrosundan yararlanmak. Toprak reformunu gerçekleştirdikten sonra ilk yıllarda ortaya çıkabilecek verim düşüklüğüne ve ekonomik bunalıma karşı bu kadroyu kullanarak direnmek. Böyle bir reformda kendisine destek olacak bir kadro sağlamak"[205]

Ancak İnönü, bu iki isteğini hayata geçirmek için bürokrasiden destek görmemiştir. Tarım Bakanı konuyu sürüncemede bırakırken Hasan Âli Yücel de bu isteklere sıcak bakmamıştır. Yücel, personel, örgütlenme ve para yönlerinden İnönü'nün bu iki isteğinin hayata geçirilmesinin doğru olmadığını belirtmiştir. İsmail Hakkı Tonguç da konuya sıcak bakmamıştır.

Yücel ve Tonguç, İnönü'nün bu iki isteğinin gerçekleştirilemeyeceğini kendisine bildirdiklerinde İnönü onlara şu yanıtı vermiştir:

"Çok büyük fırsat kaçırıyorsunuz. Bu savaş yıllarından

204 Avcıoğlu, **age.**, s. 1415-1418.
205 **age.**, s. 1416, 1417.

yararlanarak, bunları yapmalıydınız. Savaştan sonra ne olacağı belli değildir.Bunların hiçbirisini bize yaptırmayacaklardır. İleride beni dinlemediğinize çok pişman olacaksınız."[206] Zaman İnönü'yü haklı çıkarmıştır. Köy Enstitülerinin sayısının 60'a çıkarılmaması ve 200.000 tarımcı yetiştirilmemesi ilerleyen yıllarda hem köy aydınlanmasını hem de tarım politikalarını olumsuz yönde etkilemiştir.

Nitekim Tonguç, 1946 yılından sonra İnönü'nün haklı olduğunu şöyle ifade etmiştir:

"Gerçekten onu dinlemediğimize sonradan çok pişman oldum. İtiraf edeyim ki, bu tasarının gerçekleşmesi benim de gözümde çok büyümüştü. Eğer benim aklım yatsaydı Yücel'e rağmen işe girişirdim. Bütün Köy Enstitüleri işinde pişmanlık duyduğum tek nokta budur. Eğer enstitülerin sayısını 60'a çıkarıp gerçekten 200.000 tarımcı yetiştirebilmiş olsaydık çok daha şiddetle gelecek olan tepkiler (1946 sonrası) sırasında ipe gitmek bile bana vız gelirdi.Gözüm arkada kalmazdı. Ama bu fırsatı kaçırdık"[207]

1946'dan itibaren ABD'nin dümen suyuna giren Türkiye'de bırakın Köy Enstitülerinin sayısını artırmayı mevcut Köy Enstitülerinin yaşamasına bile izin verilmemiştir. 1950'lerde ABD ile yapılan ikili anlaşmalarla Türkiye'nin ihtiyaç duyduğu bütün tarım ürünleri ABD'den satın alındığı için bırakın 200.000 tarımcıya 100 tarımcıya bile ihtiyaç kalmamıştır!

Engin Tonguç, Köy Enstitülerinin Türkiye'de kapitalizme karşı mücadele fırsatı yarattığını ancak 1946'dan sonra bu fırsatın kaçtığını şöyle ifade etmiştir:

"1935-1946 döneminde Türkiye kapitalizme giden köşeyi kesin olarak dönmemişti. Varlık birikimi azdı, özel alanda bir sanayileşmeden söz açılamazdı. Ekonomi kapalı idi, aracı tüccar güçsüz idi.Feodal kalıntılar CHP içinde ilerici kanat ile mücadele durumunda idiler. Kemalist ilkeler bir kenara atılmamıştı. Yaban-

---

206 age., s. 1417.
207 Engin Tonguç, **Devrim Açısından Köy Enstitüleri**, s. 271-289'dan aktaran Avcıoğlu, **age.**, s. 1417.

cıların ekonomik etkisi azdı. *Devlet dışarıya borçlu değildi. Bir devlet kapitalizmi uygulaması sürdürülüyordu. Ama ibrenin özel girişimden yana değil devletçilikten yana olduğu açıktı. Bütün bu koşullar içerisinde hızla girişilecek bir bilinçlendirme kampanyası bütün sistemin Kemalizm'in gösterdiği doğrultuda halkçı, devletçi bir yönde gelişmesini çok kolaylaştırabilir, böyle bir gelişme için ta başından beri en çok eksikliği duyulan etkeni, emekçi sınıfların devleti desteklemesi, güçlendirmesi etkenini sağlayabilirdi. Ve 1935-1946 dönemi koşulları içinde gerici-tutucu güçlerin böyle bir gelişmeye karşı çıkmaları çok zor olabilirdi. Bilinçlendirilmiş, öğretim ve eğitim görmüş köylülerin çoğu o çağda boş olan kamulaştırılmış topraklar üzerinde uygulayacakları bilgili ve çok yüksek verimli bir tarım, bir ölçüde gerçekleştirilecek toprak reformu, devlet eliyle kurdurulması sürdürülen sanayi, feodal kalıntılara karşı bir ekonomik gücü ilericilere sağlayabilirdi. Onları destekleyecek kapitalizm içte yoktu, dışta da çok güçsüzdü. Kısacası 1946'ya kadar henüz köşe kapitalizm yönünden dönülmemişti.Uygun iç ve dış koşulların bir süre daha devam etmesi durumunda bu köşenin kapitalizm yönünde dönülmesini önleyebilmek ve bir süreç atlamak olanağı belki bulunabilirdi.*

1935'lerde, 1946'dan sonra hiçbir biçimde bulunmayan bir fırsat, bir tarihsel olanak vardı ve olanaktan yararlanılmaya çalışılmıştır."[208]

Ancak maalesef ABD emperyalizmi ve onun yerli işbirlikçileri yüzünden bu olanaktan yararlanılıp ne köy aydınlanması gerçekleştirilebilmiş, ne toprak reformu yapılıp feodal unsurların kökü kazınabilmiş, ne de devletçi ve halkçı ekonomi egemen kılınıp kapitalizm canavarı yok edilebilmiştir.

Köy Enstitülerinin öyküsünü köy kökenli dünyaca ünlü yazarımız **Yaşar Kemal**'in şu sözleriyle bitirelim:

"Hoca geliyor, söylüyor, çocuklar ezberliyor. Bu çocukları köleleştirme eğitimidir. Köle olan, köle yapmaya çalışır. İnsanlar

---

208 Engin Tonguç, **Devrim Açısından Köy Enstitüleri**, s. 263-264'ten aktaran Avcıoğlu, **age.**, s. 1418.

her yerde böyle yetiştirildikçe barış olmaz. Biz Köy Enstitüleriyle eğitime yaşayarak ve yaratarak eğitimi katmıştık. (...)
20. yüzyılda Türklerin yarattığı insanlığa armağan ettiği en büyük iştir Köy Enstitüleri. Ben üç şeyle övünmesini isterim Türkiye'nin; Atatürk'ün gerçekleştirdiği kendine dönüş ve bağımsızlık politikası, Hakkı Tonguç'un gerçekleştirdiği demokratik eğitim ve Nazım Hikmet'in gerçekleştirdiği insancıl ulusal şiir..."[209]

Köy Aydınlanmasının Yok Edilişi

Atatürk'ün ölümünden sonra başlayan karşı devrim sürecinde "aydınlanmış" değil "cahil" köylülere ihtiyaç olduğu için olsa gerek (!) Atatürk'ün ve genç Cumhuriyet'in Köy Aydınlanması Projesi yok edilmiştir.

1946'da Demokrat Parti muhalefetinin baskısı sonucu Hasan Âli Yücel görevden alınmış, yerine Reşat Şemsettin Sirer getirilmiştir. Bu görev değişikliği hem Köy Eğitmen Kurslarının hem Halkevlerinin hem de Köy Enstitülerinin sonunu hazırlamıştır.

Hasan Âli Yücel   *Reşat Şemsettin Sirer*

17 Nisan 1948 tarihli bir genelgeyle Köy Eğitmen Kursları kapatılmıştır.[210]

---

209 Başaran, **age.**, s. 21.
210 Gümüşoğlu, **age.**, s. 99.

2 Mayıs 1951'de ise 5830 sayılı bir kararla Halkevleri, bütün malvarlıklarına el konularak kapatılmıştır.

Kendisi de Halkevlerinden gelen, Aydın Halkevi'ni kurup başkanlığını yapan **Başbakan Adnan Menderes**, bu kurumun kapatılma gerekçisini şöyle açıklamıştır:

"Halkevleri, Halkodaları kurmak, gençlik teşkilatını ele almak, faşist vari telakki ve düşüncelerin mahsulüdür. Bunlar içtimai bünyemiz için abes, beyhude, geri ve yabancı uzuv halindedir."[211]

Menderes, Halkevleri hakkında 1955 yılında da şunları söylemiştir:

"Halkevleri, içi boşalmış, tarihe karışmış, maksatsız birer varlık halinde idiler. Bunlar, partileri için birer hicap mevzuu (utanma konusu) teşkil ediyordu."[212]

Oysaki aynı Adnan Menderes, 1930 yılında Aydın Halkevi'nin açılış töreninde şunları söylemişti:

"Milletimizin yükselmesi yolunda her ihtiyacı gören ve sezen Büyük Gazi, içtimai hayatımızda, kültür hayatımızda, çok derin bir boşluğu ve çok şiddetli bir ihtiyacı görmüş, bu boşluğu doldu-

racak ve ihtiyaca cevap verecek bir tesis ve teşekkülün esasını kurmak, temellerini atmak şerefini de kazanmıştır..."[213]

Şevket Süreyya Aydemir, Menderes'in bu değişimini, *"Menderes'in Halkevlerinin bu iki tarifi ve değerlendirmesi arasında ne kadar fark vardır? Onun iktidara geldikten sonra Halkevlerini, daha yukarıda verdiğimiz sözlerle yermesi şaşkınlık yarattı,"* diye yorumlamıştır.

Adnan Menderes

Menderes'in Halkevleri hakkında belli bir zaman arayla yaptığı bu açıklamaların siyahla beyaz

---

211 Adnan Menderes'in Büyük Millet Meclisi'nde 4.10.1951'de başlayan tartışmalardaki nutkundan nakleden Şevket Süreyya Aydemir, **İkinci Adam**, C 3, 6. bas., İstanbul, 2000, s. 67.
212 Aydemir, **age.**, s. 67.
213 **age.**, s. 67.

kadar birbirine zıt açıklamalar olması ilk bakışta şaştırtıcı gelebilir; ancak Atatürk'ten sonra Türkiye'nin ABD çıkarları doğrultusunda değiştirilip dönüştürüldüğü Karşı Devrim sürecinin baş aktörlerinden birinin Menderes olduğu anımsandığında, ondaki bu köklü değişimin son derece normal olduğu anlaşılacaktır!

Görgü tanıklarının anlattıkları, Halkevlerinin sadece kapatılmadığını, aynı zamanda talan edildiğini göstermektedir:

"Levhaları, kanepeleri, spor eşyaları, piyanoları açıkgözler tarafından bedava denecek paraya alındı. Açıkgözler, Halkevi'nin mirasına kondular ve zengin oldular. Gençler sokak ortasında kaldı, onlara kimse sahip çıkmadı."[214]

Kapatıldığı yıl 478 Halkevi merkezi, 5000 Halkevi şubesi, 4000 Halkodası vardır.[215]

Karşı Devrim'in en çok tepki gösterdiği kurum Köy Enstitüleridir.

1944 yılında Gümüşhacıköy'de 19 Mayıs törenleri sırasında şiir okuyan bir Köy Enstitüsü öğrencisinin sorguya çekilmesiyle başlayan Köy Enstitüsü tartışması, kısa sürede ülke çapında bir Köy Enstitüsü düşmanlığına dönüşmüştür.[216]

1946 seçimlerinde Demokrat Parti'nin 61 milletvekiliyle meclise girmesi enstitülere yönelik eleştirileri artırmıştır. Köy Enstitüleri, toprak ağaları ve büyük toprak sahiplerinin boy hedefi haline gelmiştir. Örneğin başlangıçta köylünün eğitilmesinin kendi çıkarına olacağını düşünüp Enstitüleri destekleyen Emin Sazak, sonradan bir numaralı Enstitü düşmanı haline gelmiştir. Eskişehir'de bir kahvede, Çifteler Köy Enstitüsü Müdürü Rauf İnan'a rastlayan Emin Sazak, *"Bu itlere toprak vereceklermiş, versinler bakalım verebilecekler mi? Ben onlara hayvan, çift, çubuk, tohumluk vermedikten sonra, topraklanıp da ne olacak!"* demiştir.[217]

214 Gümüşoğlu, **age.**, s. 144.
215 Çeçen, **age.**, s. 259.
216 Akçam, **age.**, s. 365.
217 Tonguç, **Bir Eğitim Devrimcisi**, s. 442.

Köy Enstitülerine yönelik "toprak ağası" tepkisini en güzel yansıtan örneklerden biri Kinyas Kartal örneğidir. Kinyas Kartal, *"Baktık,"* diyor. *"Köy Enstitüleri gelişiyor. Biz ağalar toplandık. Bu Köy Enstitüleri on yıl daha sürerse Doğu'da ağalık ölecek... 1950 seçimleri öncesinde Demokrat Parti ile pazarlık yaptık ve Köy Enstitülerini kapatmaya söz verirseniz oyumuzu size vereceğiz dedik. Söz verdiler; oyumuzu verdik. Enstitüleri de kapattırdık."[218]*

Kinyas Kartal

1947 yılında enstitü mezunu öğretmen ve sağlık memurlarına verilen "geçim toprakları" geri alınmıştır.[219]

Köy Enstitülerinin kapatılış sürecinde Köy Enstitülerine yönelik asılsız iddialar ortaya atılmıştır. Örneğin 19 Kasım 1951 tarihinde mecliste yapılan gizli bir oturumda Askeri Yargıç Şevki Mutlugül, Köy Enstitülerinin "nasıl bir Komünist yuvası oldukları" hakkında bilgiler vermiştir! Bu bilgiler içinde, ABD'de yerliler arasında ilkel site araştırması yapan Niyazi Berkes'in, Hasanoğlan Köy Enstitüsü'ne çağrılıp konuşturulduğu, Köy Enstitülerinde köy müziği bestelerinin sol elle yapıldığı, Hasanoğlan Köy Enstitüsü müzik salonunun orak şeklinde kurulmuş olduğu, Çifteler Köy Enstitüsü'nde öğrencilere *"Kiramazov Kardeşler"* (dava dosyasında böyle yazılmıştır) adlı komünizm propagandası yapan bir kitabın okutulduğu gibi bilgiler vardır.[220]

Enstitülerin plan ve programını belirleyen Hasan Âli Yücel ve İsmail Hakkı Tonguç görevden alınmıştır. Bakanlığa Reşat Şemsettin Sirer getirilmiştir. Yeni bakanın ilk uygulamalarından biri "milli kültürümüze uygun olarak!" karma eğitime son vermek olmuştur! Kısa süre içinde Enstitülerdeki kız öğrenci sayı-

---

218 Dursun Kut, *"Kinyas Ağa Köy Enstitülerini Nasıl Kapattırdı"*, **Cumhuriyet** gazetesi, 20 Temmuz 1996; Muzaffer İlhan Erdost, **Küreselleşme ve Osmanlı Millet Modeli Makasında Türkiye**, İstanbul, 1998, s. 77; Akçam, **age.**, s. 112.
219 Gümüşoğlu, **age.**, s. 108.
220 Akçam, **age.**, s. 25.

ları azaltılmıştır. Böylece Köy Enstitüleri aşamalı olarak işlevsizleştirilmiştir.[221]

Hasanoğlan Köy Enstitüsü çevresindeki yontular (heykeller) kaldırılmış, "Toprak Adam" adlı yontu parçalanmıştır.

Enstitülerin tarım alanları bakımsızlıktan kurumuş, hayvanları açlıktan ölmüştür. Öğretmen Hidayet Gülen, "*Biz öğrencilerimizle ölen dev gibi boğaların başında saatlerce ağladık,*" diyerek söz etmiştir o trajediden... Hasanoğlan'da merinos koyunları, tiftik keçileri, Hollanda inek ve boğaları vardı. Eski öğretmenlerden Nazif Balcıoğlu, Enstitüye yeni atanmış bir veterinere, hastalanan hayvanların ülkenin parasıyla geldiğini, tedavi edilmesi gerektiğini söylediği zaman veteriner, "*Ben bir şey yapamam! Ben her şeyden önce milliyetçiyim!*" karşılığını vermiştir.[222]

Köy Enstitüleri 27 Ocak 1954'te tamamen kapatılmıştır.[223] Bundan sonraki dönem İmam Hatip Okulları dönemi olacaktır.

Atatürk Cumhuriyeti, 15 yıllık dönemde köylüye huzur ve güven vermiştir. Köylüyü geleceğe güvenle bakan, kendine güvenen, okuyan, araştıran, inceleyen, aydınlanmış ve üreten bilinçli yurttaş haline getirmiştir. Ancak Atatürk'ten sonra köylüyü her bakımdan kalkındıran devrimci yenilikler sürdürülmemiştir. Atatürk'ün Köy Aydınlanma Projesi'nin devamı niteliğindeki Köy Enstitüleri de kapatılınca köy aydınlanması tamamen yok edilmiştir. Yoksul köylü çocuklarını modern makineli tarım teknisyeni olarak yetiştiren Devlet Üretme Çiftlikleri kapatılmıştır. Damızlık Hayvan Haraları satılmıştır. Pek çok tarım KİT'i kapatılmıştır.[224] Belli ki Karşı Devrim, aydınlanmış, dünyayı tanıyan, üretken köylü yerine, aydınlanmamış, içine kapalı, dinle kandırılmış oy deposu bir köylü istemiştir.

Geldiğimiz noktada bugün (2012) Türkiye, Uruguay'dan inek, Meksika'dan mısır ithal eder duruma gelmiştir. Milliyetçilik bu mudur?

221 Gümüşoğlu, **age.**, s. 108.
222 Tonguç, **age.**, s. 617-618; Akçam, **age.**, s. 376.
223 Gümüşoğlu, **age.**, s. 108, 109.
224 Aydoğan, **Atatürk ve Türk Devrimi**, C 2, s. 308.

Halkevlerinden ve Köy Enstitülerinden İmam Hatip Okullarına

1924 yılında çıkarılan *"Tevhid-i Tedrisat Kanunu"*nda şöyle bir hüküm vardır: *"Milli Eğitim Bakanlığı'nca yüksek din uzmanları yetiştirmek için üniversitede bir İlahiyat Fakültesi açılacak ve imamet-hatiplik gibi din hizmetlerinin görülebilmesi için de ayrı okullar açılacaktır."* Bu hüküm doğrultusunda 1924 yılında İmam Hatip Okulları açılmıştır. Bu okullar 4 yıllık ortaöğretim düzeyinde okullar olarak eğitim öğretim vermeye başlamıştır. Ancak 1930 yılında öğrenci yetersizliği nedeniyle kapanmıştır.

İmam Hatip Okulları, 1949 yılında yeniden açılmış ve askerliğini yapmış ortaokul mezunları okula alınmaya başlanmıştır. Daha sonra bu okullar 10 aylık dönemlerle biten İmam Hatip Kursları halinde eğitime devam etmiştir. Bu kurslardan bir senede ancak 50 kişi mezun olmuştur. Daha sonra bu kursların süresi 2 yıla çıkarılmıştır. Bir süre sonra bu kurslara diğer meslek okulu mezunları da alınmaya başlamıştır.

1950 seçimlerinde iktidara gelen Demokrat Parti (DP) ilk iş olarak Türkçe ezanı yeniden Arapçaya çevirmiş, daha sonra da İmam Hatip Okullarının sayısını arttırmıştır. DP, birinci dönemi 4, ikinci dönemi 3 yıl olan 7 okul açmıştır.

İmam Hatip Okullarının sayısı 1951-1971 yılları arasında 72'ye çıkmıştır.

1963 yılında okullara parasız yatılı öğrenci alınmaya başlanmıştır.

1972'den sonra ortaokuldan sonra 4 yıl eğitim-öğretim veren meslek okulları haline getirilmiştir.

İmam Hatip Okulları 1973'te lise statüsünde kabul edilmiş ve bu okullardan mezun olanlara üniversitelerin edebiyat bölümlerine girme hakkı tanınmıştır.

1974 yılında CHP-MSP koalisyonu döneminde İmam Hatip Liselerinin ortaokul kısmı yeniden açılmıştır. Bu dönemde açılan İmam Hatip sayısı 101'e çıkmıştır.

1976 yılında bir valinin Danıştay'a açtığı davanın kazanılmasıyla, İmam Hatiplere kız öğrenciler de alınmaya başlanmıştır. 1975-1978 yılları arasında Milliyetçi Cephe döneminde 230 İmam Hatip Lisesi açılmıştır. 12 Eylül 1980 darbesinden sonra *"Temel Eğitim Kanunu"* nun 32. maddesinde yapılan değişiklikle İmam Hatiplerden mezun olanlara üniversitelere girebilme hakkı tanınmıştır. Her konuda özgürlükleri kısıtlayan darbeciler, ne hikmetse İmam Hatiplerin özgürlük alanını genişletmişlerdir! 1985'te Anadolu İmam Hatip Lisesi açılmıştır.

Sorgulayan, kültürlü ve bilinçli bireyler yetiştirerek toplumsal aydınlanmayı sağlayan Halkevlerini ve Köy Enstitülerini kapatanlar, Türkiye'nin dört bir yanını, hayata sadece dini pencereden bakmayı öğreten, çağdaşlaşmayı "dinsizleşmek" diye anlatan, Türk Devrimi'ne düşman, yeniden Osmanlılaşmayı savunan İmam Hatip Okullarıyla donatmışlardır. İşte sayılarla İmam Hatip şampiyonu başbakanlar:

Başbakan	Açtığı okul sayısı
1951-1959 Adnan Menderes	19
1962-1963 İsmet İnönü	7
1965-1971 Süleyman Demirel	46
1974-1975 Bülent Ecevit	26
1975-1978 Süleyman Demirel	233
1978-1979 Bülent Ecevit	4
1979-1980 Süleyman Demirel	36
1984-1989 Turgut Özal	90
1990-1992 Mesut Yılmaz	23
1992-1994 Süleyman Demirel	12
1994-1995 Tansu Çiller	13
1995-1997 Diğer hükümetler	92[225]

---

225 Eğitim Sen'in raporundan nakleden İbrahim Ural, **Bu da Bilmediklerimiz**, İstanbul, 2009, s. 108-109.

1950'den sonra Türkiye'de sadece sağ iktidarların değil sol iktidarların da İmam Hatip Okulu açtıkları görülmektedir. Türkiye'de İsmet İnönü ve Bülent Ecevit toplam 36 İmam Hatip Okulu açmıştır. Bu durumun temelinde oy kaygısı vardır. Türkiye'nin İmam Hatip Okulu açma şampiyonu ise hiç tartışmasız Süleyman Demirel'dir. Demirel değişik dönemlerde toplam 327 İmam Hatip Okulu açmıştır.

Eğitim Sen'in araştırmalarına göre Türkiye'de ortalama 5000 imam hatipe ihtiyaç varken İmam Hatip Liselerinden her yıl 25.000 kişi mezun olmaktadır. İmam Hatip Okullarından 2006 yılına kadar mezun olanların sayısı 2 milyonu geçmesine karşın hâlâ camilerde din görevlisi sıkıntısının yaşanması dikkat çekicidir.

Özellikle 2000'lerden sonra İmam Hatip Okullarının öğrenci sayılarında büyük artışlar görülmüştür. Örneğin İmam Hatiplerde 2002-2003 öğretim yılında 28.247 kız, 42.853 erkek olmak üzere toplam 71.100 öğrenci varken, bu sayı 2006-2007 öğretim yılında 62.168 kız, 58.500 erkek olmak üzere toplam 120.668 öğrenciye çıkmıştır. Görüldüğü gibi İmam Hatip Okullarının öğrenci sayılarında 4 yılda toplam %70 artış olurken, bu artış erkek öğrencilerde %36, kız öğrencilerde ise %120'dir. [226] İmam Hatiplerin kuruluş amacı Türkiye'nin imam-hatip ihtiyacını karşılamak olduğuna göre ve yalnızca erkekler imam-hatip olabildiğine göre, bu okullarda erkeklerden çok kızların eğitim görmesinin amacı nedir acaba? diye sormadan edemeyeceğim!

Millet Mekteplerinde, Halkevlerinde ve Köy Enstitülerinde akıl ve bilime dayanan çağdaş bir eğitim-öğretim anlayışı vardı. Buralarda gençlere bilim, teknik, sanayi, tarım, sağlık, tarih, dil, edebiyat, köycülük, tiyatro, resim, heykel, müzik, spor alanlarında temel bilgiler verilerek gençlerin yaratıcılıkları geliştirilir, gençler bilinçli üreticiler haline getirilir, gençlerin bireysel ve toplumsal aydınlanmaları sağlanırdı. İmam Hatiplerde ise nakil, sezgi ve ezbere dayanan dinsel bir eğitim öğretim anlayışı vardır. Buralarda gençlere Arapça, nakilcilik ve biat kültürü öğretilerek

---

226 *"Kızlar İHL'de Erkekleri Geçti"*, **Milliyet** gazetesi, 9 Şubat 2008; Altan Öymen, *"İmam Hatipler ve Din Adamlığı"*, **Radikal** gazetesi, 9 Eylül 2006.

gençlerin hayatı ve evreni dinsel eksenli olarak algılamaları sağlanmaktadır. Böylece Cumhuriyet'in "bireyleştirdiği" insanların yeniden "kullaşmaları" süreci başlamıştır. Bu süreç en çok karşı devrimcilere yaramıştır. Hayata, evrene ve doğaya sadece dini pencereden bakan insanların tercihleri bilim, kültür, sanat ve aydınlanma değil; evliyalar, tekkeler, türbeler, falcılık, büyücülük, çok eşlilik tartışmaları, kadının toplumsal hayattan dışlanması ve dinselleşme yönünde olmuştur. Böyle olunca da kalkınmadan, aydınlanmadan, sosyal adaletten, çağdaşlaşmadan söz eden siyasi partiler değil, dinden söz eden (daha doğrusu dini istismar eden) siyasi partiler çok rahat iktidara gelmiştir. [227]

Sözün özü, Türkiye'ye 1949'a kadar öğretmenler, 1950'den itibaren ise imamlar yol göstermiştir. Gelinen nokta ortadadır.

ABD'nin Türk Tarımını Bitirme Projesi

Atatürk'ün Tarım Devrimi, İdeal Cumhuriyet Köyü Projesi, Halkevleri ve Köy Enstitüleri projeleri ile Türkiye'de modern tarım ve hayvancılık gelişmeye başlamıştır. Çok kısa bir süre önce dışarıdan alınan birçok tarım ürünü Türkiye'de Türk köylüsü tarafından üretilip yurt dışına satılmaya başlanmıştır. Türkiye, Atatürk'ün akıllı projeleriyle şekillenen çağdaş, ulusal ve bağımsız tarım ve hayvancılık politikaları sonunda çok kısa bir sürede kendi kendine yetebilen bir ülke haline gelmiştir. Kendi kendine yeten Türkiye, ülkeleri borçlandırıp kendine bağımlı kılan emperyalizmi rahatsız etmiştir.

---

227 Doğru ve iyi bir din eğitimi tabii ki gereklidir. İnsanlar çocuklarını istedikleri dinin ilklerine göre tabii ki özgürce yetiştirebilmelidir. Ancak dinsel eğitim konusunda devlet tarafından asla bir zorlama ve yönlendirme yapılmamalıdır. Okullarda din dersleri seçmeli olmalıdır. Dahası her yıl on binlerce öğrencinin sadece dinsel eğitime tabi tutulduğu okullar asla bir ülkenin yaygın eğitim kurumu haline getirilmemelidir. Aksi halde oraları zaman içinde birilerinin arka bahçesi haline gelir! Önceleri İmam Hatiplerin amacı sadece din görevlisi yetiştirmekken zamanla bu okullara din görevlisi olamayan kız öğrenciler de alınmıştır. Ayrıca okullara Türkiye'nin ihtiyacı olan din görevlisi sayısının çok üstünde öğrenci alınmıştır. Kimse kimseyi kandırmasın! Açık söyleyelim, buralarda insanlara dinden çok başka şeyler öğretilmiştir yıllarca!..

1950'de iktidara gelen Demokrat Parti (DP) ekonomik alanda liberal politikalar izlemiştir.Avrupa Ödeme Birliği'ne giren Türkiye 1950 yılının son baharında üye devletlerle olan ticaretini büyük oranda serbest bırakmıştır. Türkiye, 1950-1953 yılları arasında iyi hava şartları, tarım arazisinin genişletilmesi, Kore Savaşı'nın yarattığı olumlu hava sayesinde dünyanın sayılı tahıl ambarı ülkelerinden biri durumuna gelmiştir. Türkiye'nin tarımdaki bu başarısı Türkiye için "ABD yardımını en etkili kullanan ülke" yorumlarının yapılmasına yol açmıştır. [228]

Ancak zaman içinde Türkiye'de tarım arazisinin genişlemesinin durması, hava şartlarının kötü gitmesi ve dünyanın da normal şartlara dönmesiyle tarım üretimi azalmaya başlamıştır. DP'nin uyguladığı "serbest piyasa rejimi" başarılı olmamış ve dış ticaret büyük oranda açık vermiştir. Ekonomik şartlar ağırlaşıp dış borçlar artınca DP 1954'te dış ticarette bazı kısıtlamalara gitmiştir.[229]

İki yıl kadar önce "ABD yardımını çok iyi kullanan ülke" diye alkışlanan Türkiye 1955'ten itibaren ABD'den tarım ürünü satın almak için çok ağır şartlarda anlaşmalar imzalamak zorunda kalmıştır.

1955-1956 yılları arasında Türkiye ile ABD arasında imzalanan "tarım anlaşmaları" Türk tarımının gelişmesini önlemiştir. Bu anlaşmalarla ABD tarım ürünlerine Türkiye'de her yıl genişleyen pazar açmayı amaçlamıştır.

12 Kasım 1956 tarihli *"Zirai Maddeler Ticaretinin Geliştirilmesi ve Yardımlaşma Hakkındaki Muaddel Amerikan Kanunu'nun I. Kısmı Gereğince Türkiye Cumhuriyeti Hükümeti ile ABD Hükümeti Arasında Münakit Zirai Emtia Anlaşması"*[230] imzalanmıştır. Bu anlaşma, ABD'nin Türk tarımını bitirme projesinin en önemli ayaklarından birini oluşturması bakımından dikkat çekicidir:

---

228 Haydar Tunçkanat, **İkili Anlaşmaların İç Yüzü**, Ankara, 1969, s. 58.
229 **age.**, s. 58.
230 **Resmi Gazete**, No: 10228, 1959.

ABD, yardım adı altında 12 Kasım 1956 tarihli bu anlaşma ile kendi ihtiyaç fazlası olan buğday, arpa, mısır, dondurulmuş et, konserve sığır eti, don yağı ve soya yağı gibi tarımsal ve hayvansal ürünleri Amerikan gemileriyle taşıma ücretiyle birlikte 46.3 milyon dolar karşılığında Türkiye'ye verecektir.[231]

Türkiye, 12 Kasım 1956 tarihli bu anlaşmaya ek olarak 25 Ocak 1957 tarihli başka bir "tarım anlaşmasıyla" ABD'den şu tarım ürünlerini satın alacaktır: Buğday, arpa, mısır, konserve sığır eti, peynir, süt tozu, pamuk tohumu, soya fasulyesi yağı... Bu ürünler Türkiye'ye taşıma ücretiyle birlikte 19.40 milyon dolara verilecektir.[232]

12 Kasım 1956 tarihli anlaşmaya göre adı geçen tarımsal ve hayvansal ürünleri ABD aşağıdaki bağlayıcı şartlarla Türkiye'ye verecektir:

1. Türkiye'ye satılan Amerikan tarım ürünleri fazlası, Amerika' nın aynı malların alıcısı bilinen pazarlara ve Amerika'nın düşman tanıdığı ülkelere satılmayacak ve yalnız Türkiye'nin iç tüketimi için kullanılacaktır.

2. Bu anlaşma ile Türkiye'de satılacak malların dünya mahsul piyasa fiyatları üzerinde tesir yapmaması için dünya piyasası üzerinden fiyat tespit edilecektir.

3. Türkiye'nin yetiştirdiği ve anlaşmada adı geçen veya benzeri mahsullerin Türkiye'den yapılacak ihracatı, Amerika tarafından kontrol edilecektir.

4. Amerikan tarım ürünleri fazlası Türk Lirası ile satın alınacaktır. Türkiye Cumhuriyeti Merkez Bankası'na yatırılacak olan Türk Liraları ABD Hükümeti tarafından kullanılacaktır.

5. Türk ve Amerikan Hükümetleri, Amerikan tarım ürünlerine ait Türkiye'deki piyasa taleplerini artırmak ve geliştirmek için devamlı gayret sarf edeceklerdir. Her iki hükümet, bu anlaşmanın uygulanmasında özel teşebbüs sahiplerinin etkili bir biçimde rol oynaması için ticari şartlar sağlayacaklardır.[233]

---

231 Tunçkanat, age., s. 67.
232 **Resmi Gazete**, No: 10228, 1959.
233 Tunçkanat, age., s. 67-68

Anlaşmanın dikkat çekici yönlerini şöyle değerlendirmek mümkündür:

1. ABD yardım adı altında Türkiye'ye kendi ihtiyaç fazlası tarımsal ve hayvansal ürünleri satacaktır. Yani Türkiye'ye satılan ABD ürünleri ABD tüketicisinden arta kalan ikinci sınıf ürünlerdir.

2. ABD Türkiye'ye, buğday, arpa, mısır, konserve sığır eti, peynir, süt tozu, pamuk tohumu, soya fasulyesi yağı satacaktır. Oysaki bu ürünlerin neredeyse tamamını veya eş değer başka ürünleri Türkiye'de yetiştirmek mümkündür.

3. Türkiye ABD'den satın aldığı tarımsal ve hayvansal ürünleri ABD'nin düşmanlarına satmayacak, sadece kendisi tüketecektir. Yani Türkiye parasını vererek satın aldığı ikinci sınıf ABD ürünlerini ABD'ye sorarak tüketecektir. Bunun adı bağımlılıktır.

4. Türkiye'nin yetiştirip ihraç edeceği tarım ürünlerini ABD kontrol edecektir. Yani ABD'nin "üretmeyin" dediği tarım ürünleri üretilmeyecek, "satmayın" dediği tarım ürünleri ihraç edilmeyecektir. Bunun adı sömürülmektir.

5. ABD'nin ikinci sınıf tarım ürünlerine Türkiye milyonlarca dolar ödeyecektir. Bunun adı ABD yardımı değil, ABD kazığıdır.

6. Türk ve Amerikan Hükümetleri "Amerikan tarım ürünlerine ait Türkiye'deki piyasa taleplerini artırmak ve geliştirmek için" devamlı gayret sarf edeceklerdir! Her iki hükümetin gayret sarf edeceği nokta dikkat çekicidir: "Amerikan tarım ürünlerine ait Türkiye'deki piyasa taleplerini arttırmak!" Amerikan Hükümeti'nin bu yöndeki gayretini anlamak mümkündür, ancak Türk Hükümeti'nin bu yöndeki gayretini anlamak mümkün değildir. Türk Hükümeti, "Amerikan tarım ürünlerine ait Türkiye'deki piyasa taleplerini arttırmak için" değil, "Amerika'dan alınan tarım ürünlerini Türkiye'de yetiştirmek için" gayret sarf etmelidir.

Bu anlaşmayla ilgili Haydar Tunçkanat'ın şu değerlendirmeleri çok önemlidir:

"Bu anlaşmada taraf olan bağımsız Türk devletinin hükümeti, bu ağır şartları reddetmediği gibi Amerika'nın dünya piyasa fiyatları üzerinden vereceği buğdayın cinsini, niteliklerini, ne zaman ve nerede teslime dileceğine ait, böyle alışverişlerde normal sayılabilecek şartları dahi ileri sürmüyor. % 98'i Müslüman olan Türk halkının İslam usullerine göre kesilmeyip, öldürülerek kanı akıtılmayan, dondurulmuş veya konserve etlerin Türk halkına yedirilmesi için, Türkiye'ye sevk edilecek dondurulmuş veya konserve etlerin İslam usullerine göre kesilmiş olması şartını dahi anlaşmaya koydurmuyor veya aklına dahi getirmiyor

Yine bu anlaşma ile satın alınarak sabun yapımında kendi ürünümüz zeytinyağının yerine kullanılacak olan don yağının içinde domuz yağının bulunmaması şartı da anlaşmaya konulmuyor. Halkın temiz dinsel duygularına gerçekte bir değer vermeyen DP iktidarının, halkın bu duygularını sadece kendi çıkarları ve siyasi iktidarlarının sürdürülmesi için nasıl sömürdüklerini bu örnekler gün ışığına çıkarmaktadır.

Kendi öz ürünümüz zeytinyağının sabun yapımında kullanılmasını bir kararname ile yasaklayarak onun yerine Amerika'dan satın alınan domuz karışımı don yağının kullanılması mecburiyetini getiren DP Hükümeti, Amerika'ya pazar olma uğruna Türk zeytinyağı üreticilerini de açlığa ve yoksulluğa mahkum ediyordu. Türkiye'de pazarı olmayan Amerikan don ve soya yağlarına pazar açmakla hükümet Türkiye'nin ve Türk halkının çıkarlarına aykırı olan bu anlaşmanın uygulanmasına geçiyordu. Zengin Amerikan çiftçisinin daha zenginleşmesi için Türkiye'nin de sömürülmesi zorunluydu ve bunun için de yoksul Türk çiftçisi, zeytincisi kendi hükümeti eliyle yoksulluğa itiliyordu.

Türk tarım ürünlerinin iç piyasadaki fiyatlarının dünya piyasalarındaki fiyatlara denk olduğu kabul edilse dahi Amerikan tarım ürünleri Türkiye'ye ithal edilirken Türk kanunlarına göre alınacak gümrük vergisi, özel idare ve belediyelere ait vergiler, resim ve harçlar, sundurma ve antrepo ücretleri, rıhtım resmi ve rıhtım ücretlerinden muaf tutulmuştur. Yerli ürünlerimizi ve Türk üreticisini korumak için kanunlarla konulmuş olan bu vergiler Amerikan tarım ürünlerinin Türkiye'ye ithalinde de alınmış olsaydı hem Türk Hükümeti vergi alarak gelirini arttıracak, aynı zamanda Amerika'dan ithal edilen bu ürünlerin fiyatları da artacağından aynı veya benzeri Türk ürünleriyle Türkiye'de rekabet edemeyeceklerdi. Amerika bu ürünlerin fiyatlarını kendi çıkarı için dünya piyasa fiyatlarının altında Türkiye'ye vermeyeceğine göre en kestirme yol bu ürünlerin Türkiye'ye girişinde gümrük vergisi, diğer harç ve resimlerden muaf tutulmasıdır. Amerika'nın PL 480 sayılı kanuna göre yapılan bu ithalatta Amerika'dan ithal edilecek malların sürümünü arttırmak ve bunlara duyulan ihtiyacı geliştirmek amacıyla 'emtianın memleketimize girişinde maliyetini arttırıcı herhangi bir tesire maruz kalmayarak, en ucuz şekilde ihtiyaç sahiplerinin istifadesine arzı zaruri bulunmaktadır' gerekçesiyle 6969 sayılı kanun Türkiye Büyük Millet Meclisi'nden geçirilmiş ve Amerika'nın anlaşmada öne sürdüğü şartlara uyularak önemli bir engel daha kolaylıkla aşılmıştır. Ancak bu kanunda Amerikan üreticisi himaye edilirken Türkiye'nin buğday, yağlı tohumlar, et, süt, peynir ve zeytinyağı üreticilerinin nasıl korunacağı ve yaşayacağı düşünülmemiştir. Amerikan tarım ürünlerine tanınan bu imtiyazlar karşısında yerli üretimin azalması, Amerikan tarım ürünleri ithalatıyla karşılanacaktır. Amerika tarım emtiasına tanınan imtiyazlar karşısında Türk ürünleri elbette rekabet edemezdi. Amerikan üreticisi, kendi devletinden başka Türk Hükümeti'ni de kendi arkasına almıştı.

Türk halkının çıkarları yerine Amerika'nın Türkiye'deki pazarlarını genişletme ve geliştirme politikasını bu anlaşma ile kayıtsız şartsız kabul eden bir iktidar Türk tarımı ve Türk üreticisini Amerikan çiftçisinin refahı uğruna bir çıkmaza ve felakete sürüklüyordu."[234]

Amerika'nın Türk tarımını bitirme projesi, 12 Kasım 1956 tarihli anlaşma ve bu anlaşmaya ek 25 Ocak 1957 tarihli anlaşma dışında, 20 Ocak 1958 tarihli anlaşmayla devam etmiştir.

---

234 age., s. 69-72

DP Hükümeti'nin Türkiye adına ABD Hükümeti ile 20 Ocak 1958 tarihinde imzaladığı "Tarım Ürünleri Anlaşması"nın belli başlı maddeleri şunlardır:

Bu anlaşmaya göre Amerika Türkiye'ye şu ürünleri satacaktır: Buğday, yem, soya fasulyesi veya pamuk yağı, tereyağı, yağlı süttozu, peynir, yağsız süttozu...Türkiye bu ürünler için taşıma masrafları da dahil 46.8 milyon dolar ödeyecektir.

Aynı anlaşmanın 2. maddesinin 1 (b) kısmında Türkiye 7 milyon doları Türkiye'deki iş hayatının geliştirilmesi amacıyla Türkiye'deki Amerikan firmaları ile bunların ajansları, teşekkülleri veya şubelerine, Amerikan zirai maddelerinin kullanılması ve tevziine yardım etmek amacıyla Amerikan firmalarıyla Türk firmalarına verecektir.

Anlaşmanın 104 (e) bölümünün son paragrafına göre Amerika'dan alınacak mallardan Türkiye'nin borçlanarak alacağı veya Türkiye'de bu krediden yararlanacak Amerikan yerli ve yabancı firmalarının ihracata yönelmelerine imkan yoktur. Haydar Tunçkanat'ın değerlendirmesiyle: *"Amerika'nın mutad pazarlarına zarar vermeksizin Türkiye'deki Amerikan tarım fazlası ürünlerine olan ihtiyacı ve istekleri artıracak yatırımlara yönelmektir. Türkiye'de hiç pazarı olmayan ve Türk halkı tarafından kullanılmayan soya yağı ve bugün (o gün) Türkiye'de üretilen ayçiçeği yağı, pamuk ve zeytin yağlarıyla kolayca rekabet edebilmekte, süt tozu okullarda çocuklara zorla içirilerek alıştırılmakta, soya fasulyesi ekimi ise kasten baltalanmaktadır."*[235]

20 Ocak 1958 tarihli anlaşmanın sonunda aynı tarihli ve 1755 sayılı Amerikan Hükümeti'nin bir notası yayımlanmıştır.

Amerika'nın Ankara Büyükelçisi Fletcher Warren'den Türkiye Cumhuriyeti Dışişleri Bakanı Fatin Rüştü Zorlu'ya gönderilen nota ABD'nin Türk tarımını bitirme projesinin en somut adımlarından biri olması bakımından çok dikkat çekicidir.

İki maddelik bu Amerika notasında, Amerika Türkiye'den şu isteklerde bulunmuştur:

---

235 age., s. 75,76

" *a) 1957 mahsulünden yumuşak buğday veya 1 Ağustos 1958 tarihine kadar diğer herhangi bir yumuşak buğdayı ihraç etmekten kaçınmayı,*

b) 1957 mahsulünden veya 1 Ağustos 1958 tarihine kadar sert buğday ihracatını asgari bir seviyede tutmayı ve bu devre zarfında vuku bulacak her sert buğday ihracatını Türkiye'nin kendi kaynaklarından finanse edilecek muadil miktardaki buğday mübaayatı ile telafi etmeyi taahhüt etmektedir.

Ekselansınızın Hükümetinin, yukarıda izah edilen anlayışla mutabık bulunduğunu bildirdiğiniz taktirde müteşekkir kalacağım.

En seçkin saygılarımın kabulünü rica ederim Ekselans..."

Amerika Büyük Elçisi Fletcher Warren'in bu notasına Türkiye Dışişleri Bakanı Fatin Rüştü Zorlu 20 Ocak 1958 tarihinde şu yanıtı vermiştir:

" *(...) İşbu anlaşmayı (20 Ocak 1958 tarihli anlaşma) imza etmekle Türkiye Cumhuriyeti Hükümeti:*

a) 1957 mahsulünden yumuşak buğday veya 1 Ağustos 1958 tarihine kadar herhangi bir yumuşak buğdayı ihraç etmekten kaçınmayı ve

b) 1957 mahsulünden veya 1 Ağustos 1958 tarihine kadar sert sert buğday ihracatını asgari bir seviyede tutmayı ve bu devre zarfında vuku bulacak her sert buğday ihracatını Türkiye'nin kendi kaynaklarından finanse edilecek muadil miktardaki buğday mübaayatı ile telafi eylemeyi taahhüt etmektedir.

Ekselansınızın, Hükümetimin yukarıda izah edilen anlayışla mutabık bulunduğunu bildirdiğiniz taktirde müteşekkir kalacağım.

En derin saygılarımın kabulünü rica ederim ekselans..."[236]

12 Kasım 1956 tarihli anlaşmanın 4. maddesinin 4. bölümünde Türkiye'nin tarım ürünleri ihracatının ABD tarafından

---

236 **Resmi Gazete**, No: 10228, 1959, s. 21881.

kontrol edileceği kabul edilmişti. 20 Ocak 1958 tarihli ABD notasının resmi gazetede yayınlanmasıyla Türk dış ticaretinin ABD kontrolüne girmesi resmen kabul ve ilan edilerek uygulamaya konulmuştur.[237]

Amerika Türkiye'ye "*1 Ağustos 1958 tarihine kadar buğday ihraç etmeyeceksin!*" diyor, Türkiye "*Başüstüne Ekselansları!*" diyerek buğday ihraç etmiyor...

Amerika Türkiye'ye "*Eğer bu yasağa uymazsan ihraç ettiğin buğday kadar Amerikan buğdayını kendi kaynaklarından finanse edeceksin*" diyor, Türkiye "*Başüstüne Ekselansları!*" diyerek bu cezayı kabul ediyor...

Amerika belirttiği tarihler arasında Türkiye'nin buğday satışını yasaklamıştır, çünkü Amerika'nın buğday satışı için belirli pazarlardan istekler bu tarihlerde yapılacaktır. Eğer Türkiye bu yasağa uymayıp buğday satarsa, sattığı buğday kadar Amerikan buğdayını satın alacaktır. Amerika her şekilde kazanacak, Türkiye ise her şekilde de kaybedecektir. Tunçkanat'ın ifadeleriyle, "*Amerika, kendi çıkarlarını korumak için Bağımsız Türk Devletinin Hükümetine, kabul edilmesine imkan olmayan bir teklifi getirebiliyor da Türk Hükümeti bunu geri çevirmiyor.*"[238]

1950'lerde Türk tarımını bitirme projesini başarıyla hayata geçiren ABD, projenin kalan parçalarını 1960'larda tamamlamaya devam etmiştir. Örneğin, 24 Şubat 1963 tarihli "*Zirai Maddeler Ticaretinin Geliştirilmesi Hakkındaki 161 Milyon Dolarlık İkili Anlaşma*" ile ilgili olarak **ABD Türkiye'ye 24 Eylül 1963 tarihinde, 11513 sayılı resmi gazetede yayımlanan bir nota vermiştir.**[239]

Tarım ürünleri anlaşmasının bir parçası olarak verilen notanın I. bölümünde ABD Türkiye'nin zeytinyağı ihracatını 1 Kasım 1962-31 Ekim 1963 tarihleri arasındaki 12 aylık dönemde 10.000 tonla sınırlamıştır. Eğer Türkiye'nin bu dönemdeki zeytinyağı ihracatı ABD'nin izin verdiği miktarı aşarsa Türkiye

237 Tunçkanat, **age.**, s. 79.
238 **agè.**, s. 79, 80.
239 **Resmi Gazete**, S. 11513, 1963.

kendi dövizi ile ABD'den aynı miktarda nebati yağ satın alarak cezalandırılacaktır. Türkiye'nin böyle bir gücü olmadığı için ihtiyaçtan fazla zeytin yağı dışarıya satılmayacak, fiyatlar düşecek, zarar eden üretici hem fakirleşecek, hem de ürününü satamadığı için üretimden vazgeçip, zeytin ağaçlarını kesip kışlık odun olarak yakacak ve işçi olarak ya İstanbul'a ya da Almanya'ya gidecektir. Türkiye'nin zeytin yağı üretiminin artarak dışarıya satılması Amerikan nebati yağlarının satışını etkileyeceği için ABD kendi ticari çıkarlarını korumak için Türkiye'nin ticari çıkarlarını baltalamıştır. ABD, ikili anlaşmalarla Türk tarımına ve ticaretine büyük bir darbe vurmuştur.

ABD'in isteği sonunda 1963,1964 ve 1965 yıllarında Türkiye'nin nebati yağlar ve yağlı tohumlar ihracatı azaltılmış ve 6.400 tonu geçmemiştir. Yağlı tohumlar ihracatının zeytin yağı ihracatıyla birlikte yıllık 6400 tonla sınırlandırılması, pamuk ve ayçiçeği gibi yağlı tohum veren bitkilerin ekimini de etkilemiş ve Amerikan soya yağı Türkiye içinde ve dışında alıp başını yürümüştür.[240]

Notanın 2. bölümüne göre Türkiye'ye satılacak Amerikan buğdayının ithali ve kullanılması sırasında Türkiye buğday ihraç edemeyecektir.

Notanın 3. bölümünde Amerika'dan satın alınacak tarım ürünleri için Merkez Bankası'na yatırılacak Türk Lirası'nın Amerikalılar tarafından nasıl kullanılacağı anlatılmıştır.

ABD'nin sömürge ülkelerinde bile benzerine az rastlanabilecek bir küstahlıkla ve cesaretle "bağımsız" Türkiye Cumhuriyeti'nin seçilmiş hükümetine sunduğu bu nota Atatürk'ten sonra Türkiye'nin yeniden emperyalizmin pençesine düştüğünü göstermektedir.

21 Şubat 1963 tarihli Amerikan Hükümeti'nin notasına Türk Hükümeti aynı tarihli, 252.21 dosya numaralı ve 3125 sayılı karşı notasında şu yanıtı vermiştir:

"Aşağıda metni kayıtlı 21 Şubat 1963 tarihli mektubunu-

---

240 Tunçkanat, **age.**, s. 84.

zu almakla şeref duyarım" cümlesinden hemen sonra Amerikan notası aynen verilmiş ve Türk notası şöyle bitirilmiştir:

"Türkiye Cumhuriyeti Hükümeti'nin yukarıdaki hususlar üzerinde mutabık olduğunu bildirmekle şeref duyarım. Ekselanslarından en derin saygılarımın kabulünü rica ederim. Muhlis Efe."[241]

"Bağımsız" Türkiye Cumhuriyeti'nin seçilmiş Türk Hükümeti'nin ABD Hükümeti'ne verdiği bu yanıt, Atatürk'ten sonra Türkiye'yi yönetenlerin Türkiye'yi yeniden "bağımlı" bir ülke haline getirdiklerini göstermektedir.

Türkiye 1950'lerde ve 1960'larda ABD'nin gerçek anlamda bir sömürgesi durumuna getirilmiştir. Atatürk'ün "milletin efendisi" olarak adlandırıp her bakımdan kalkındırmaya çalıştığı Türk köylüsü zaman içinde bitirilmiş, bir zamanlar kendi kendine yeten Türk tarımı baltalanmış, kendi buğdayını, kendi pamuğunu, kendi zeytin yağını, kendi sığırını üretip ihraç etmesine izin verilmeyen Türkiye, Amerikan buğdayına, Amerikan soya yağına, Amerikan pamuk tohumuna, Amerikan konserve sığır etine mahkum edilmiştir.

Bu bölümü, Haydar Tunçkanat'ın 1969'da yayınlanan *"İkili Anlaşmaların İçyüzü"* adlı kitabındaki şu cümlelerle bitirmek istiyorum:

"Geçmişin acı ve kanlı tecrübelerinden sonra öğrendiğimiz gerçeklerden, Atatürk'ün koyduğu ilkelerden ayrılmamış olsaydık, boşa giden yıllar Türkiye'ye neler kazandırırdı bugün."[242]

Tunçkanat'ın 1969'daki bu değerlendirmesi bugün 2012'de çok daha büyük bir anlam kazanmıştır.

241 Resmi Gazete, S. 3125, 1963.
242 Tunçkanat, age., s. 87.

PROJE 2

GÜNEYDOĞU ANADOLU PROJESİ (GAP)

(Toprak Reformu ve İnsanlık Gölü)

Atatürk, 1923 İzmit basın toplantısında gazetecilere şunları söylemiştir:

"Sizin gibi aydınlar, milleti aydınlatmak için çalışan ve bunu ilke edinen kişiler gereklidir ki Ankara'ya gelsinler, hatta yalnız Ankara'ya değil, Van'a, Erzincan'a, Bitlis'e gelsinler... O bölgelerde faydalı olmaya çalışsınlar. Şimdi buralarda konuşurken, memlekette şunu yapalım, bunu yapalım diyoruz. Bu işler kimle yapılacak? Sizler gibi ortaya gelip çalışmazlarsa planladığımız yenilikler nasıl hayat bulur? İşte Ziya Gökalp, Diyarıbekir (Diyarbakır)'dedir. Bir gazete (Küçük Mecmua) çıkarıyor. Bölgeye yaydı, etrafını uyandırıyor. Az zaman içinde bölgede yaydığı duyarlılık dikkat çekicidir. Sizin gibi aydınlar gidecekleri yerlerde başlı başına bir âlem yaratabilirler. Memleketin yalnız bir yerinde değil, beş on yerinde birer ilim merkezi, nur (ışık) merkezi ve irfan merkezi yapmalıyız. Millet bahtiyar olsun..."[243]

Atatürk, 1937 Doğu gezisinde Sabiha Gökçen'e de şunları söylemiştir:

"İnsan ömrü yapılacak işlerin azameti karşısında çok cüce kalıyor... Geçtiğimiz yerlerde fabrikaları görmek istiyorum, ekilmiş tarlalar, düzgün yollar, elektrikle donanmış köyler, küçük fakat canlı, tertemiz, sağlıklı insanların yaşayabileceği evler, büyük yemyeşil ormanlar görmek istiyorum. Gürbüz çocukların, iyi giyimli çocukların yüzleri sararmamalı, dalakları şiş olmayan çocukların okuduğu okullar görmek istiyorum. İstanbul'da ne medeniyet varsa, Ankara'ya da ne medeniyet getirmeye çalışıyorsak, İzmir'i nasıl mamur kılıyorsak, yurdu-

---

243 İsmail Arar, **Atatürk'ün İzmit Basın Toplantısı**, Eylül 1997, s. 41, 42 (sadeleştirilmiştir).

muzun her tarafını aynı medeniyete kavuşturalım istiyorum. Ve bunu çok ama çok yapmak istiyorum. Dedim ya, insan ömrü çok büyük işleri başarabilecek kadar uzun değil. Mamur olmalı Türkiye'nin her bir tarafı, müreffeh olmalı..."[244]

Atatürk, doğusuyla batısıyla kuzeyiyle güneyiyle, köyüyle kentiyle, her yönüyle kalkınmış, kendi kendine yetebilen çağdaş bir Türkiye yaratmak istemiştir. O, Osmanlı reformcularının yaptığı gibi sadece İstanbul, İzmir ve Selanik gibi batıdaki büyük kentleri kalkındırmayı değil, bütün ülkeyi kalkındırmayı planlamıştır. Kalkınma hamlesini özellikle yüzyıllardır ihmal edilip adeta kaderine terk edilmiş Anadolu'dan, özellikle de Orta ve Doğu Anadolu'dan başlatmıştır. *"Cumhuriyet kimsesizlerin kimsesidir,"* diyen Atatürk, en kimsesiz olan köylüden, Anadolu köylüsünden başlatmıştır kalkınma ve çağdaşlaşma hareketini. Türk Devrimi'nin en temel özelliği Halkçılığıdır. Atatürk, Anadolu'da taşrada imkânsızlıklar içinde; eğitimsiz, sanatsız, kültürsüz, sağlıksız, yoksul ve yoksun köylüyü "milletin efendisi" yapma parolasıyla yola çıkmıştır. Ama bu iş o kadar da kolay değildir. Yüzyılların ihmali ve yanlış politikaları sonucunda Anadolu, özellikle de Doğu ve Güneydoğu Anadolu, feodalizm ve emperyalizm kıskacı altında kronikleşmiş sorunlarla boğuşmaktadır. Bu nedenle Doğu'yu kalkındırmak için her şeyden önce Doğu'daki feodalizm sorununu çözerek işe başlamak gerekmiştir. Doğu ve Güneydoğu Anadolu'nun sorunu, genellikle ifade edildiği gibi, Kürt sorunu değil; yüzyıllardır Kürtleri çepeçevre kuşatan ve kullanan feodalizm ve emperyalizm sorunudur. Atatürk öncelikle bu tespiti yaparak yola çıkmıştır.

Kürt Sorununun Kökleri

Doğu ve Güneydoğu Anadolu'daki Kürtlerin feodalleşme süreci 16. yüzyılda başlamıştır. Yavuz Sultan Selim, 16. yüzyılda Şii İran'dan Sünni Osmanlı'ya yönelen Safevi tehlikesine kar-

---

244 Gökçen, **age.** s. 148.

şı, Sünni Kürtleri "yardımcı kuvvet" ve "kalkan" olarak kullanmak istemiştir. Örneğin 1514 yılındaki Çaldıran Savaşı'nda İdris-i Bitlisi liderliğindeki Kürt aşiret reisleri, Şah İsmail'in liderliğindeki Safevilere karşı Osmanlı'ya yardım etmiş, Osmanlı ordusuyla birlikte Safevi Türkmenlere karşı mücadele etmiştir. Yavuz Sultan Selim, Kürtlerin bu yardımlarını ödüllendirmiş ve Güneydoğu Anadolu'daki Kürt aşiretlerine "özerklik" vermiştir. Böylece Avrupa'da derebeyliklerin yıkılmaya başladığı bir dönemde Osmanlı'da derebeylikler kurulmaya başlamıştır.[245]

Osmanlı Devleti'nin gerilemeye başlamasıyla birlikte "Kürt özerkliği", büyük sıkıntılara yol açmış, özellikle Osmanlı'yı parçalamak isteyen emperyalizmin bu başına buyruk Kürt aşiretlerini kullanmaya başlamasıyla birlikte Kürtler, 19. yüzyıldan itibaren Osmanlı için çok ciddi bir "sorun" olmuştur.

Osmanlı bu sorunu çözmek için yine Kürt aşiretlerine "tavizler" vermiştir. Batılı uzmanların yönlendirmesi sonucu 1839'da Tanzimat Fermanı'nı yayımlayan Mustafa Reşit Paşa, *"1842 Vilayet Kanunnamesi"*ne bir "Kürdistan Eyaleti" maddesi koydurmuştur. Kürdistan eyaleti 1864 yılına kadar devam etmiştir. Aynı Mustafa Reşit Paşa bir de "Kürdistan Eyaleti Madalyası" çıkarmıştır.[246]

19. yüzyıldan itibaren Rusya, Fransa, Amerika ve İngiltere, Kürtleri kullanmak için bir taraftan Doğu bölgelerine ajanlar, misyonerler ve konsoloslar gönderirken, diğer taraftan Jaba Nikitin, Minorsky, Orbel gibi güdümlü biliminsanlarına kurgusal bir Kürt tarihi ve Kürt dili hazırlatmıştır. Fransa'da bir Kürdoloji bölümü kurulmuş, Kürt tarihi Şerefname, emperyalist çıkarlara hizmet edecek biçimde Avrupa'da yeniden basılmıştır. Amaç Kürtleri milletleştirerek, bağımsızlık vaatleriyle Türklere karşı ayaklandırmaktır. Bunda da başarılı olunmuştur.

1839'da Osmanlı ordusunun Nizip'te Mısır Valisi Mehmet Ali Paşa'ya yenilmesi, Hakkari'de bazı Kürt aşiretlerinin isyanına yol açmıştır. Bu isyanlar, 1847'de bastırılmıştır. 1853-1856 Kırım Savaşı ve 1877-1878 Osmanlı-Rus Savaşı (93 Har-

---

245 Sinan Meydan, **Cumhuriyet Tarihi Yalanları**, 2. Kitap, İstanbul, 2011, s. 321, 324.
246 **age.**, s. 324, 325.

bi) bölgede önemli etkiler yapmıştır. 1878'de imzalanan Berlin Antlaşması'nın 61. maddesi ile Ermenilere "ıslahat", Kürtlere ise "güvenlik" istenmiştir.[247]

1812-1914 yılları arasında Osmanlı'da görülen belli başlı Kürtçü isyanlar ve görüldükleri yerler şunlardır:

1) Babanzade Abdurrahman Paşa İsyanı (1806-1808), Süleymaniye. 2) Babanzade Ahmet Paşa İsyanı (1812), Süleymaniye. 3) Zaza Aşiretleri İsyanı (1818-1820), Dersim. 4) Revanduz Yezidi İsyanı (1830-1833), Hakkari ve Çevresi. 5) Mir Muhammed İsyanı (1832-1833), Soran. 6) Kör Mehmet Paşa İsyanı (1830-1833), Erbil, Musul, Şirvan. 7) Garzan İsyanı (1839), Diyarbakır. 8) Bedirhan Bey İsyanı (1843-1847), Hakkari ve çevresi. 9) Yezdan İzzettin Şer İsyanı (1855), Bitlis. 10) Bedirhan Osman Paşa İsyanı (1877-1878), Cizre ve Midyat. 11) Şeyh Ubeydullah İsyanı (1880), Hakkari- Şemdinli. 12) Emin Ali Bedirhan İsyanı (1889), Erzincan. 13) Bedirhan Halil ve Ali Remo İsyanı (1912), Mardin. 14) Molla Selim ve Şeyh Şehabettin İsyanı (1913-1914), Bitlis.

Görüldüğü gibi ayrılıkçı Kürtçüler, daha Atatürk doğmadan, Kurtuluş Savaşı başlamadan ve cumhuriyet ilan edilmeden çok önce isyan etmeye başlamıştır. Osmanlı padişahları, Kürtçü isyanları bastırmak için her yolu denemişler, ancak sonuç alamamışlardır. Örneğin II. Abdülhamit, Kürtleri yeniden merkeze bağlamak, Ermenilere karşı Kürtlerden yararlanmak için Hamidiye Alaylarını ve Kürt Aşiret Mekteplerini kurmuştur.

19. yüzyıldan itibaren emperyalist kışkırtmalarla "etnik" ve "dini" bir boyut kazanan Kürtçü isyanların odağında her devirde "feodal yapılanma" ve "aşiret kültürü" vardır. İşte bu nedenle Atatürk'ün önderliğindeki Türkiye Cumhuriyeti, Güneydoğu Anadolu'da 16. yüzyıldan beri süregelen Kürt derebeyliklerini yıkarak, şıha, şeyhe, ağaya bağlı, eğitimsiz bölge insanını eğitip "çağdaş" toplumun bir parçası yapmak için politikalar geliştirmiştir. Cumhuriyet, emperyalizmin güdümündeki ağaların, şeyhlerin kulları, marabaları olan Kürtleri, bu ağalardan, şeyhlerden kurtarıp "özgür bireyler" haline getirmek için çok önemli pro-

247 Ergun Aybars, **Yakın Tarihimizde Anadolu Ayaklanmaları**, İstanbul, 1998, s. 25.

jeler geliştirmiştir. Atatürk'ün birkaç kez meclis gündemine getirdiği "toprak reformu" bu projeler içinde çok özel bir yere sahiptir. Ancak Cumhuriyet'in, Kürt derebeyliklerini yıkarak Kürt halkını özgürleştirmeye çalışması, Kürt derebeylerinin (ağaların, şeyhlerin, aşiret reislerinin) büyük tepkisiyle karşılaşmıştır. Emperyalizmin de desteğini alan bu Kürt derebeyleri, Cumhuriyet'in ilk yıllarında peşi sıra Kürtleri isyan ettirmiştir.

Türk milletinin ölüm kalım savaşı olan Kurtuluş Savaşı sırasında "bağımsız Kürdistan" vaatleriyle ayrılıkçı Kürtleri ayaklandıran emperyalizm, Anadolu'da Ali Batı İsyanı (1919), Ali Galip Olayı (1919), Milli Aşireti İsyanı (1920), Cemil Çeto İsyanı (1920), Koçgiri İsyanı (Ekim 1920-Haziran 1921) gibi isyanlar çıkartarak Milli Hareket'i etkisiz hale getirmek ve Anadolu'yu parçalamak istemiştir; ama Atatürk'ün dahiyane politikaları ve Anadolu insanının sağduyusu sayesinde bütün bu emperyalist kışkırtmalar ve isyanlardan sonuç alamamıştır.

Kurtuluş Savaşı'nın kazanılması, Türkiye'yi bölüp parçalayan Sevr Antlaşması'nın yırtılıp atılması ve Türkiye'nin "tam bağımsızlığını" tüm dünyaya kabul ettiren Lozan Antlaşması'nın imzalanması, emperyalizmi çok rahatsız etmiştir. Atatürk'ün önderliğindeki Türkiye'nin önce emperyalizme başkaldırarak "tam bağımsızlığını" kazanması, arkasından işbirlikçi halife-sultana başkaldırarak "ulusal egemenliğini" kazanması ve arkasından da akıl ve bilimin rehberliğinde "çağdaşlaşması", emperyalizmin adeta ezberini bozmuştur; çünkü emperyalizm hiçbir zaman Müslümanların "tam bağımsız" ve "çağdaş" olmasını istemez; emperyalizm her zaman hurafelerin bataklığında debelenen, geri kalmış ve bağımlı Müslümanlar ister.

Kurtuluş Savaşı yıllarında etnik ayrımcılık yaparak Anadolu'da kardeşi kardeşe boğazlatmanın hesaplarını yapan, ancak başarılı olamayan emperyalizm, Kurtuluş Savaşı'ndan sonra da aynı yönteme başvurmuştur. Türkiye Cumhuriyeti'ne karşı *"Din elden gidiyor"* yaygarasının ve *"etnik ayrımcılığın"* arkasında emperyalizm, özellikle de İngiliz emperyalizmi vardır.

Cumhuriyet'in ilk yıllarında, emperyalizmin yerli işbirlikçileri, ayrılıkçı Kürtçüler, Türkiye Cumhuriyeti'ne karşı çok sayıda isyan çıkarmışlardır. İşte o isyanlar:

Nasturi İsyanı (1924), Jilyan Harekâtı, Şeyh Sait İsyanı (1925), Birinci Şemdinli İsyanı (Seyit Taha ve Seyit Abdullah Baskını), Raçkıtan (Reskoyan) ve Raman (1925), Eruhlu Yakup Ağa ve Oğulları İsyanı, Güyan İsyanı (Çölemerik Baskını), Haco İsyanı. Sason İsyanı (1925), Birinci Ağrı İsyanı (1926), İkinci Şemdinli İsyanı, Koçuşağı Aşireti İsyanı (1926), Mutki Aşireti İsyanı (1927), Hakkari İsyanı (Beytüşşebap Baskını). İkinci Ağrı İsyanı (1927), Bicar İsyanı (1927), Resul Ağa İsyanı (1929), Tendürük İsyanı (1929), Savur İsyanı (1930), Zeylan İsyanı (1930), Tutakh Ali Can İsyanı. Oramar İsyanı - Barzan Şeyhi Ahmet İsyanı (Üçüncü Şemdinli Baskını) (1930), Üçüncü Ağrı İsyanı (1930), Pülümür İsyanı (1930), Buban Aşireti İsyanı. Abdurrahman İsyanı. Abdülkuddüs İsyanı. Dersim İsyanları (1937-1938).

Bu isyanlar, Türkiye Cumhuriyeti'ni daha doğmadan boğmak için tertiplenmiştir.

Emperyalizme meydan okuyarak kurulan ve emperyalizme inat çağdaşlaşmaya çalışan Türkiye Cumhuriyeti, kısa vadede bu isyanlarla meşgul edilmeye, uzun vade de bölünüp parçalanmaya çalışılmıştır. Ama, Kurtuluş Savaşı'nda emperyalizmin kirli oyunlarını bozan, yerli işbirlikçilerin bütün isyanlarını bastıran Atatürk, Cumhuriyet'in ilk yıllarında da emperyalistlerin kirli oyunlarını bozup yerli işbirlikçilerin tüm isyanlarını bastırmıştır.[248]

Atatürk, Doğu ve Güneydoğu Anadolu'nun temel iki sorunundan birini, "emperyalizmi" etkisiz hale getirdikten sonra, bölgenin diğer temel sorunu "feodalizmi", yani aşiret, tarikat düzenini etkisiz hale getirmek için harekete geçmiştir.

Toprak Reformu

Atatürk yüzyıllardır kaderine terk edilen; eğitimsiz, kültürsüz, bilimsiz, sanatsız ve sağlıksız bırakılan Doğu ve Güneydoğu

---

248 Kürtçülüğün tarihi, Koçgiri, Şeyh Sait, Ağrı ve Dersim isyanları ve Atatürk Cumhuriyeti'nin Kürt politikası hakkında bkz. Meydan, **Cumhuriyet Tarihi Yalanları**, 2. Kitap, s. 144-497.

Anadolu'yu kalkındırıp çağdaş Türkiye'nin bir parçası yapmak için öncelikle ağa, şeyh, şıh, tarikat egemenliğindeki feodal düzeni (aşiret yapısını) yıkmayı amaçlamış, bunun için de feodal düzeni besleyen toprakları ağadan, şeyhten, şıhtan alıp halka dağıtmak, yani toprak reformu yapmak istemiştir.

Osmanlı Devleti'nde toprak mülkiyeti padişaha aitti. Fakat toprağın tasarrufu has, zeamet ve tımar yoluyla beylere verilmişti. Toprakların bir kısmı ise mülk arazisi idi.

Osmanlı Devleti 16. yüzyıldan itibaren Şii-Alevi Türkmenlere karşı Sünni Kürtleri kullanma karşılığında Kürtlere Doğu ve Güneydoğu'da çok geniş topraklar vermiştir.

Tanzimat Dönemi'nde, köy topraklarında "miri" toprak düzeninden "mülk" toprak düzenine geçilmiştir. Bu süreçte nüfuzlu kişiler, ayan, eşraf verimli ve geniş toprakları türlü yollardan kendi üzerlerine geçirmişlerdir. Böylece toprak ağalığı ortaya çıkarak hızla gelişmiştir.[249]

Türkiye'de Osmanlı'dan Cumhuriyet'e toprak ağaları, ellerindeki toprakları şu yollarla ele geçirmiştir:

1. Padişah fermanıyla,
2. Yasadışı yollarla hazine topraklarına el koyarak,
3. Kurtuluş Savaşı'nda şehit olanların topraklarına konarak,
4. Göç ettirilen Ermenilerin ve Rumların topraklarını ele geçirerek,
5. Tefecilik yoluyla yoksul köylülerin topraklarını ellerinden alarak,
6. Toprakları zorbalıkla gasp ederek,
7. Ağalık, şeylik ve dini inançların sömürülmesi yoluyla toprak elde ederek,
8. Rüşvet ve tapu yolsuzlukları gibi yasadışı yollarla toprakları ele geçirerek.[250]

Türkiye'de toprak reformunun tarihi II. Meşrutiyet yıllarına dayanmaktadır. İttihat ve Terakki Cemiyeti'nin 1908 yılında

---

249 Osmanlı Devleti'nde toprakların yasal olmayan yollardan nüfuzlu kişilerin eline geçmesi hakkında bkz. **I. TBMM Tutanak Dergisi**, Dönem 7, C 17, 18.
250 Doğu Perinçek, **Toprak Ağalığı ve Kürt Sorunu, "Kemalist Devrim-7"**, 2. bas., İstanbul, 2010, s. 25.

Selanik'te toplanan gizli kongresinde kabul edilen 21 maddelik programın 14. maddesinde *"çiftçinin topraklandırılması yollarının aranacağı"* belirtilmiştir.[251]

Toprak reformu II. Meşrutiyet'ten sonra Meclis-i Mebusan'da da tartışılmış ve büyük toprak sahiplerinin topraklarının topraksız çiftçilere dağıtılacağı belirtilmiştir.[252]

Araya giren I. Dünya Savaşı ve sonrasındaki Kurtuluş Savaşı toprak reformu tartışmalarına ara verilmesine yol açmıştır, ancak Atatürk Kurtuluş Savaşı sırasında toprak reformunu bir şekilde yeniden gündeme getirmiştir. 13 Eylül 1920'de kendi imzasıyla TBMM'ye sunduğu Halkçılık Programı'nda toprak meselesine de gönderme yapmıştır.[253]

Atatürk, yine Kurtuluş Savaşı günlerinde, 1 Mart 1922'de Büyük Taarruz hazırlıkları sırasında TBMM kürsüsünden toprak reformunu ima eden şu sözleri söylemiştir: *"Türkiye'nin hakiki sahibi ve efendisi, hakiki üreticisi olan köylüdür. O halde herkesten daha çok refah, saadet ve servete müstahak ve layık olan köylüdür. Dolayısıyla Türkiye Büyük Millet Meclisi hükümetinin iktisadi siyaseti bu asli gayeyi elde etmeye yöneliktir..."* [254]

Atatürk, Şeyh Sait İsyanı sırasında emperyalizmin, doğudaki aşiret, tarikat düzenine dayanan feodal yapıdan çok rahat bir şekilde yararlandığını görerek bu yapıyı bir an önce dağıtmak için toprak reformuna ağırlık vermiştir.

1926 yılından itibaren hazırlatılan Şark (Doğu) raporlarının çoğunda toprak reformundan söz edilmiştir. Raporlara göre toprak reformu şu gerekçelere dayandırılmıştır:

1. Derebeylik sistemini ortadan kaldırmak, halkı ağaların baskısından kurtarmak,

2. İrticanın kökünü kazımak,

251 Tarık Zafer Tunaya, **Türkiye'de Siyasal Partiler,** C 1, 2. bas., İstanbul, 1988, s. 66

252 Ümit Doğanay,*"1923-1938 Döneminde Toprak Reformu Sorunu"*, **Atatürk Döneminin Ekonomik ve Toplumsal Sorunları,** Eylül 1977, s. 365'ten nakleden Perinçek, **age.,** s. 27.

253 Halkçılık Programı için bkz. **Atatürk'ün Bütün Eserleri,** C 9, s. 323 vd.

254 **Atatürk'ün Bütün Eserleri,** C 12, s. 279.

3. Bölücülüğü etkisiz kılarak milli bütünlüğü sağlamak,
4. Sınıf farklarını ortadan kaldırmak,
5. Çiftçiye toprak vererek köylüyü üretici haline getirmek,
6. Toprağı verimli işleyip üretimi arttırmak,
7. Köylüyü özgürleştirip çağdaşlaştırmak,
8. Kadın erkek eşitliğini ve kız çocuklarının okutulmasını sağlamak.[255]

1925 yılında çıkarılan 716 sayılı *"Topraksız Köylüye Toprak Dağıtılması Hakkında Kanun"*la muhacirlere ve topraksız çiftçilere toprak dağıtılmıştır.[256]

1925 yılında 442 sayılı *"Köy Kanunu"*yla köylünün kendi emeğiyle kendi köyünü kalkındırmasını sağlayacak bir düzenleme getirilmiştir. Köy dernekleri kurulmuş, kadınlara köyde seçme ve seçilme hakkı tanınmış, kadınların köy ihtiyar heyetine girmeleri ve muhtar olmaları sağlanmıştır.[257]

1925 yılında 675 sayılı *"Mahalli İskânları İzinsiz Terkeyleyen Mültecilerle Aşiretler Hakkında Kanun"* çıkarılmıştır.

1925 yılında 885 sayılı *"İskân Kanunu"* taslağı meclise sunulmuştur. Bu taslakta Türkiye'ye gelmek isteyen muhacirlerin ve yurtiçindeki göçebelerin yerleştirilmeleri için onlara toprak dağıtımını da içeren önlemlere yer verilmiştir. Ancak meclisin komisyon çalışmaları sırasında toprak dağıtımını öngören maddeler kanundan çıkarılmıştır. *"İskân Kanunu"*, bu haliyle 30 Haziran 1926'da kabul edilmiştir.[258]

19 Haziran 1927 tarihinde kabul edilen 1097 sayılı *"Bazı Şahısların Şark Mıntıkalarından Garp Vilayetlerine Nakline Dair Kanun"*la sıkıyönetim bölgesinde ve Beyazıt (Ağrı) ilinde devrimlere karşı çıkan, genel güvenliği ve düzeni bozan 1500 kişi ile kaçak ve mahkûm durumundaki 80 isyancının aileleriyle

---

255 Perinçek, **age.**, s. 79.
256 **age.**, s. 35.
257 Orhan Özkaya, *"Toprak Reformu, Özgürlük Bağımsızlık ve Gerçek Demokrasi Demektir"*, **Teori** dergisi, S. 237, Ekim 2009, s. 54.
258 Perinçek, **age.**, s. 36.

birlikte Batı illerine taşınmalarını öngörmüştür. Kendilerine terk edecekleri topraklara karşılık yeni toprak verilecektir.[259]

1097 sayılı kanun, 5 Aralık 1927 tarihinde kabul edilen 1178 sayılı kanunla değiştirilmiştir. Batı'ya gönderilen kişilerden Şeyh Sait Ayaklanması'na ve sonraki olaylara karışmayanların eski topraklarına dönmelerine izin verilmiştir.[260] Hükümet ayrıca bir de af çıkarmıştır. 9 Mayıs 1928 tarihli bir yasa ile üç ay içinde teslim olanlara aftan yararlanma imkânı tanınmıştır.[261]

Ağrı İsyanı nedeniyle Haziran 1927'de 1164 sayılı bir kanunla merkezi Diyarbakır'da olan bir Genel Müfettişlik kurulmuştur. Müfettişliğin başına Mahmut Tali (Öngören) Bey getirilmiştir. Müfettişlik bölgesi, Ağrı, Van, Muş, Bitlis, Hakkari, Siirt, Mardin, Diyarbakır, Urfa, Elazığ ve Tunceli'yi kapsamıştır. Sonradan bu müfettişlik üçe çıkarılmıştır.

Atatürk, 1928 yılında TBMM'yi açış konuşmasında topraksız çiftçiye toprak dağıtılmasının Doğu'da huzur ve güveni sağlayacağını belirtmiştir:

"Doğu vilayetlerimizin bir kısmında meydana getirilen Umumi Müfettişlik isabetli ve faydalı olmuştur. Cumhuriyet kanunlarının emniyetle sığınılacak yegâne yer olduğunun anlaşılması, bu havalide huzur ve gelişme için esaslı başlangıçtır. Yeni faaliyet devremizde gerek bu havalide, gerek memleketin diğer kısımlarında toprağı olmayan çiftçilere toprak tedarik etmek meselesi ile ehemmiyetli olarak meşgul olacağız."[262]

Atatürk, 1929 yılında TBMM'yi açış konuşmasında bir kere daha toprak reformundan söz etmiştir:

"Çiftçiye arazi vermek de hükümetin devamlı takip etmesi lazım gelen bir keyfiyettir. Çalışan Türk köylüsünün işleyebi-

---

259 **TBMM Zabıt Ceridesi**, Devre: 2, C 33, 18 Haziran 1927, s. 153-159; **Hâkimiyet-i Milliye**, 24 Aralık 1926; Ergun Aybars, **İstiklal Mahkemeleri**, Ankara, 2009, s. 226.
260 Fikret Babuş, *"Türkiye'de İskân ve Toprak Sorunu"*, **Teori** dergisi, S. 218, Mart 2008, s. 53; Perinçek, **age.**, s. 37.
261 Aybars, **age.**, s. 228.
262 **Atatürk'ün Bütün Eserleri**, C 22, s. 279.

leceği kadar toprak temin etmek, memleketin üretimini zenginleştirecek başlıca çarelerdendir."[263]

11 Haziran 1929 tarihli ve 1505 sayılı *"Şark Menatıkı Dahilinde Muhtaç Zürraa"* adlı kanunla hükümete "arazi istimlak hakkı" tanınmıştır. Bu kanuna göre, 1927'de çıkan kanun gereği hazineye intikal etmesi gereken araziden köylü, aşiret efradı, göçebe ve muhacirlere dağıtılmış olan yerler, dağıtım yapılanların üzerinde bırakılacak, hükümet doğudaki isyan bölgelerinde büyük arazi sahiplerine ait yerleri topraksız köylülere dağıtmak üzere kamulaştırabilecekti. Arazi sahiplerine, isterlerse 500 ile 2000 dönüm arasında bir alan bırakılacak geri kalanın değeri 1914 yılında kayıtlı vergi değerinin en az 8, en çok 10 katı olmak üzere ödenecekti. Vergi kıymeti olmayan yerlerde ise aynı nispet dahilinde tapu kıymeti esas kabul edilip, bedelleri sahiplerine verilerek hükümet tarafından el konulacaktı.[264] Özetle bu kanunla Doğu illerinden Batı'ya göç ettirilenlerin topraklarının, köylüye, aşiret üyelerine ve göçmenlere dağıtılması öngörülmüştür. Batı'ya göç ettirilen ailelere de göç ettirildikleri yerlerde toprak verilecektir. Bu kanuna bağlı olarak çıkartılan 9132 sayılı hükümet kararnamesiyle bazı çiftlikler kamulaştırılıp Doğu'dan göç ettirilenlere dağıtılmıştır.[265] Başbakan İsmet Paşa, 9 Kasım 1929 günü mecliste yaptığı konuşmada verdiği bilgilere göre, kanunun çıktığı yıl Doğu'da 20.000 dönümü büyük arazi sahiplerinden kamulaştırılan alanlar olmak üzere, 110.000 dönüm tarım arazisi topraksız köylüye dağıtılmıştır.[266]

25 Aralık 1929 tarihinde çıkartılan diğer bir kararnameyle Türk köylüsüne işleyebileceği kadar toprak dağıtılması kabul edilmiştir.[267]

263 **age.**, C 22, s. 361.
264 Ömer Lütfi Barkan, *"Çiftçiyi Topraklandırma Kanunu ve Türkiye'de Zirai Bir Reformun Ana Meseleleri"*, İstanbul Üniversitesi İktisat Fakültesi Mecmuası, C 6, S. 1-2, Ekim 1944-Ocak 1945, s. 60.
265 Perinçek, **age.**, s. 37.
266 İsmet İnönü, *Söylev ve Demeçler*, İstanbul, 1946, s. 200, 201.
267 BCA, 080.18.01.21.01, 080.18.01.07.63.04'ten aktaran Erdal İnce, **Türk Siyasal Yaşamında Çiftçiyi Topraklandırma Kanunu**, İstanbul, 2009, s. 35; Perinçek, **age.**, s. 37.

1930 yılında *"Arazi Tevzii Kararnamesi"* çıkarılarak topraksız köylüye bir miktar daha toprak dağıtılmıştır.[268]

Böylece 1923-1934 arasında topraksız köylülere toplam 6.787.234 dönüm arazi, 157.422 dönüm bağ ve 168.659 dönüm bahçe dağıtılmıştır.[269]

Atatürk 1928, 1929 meclisi açış konuşmalarında toprak reformundan söz ettikten sonra 1930 ve 1931'de çıktığı üç aylık uzun yurt gezileri sırasında da toprak dağıtılmasıyla ilgilenmiş ve bu konudaki yakınmaları dinlemiştir.[270]

1925'teki Şeyh Sait İsyanı ve 1926-1930 arasındaki Ağrı İsyanları, Doğu'nun güvenliği açısından bir an önce oradaki feodal yapıyı dağıtmak gerektiğini gösterdiğinden 1930'larda toprak reformu çok daha büyük önem kazanmıştır.

14 Haziran 1934 tarihinde 2510 sayılı *"İskân Kanunu"* kabul edilmiştir. Hükümet 1932 yılında *"İskân Kanunu"*nu hazırlayarak meclis gündemine getirmiştir. Ancak kanun iki yıldan fazla bir zaman mecliste bekletilmiştir. Kanunda aşiret ağalığına karşı köktenci hükümlere yer verilmiştir. Ağalığın belini kırmak için yoksul ve topraksız köylüye toprak dağıtılması amaçlanmıştır.[271]

Kanunun 10. maddesi şöyledir: *"Aşiret reisliği, beyliği, ağalığı ve şeyhliği ve bunların herhangi bir belgeye veya görgü ve göreneğe dayanan her türlü teşkilat ve organları kaldırılmıştır".* Kanun bu maddesiyle, *"Aşiretlerin şahsiyetlerine veya onlara gönderme yapılarak reis, bey, ağa ve şeyhlere ait olarak tanınmış, kayıtlı ve kayıtsız bütün taşınmazların tazminatsız kamulaştırılıp göçmenlere, mültecilere, göçebelere, naklolunanlara, topraksız ve az topraklı yerli çiftçilere dağıtılıp tapuya bağlanmasını"* öngörmüştür.[272]

---

268 Perinçek, **age.,** s. 37.
269 Barkan, **agm.,** s. s. 61.
270 **Atatürk'ün Bütün Eserleri,** C 25, s. 43 vd., 48 vd.
271 İskân Kanunu hakkında bkz. Fikret Babuş, **Osmanlı'dan Günümüze Etnik-Sosyal Politikalar Çerçevesinde Göç ve İskân Siyaseti ve Uygulamaları,** Ocak 2006, s. 135-294.
272 Doğu Perinçek, *"Cumhuriyet Döneminde Kamulaştırma",* Teori dergisi, S. 134, Mart 2001, s. 32 vd. nakleden Perinçek, **Toprak Ağalığı ve Kürt Sorunu,** s. 107, 109.

"*İskân Kanunu*" ve sonrasındaki düzenlemelerle 1934-1944 arasında toplam 4.606.059 dönüm arazi topraksız köylüye dağıtılmıştır.[273]

1935 yılında toplanan (9-16 Mayıs) CHP 4. Büyük Kurultayı'nda ilk kez toprak reformuna yer verilmiştir.[274] 14 Mayıs 1935 tarihinde kabul edilen CHP Programı'nın 34. maddesi şöyledir: "*Her Türk çiftçisini yeter toprak sahibi etmek partimizin ana gayelerinden biridir. Topraksız çiftçiye toprak dağıtmak için özgü istimlak kanunları çıkarmak lüzumludur.*"[275]

5 Haziran 1935'te "*Vakıflar Kanunu*" çıkarılmıştır. Bu kanunla Vakıf toprakları eylemli olarak tasfiye dilmiş, böylece feodal, dinsel kurumların temelini oluşturan büyük vakıf toprakları devlet mülkiyetine alınıp satış yoluyla özelleştirilmiştir. Ancak bu toprakların varlıklı ailelerin eline geçmesi istenilen sonucu vermemiştir.[276]

1935'te "*Tunceli Kanunları*" diye bilinen üç kanun çıkarılmıştır. 1) 25 Aralık 1935 tarihinde 2884 sayılı "*Tunceli Vilayetinin İdaresi Hakkındaki Kanun*" çıkarılmıştır. 2) Bazı idari teşkilatların yapılmasına dair 2885 sayılı kanun çıkarılmıştır. 3) Af ve askerlik işlerine dair 2887 ve 3204 sayılı kanunlar çıkarılmıştır. "*Tunceli Kanunu*"nun 1. maddesine göre Tunceli vilayetine kolordu komutanı rütbesinde bir general, vali ve komutan olarak atanacaktır.[277] Başbakan İsmet İnönü, Tunceli kanunlarının gerekçesini, "*Kendilerini birtakım ağaların ve mütegallibenin nüfuz tesirlerinden korumaya muktedir olmayan cahil ve zavallı halkı hükümet cihazlarıyla korumak*" olarak açıklamıştır.[278]

1935'te İçişleri Bakanlığı bir "*Toprak Kanunu Tasarısı*" hazırlamıştır. Tasarı, tarım yapılan toprağın miras veya başka yollardan parçalanmasını ve şehirlere göçü engellemeyi amaçla-

273 Uğur Mumcu, **Kürt Dosyası**, s. 73'ten nakleden Perinçek, **Toprak Ağalığı ve Kürt Sorunu**, s. 111.
274 Perinçek, **age.**, s. 98 vd.
275 Bkz. Doğu Perinçek, **Atatürk'ün CHP Program ve Tüzükleri**, İstanbul, 2008, s. 182 vd.
276 Perinçek, **Toprak Ağalığı ve Kürt Sorunu**, s. 113, 114.
277 **age.**, s. 115.
278 TBMM Zabıt Ceridesi, Devre: 5, İçtima: 1, C 7, s. 1.

mıştır. Köylü ailesi için "çiftçi ocağı" tanımlaması yapılması tasarının dikkat çekici yönlerinden biridir. Tasarıda, bir çiftçi ailesinin yaşamına yetecek toprakla birlikte, hayvan, alet ve tohum yanında ailenin barındığı ev, ambar, ahır gibi yerleşim unsurlarının tamamı "çiftçi ocağı" kapsamında gösterilmiştir.[279] Tasarıda, iskân sınırının iki katından fazla toprağı olanların toprakları dağıtım kapsamına alınmıştır. Ancak tasarı kanunlaşmamıştır.[280]

Atatürk, 1936 yılında TBMM'yi açış konuşmasında bir an önce toprak reformu yapılması gerektiğini belirtmiştir:

"Toprak Kanunu'nun bir neticeye varmasını Kamutay'ın yüksek himayesinden beklerim. Her Türk çiftçi ailesinin geçineceği ve çalışacağı toprağa malik olması, behemahal lazımdır. Vatanın sağlam temeli ve imarı bu esastadır. Bundan fazla olarak, büyük araziyi modern vasıtalarla işletip vatana fazla istihsal temin edebilmesini teşvik etmek isteriz."[281]

Atatürk, 1937 yılında TBMM'yi açış konuşmasında toprak reformu konusunda şunları söylemiştir: *"Milli ekonominin temeli ziraattır. Bunun içindir ki, ziraatta kalkınmaya büyük önem vermekteyiz... Fakat bu hayati işi isabetle amacına ulaştırabilmek için ilk önce, ciddi etütlere dayanan bir ziraat siyasetini tespit etmek ve onun için de her köylünün ve bütün vatandaşların kavrayabileceği ve severek tatbik edebileceği bir ziraat rejimi kurmak lazımdır... Bu siyaset ve rejimde önemle yer alabilecek başlıca noktalar şunlardır: Bir defa memlekette topraksız çiftçi bırakılmamalıdır. Bundan daha önemli olanı ise, bir çiftçi ailesini geçindirebilecek toprağın hiçbir sebep ve suretle bölünemez bir mahiyet almasını, büyük çiftçi ve çiftlik sahiplerinin işletebilecekleri arazi genişliğini arazinin bulunduğu memleket bölgelerinin nüfus kesafetine ve toprak verim derecesine göre sınırlamak lazımdır."[282]* Atatürk bu konuşmasında toprak mülkiyet

279 Serkan Tuna, *"1930'lu Yıllarda"*, s. 130'dan nakleden Perinçek, **age.**, s. 117.
280 Perinçek, **age.**, s. 117.
281 **Atatürk'ün Söylev ve Demeçleri**, C 1, Ankara, 1961, s. 389.
282 **TBMM Zabıt Ceridesi**, C 20, 1937, s. 4. **Atatürk'ün Söylev ve Demeçleri**, C 1, s. 394.

dağılımını düzenlemek için üç ana ilke ortaya koymuştur. Bunlar: 1)Memlekette topraksız çiftçi bırakmamak; 2) Bir çiftçi ailesini geçindirebilecek toprağın, hiçbir sebep ve suretle bölünmesine izin vermemek; 3) Büyük çiftçi ve çiftlik sahiplerinin işleyebilecekleri arazi genişliğini makul ölçütlerle sınırlandırmaktır.[283]

Atatürk'ün ortaya koyduğu bu ilkeler doğrultusunda devletin bütün birimleri yoğun bir çalışma içine girmiştir.

Bu ilkeler öncelikle, 1937 Ekimi'nde kurulan Celal Bayar Hükümeti'nin programına aynen alınmıştır. Hükümet programına göre, konuyla ilgili kanun taslağı en kısa zamanda hazırlanarak meclisin onayına sunulmuştur.[284]

1937'de İçişleri Bakanlığı bir *"Toprak Kanunu Tasarısı"* hazırlamıştır. Tasarının en ilginç yanı Rusya, Balkan ülkeleri ve Avrupa'daki deneyimleri dikkate alarak hazırlanmış olmasıdır. Tasarıya göre, işlenmemiş toprakları işlenebilir hale getirmek, işlenenleri daha verimli kılmak ve işlenecek yeni topraklar bulmak konusunda görüşlere yer verilmiştir. Tasarıya göre hükümet, 2000 dönümün üzerindeki topraklar ile işletilmeyen toprakları üzerindeki yapılarla birlikte istimlak edebilecekti. Bu tasarıda, 1935 tasarısındaki "çiftçi ocağı" kavramından vazgeçilmiştir.[285]

1937'de Sağlık Bakanlığı bir *"Toprak Kanun Tasarısı"* hazırlamıştır. Bu tasarıda mülkiyet için tapu kaydı öne çıkarılmıştır. Tasarıya göre toprak dağıtılacak olanların bizzat çiftçilik yapacaklarını taahhüt etmeleri gerekmektedir. Dağıtılacak toprak eğer üç yıl işletilmezse geri alınacaktır.[286]

1937'de kamulaştırma ve toprak dağıtımı için anayasa değişikliği yapılmıştır. 13 Şubat 1937'de Anayasa'nın 74. maddesine şu fıkra eklenmiştir:

"Çiftçiyi toprak sahibi yapmak ve ormanları devlet tarafından idare etmek için istimlak olunacak arazi ve ormanların

---

283 Suat Aksoy, *"Atatürk'ün Toprak Reformuna İlişkin Görüşleri"*, **Ata'nın Anısına Doğumunun 100. Yılında Tarım Semineri**, Ankara Üniversitesi Ziraat Fakültesi, 12-16 Ekim 1981, Ankara, 1982, s. 42.
284 İsmail Arar, **Hükümet Programları 1920-1965**, İstanbul, 1966, s. 76.
285 Serkan Tuna, *"1930'lu Yıllar"*, s. 132 vd. aktaran Perinçek, age., s. 117, 118.
286 Perinçek, age., s. 118.

istimlak bedelleri ve bu bedellerin ödenmesi sureti özel kanunlarla tayin edilir."[287]

1938'de Tarım Bakanlığı bir *"Toprak Kanun Tasarısı"* hazırlamıştır. Daha önceki tasarıların kanunlaşmaması üzerine 165 maddelik yeni bir tasarı hazırlanmıştır. Ancak bu tasarı da kanunlaştırılamamıştır.[288]

Genç Cumhuriyet, 1923-1938 yılları arasında **246.431 aileye toplam 9.983.750 dekar toprak dağıtmıştır.** 1940-1944 yılları arasında ise 619 köyde 53.000 aileye 875.000 dekar toprak verilmiştir. Vakıflar İdaresi tarafından satılan topraklar ise Ziraat Bankası tarafından satın alınıp çiftçilere dağıtılmıştır. Bu toprakları da ilave edince 1944 tarihine kadar Cumhuriyet döneminde dağıtılan arazinin genel toplamı **11-12 milyon dekara** ulaşmaktadır.[289] **Atatürk'ün hayatında dağıtılan toprak miktarı bu dönemde dağıtılan toprakların %91'i gibi çok büyük bir kısmını oluşturmuştur.** Bu durum Atatürk'ün "muhtaç çiftçiyi topraklandırma" konusundaki hassasiyetini göstermektedir. 1946 yılı itibariyle Türkiye'de 13 milyon hektar olan işlenen toprak miktarının yaklaşık %9'u devlet tarafından dağıtılmak suretiyle mülkiyet yapısı iyileştirilmeye çalışılmıştır.[290]

1927'deki ilk ziraat sayımına göre Türkiye'de toplam 231.500.000 dönüm ekilebilir arazi vardır. Bu ekilebilir arazinin ancak 43.637.727 dönümü, yani altıda bir kadarı ekilmektedir.[291] "Yapılamadı" dediğimiz "toprak reformu" sayesinde 1923-1944 yılları arasında 11-12 milyon dekar toprağın topraksız çiftçiye dağıtılabilmiş olması, neresinden bakılacak olursa olsun ciddi bir başarıdır, ancak yeterli değildir.

Mahmut Esat Bozkurt, Atatürk'ün ölümünden bir yıl sonra

---

287 **age.,** s. 119.
288 **age.,** s. 119.
289 Ömer Lütfi Barkan, **Türkiye'de Toprak Meselesi: Toplu Eserler 1,** İstanbul, 1980, s. 454, 455.
290 İbrahim İnci, *"Atatürk Dönemi Türkiyesi'nde Toprak Mülkiyet Dağılımı İle İlgili Bazı Düzenlemeler,"* **A.Ü. Türkiyat Araştırmaları Enstitüsü Dergisi,** Erzurum, 2010, s. 357.
291 Aydemir, **İkinci Adam,** C 2, s. 339.

Kasım 1939'da, *"İhtilal çiftçi için şimdiye kadar ne yaptı?"* sorusunu şöyle yanıtlamıştır:

"Şüphe yok ki bir şey yapılmadı denemez. Askerlik bir buçuk seneye indi. Aşar kaldırıldı. Kooperatifler günden güne köylere doğru yayılıyor. Mektepler açılıyor. Büyük çiftlikler yavaş yavaş halka dağıtılıyor. Bunlar mühim işlerdir fakat şüphe yok ki her şey değildir. Köylü meselesi bundan ibaret değildir. (...) Köylü başkalarının hesabına çalıştığı gibi emeğinin de değerini alamıyor. (...) İşte kaba taslak bakınca köylü arazi sahibidir. (...) Ekip biçiyor gibi görünür. Fakat hakikat biraz deşilince anlaşılır ki, köylünün elindeki üretim vasıtaları başkasınındır. Hatta köylünün kendisi bile..."[292]

Atatürk, toprak reformu konusunda 1928, 1929, 1936 ve 1937 meclis açış konuşmalarında çok önemli mesajlar vermiştir. Toprak reformu konusu 1935'te CHP 4. Büyük Kurultayı'nda tartışılmış ve parti programına alınmıştır. Bu doğrultuda çok ciddi hazırlıklar, çok önemli çalışmalar yapılmış, çok sayıda tasarı hazırlanmış ve birçok kanun çıkarılmıştır. Sonuçta, özellikle 1934-1938 arasında topraksız köylüye çok ciddi oranda; **90.000 kadar aileye 3 milyon dönüm kadar toprak dağıtılmıştır.**[293] Ancak Atatürk'ün ve genç Cumhuriyet'in bütün iyi niyetli çabalarına karşın aralıksız devam eden karşı devrimci ve emperyalist destekli "feodal isyanlar" ve Atatürk'ün zamansız ölümü, toprak reformunun yarım kalmasına neden olmuştur.

Toprak Reformu Nasıl Unutturuldu?

Atatürk'ün en önemli projelerinden biri olan toprak reformu, Atatürk'ün ölümünden sonra bir süre daha gündemdeki yerini korumuş, bir süre daha bu konuda önemli adımlar atılmıştır, ancak 1950'lerden sonra yavaş yavaş "ütopik bir devrimci ideal" halini alarak zaman içinde adeta unutturulmuştur.

292 Mahmut Esat Bozkurt, *"Öz Türk Köylüleri"*, **Anadolu Dergisi**, İkinciteşrin (Kasım), 1939.
293 Perinçek, **age.**, s. 152.

TBMM, 11 Haziran 1945 tarihinde, Atatürk dönemindeki toprak reformu tecrübelerinden yararlanarak, *"Çiftçiyi Topraklandırma Kanunu"*nu kabul etmiştir. Kanun, İsmet İnönü ve Tarım Bakanı Şevket Raşit Hatiboğlu'nun girişimleriyle hazırlanmıştır.[294] Genel kurul kararında çiftçiyi topraklandırmanın bir "devrim hareketi" olduğu belirtilmiştir.[295]

Kanunun kabulünden dört gün sonra TBMM bir de *"Toprak Bayramı Kanunu"* çıkarmıştır.[296]

"Çiftçiyi Topraklandırma Kanunu", Atatürk'ün en önemli vasiyetlerinden biri olan toprak reformunun tam olarak hayata geçirilmesi bakımından çok büyük ve cesur bir adımdır. Bu büyük ve cesur adım, çok geçmeden içerde büyük toprak sahibi feodal unsurların, dışarıda ise feodal unsurları kullanmaya alışmış emperyalist güçlerin dikkatini ve tepkisini çekmiştir.

Kanunun 17. maddesine göre topraksız veya az topraklı çiftçiyi topraklandırmak için devlet, büyük toprak sahiplerinin topraklarını kamulaştırabilecekti. Kamulaştırma gerekirse toprak sahibine yalnızca 50 dönüm toprak bırakacak kadar kapsamlı olabilecekti. 21. maddeye göre de kamulaştırma bedelleri de gerçek değere göre değil, arazi vergisine matrah olarak beyan edilen değerden ödenecekti. Bu maddeler büyük toprak sahibi milletvekillerini çok rahatsız etmiştir. Aydın'ın büyük toprak sahiplerinden Adnan Menderes, yasa görüşülürken ağır eleştiriler getiren milletvekillerinin başında gelmiştir.[297]

1945 Haziranı'nın başında *"Çiftçiyi Topraklandırma Kanunu"* gündeme gelir gelmez, CHP'li Adnan Menderes, Celal Bayar, Fuat Köprülü ve Refik Koraltan, 7 Haziran 1945 tarihinde CHP grubuna "Dörtlü Takrir" diye bilinen bir önerge vererek partilerinden ayrılmışlar ve 7 Ocak 1946'da Demokrat Parti'yi kurmuşlardır.[298]

---

294 Akşin, **age.**, s. 242.
295 **Resmi Gazete**, 15 Haziran 1945, Düstur, 3, Tertip, C 26.
296 Perinçek, **age.**, s. 156.
297 Akşin, **age.**, s. 242.
298 **age.**, s. 242, 244.

Görülen o ki, *"Çiftçiyi Topraklandırma Kanunu"*, Demokrat Parti'nin kuruluşunda etkili olmuştur.[299] *"Kimileri Demokrat Parti'nin (DP) kuruluşunu doğrudan Çiftçiyi Topraklandırma Kanunu'na olan muhalefete bağlarlar. DP'nin salt bundan kaynaklandığını öne sürmek abartılı olur, ama DP'nin kuruluş ve yaygınlaşma aşamasında bunun önemli bir payı olduğu söylenebilir."*[300]

Cumhuriyet'in ortaçağ artığı kurum ve düşüncelere karşı verdiği savaş, gücünü bu ortaçağ artığı kurum ve düşüncelerden alan kişilerin tepkisini çekmiştir. Örneğin Eskişehir Milletvekili Emin Sazak bu kişiler adına TBMM kürsüsünden şunları söylemiştir:

"Padişahı devirdik, halifeyi kovduk, şapkayı giydik, Latin harflerini kabullendik, tekkeleri kapattık, bazı gerekçelerle Varlık Vergisi'ni bile kabul ettik, fakat bunu kabul edemiyorum."[301]

Emin Sazak'ın kabul edemediği; ağanın, şeyhin, şıhın olmadığı, halkın ezilmediği, eşit bir toplumsal düzendir. Emin Sazak'ın kabul edemediği; yüzyıllardır halkın kanını emerek, halkın topraklarını gasp ederek halkı sömüren feodal düzenin yıkılmasıdır. Emin Sazak, aslında köylünün milletin efendisi olmasını kabul edememiştir.

Emin Sazak

Mecliste *"Çiftçiyi Topraklandırma Kanunu"*nun tartışıldığı günlerde Emin Sazak, dönemin Tarım Bakanı Şevket Raşit Hatipoğlu'na şöyle bağırmıştır:

"Tasarıyı geri al! Sen bunu İnönü'nün emriyle yapıyorsun. Tasarı geri alınırsa Beylikköprü'deki 30.000 dönümü hibe ediyorum."

Hatipoğlu: *"Kanunla alsak ne olur?"*

Sazak: *"Kanunla olmaz. Devlet araziyi zorla alırsa Eskişehir havalisinde Emin Sazak ölür. Bu düzeni bozarsınız."*[302]

299 Aydemir, **age.**, s. 350.
300 Akşin, **age.**, s. 243.
301 Mahmut Goloğlu, **Demokrasiye Geçiş**, İstanbul, 1982, s. 27.
302 Perinçek, **age.**, s. 158. Aydemir, **age.**, s. 346, 347.

Emin Sazak, bu düzenden beslenmektedir ve bu nedenle bu düzenin yıkılmasını kendi ölümü olarak görmektedir. Ama keşke Emin Sazak, ölümü göze alarak bu düzenin yıkılmasını savunabilseydi.

1936 yılında toprak reformunu savunan Celal Bayar bile 1945 yılında *"Çiftçiyi Topraklandırma Kanunu"*na muhalefet etmiştir.[303]

*"Çiftçiyi Topraklandırma Kanunu"*na karşı çıkanlar, bu kanunu "Bolşeviklik" olarak adlandırmışlardır.[304]

Celal Bayar   *Ş. R. Hatipoğlu*   *İsmet İnönü*

Kanuna yönelik eleştiriler artınca bu kanunu getiren ve ısrarla savunan Ziraat Bakanı Şevket Reşit Hatipoğlu, Ağustos 1945'te bakanlıktan ayrılmış ve yerine bu kanunun baş muhalifi büyük toprak sahibi Cavit Oral, Ziraat Bakanı yapılmıştır.[305]

Bu beklenmedik görev değişikliğinin anlamı çok geçmeden anlaşılacaktır. Türkiye 1945 yılından itibaren "tam bağımsızlık" ilkesini bir kenara bırakıp ABD eksenine kaymaya başlamıştır. İsmet İnönü'nün, *"1945 konsensüsü"* ile "Küçük Amerika" olma hayalleri kurmaya başlayan Türkiye, birçok konuda olduğu gibi toprak reformu konusunda da geri adım atmak zorunda bırakılmıştır. İnönü'nün genç bakanı Nihat Erim, "Küçük Amerika olma hedefini" dosta düşmana ilan etmiştir.[306]

---

303 Perinçek, **age.**, s. 159.
304 Aydemir, **age.**, s. 347, 348.
305 **age.**, s. 350.
306 Perinçek, **age.**, s. 160.

Nisan 1946 başında Amerikan Missouri zırhlısı İstanbul'a gelmiş, 1947'de Truman Doktrini çerçevesinde ABD-Türkiye arasında bir *"Askeri Yardım Anlaşması"* yapılmış, 1948'de yine ABD ile bir ekonomik yardım anlaşması imzalanmıştır.[307]

27 Mart 1950'de, 5618 sayılı bir kanunla, *"Çiftçiyi Topraklandırma Kanunu"*nun bazı maddeleri değiştirilmiş ve kanuna bazı yeni maddeler eklenmiştir.[308] Böylece *"Çiftçiyi Topraklandırma Kanunu"*nun ruhu değiştirilmiş ve kısa süre sonra da uygulanmaktan vazgeçilmiştir.

Karşı devrime kurban giden *"Çiftçiyi Topraklandırma Kanunu"* sayesinde 25 yılda ancak 1.500.000 dönüm toprak kamulaştırılmıştır.[309]

27 Mayıs 1960 askeri müdahalesinden sonra yeniden gündeme gelen toprak reformu, 1970'lerde Bülent Ecevit tarafından bir kere daha gündeme getirilmiş, ancak bir türlü düşünceden uygulamaya geçirilememiştir.[310]

İsmet İnönü, 1973 yılında Ankara Üniversitesi Ziraat Fakültesi'nde yaptığı konuşmada toprak reformu hakkında şöyle bir özeleştiri yapmıştır:

"Ziraatta mühim bir şeyi yapamadık. Toprak reformundan söz edeceğim. Toprak reformunu yapamadık. Toprak reformu özel şeylere, menfaatlere dokunan bir şeydir. Büyük ölçüde siyaset müessir olmuştur."

Atatürk'ün Doğu ve Güneydoğu'daki Yatırımları

Atatürk Doğu ve Güneydoğu'daki sorunları çözmek için öncelikle Doğu'yu çok daha yakından tanımak gerektiğini düşünmüştür. Bu amaçla 1926 yılından itibaren bölgeye inceleme heyetleri ve raportörler göndererek "şark raporları" hazırlatmıştır. Atatürk, Doğu ve Güneydoğu Anadolu Projesi'ni geliştirirken bu raporları dikkate almıştır.

---

307 Akşin, **age.**, s. 240.
308 Aydemir, **age.**, s. 350, 351.
309 Perinçek, **age.**, s. 160.
310 Ayrıntılar için bkz. Perinçek, **age.**, s. 161 vd.

30 kadar "şark raporu" arasında Kütahya Milletvekili Neşit Hakkı Uluğ'un *"Doğu'dan Bir Mektup"* başlıklı çalışması (1925), Mülkiye Müfettişi Hamdi Bey'in raporu (1926), Elaziz Valisi Cemal Bardakçı'nın raporu (1926), Başvekil İsmet İnönü'nün raporu (1935) ve İktisat vekili Celal Bayar'ın raporu (1936) en dikkat çekenler arasındadır.[311]

Şark raporlarına göre Doğu ve Güneydoğu Anadolu gerçekleri şunlardır:

1. Derebeylik sistemi/feodal sistem halkı sömürmektedir.
2. Kürt marabası, ağalar ve şeyhler tarafından ezilmektedir.
3. Dinsel sömürü ve baskılar hat safhadadır.
4. Bölgede Cumhuriyet otoritesi ve güvenliği yoktur.
5. Aşiretler arasında silahlı kavgalar vardır.
6. Eşkıyalık ve çapulculuk çok yaygındır.
7. Bölge Kürtleşmektedir.
8. Bölgenin durumundan Cumhuriyet hükümetleri de sorumludur.[312]
9. Üretim eski yöntemlerle yapılmaktadır. Fırat ve Murat nehirlerinden tarımda yararlanılmamaktadır.
10. Bölgenin imkânsızlıklarından dolayı yöneticiler ve memurlar bölgeye gidememektedir.
11. Halk hükümet ile eşkıya arasına sıkışmış, korku psikolojisi içinde yaşamaktadır.
12. Bölgede yabancıların propaganda faaliyetleri vardır.
13. Dikkate değer, esnaf, tüccar ve sanatkâr yoktur.
14. Yol durumu çok kötüdür.
15. Tabiat şartları çok zordur.[313]

Şark raporlarında, Doğu ve Güneydoğu Anadolu gerçekleri bu şekilde belirlendikten sonra çözüm yolları da şöyle belirlenmiştir:

1. Devletin yaptırım gücünün etkili olarak kullanılması,

---

311 Şark raporlarının ayrıntıları için bkz. Perinçek, **age.**, s. 47 vd.
312 Ayrıntılar için bkz. Perinçek, **age.**, s. 54-71.
313 Hamit Pehlivanlı, *"Cumhuriyetin İlk Yıllarından Günümüze Doğu ve Güneydoğu Anadolu'nun Meseleleri: Örnek Raporlar Işığında Karşılaştırmalı Bir İnceleme"*, **Yeni Türkiye**, S. 23-24, Eylül-Aralık 1998, s. 232-437.

2. Derebeylik ilişkilerinin, ağalığın, beyliğin ve şeyhliğin köklü bir şekilde tasfiye edilmesi,

3. Topraksız ve az topraklı köylüye toprak dağıtılması,

4. Başta ağalar ve aşiret reisleri olmak üzere halkın başka yerlere yerleştirilmesi,

5. Kamu yönetiminin iyileştirilmesi,

6. Halkın kazanılması için bölgeye kamu hizmetlerinin götürülmesi,

7. Bölge halkının Türkleştirilmesi,

8. Okullar açılarak, kız çocuklar başta olmak üzere bölge halkının eğitilmesi,

9. Yol, su, elektrik, köprü gibi kamu hizmetlerinin götürülmesi.[314]

Görüldüğü gibi şark raporlarındaki çözüm önerileri, askeri, siyasi, toplumsal, kültürel ve ekonomik alanları kapsamaktadır. Atatürk ve genç Cumhuriyet, sorunun sadece askeri ve güvenlik önlemleriyle değil, siyasi, kültürel ve ekonomik önlemlerle çözülebileceğini bilimsel bir biçimde ortaya koymuştur.

Atatürk'ün Doğu ve Güneydoğu Anadolu Projesi'nin temel ayakları şunlardır:

1. Bölge halkının en çabuk biçimde eğitilmesi,

2. Bölgede kalıcı yatırımların yapılması,

3. Adaletli paylaşım için toprak ağalığının bitirilmesi,

4. Halka saygı ve şefkat ile yaklaşarak halkla bütünleşilmesi.[315]

Atatürk'ün Doğu ve Güneydoğu Anadolu Projesi'nin toprak reformundan sonraki en önemli adımı, bölgeye "kamu hizmeti" götürmektir. Bütün şark raporlarında, Doğu ve Güneydoğu halkına bir an önce kamu hizmeti götürülmesi üzerinde durulmuştur. Raporlara göre:

1. Halka her ilçede sağlık hizmeti verilmeli ve ilaç sağlanmalı. Bu iş için bölgede idealist doktorlar görevlendirilmelidir.

2. Okullar açılmalı, bölge halkına özellikle de kız çocuklarına eğitim verilmelidir.

---

314 Perinçek, **age.**, s. 74 vd.
315 Ramazan Topdemir, **Atatürk'ün Doğu Güneydoğu Politikası ve GAP**, İstanbul, 2009, s. 159.

3. Demiryolları ve karayolları tamamlanmalıdır.
4. Madenler işletilmeli, fabrikalar açılmalı, halka iş ve geçim kaynağı sağlanmalıdır.

İşin en ilginç tarafı, bütün bunları önerdikten sonra bunları başarmanın "*olmayacak hayal*" olduğunu söyleyen raportörler de vardır.[316]

İşte Atatürk, kimilerine göre bu olmayacak hayalleri gerçeğe dönüştürmek için büyük bir inanç ve azimle çalışmalara başlamıştır.

Cumhuriyet, Doğu'da toprak reformundan sonra kamu hizmetine el atmıştır.

Örneğin Tunceli'ye iki yıl içinde 480 kilometre yol yapılmıştır. Bu yollar sayesinde Tunceli halkı ticaret yapmaya başlamıştır. Sağlık ocakları ve Halkevleri yapılmıştır. Neşit Hakkı'nın deyişiyle, "azametli binalar", hükümet konakları, köprüler, kışlalar, karakollar, inşa edilmiştir.[317]

Turgut Özakman, genç Cumhuriyet'in Tunceli'ye yaptığı bazı yatırımları "*Cumhuriyet Türk Mucizesi*" adlı kitabında şöyle anlatmıştır:

"*Tunceli'yi çevreleyen şehrin içinden geçen ırmaklar, dereler üzerinde bazı köprüler yapılmıştı, yenileri de yapılıyordu. Başlıca yollar açılıyor; okul, sağlık ocağı, hükümet konağı, karakol, memur evleri, kışla gibi yapıların da temelleri atılıyor, ya da temelleri atılmış olan binalar yükseliyordu. Bu işler ile Sivas-Erzincan, Elazığ-Bingöl demiryolunda Tuncelililer çalışıyor, ceplerine emeklerinin karşılığı olan temiz para giriyordu. Asayişi sağlamak için ilçelere, bucaklara küçük jandarma birlikleri yerleştirilmişti. Köylülere toprak dağıtımı sürüyordu. Kaymakamlıklara, bucak müdürlüklerine ya asker, ya deneyimli sivil yöneticiler atanmıştı. Halka saygıyla muamele ediyorlardı.*"[318]

"*Günde 60 kamyon inşaat malzemesi geliyordu Tunceli'ye. Her yanda inşaat vardı. Sağlık merkezleri ve 19 okul yeniden*

---

316 Örneğin Mülkiye Müfettişi Hamdi Bey raporunda böyle demiştir. Perinçek, **age.**, s. 90, 91.
317 Perinçek, **age.**, s. 131.
318 Özakman, **Cumhuriyet Türk Mucizesi**, 2. Kitap, s. 588.

açılmıştı. Köylülere toprak veriliyordu. Tarım Bakanlığı köylülere fidan ve tohum dağıtıyordu. Ağaçlar aşılanıyordu. Halk, ağaların, reislerin, seyitlerin ellerinden kayıyordu. Halkı tahrik için birçok yalan uyduruldu..."[319]

"Ağalar, beyler, seyitler yazık ki Tunceli halkının bir bölümünü kandırmış, şaşırtmış, isyana sürüklemişlerdi. İki yıl sabretselerdi Tunceli, yolları, köprüleri, karakolları, sağlık ocakları, mahkemeleri, halkevleri okuma odaları, okumaya başlayan oğulları, kızları, toprak sahibi olmuş köylüleri, kredi verecek bankaları ile bir Batı ili gibi olacaktı."

"Yol, köprü, okul, karakol, sağlık ocağı yapımına ara verilmeyecek, çatışma olmayan her yerde yapımlara aynı hızla devam edilecekti. Tunceli sorununun ilacı güvenlik, iş ve eğitimdi. En çok okul Tunceli'ye yapılacak, Tunceli okur-yazar oranı en yüksek il olacaktı. Elazığ'da yatılı bir kız okulu açılacak, yöredeki ailelerin izin verdiği kızlar bu okula alınacak, bitten temizlenecek, giydirilecek, eğitilecek, birçok beceriyle donatılacak, meslek sahibi yapılacaklardı."[320]

Özakman çok haklıdır. Genç Cumhuriyet'in en çok yatırım yaptığı Doğu illerinin başında Tunceli gelmektedir. Dahiliye Vekili Faik Öztırak 7 Temmuz 1939'da Tunceli'de yapılan bina inşaatı, köprüler, yollar, memur ve subay evleri hakkında şu bilgileri vermiştir:

Bina inşaatı: Pülümür, Nazımiye, Mameki, Sin ve Ovacık'ta 9 kışla; Nazımiye, Mameki, Hozat, Ovacık ve Pertek'de 5 hükümet konağı; Duziğ, Hakis, Seyidhan, Tüllük, Karaoğlan ve Amutka'da 6 karakol; Nazımiye, Mazkird, Sahsik, Tümüşmek, Dervişcemal, İncik, Türktanır ve Ovacık'ta 8 okul yapılmıştır.

Köprüler (Betonarme): 60 metre uzunluğunda Alişan köprüsü, 180 metre uzunluğunda Külüşkür köprüsü, 60 metre uzunluğunda Cip köprüsü, 106 metre uzunluğunda Pertek köprüsü, 60 metre uzunluğunda Sürgeç köprüsü, Pülümür'de ayrıca 4 beton köprü, 100 metre uzunluğunda Mazgirt köprüsü, 80 metre uzunluğunda Türüşmek köprüsü, 120 metre uzunluğunda Ma-

---

319 age., s. 794, dipnot 443.
320 age., s. 591.

meki köprüsü, 80 metre uzunluğunda Seyithan köprüsü, 80 metre yüksekliğinde Ovacık köprüsü yapılmaktadır. **(Ahşap):** 180 metre uzunluğunda Dinar, 120 metre uzunluğunda Mameki, 60 metre uzunluğunda Seyithan köprülerinin de yapımı sürmektedir. **Memur ve Subay evleri:** Nazmiye'de 6, Mameki'de 48, Sin' de 8, Ovacık'ta 10 olmak üzere toplam 72 adet yapılmıştır.[321]

Sürekli isyanlarla çalkalanan, dolayısıyla sürekli asayiş sorunlarının yaşandığı, coğrafi ve toplumsal yapıdan kaynaklanan zorlukların geçit vermediği bir bölgeye yatırım yapmanın güçlüğüne karşın, genç Cumhuriyet'in yine de en çok yatırım yaptığı bölge Doğu ve Güneydoğu Anadolu bölgeleri olmuştur. Nitekim aynı dönemde ülkenin diğer bölgelerinde asayiş problemi yaşanmamasına karşın, bu bölgelerde Doğu illeri ortalamalarının altında kamu harcaması almış iller vardır.[322] Örneğin 1939 yılında İstanbul-Dağyenice-Saray yolu Tekirdağ-Malkara-Keşan yolu için 1.000.000 lira ayrılırken Tunceli'nin inşası için 2.000.000 lira ödenek ayrılmıştır.[323] Bu nedenle o dönemdeki göreceli "yatırım azlığını", *"Genç Cumhuriyet Doğu'ya yatırım yapmadı!"* yalanıyla değil de, ülkenin genel ekonomik koşullarıyla açıklamak daha doğru olacaktır.[324]

Ayrıca bölgedeki isyanlar, ülke ekonomisine ciddi yükler getirmiştir. İngiliz *The Times* gazetesine göre Türkiye'nin sadece Şeyh Sait İsyanı'ndaki kaybı 20 milyon Paund'tur. Buna rağmen, genç Cumhuriyet, bölgenin asayişini sağlamak ve bayındırlık hizmetleri götürmek için uzun yıllar boyunca bölgeye "özel ve olağanüstü" ödenekler aktarmıştır.[325] Hatta "Tunceli" adında yeni bir il bile kurmuştur.[326] Bu ilin kurulmasına ilişkin yasa

---

321 **TBMM Zabıt Ceridesi,** Devre 6, C 4, s. 176.
322 Sait Aşkın, *"Atatürk Döneminde Doğu Anadolu, (1923-1938)",* **Atatürk Araştırma Merkezi Dergisi,** S. 50, C 17, Temmuz, 2011.
323 **BCA,** FK: 30-18.1.2, YN: 88.82.2, T: 25.8.1939.
324 Aşkın, **agm.**
325 Örnek olarak **Tunceli bölgesindeki yol işleri için** her yıl 1.350.000 TL olmak üzere üç yıllık program bütçeye, o günün koşullarında ayrı bir yük getirmiştir. Bkz. **Ayın Tarihi,** Haziran 1936, S. 30, s. 67.
326 Tunceli, 4 Ocak 1936 tarih ve 3197 sayılı **Resmi Gazete'**de yayımlanan *"Yeniden Dokuz Kaza ve Beş Vilayet Teşkiline ve Bunlarla Otuz iki Nahiyeye Ait Kadrolar Hakkında Kanun"* ile "il" yapılmıştır.

teklifi, dönemin İçişleri Bakanı tarafından *"… Cumhuriyet devri memleketin esaslı ihtiyaçlarını temin ederek asıl hastalığı tedavi etmek şiarı olduğu için, burada da medeni usullerle bir tedbir düşünüldü. Ve bu program ile memleketin her yerinde olduğu gibi buraların da Cumhuriyetin feyizlerinden istifade etmesini gözetti,"* denilerek meclise sunulmuştur.[327]

Cengiz Özakıncı'nın deyişiyle, Dersim'i yeniden yapılandırmayı amaçlayan 25 Aralık 1935 tarihli *"Tunceli Vilayeti'nin İdaresi Hakkında Kanun'*la, *'Cumhuriyet, aşiretlerin Dersim'ini, insan ve yurttaş haklarının Tunçeli'ne dönüştürmek"* istemiştir.[328]

"Cumhuriyet, aşiretlerin 'Dersim'ini, insan ve yurttaş haklarının 'Tunç Eli'ne dönüştürmek üzere; **yöreyi köprüler, yollar, okullar, hastahaneler, sinemalar, tiyatrolar, halkevleri, bankalar, ziraat kurumları, hükümet binaları, adliye örgütü, karakol ve kışlalarla donatmaya başladı.** *Başka yöreden işçi getirilip çalıştırılması yasaktı. Bütün yapılar dolgun bir gündelik verilerek yöredeki aşiret üyelerine yaptırılacak; aşiret üyesi, reisinden bağımsız bir birey olarak çalışıp emeğinin karşılığını para olarak alacak; yüzyıllar boyu yalnızca kendi ailesinin yaşamı için gerekli şeyleri tüketebileceği kadar üreten, bundan fazla üretim yapmadığı için pazara götürüp satacak bir varlığı bulunmayan, dolayısıyla özel mülk nedir, parasal birikim nedir, mülkiyet özgürlüğü nedir tatmamış olan aşiret üyelerinin ceplerine para girecek;* **aşiretten bağımsız kendisine özel birikim yapmayı ve kendi birikimini dilediği gibi kullanmayı öğrenen aşiret üyeleri böylelikle aşiret düzeninden uzaklaşıp, insan ve yurttaş haklarına adım atacaktı.**

---

327 Bu yasanın görüşmeleri sırasında İçişleri Bakanı Şükrü Kaya: *"… Burası 91 aşirete münkasımdır. 1876'dan bugüne kadar muhtelif zamanlarda Dersim üzerine 11 harekâtı askeriye yapılmıştır. Halk cahil, biraz da toprağın fakirliği dolayısıyla fakir olur ve eli de silahlı bulunursa tabii böyle bir yerde vukuat eksik olmaz. Fransa'da, İtalya'da, Yunanistan'da da böyle yerler vardır. … Efkârı umumiyemize arz etmek isterim ki, memleketimizde anormal bir vaziyet yoktur,"* demiştir. Bkz. **Ayın Tarihi,** Ocak 1936, s. 25 vd.

328 Cengiz Özakıncı, *"Dersim'den Tunçeli'ye Yurttaş Hakları Devrimi, Dersim Dersi",* **Bütün Dünya** dergisi, S. 2010/01, 1 Ocak 2010, s. 62.

Aşiretler Dersim'inin, özgür birey yurttaşlar Cumhuriyet'i-
nin 'Tunç Eli'ne dönüştürülmesi, tasarının biricik amacıydı. Ça-
lışmalar coşkuyla sürüyor, yapımı bitirilen bir köprünün ATA-
TÜRK tarafından açılacağı söyleniyordu. Fakat öyle olmadı. O
günleri yaşayan İhsan Sabri Çağlayangil anılarında o günleri:
'Atatürk Singeç Köprüsü'nü açmaya gidecek. O tarihte Se-
yit Rıza Dersim'in lideri. Devlet, Fırat üzerine bir köprü yap-
mış. Köprünün başında da bir karakol. Karakolda 33 askerimiz,
başlarında İsmail Hakkı adında bir yedek teğmen var. Köprüye
Dersimliler saldırı düzenliyor. Karakol yakılıyor ve 33 askerimiz
şehit oluyor. İşte bu olay isyanın başlamasıdır. Atatürk olayla
ilgileniyor ve kesin talimat veriyor: '**Bu meseleyi kökünden hal-
lediniz,**' diye anlatmıştır."[329]

Rahmi Doğanay, "1930-1945 Dönemi Doğu Anadolu Böl-
gesinde Uygulanan Sanayi Politikaları" çalışmasının sonucunda,
genç Cumhuriyet'in Doğu ve Güneydoğu Anadolu'da birçok ya-
tırım yaptığını doğrulamıştır:

"Doğu Anadolu, Birinci Sanayi Planı çerçevesinde maden,
dokuma ve sigara sanayi gibi birçok endüstriyel kuruluşa kavuş-
muştur. Kaldı ki; bu dönem kalkınma ve sanayileşme hedefleri
bölgesel gelişmeyi değil, bütün ülkenin topyekün gelişmesini he-
deflemiştir. İkinci Sanayi Planı ise daha geniş kapsamlı olmakla
birlikte uygulamada dünya ve Türkiye'nin olağanüstü şartları
içinde daha etkisiz kalmıştır. (...)

İzmir İktisat Kongresi'nden itibaren ülkenin tümüyle bayın-
dır ve mamur hale getirilmesi konusunda izlenen iktisadi politi-
kalar hem devletin sorumluluk alması hem de özel teşebbüsün
yatırımlar için teşvik edilmesine yöneliktir. Birkaç kez çıkarılan
Sanayii Teşvik Kanunları da iktisadi gelişmeyi sağlamak ama-
cını taşımaktadır. Birinci ve İkinci Beş yıllık Sanayi Planları da
ülkenin her tarafı için olduğu kadar, Doğu Anadolu'da devlet ve
özel teşebbüs yatırımlarının yaygınlaştırılması yönünde hedefler
koymuş, Atatürk de yurt gezilerinde bölgenin özelliklerine göre

329 agm., s. 62, 63.

yapılacak yatırımlar açısından görüşlerini beyan etmiştir. Ayrıca bu gezilerde yatırımları teşvik amacı da dikkate alınmıştır.*"330*

Ramazan Topdemir de, "*Atatürk'ün Doğu-Güneydoğu Politikası ve GAP*" adlı kitabında, Atatürk döneminde genç Cumhuriyet'in ayrım yapmadan yurdun her tarafını kalkındırmak için çok büyük yatırımlar yaptığını, özellikle tarımla uğraşan köylüye büyük kolaylıklar sağladığını ifade etmiştir:

"*Ülkenin en uzak köşelerinde bile halkın huzuru ve güvenliği öylesine sağlanmıştır ki bunu geçmişin en sakin dönemleriyle karşılaştırmak bile yersiz olur. Herkes güven içinde tarlasında çalışmakta ya da zanaatını yürüttüğü yerde işin başındadır. Bu insanlar çalışmalarının sonuçlarından yararlanabileceklerinden emin ve bunların ellerinden zorla alınamayacağının güveni içindedirler. Ekonomi, eğitim sosyal yardım konularında şimdiden somut sonuçlar alınmıştır. Daha önceden var olan tarım okullarına Bursa'da, Balıkesir'de, İzmir'de, Adana'da, Erzincan'da beş yenisi eklenmiştir. Savaşın ve değişmelerin işlemez hale getirdiği Ziraat Bankası yeniden çalışır hale getirilmiş ve birçok yerde şubeler açılarak halkın yardımına koşulmuştur. Pek çok sığınak ve göçmen refahları yönünden uygun yerlere gönderilerek yerleştirilmiştir. Bu işin daha çok yürütülmesi için özel yardım bankaları kurulmak üzeredir.*

Köylülere önemli düzeyde iki buçuk milyon liralık tarım aletleri dağıtılmıştır ve dağıtım sürdürülmektedir. Ayrıca köylülere tarım araç, gereçleri vermek gerektiğinde bunları onarmak amacıyla sermayesinin yüzde 70'ine katıldığımız bir şirketle anlaşma yapılmak üzeredir. Bu anlaşma çiftçileri çok memnun edecek ve onların yararına olacaktır."

"*Doğu'da bulunan demiryolları, köprüler, fabrikalar Atatürk'ün eseridir. Yokluklar içinde bölgeye kalkınma hamlesi başlatılmıştır.*"331

---

330 Rahmi Doğanay, "*1930-1945 Dönemi Doğu Anadolu Bölgesinde Uygulanan Sanayi Politikaları*", Fırat Üniversitesi Sosyal Bilgiler Dergisi, C 10, S. 2, Elazığ, 2000, s. 229, 230.
331 Bkz. Topdemir, age., s. 17.

İsmet Türkmen, "*Doğu Anadolu'ya Bayındırlık Hizmetleri Kapsamında Yapılan Kamu Harcamaları ve Yatırımlar, 1920-1938*" adlı makalesinde genç Cumhuriyet'in Doğu politikasından şöyle söz etmiştir:

"*...Demiryolu yapımının yanı sıra devlet, özellikle ilk yıllarda bölge halkının acil ihtiyaçlarını gidermek için de pek çok karar almıştır. Uzun savaşlar neticesi harap olan şehirlerin imarı, harp felaketzedelerinin iskânı gibi konulara öncelik verilmiş ve bölgeye gereken yardım yapılmıştır. Kara yollarının yapımı da görülmekle birlikte, demiryolu yapımı kadar öncelik taşımamıştır. Bununla birlikte CHP Hükümeti, bölge hastanelerinin, okullarının ve diğer devlet kurumlarının inşası ve onarımı gibi harcamalara öncelik vermiştir. Bölgedeki hastane ve okulların ihtiyacı olan tıbbi malzeme, zaman zaman yurt içinden ve çoğunlukla da yurtdışından temin edilmiştir. Devlet bölgeye 'göçmen evi' yapımı gibi imar faaliyetlerine de ödenek ayırmıştır. Kısacası Doğu Anadolu'ya yapılan yatırımların 1923-1929 yıllarında daha yüzeysel, yani acil ihtiyaçların temini, 1930-1939 yıllarında (...) daha köklü, projelerin devamının yapımı şeklinde seyrettiğini söyleyebiliriz...*"[332]

Atatürk Cumhuriyeti'nin Kürtlerin yoğun olarak yaşadıkları Doğu ve Güneydoğu Anadolu bölgesindeki bazı yatırımları şunlardır:[333]

* 1924'te Diyarbakır-Ergani Madeni devletleştirilerek işletmeye açılmıştır.
* 1925'te –köylüyü ezen– Aşar Vergisi kaldırılmıştır.
* 1925'te 3 milyon lira sermaye ve %50 nispetinde Alman sermayesiyle "Ergani Bakırı Türk Anonim Şirketi" kurulmuştur.[334]

---

332 İsmet Türkmen, "*Doğu Anadolu'ya Bayındırlık Hizmetleri Kapsamında Yapılan Kamu Harcamaları ve Yatırımlar, 1920-1938*", A.Ü. Türk İnkılap Tarihi Enstitüsü Atatürk Yolu Dergisi, S. 45, Bahar 2010, s. 153.

333 Topdemir, age., s. 45-47.

334 1930'lu yıllarda Ergani madeni için üretim miktarı 7500 blister olarak tasarlanmış ve bunun 1200 tonu ülkenin ihtiyacına alıkonularak 6300 ton ham bakırın dışarıya satılması düşünülmüştür. A. Afet İnan, **Türkiye Cumhuriyeti'nin II. Sanayi Planı**, Ankara, 1973, s. 51.

- 1925'te tütün rejisi yabancılardan (Fransızlardan) alınmıştır. Bu, Doğu'nun tütünden kazanç elde etmesini sağlamaya yönelik çok ciddi bir adımdır.

- 1929'da Elazığ'da "Elaziz İpek Mensucat Türk Anonim Şirketi"nin kurulmasına karar verilmiştir.[335]

- 1929'da "Yol ve Köprüler Yapımına İlişkin Kanun" çıkarılarak Güneydoğu Anadolu'da pek çok yol ve köprü inşa edilmeye başlanmıştır.

- 1932'de Ankara'da Birinci Tütün Kongresi toplanmıştır.

- 1933'te Gaziantep'te ilk lise açılmıştır.[336]

- 1934'te Diyarbakır-Siirt yolunda Pasur Köprüsü açılmıştır.

- 1934'te Fevzipaşa-Diyarbakır demiryolu tamamlanmıştır.

- 1934'te demiryolu Elazığ'a ulaşmıştır.

- 1934'te Yolçatı-Elazığ demiryolu işletmeye açılmıştır.

- 1934'te Siirt'te 7 yeni cadde ve 21.384 metre yeni kaldırım yapılmıştır.

- 1934'te Elazığ'ın Maden ilçesi Alacakaya (Guleman) krom sahası "Şark Kromları İşletmesi" idaresinde 1936'dan itibaren işletilmiştir.

- 1934'te Diyarbakır İktisat Kongresi toplanmıştır.

- 1935'te Adıyaman Göksün Köprüsü açılmıştır.

- 1935'te Munzur Suyu Köprüsü açılmıştır.

- 1935'te Van Gölü işletmeye açılmıştır.[337]

- 1935'te Keban Maden Köprüsü açılmıştır.

---

335 12.9.1929 Tarih ve 1/8350 sayılı Bakanlar Kurulu Kararı. C. A. Karton No: 030.18. 1/5.45.17.

336 Topdemir, age., s. 97.

337 Nisan 1935'te Van Gölü İşletme İdaresi'nin bütçesi hakkında mecliste yapılan görüşmeler sırasında İçişleri Bakanı Şükrü Kaya şöyle demiştir "...Cumhuriyet Şeyh Sait vakasından ve onu takip eden hadiselerden sonra icap eden inzibat tedbirlerini tamamıyla aldı. Onu müteakip de oranın ümranını gözetti. Bu muntazam bir program halinde devam edecektir ve etmesi de lazımdır. Van Gölü İşletmesi Vapurları Van Gölü sahillerinin ve havalisinin birebir irtibat vasıtalarıdır. İki köy arasında, iki şehir arasında devlet şosesini yaparken nasıl onun gelirini değil memleketin inkişafını gözetirse, Van Gölü'nün işletilmesinde kullanılan vapur ve sair vesaiti nakliye müteharrik bir köprü, bir şose telakki edilmelidir. Bu bir amme hizmetidir. Bir irat membaı değildir. Ve uzun yıllar böyle devam edecektir."

- 1936'da Erzurum'da Kız Sanat Okulu açılmıştır.
- 1936'da Erzurum-Sivas demiryolu hattının temeli atılmıştır.
- 1936'da Yazıhan-Hekimhan demiryolu işletmeye açılmıştır.
- 1936'da Malatya Sigara Fabrikası kurulmuştur.[338]
- 1936'da Bitlis Sigara Fabrikası kurulmuştur.
- 1937'de Malatya Bez Fabrikası'nın temeli atılmıştır.[339]
- 1937'de Hekimhan-Çetin demiryolu işletmeye açılmıştır.
- 1937'de Islahiye demiryolu işletmeye açılmıştır.
- 1937'de Atatürk Tunceli'de Singeç Köprüsü'nü açmıştır.
- 1937'de Diyarbakır-Cizre demiryolunun temeli atılmıştır.
- 1938'de Ankara-Erzurum demiryolu Erzincan'a ulaşmıştır.
- 1938'de Sivas Çimento Fabrikası'nın yapımına başlanmıştır.[340]
- 1938'de Erzurum'da 900.000 TL'lik bir imar çalışmasıyla ilçeler dahil 30 ilkokul, sinema, şehir elektriği vs. yatırımlar gerçekleştirilmiştir.
- 1938'de Erzurum'da Ilıca nahiyesinde posta ve telgraf merkezleri açılmış, 14 derslikli ilkokul binası ihale edilmiş, gazino ve lokantası olan bir otel de planlamaya alınmıştır.
- 1938'de Erzurum'da Doğu Kültür Kongresi toplanmıştır.

Doğu'ya Yapılan Yollar ve Köprüler

Atatürk'ün Doğu ve Güneydoğu Anadolu Projesi'nin en önemli ayaklarından birini Doğu'ya yapılan yollar (kara ve demir yolları) ve köprüler oluşturmuştur.

Genç Cumhuriyet, yüzyıllarca kaderine terk edilmiş, dış dünyayla bağlantısı kesilmiş, Doğu'ya, Doğu'nun dağ köylerine

---

338 720 ton sigara üretim kapasitesine sahip Malatya'daki fabrikada çevre illerin tütünü de işlenmiştir (Ersal Yavi, **Cumhuriyet Döneminde Doğu Anadolu**, Ankara, 1994, s. 118-119).

339 1939 yılında kurulan "**Malatya Bez ve İplik Fabrikası**" kısa sürede büyük bir üretim hızı yakalamış, Teşvik-i Sanayi Kanunu'ndan da yararlanarak 1941'de Malatya'daki 4 işyerinin toplam üretiminin %32,2'sini gerçekleştirmiştir (**Yurt Ansiklopedisi**, C 5, s. 5455).

340 8 Şubat 1938'de Almanlara ihale edilen **Sivas Çimento Fabrikası'nın** yapılış nedeni "*şark vilayetlerimizle Orta Anadolu'da daha ucuza çimento satışını temin etmek*" olarak kayıtlara geçmiştir..

kadar şefkat ve yardım elini uzatmış, her şeyden önce Doğu'ya yol götürmüştür.

Atatürk, 30 Eylül 1924 Erzurum gezisinde kendisini karşılayanlara yol yapımına verdiği önemi şöyle ifade etmiştir: *"Efendiler! Bu defa Erzurum'a gelirken ayrı ayrı mıntıkalardan geçtim. Memleketin şarkı ile garbı arasındaki irtibat Cumhuriyet idaresinin kâfi görmeyeceği bir derecededir. Bunun için şarkı vatan aksanına bağlayacak bir şimendifer hattının buraya kadar temdidini, Türk Cumhuriyeti için hayati bir mesele addediyorum. Ve hükümetin de buna aynı ehemmiyeti vermekte olduğunu ve memleketin aksa-yı şarkı ile aksa-yı garbının medeni münakale vasıtalarıyla birkaç sene zarfında behemahal birleşeceğini size temin ederim."*[341]

Bu doğrultuda 1929'da *"Yol ve Köprüler Yapımına İlişkin Kanun"* çıkarılarak Güneydoğu Anadolu'da pek çok yol ve köprü inşasına başlanmıştır.

Özellikle 1930-1938 arasında Doğu Anadolu'ya köprü yapımında büyük bir artış görülmüştür. Örneğin Van-Bitlis yolu üzerinde 101 adet menfez ve köprünün yapım ve onarımı için Van Özel İdaresi'ne 40.000 lira yardım edilmesi kararlaştırılmıştır.[342] Başkale-Çölemerik yolunun inşası için Van'a 1939 mali yılı şose ve köprüler tahsisatından 12.000 lira verilmiştir.[343] Van-Bitlis yolunda yapılacak köprüler için de Nafia bütçesinden 30.000 lira yardım yapılması kararlaştırılmıştır.[344] Ayrıca Siirt-Diyarbakır yolundaki Gezer köprüsünün ikmal ve inşası için şose ve köprüler tahsisatından Siirt Özel İdaresi'ne 10.000 lira verilmiştir.[345]

Genç Cumhuriyet, başkent Ankara'nın yollarının yapımını bile daha sonraya bırakarak öncelikle Doğu ve Güneydoğu'nun yollarını yapmıştır. Nitekim Ankara-Kızılcıhamam yolu yapılmayarak, bu yol için ayrılan 2.755.000 liranın Trabzon-Erzu-

---

341 Varlık dergisi, 2 Eylül 1924, s. 3.
342 BCA, FK: 30.18.1.2, YN: 8.8.9, T: 12.2.1930.
343 BCA, FK: 30.18.1.2, YN: 87.50.20, T: 3.6.1939.
344 BCA, FK: 30.18.1.2, YN: 14.67.14, T: 15.10.1930.
345 BCA, FK: 30.18.1.2, YN: 9.13.16, T: 23.3.1930.

rum-Karaköse ve Erzurum-Sarıkamış yollarının yapımı için harcanmasına 17 Kasım 1931 tarihinde karar verilmiştir.[346]

TBMM'nin 7 Temmuz 1939 tarihli oturumunda Dahiliye Vekili Faik Öztırak, Elazığ-Mameki şosesinin (100 kilometre) bittiğini Nazımıye-Mameki, Mameki-Sin, Sin-Ovacık, Sin-Hozat yollarının otomobil işletmesine açıldığını, Pertek-Çemişgezek yolunun açılmak üzere olduğunu söylemiştir.[347]

Genç Cumhuriyet'in Doğu'ya yaptığı karayollarından bazıları şunlardır:

- **Bitlis Yolu:** Bitlis-Diyarbakır, Van-Bitlis-Muş yolları geçiş engelleri ortadan kaldırılarak tamamlanmıştır.
- **Diyarbakır Yolu:** Toplam 684 kilometre yol yapılmıştır.
- **Malatya-Elazığ Yolu:** İlk aşamada 50 kilometre yol yapılmıştır.
- **Malatya-Sivas Yolu:** İlk aşamada 108 kilometre yol yapılmıştır. Bu yol üzerinde 38 menfez, 2 köprü ve 24 kilometre şose yapılmıştır.[348]

Atatürk, yol olmadığı için adeta kaderine terk edilmiş durumdaki köyleri merkeze bağlamak amacıyla köy yollarının yapımına ve onarımına büyük önem vermiştir. Bu doğrultuda çok kısa bir zamanda adeta bir dünya rekoru kırılmış ve 1923-1926 yılı arasında 27.850 kilometre köy yolu yapılmış, onarılmış ve düzeltilmiştir. Yapımı ve onarımı tamamlanan bu köy yollarının önemli bir bölümü Doğu'dadır.

Genç Cumhuriyet'in Doğu'ya yaptığı demiryollarından bazıları şunlardır:

- 1934'te Fevzipaşa-Diyarbakır demiryolu tamamlanmıştır.
- 1934'te demiryolu Elazığ'a ulaşmıştır.
- 1934'te Yolçatı-Elazığ demiryolu işletmeye açılmıştır.
- 1936'da Erzurum-Sivas demiryolu hattının temeli atılmıştır.
- 1936'da Yazıhan-Hekimhan demiryolu işletmeye açılmıştır.
- 1937'de Hekimhan-Çetin demiryolu işletmeye açılmıştır.
- 1937'de Islahiye demiryolu işletmeye açılmıştır.

346 **BCA**, FK: 30.18.1.2, YN: 15.76.13, T: 17.11.1930.
347 **TBMM Zabıt Ceridesi**, Devre 6, C 4, s. 176.
348 Topdemir, **age.**, s. 52, 53.

- 1937'de Diyarbakır- Cizre demiryolunun temeli atılmıştır.
- 1938'de Ankara-Erzurum demiryolu Erzincan'a ulaşmıştır.

Demiryolu'nun Diyarbakır'a ulaşması, asırlardır merkezden bağlantısı kopmuş Doğu'nun yeniden merkeze bağlanmasını, Doğu halkının çok daha rahat bir şekilde ve çok daha kısa bir zamanda Batı'ya gidip gelebilmesini sağlamış, böylece Doğu'nun medeniyete açılması yolunda çok büyük bir adım atılmıştır. Fevzipaşa-Diyarbakır hattının açılışında bir konuşma yapan Bayındırlık Bakanı Ali Çetinkaya, Diyarbakır demiryolunun önemini şöyle ifade etmiştir: "*Diyarbakır bugün demiryolu vasıtasıyla Malatya ve Sivas üzerinden Samsun'da Karadeniz'e ve diğer taraftan gene Malatya ve Adıyaman üzerinden, Mersin'de Akdeniz'e ve Kayseri'den geçerek Cumhuriyet'in idare merkezi ve kalbi olan Ankara'ya ve daha ötede Marmara ve Ege denizine bağlanmış oluyor. Hat şüphesiz Diyarbakır'da kalmayacak, şarkta dost ve kardeş memleketlerin demiryollarına kavuşacak ve birleşecektir.*"[349]

Genç Cumhuriyet'in Doğu'ya yaptığı önemli köprüler de şunlardır:

- **Garzan Köprüsü:** Siirt-Diyarbakır yolu üzerinde yapılmıştır. 1923'te başlanmış 1924'te tamamlanmıştır.
- **Munzur Suyu Köprüsü:** Dersim ve civarıyla bağlantıyı sağlamak için yapılmıştır. 15 Eylül 1935'te açılmıştır.
- **Pusur Köprüsü:** Diyarbakır-Siirt yolu üzerinde, Siirt'ten 18 kilometre uzaklıktaki Pusur Suyu üzerinde yapılmıştır. 5 Nisan 1934'te tamamlanmıştır.
- **Keban Maden Köprüsü:** Elazığ-Keban madeni yolunun 55. kilometresinde Fırat Nehri üzerindedir. 2 Eylül 1935'te açılmıştır.
- **Göksün Köprüsü:** Adıyaman-Kahta-Pötürge'yi Gölbaşı İstasyonu'na bağlayan güzergâhta Göksü Irmağı üzerine inşa edilmiştir. Uzunluğu 112.40 metredir. Yapımına 10 Ağustos 1933'te başlanan köprü 24 Nisan 1935'te tamamlanmıştır.
- **Singeç Köprüsü:** Elazığ-Hozat yolunun 36 metre açıklığında Tunceli Pertek'te betonarme kemer şeklindeki köprüdür. Tunceli'nin ilk önemli eserlerindendir. 7 Kasım 1937'de Ata-

349 Diyarbakır İl Yıllığı, Ankara, 1973, s. 122.

türk tarafından açılmıştır. Atatürk'ün açılışını yaptığı son eserdir.[350]

Atatürk, Tunceli Pertek'te, Singeç Köprüsü'nden geçerken
(17 Kasım 1937)

Genç Cumhuriyet'in en önemli başarılarından biri ülke genelindeki yolların onarımı ve yeniden yapımıdır. Atatürk'ün karayolları teşkilatı önce bozuk yolları "ıstılah" etmiş, sonra yavaş yavaş büyük nakliyat yollarını düzeltmiş ve sonra da ülkenin doğusunu batısına, kuzeyini güneyine bağlayan yeni yollar yapmıştır.

1930'da 8000 kilometre olan devlet yolları 1939'da 15.000 kilometreye, 1944'te 21.000 kilometreye ve 1954'te de 50.000 kilometreye çıkarılmıştır. Bunun 15.000 kilometrelik kısmı her zaman kullanıldığından iyi bakılan şehirler arası yollardır.[351]

1923-1949 arasında 10.000 metreye yakın da köprü inşa edilmiştir.[352]

---

350 *Bayındırlık İşleri Dergisi*'nden nakleden Topdemir, **age.**, s. 53-55.
351 Mechin, **age.**, s. 253.
352 **age.**, s. 255.

Diyarbakır İktisat Kongresi

Atatürk, Doğu'nun kurtuluşunun ekonomik kalkınmayla mümkün olacağını düşünmüştür. Bu nedenle Doğu'ya büyük ekonomik yatırımlar yapmadan önce Diyarbakır'da bir **iktisat kongresi** düzenletmiştir.

1934'te toplanan **Diyarbakır İktisat Kongresi'**nde Doğu illerinin ticaret odası başkanları Diyarbakır'da bir araya gelerek ekonomik sorunlar konusunda görüş alışverişinde bulunmuştur. Kongrede Diyarbakır, Mardin, Elazığ, Urfa, Malatya, illerinin ekonomik sorunları tartışılmış ve il il şu kararlar alınmıştır:

Diyarbakır:

1. Dicle kıyılarındaki sulak arazide gayet iyi cins pancar yetişmekte olduğundan Diyarbakır'da bir şeker fabrikasının kurulması.
2. Takasen buradan harice sevk edilen badem, mazı ve kitreye de teşmili.
3. Üç seneden beri Urfa ve Mardin gümrüklerinde beklemekte olan tüccara ait 3000 balya kadar malın ithaline müsaade edilmesi vesairedir.

Mardin:

1. Mardin, şark vilayetleri için bir iskeledir. Bu sebeple birçok fitil, Japon bezi ve manifatura eşyası Mardin gümrüğünde yığılmış ve ahali büyük zararlara girmiştir.
2. Suriye ile yapılacak ticari anlaşmada koyun, yün ve derilerden alınmakta olan fahiş tarifenin mutedil bir dereceye indirilmesinin temini.

Elazığ:

1. Elazığ'da bir zirai ıslah istasyonunun tesisi.
2. Sanayinin makineleştirilmesi için Fırat suyundan istifade edilerek burada bir elektrik santralinin tesisi.
3. Ziraatın asri ihtiyaca göre modernize edilmesi hususunda Ziraat Bankası'nın yardımlarının temini.

Urfa:

1. Ziraat ve Osmanlı bankaları memleket ihtiyacına gayrikâfi (yetersiz) olduğundan İş Bankası'nın Urfa'da bir şubesinin açtırılması.

2. Zirai ihtiyacın korunması için yün, pamuk ve çuval fabrikalarının Urfa'da inşası.

Malatya:

1. Meyve ihracatı zamanında haftanın muayyen günlerinde Malatya kayısılarının takasa tabi tutulması.

2. Fazla stok kayısı kalmamak ve çürümemek için meşhur Malatya kayısılarının takasa tabi tutulması.

3. Malatya dokumacılık tezgâhlarına lazım olan ipliklerin daha ucuz bir fiyatla temini için hükümetçe Malatya'da bir faltör fabrikasının açılması.[353]

Önce 1933 I. Beş Yıllık Kalkınma Planı'nda, sonra da 1934 Diyarbakır İktisat Kongresi'nde alınan kararlardan bazıları dönemin hükümeti tarafından hayata geçirilmiş ve böylece Doğu'da fabrikalar ve sanayi kuruluşları açılmıştır.

Fethi Okyar Hükümeti'nin önemli hedeflerinden biri Doğu Anadolu'da "dokuma sanayisine" hız kazandırmaktır. Hükümet programında, bölgede 10.000 iğlik bir iplik fabrikası kurma hedefinden söz edilmiştir.[354]

Atatürk, 1937'de Celal Bayar başkanlığındaki hükümete *"en kısa yoldan, en ileri ve en refahlı Türkiye idealine ulaşmak"* için yeni ekonomik hedefler göstermiştir. Bu hedefler doğrultusunda hazırlanan Celal Bayar'ın üç yıllık maden işletme ve dört yıllık sanayileşme planları,[355] kamuoyunda büyük heyecan yaratmıştır.[356] Bayar'ın sanayileşme planında, Doğu Anadolu'yu doğrudan etkileyecek Trabzon limanı ile Sivas'ta çimento ve Motor fabrikaları, Iğdır pamuklarını işlemek için Erzurum'da iplik fabrikası kurulması da yer almıştır. Ayrıca programda öngörülen üç şeker fabrikasından ikisinin Doğu illerinde inşası planlanmıştır.[357]

---

353 **Akşam** gazetesi, 18 Haziran 1934; Topdemir, **age.**, s. 75-78.
354 *"Okyar Hükümeti Programı"*, **T.B.M.M. Kütüphanesi.**
355 Başbakan Celal Bayar'ın bu ekonomik plan hakkında Anadolu Ajansı'na yaptığı açıklamanın tam metni için bkz. **Ayın Tarihi,** Eylül 1938, S. 58, s. 19-22.
356 Muhittin Birgen, *"Celal Bayar'ın Üçüncü Planı"*, **Son Posta** gazetesi, 22 Eylül 1938.
357 Bkz. Asım Us, *"Çifte Plan İle İcraata Giriş"*, **Kurun** gazetesi, 20 eylül 1938; **Ayın Tarihi,** Eylül 1938, S. 58, s. 19-22.

Erzurum'da kurulacak iplik fabrikası için gereken elektrik enerjisinin Tortum şelalesinden elde edilmesi için mühendisler grubuna incelemeler yaptırılmış ve buradan elde edilecek enerjiyle *"bütün Doğu'nun, bilhassa Erzurum'un mühim bir sanayi merkezi olması kabiliyetini kazanacağı"* anlatılmıştır.[358]

Atatürk döneminde Doğu ve Güneydoğu Anadolu bölgesinde 6124 işyeri açılmıştır.[359]

Genç Cumhuriyet'in Doğu'da açtığı büyük fabrikalardan bazıları şunlardır:

- 1936'da Malatya Sigara Fabrikası açılmıştır.
- 1936'da Bitlis Sigara Fabrikası açılmıştır.
- 1937'de Malatya Bez Fabrikası'nın temeli atılmıştır.
- 1938'de Sivas Çimento Fabrikası'nın yapımına başlanmıştır.

Dahiliye Vekaleti'nin Başbakanlık'a verdiği bilgilendirme yazısında Erzurum Aşkale'deki asfalt istasyonunun, Ağrı'daki depo yapımının devam ettiği, Erzurum'da 100.000 liralık bir doğum evinin temelinin atıldığı, Ardahan'ın Yalnızçam nahıyesi hükümet konağı ile Karaman köyü eğitmen okulunun temellerinin atıldığı belirtilmiştir.[360]

Genç Cumhuriyet Doğu Anadolu'nun en ucundaki Bingöl'e bile telgraf götürmüştür. Pertek-Mazgirt, Ovacık-Kemah, Nazimiye-Palamur, Bingöl-Çapukçur kısımları ile Pertek-Elaziz kısmı telgraf bağlantıları 1936'da döşenmiştir.[361]

Erzincan Ovası'nın ıslahı için proje geliştirilmiş, bu iş için 458.500 liraya ihtiyaç olduğu belirtilmiştir.[362]

Genç Cumhuriyet, Doğu ve Güneydoğu Anadolu'ya yönelik bazı yatırım planlarından ödenek yetersizliğinden dolayı vazgeçmek zorunda kalmıştır. Örneğin 3. Umum Müfettişliği'nin İsmet İnönü'ye sunduğu bir projede yapılması planlanan genel müfettişlik, kolordu komutanlığı, posta-telgraf binası, ilkokul, 22 çift memur ve subay evi, otel ve gazino binalarının yanı sıra bu mahalle-

358 **Ayın Tarihi**, Temmuz 1938, S. 55, s. 9.
359 Ramazan Topdemir, *"Atatürk'ün Güneydoğusu"*, **Hürriyet** gazetesi, 24 Eylül 2009.
360 BCA, FK: 30.10.0, YN: 159.113.22, T: 15.8.1938.
361 BCA, FK: 30.10.0, YN: 159.114.18, T: 13.1.1937.
362 BCA, FK: 30.10.0, YN: 158.110.1, T: 18.10.1935.

nin sokakları, meydanları, bahçeleri ve diğer ekleri için ilk aşamada 720.000 lira, yollar, meydanlar ve bahçelerle, subay ve memur evleri için de 150.000 lira verileceği belirtilmesine karşın bu miktarın yukarıdaki yatırımlara yetmeyeceği, bu işler için 2.000.000 lira gerektiği belirtilmiş ve Nafia Vekaleti'nin kendilerine ayırdığı 603.000 lira ile ancak 6 bina yapılabileceği bildirilmiş, ancak yol, meydan, bahçe yapımının mümkün olmadığı ifade edilmiştir.[363]

Kız Sanat Okulları

Genç Cumhuriyet, ağanın, şeyhin, şıhın kulları durumundaki genç kızları özgürleştirmek için öncelikle kızların eğitimine ve bilinçlendirilmesine önem vermiştir. Bu amaçla Türkiye'nin dört bir yanında kız okulları açmıştır. Cumhuriyet'in ilk 15 yılında ilkokul, ortaokul, lise ve üniversite dışında çok sayıda kız sanat enstitüsü ve kız sanat okulu açılmıştır. Bunlara kızların yararlandıkları Millet Mekteplerini ve Halkevlerini de eklemek gerekir.

Kız Sanat Enstitüleri ve Kız Sanat Okullarının sayısı –2 Sanat Enstitüsü Osmanlı'dan kalmıştır– 1938'e kadar 40'a yükselmiştir. Bunlardan, 1928 yılında açılan Ankara'daki *"İsmet Paşa Kız Enstitüsü"* ile *"Kadıköy Kız Enstitüsü"* yatılıdır.

Ayrıca Türkiye genelinde 28 Akşam Kız Sanat Enstitüsü açılmıştır.

Kız Sanat Enstitülerinin kuruluş amacı kızlarımızı aile hayatına bilgili, görgülü birer ev kadını olarak hazırlamak ve kızlarımızın ekonomik özgürlüklerini kazanmalarına yardımcı olmaktır.

Enstitülerde biçki-dikiş, moda-çiçek, nakış, çamaşır, resim, mesleki resim, giyim tarihi, ev idaresi, yemek pişirme, çocuk bakımı, sağlık ve teknoloji dersleri okutulmuştur.

1926'da (idare-i beytiyye) öğretmeni yetiştirmek için "İstanbul Kız Öğretmen Okulu"nda bir kurs açılmıştır. Kız enstitülerinde birer spor yurdu kurulmuştur. 1926-1927'de İsveç'ten biri kadın iki uzman getirilmiştir.

---

363 **BCA**, FK: 30.10.0, YN: 71.466.85, T: 30.7.1937.

"İstanbul Kız Öğretmen Okulu"nda açılan kurslarda 148 erkek, 63 kadın jimnastik öğretmeni yetiştirilmiştir. Kız Öğretmen Okullarına 1937-38 ders yılında askerlik dersi yerine biçkidikiş, çocuk bakımı, ev yönetimi dersleri konmuştur.[364] Atatürk sadece büyük kentlerde değil, Doğu ve Güneydoğu' da da kız okulları açtırmıştır. Doğu'da okula gönderilmeyen, cahil bırakılan ve çocuk yaşta başlık parası karşılığında babası yaşında ağalara, şeyhlere, şıhlara satılan genç kızların en azından bir bölümü Cumhuriyet'in Elazığ'da kurduğu yatılı Kız Enstitüsü ve Erzurum'da kurduğu Kız Sanat Okulu sayesinde okuma yazma öğrenmiş, bilim, sanat ve kültürle tanışmış ve aldıkları çağdaş eğitim sonunda Cumhuriyet'in özgür yurttaşları haline gelmiştir.

Elazığ Kız Enstitüsü'nün Doğu bölgelerinde neler başardığını anlamak için uzun yıllar bu okulda hem öğretmenlik hem de müdürlük yapan Sıdıka Avar'ı tanımak gerekir.

Genç öğretmen Avar, Doğu'ya gitmiştir. Oradaki genç kızları, hatta bunların arasında hiç Türkçe bilmeyenleri toplamıştır. Onları, çağdaş Türkiye'nin özgür bireyleri olarak yetiştirmiştir. Sonra bu çocukları birer ışık huzmesi gibi köylere göndermiştir.[365]

Sıdıka Avar

1939-1959 arasında tam 20 yıl boyunca Elazığ Kız Enstitüsü' de öğretmen ve müdür olarak çalı-

---

364 Müjgan Cunbur, "*Atatürk Döneminde Kadın Eğitimi*", **Atatürk Araştırma Merkezi Dergisi**, S. 23, C 8, Mart 1992.

365 Hikmet Ferudun Es, Sıdıka Avar'ı "*Bir toplum, daha ziyade aile yoluyla, bilhassa kadın yoluyla kazanılabilirdi,*" diyerek Atatürk'ün bölgeye gönderdiğini belirtmiştir. Feridun Es'e göre Atatürk sözlerinin sonunda Sıdıka Avar'a: "*Git, memleketin içine gir, dağ köylerine uzan, orada bizden ışık bekleyen yarının annelerini göreceksin,*" demiştir. (Hikmet Feridun Es, "*Sıdıka Avar*", **Hayat** dergisi, 1957). Sıdıka Avar, ünlü gazeteci yazar Banu Avar'ın babasının ilk eşidir. Banu Avar, Hikmet Ferudun Es'in, "*Sıdıka Avar'ı Doğu'ya bir Türk misyoneri olarak bizzat Atatürk gönderdi*" iddiasının doğru olmadığını belirtmiştir (S. M).

şan, at sırtında köylere giderek ailelerinin izin verdiği kız çocuklarını okula getiren Sıdıka Avar, "Dağ Çiçeklerim" adlı anılarında bu okulda binlerce kız öğrenciyi nasıl şefkatle ve sabırla her konuda aydınlatıp bilinçlendirdiğini etkileyici bir dille anlatmıştır. Karyolayı bile bilmeyen kızların karyolanın altında yerde yatması, ilk kez ayakkabı giyen iki kızın okuldan kaçıp üç gün ötedeki köylerine gidip ninelerine ayakkabılarını göstermek istemeleri, bütün kızların Sıdıka Avar'ı, "Avar Ana" diye bağrışarak, ağlaşarak uğurlamaları gibi olaylar okuyanı ağlatan cinstendir.[366]

Elazığ, Tunceli, Bingöl çevrelerindeki halk, bu ufacık-tefecik kadından, Sıdka Avar'dan bir azize gibi bahsetmiştir. Onun hakkında iki yüze yakın mani, masal ve çocukların dilinde sayısız Avar şarkısı vardır. Dağ tepesindeki köylere öğrenci toplamak için gittiği zaman köylüler, "Kızımı da götür Avar," diye atının üzengisine yapışmışlardır.

Münevver bir Türk kadını (Sıdıka Avar) at sırtında en sarp dağ köylerinde dolaşıyor.

Avar köylerden topladığı öğrencileri okula götürürken.

---

366 Bkz. Sıdıka Avar, **Dağ Çiçeklerim**, Öğretmen Dünyası Yayınları, Ankara, 1999.

Sıdıka Avar köylülerle

Doğu'da Üniversite

Türkiye'de 1933 yılında İstanbul'da bir tek üniversite varken, Atatürk Ankara'da ve Van'da da birer üniversite kurulması talimatını vermiştir.

Atatürk 1 Kasım 1937 tarihli meclis açış konuşmasında bu konuda şunları söylemiştir:

"Ülkeyi şimdilik üç büyük kültür bölgesi olarak düşünüp, Batı bölgesi için İstanbul Üniversitesi'nde başlamış olan düzeltim programını daha kökten bir biçimde uygulayarak Cumhuriyet'e gerçekten çağdaş bir üniversite kazandırmak; merkez bölgesi için Ankara Üniversitesi'ni az zamanda kurmak ve Doğu bölgesi için Van Gölü kıyılarının en güzel bir yerinde her bölümünden, ilkokullarından üniversitesine varıncaya değin çağdaş bir kültür kenti yaratmak yolunda şimdiden çalışılmaya girişilmelidir."

Bu bakımdan Van Yüzüncü Yıl ve Erzurum Atatürk üniversitelerinin fikir babası da Atatürk'tür.[367]

Ayrıca 25 Temmuz 1924'te Ankara'da Öğretmenler Birliği Kongresi'ne katılan Atatürk, Öğretmenler Birliği kuruluşlarının Van ve Hakkari gibi Doğu'daki öğretmenleri de kapsamasını istemiştir.[368]

---

367 Aşkın, **agm.**
368 Mahmut Goloğlu, **Devrimler ve Tepkileri**, "Türkiye Cumhuriyeti Tarihi, 1924-1930", İstanbul, 2007, s. 64.

Doğu'nun Sağlığı

Atatürk'ün genç Cumhuriyeti, o yıllarda Türkiye'de çok yaygın olarak görülen, trahom, verem, sıtma gibi hastalıklarla mücadele konusunda büyük başarılar elde etmiştir. Bu hastalıkların en yaygın olduğu Doğu ve Güneydoğu Anadolu bölgelerinde, Cumhuriyet'in genç gönüllü doktorları at sırtında dağ köylerine kadar giderek binlerce hastayı tedavi edip iyileştirmiştir.

1935 yılında hazırlanan Erzincan Ovası'nın ıslahı konusundaki bir raporda bölge halkında sıkça görülen sıtma hastalığı nedeniyle halka kinin dağıtılmasının yerinde olacağı, köylerde sıkça rastlanan trohom hastalığının çocukların gözlerinde salgın derecesinde sık görüldüğü ve bu nedenle bu bölgelerde seyyar (otomobilli) bir göz doktorunun görevlendirilerek kinin gönderilmesinin yerinde olacağı bildirilmiştir.[369]

Cumhuriyet, trahom hastalığıyla mücadele konusunda Güneydoğu Anadolu'da büyük bir çalışma başlatmıştır. Adana, Gaziantep, Malatya, Urfa ve Maraş'taki mücadele sırasında toplam 120 yataklı trahom hastaneleri kurulmuş ve yalnızca 1934 yılında müracaat eden 87.000 hastadan 2215'i tedavi, 4318'i ameliyat edilmiştir.[370]

Doğu'ya Yardım

Genç Cumhuriyet, Doğu'yu kalkındırmaya yönelik projeler üretip, Doğu'ya yatırımlar yapmanın dışında her zaman bölge halkının yardımına koşmuştur. Örneğin 1922'de TBMM savaştan yeni çıkmış Doğu bölgeleri halkının açlık içinde olmasından dolayı Kars, Ardahan, Artvin illeriyle Iğdır ve Diyarbakır'ın Kulp ilçelerinin halkına yardım edilmesine karar vermiştir.[371]

Tüm zor şartlara karşın Atatürk, Doğu Anadolu'nun imarı için daha cumhuriyetin ilanından önce çalışma başlatmıştır. Örneğin 3 Ocak 1923 tarihli bir kanunla Doğu'da Rus işgaline uğramış yerlerin halkından göç etmiş olanların yeniden memleketlerine

---

369 **BCA**, FK: 30.10.0, YN: 158.110.1, T: 18.10.1936.
370 Aşkın, **agm.**
371 **BCA**, FK: 30.18.1.1, YN: 5.14.3, T: 30.4.1922.

sevkinin yapılması, bölgede kısmen ya da tamamen harap olmuş binaların onarılması ya da yeniden yapılması için Maliye Vekaleti bütçesine 500.000 lira konulması kararlaştırılmıştır.[372] 1924'te de savaştan zarar görmüş Erzurum halkının yaralarının sarılması için Erzurum'a 50.000 lira yardım edilmiştir. Ödenek harp felaketzedeleri tahsisatından karşılanmıştır.[373] Cumhuriyet doğal afetlerde de Doğu halkının yardımına koşmuştur. 1924 depreminde hükümet, depremden zarar gören Erzurum, Kars, Ardahan ve Sarıkamış halkına maddi yardım yapılmasını kararlaştırmıştır.[374] 1930 depreminde resmi binalar hariç 800.000 liralık zarara uğrayan Erzincan ve civarındaki halka Hilal-i Ahmer Cemiyeti eliyle 9000 lira gönderilmiştir.[375] Devlet, 1939 yılındaki Erzincan depreminde de bölge halkına elinden gelen yardımı yapmıştır. 1924 ve 1930 depremlerinde doğulu depremzedelere Atatürk de bizzat yardım etmiştir.

İnsanlık Gölü (GAP) Projesi

Atatürk'ün Doğu ve Güneydoğu Projesi'nin en önemli ayağı, aynı zamanda Türkiye Cumhuriyeti'nin de en büyük projesi olan GAP'tır.

GAP'ın temellerini Atatürk atmıştır. *"Bu bölgede akarsuların rasyonel şekilde kullanılması kararı, Türkiye Cumhuriyeti'nin kurucusu Atatürk'ündür."*[376]

SSCB'in Ankara Büyükelçisi bir nezaket ziyaretinde Atatürk'e, Dinyeper Nehri'ndeki çalışmalardan ve bu nehir üzerinde inşa edilen büyük yapay gölden söz etmiştir.

Dinyeper Nehri Projesi, Atatürk'e, bizim de Dicle ve Fırat nehirleri üzerinde benzer bir proje geliştirebileceğimizi düşündürmüştür. Atatürk 1936 yılında, *"Biz de böyle bir insanlık gölü inşa edelim,"* diyerek bu düşüncesini Celal Bayar'a açmıştır.[377]

372 BCA, FK: 30.8.1.1, YN: 6.43.4, T: 5.1.1923.
373 BCA, FK: 30.18.1.1, YN: 11.46.2, T: 2.10.1924.
374 BCA, FK: 30.18.1.1, YN: 9.27.9, T: 28.5.1924; BCA, FK: 30.18.1.1, YN: 11.43.15, T: 17.9.1924.
375 BCA, FK: 30.10, YN: 119.837.17, T: 5.1.1931.
376 Topdemir, age., s. 124.
377 age., s. 17, 124.

Atatürk'ün talimatıyla Fırat ve Dicle nehirleri üzerinde çalışmalar başlatılmıştır. 1936 yılında Elektrik İşleri Etüt İdaresi kurulmuştur. Etüt İdaresi ilk önce Fırat ve Dicle nehirleri üzerinde akım ölçüm istasyonları kurmuştur.

"İdare, 'Keban Projesi' ile yoğun etütlere başlamış, Fırat Nehri'nin her açıdan tetkiki ve sonuçlarının tespiti için rasat istasyonları kurmuştur. 1938 yılında Keban Boğazı'nda jeolojik ve topografik etütlere başlanmıştır. 1950-1960 yılları arasında gerek Fırat gerekse Dicle üzerinde Elektrik İşleri Etüd İdaresi tarafından sondaj çalışmalarına ağırlık verilmiştir."[378]

Bu çalışmaların sonuçlarının çok olumlu çıkması üzerine 1962 yılında Fırat Nehri üzerinde **Keban Barajı**'nın inşasına başlanmıştır.[379]

Atatürk'ün Hayal Ettiği Doğu

Atatürk'ün, Diyarbakır, Malatya, Elazığ ve Tunceli gezisinde yanındaki Sabiha Gökçen'e söylediği sözler, onun nasıl bir Doğu hayal ettiğini göstermektedir:

İşte Atatürk'ün hayal ettiği Doğu:

"İnsan ömrü yapılacak işlerin azameti karşısında çok cüce kalıyor Gökçen... Geçtiğimiz yerlerde fabrikaları görmek istiyorum, ekilmiş tarlalar, düzgün yollar, elektrikle donanmış köyler, küçük fakat canlı, tertemiz, sağlıklı insanların yaşayabileceği evler, büyük yemyeşil ormanlar görmek istiyorum.

Gürbüz çocukların, iyi giyimli çocukların yüzleri sararmamalı, dalakları şiş olmayan çocukların okuduğu okullar görmek istiyorum.

İstanbul'da ne medeniyet varsa, Ankara'ya da ne medeniyet getirmeye çalışıyorsak, İzmir'i nasıl mamur kılıyorsak, yurdumuzun her tarafını aynı medeniyete kavuşturalım istiyorum. Ve bunu çok ama çok yapmak istiyorum.

---

378 "GAP'ın Tarihçesi", TC Başbakanlık Güneydoğu Anadolu Projesi Bölge Kalkınma İdaresi Başkanlığı İnternet Sitesi, (http://www.gap.gov.tr/gap/gap-in-tarihcesi).

379 Topdemir, **age.**, s. 125.

Dedim ya, insan ömrü çok büyük işleri başarabilecek kadar uzun değil. Mamur olmalı Türkiye'nin her bir tarafı, müreffeh olmalı...

Devletin yapamadığını, millet; milletin yapamadığını devlet yapmalı. her şeyi yalnız devletten ya da her şeyi yalnız milletten beklemek doğru olmaz. Devlet ve millet ülke sorunlarını göğüslemede daima el ele olmalıdır.

Ben yapabildiğim kadarını yapayım, sonra ne olursa olsun, benim kitabımda yok. Geleceği, geleceğin Türkiyesi'ni, düşünmek görevim. Bir iş aldık üzerimize, bir savaşın üstesinden geldik, şimdi ekonomik alanda savaş veriyoruz, daha da vereceğiz... Bu heyecanı yaşatmak, bu heyecanın ürünlerini görmek lazım."[380]

Doğu ve Güneydoğu Anadolu'da fabrikalar, ekili tarlalar, düzgün yollar, elektrikli köyler, tertemiz, canlı ve sağlıklı insanların yaşayacağı evler, gürbüz çocuklar ve büyük yemyeşil ormanlar görmek isteyen Atatürk'ün en büyük amaçlarından biri bütün Türkiye'nin olduğu gibi Doğu'nun da kalkınmasıdır.

"Türkiye Cumhuriyeti'ni kuran Türkiye halkına Türk milleti denir," diyen Atatürk, Misak-ı Milli sınırları içinde yaşayan tüm Türkiye halkını her bakımdan kalkındırmak için hiçbir ayrım yapmadan vatanın her bölgesine çok önemli yatırımlar yapmıştır.

Atatürk'ün ve genç Cumhuriyet'in Doğu ve Güneydoğu Anadolu bölgelerini kalkındırmak için yaptığı yatırımlar, asırlardır bölge halkını sömüren feodal unsurların; ağaların, şeyhlerin, şıhların tepkisini çekmiştir. Genç Cumhuriyet'in bu yatırımları devam ederse bölge halkı üzerindeki nüfuzlarını tamamen kaybedeceklerini düşünen bu feodal unsurlar, Türkiye'yi bölüp parçalamak isteyen ayrılıkçı unsurlarla anlaşarak genç Cumhuriyet'e başkaldırmıştır. Genç Cumhuriyet'in "çağdaşlaşmaya" yönelik devrimlerini, "dinsizlik" olarak adlandırıp bu yönde propaganda yapan ayrılıkçı feodal unsurlar, bölgede yapılan yolları, köprüleri, santralleri yıkarak karakollara saldırmıştır.

İşte, 1937-1938 Dersim isyanı, böyle bir ortamda patlak vermiştir.[381]

380 Gökçen, **age.**, s. 148.
381 Meydan, **Cumhuriyet Tarihi Yalanları**, 2. Kitap, s. 426.

PROJE 3

DEMOKRASİ PROJESİ

"Demokrasi yükselen bir denizdir."
"Demokrasi insan ırkının ümididir."
"Demokrasi mide meselesi değildir,
fikir meselesidir."

Atatürk

Türkiye'de demokrasinin kurucusu, ümmetten millet, kuldan birey yaratan Atatürk'tür. Bu gerçeği görmeden klasik ezberleri tekrarlayarak Türkiye'nin demokratikleşme sürecini doğru anlamak olanaksızdır.

Özer Ozankaya, Atatürk'ün Demokrasi Projesi'nden şöyle söz etmiştir: *"Türk devrimi (...) devleti, aile kurumunu, eğitim kurumunu ve üstün değerler alanını demokratikleştiren bir devrimdir. Bunu da tutarlılık, dürüstlük ve içtenlikle yapmayı başarabildiği için bir uygarlık projesi değerindedir."*[382]

Antik Yunan'dan ve Roma'dan beri insanlık tarihini meşgul eden demokrasi her şeyden önce sadece bir yönetim biçimi değildir, aynı zamanda bir yaşam biçimidir. En basit ve yalın tanımıyla demokrasi; insanların kulluktan kurtulup özgür bireyler olmasıdır. Demokrasi, önce aklın her türlü bağlardan kurtulup özgürleşmesidir. Demokrasi kültürdür, çağdaşlıktır. Demokrasi tahammüldür. Demokrasi inanca ve inançsızlığa saygıdır; dolayısıyla laikliktir. Demokrasi insana değer, halka kulak vermektir. Demokrasi çoğunluğun tahakkümü değil azınlığın güvencesidir.

Prof. Dr. Halil İnalcık'ın ifadesiyle: *"Demokrasi, özgürlüğü yok etme özgürlüğü değildir. Demokrasi, toplumda barışı güvence altına almak için uzlaşma ve denge zeminidir."*[383]

---

382 Ozankaya, age., s. 16.
383 Halil İnalcık, **Atatürk ve Demokratik Türkiye**, İstanbul, 2007, s. 9.

Batı'nın demokratikleşme süreci 15. yüzyıldaki Rönesans ve Reform hareketleriyle başlamış, 18. yüzyıldaki Fransız Devrimi'yle gelişmiştir. *"Eşitlik, özgürlük ve adalet"* sloganlarıyla başlayan Fransız Devrimi'yle Batı'da dinsel monarşiler, imparatorluklar yıkılarak halk egemenliğine dayalı ulus devletler kurulmuştur. Böylece kilisenin ve din adamlarının aklıyla hareket eden, kralların baskısı altında ezilen Batı halkı, özgür aklıyla hareket ederek kendi egemenliğini kendi eline almıştır. Böylece Batı'nın güdümlü kulları özgür bireylere dönüşmüştür.

Montesquieu, yönetim biçimlerini despotik (istibdatçı), monarşik (tekilci) ve republican (cumhuriyet) olarak sınıflandırmıştır. Montesquieu, cumhuriyeti de aristokratik ve demokratik olarak ikiye ayırmıştır. J. J. Rousseau ise yönetim biçimlerini monarşi, oligarşi ve demokrasi olarak sınıflandırmış ve demokrasiyi "halk hükümeti" olarak adlandırmıştır. Türkiye'de bu sınıflandırmaları ilk yapan kişi matbaanın kurucusu İbrahim Müteferrika'dır. Müteferrika yönetim biçimlerini monarhia, aristocratia ve demokrasi olarak sınıflandırmıştır. Montesquieu'nun republican deyimine Yeni Osmanlı aydınları Arapça "cumhuriyet" karşılığını bulmuştur. Namık Kemal, *"Usul-u Meşveret Hakkında Mektuplar"* adlı yazı dizisinde "ulusal egemenliği", halkın hâkimiyeti ve ahali hâkimiyeti olarak adlandırmış ve İslam tarihinin ilk dönemlerindeki "meşveret" yönetimini cumhuriyet olarak tanımlamıştır.[384] Atatürk, Namık Kemal'in bu eserini okumuştur.[385]

Türkiye'nin demokratikleşme tarihi Batı'ya göre çok daha yenidir. Türkiye'de dinsel monarşi 1839 tarihli Tanzimat Fermanı'yla sarsılmaya başlamıştır. Padişah Abdülmecit'in kanun gücünün üstünlüğünü kabul ederek halka birçok konuda haklar vermesiyle başlayan bu kısmi demokratikleşme süreci, 1856 Islahat Fermanı'yla devam etmiştir.[386] Bu süreçte il meclisle-

---

384 Turan, **Mustafa Kemal Atatürk**, s. 397.
385 **age.**, s. 72.
386 Ancak bu "demokratikleşme", Batı'nın istediği biçimde ve Batı'nın baskısıyla gerçekleşen bir "demokratikleşme" olduğu için ulusun egemenliğine değil, bölü-

ri açılmış, Batılı hukuk sistemleri alınmış, kısmen çağdaş okullar açılmış ve padişah otoritesine karşı halk iradesini ve hürriyetini (özgürlüğünü) savunan Yeni Osmanlılar gibi muhalif gruplar ortaya çıkmıştır. Türkiye'nin demokratikleşmesi bakımından Meşrutiyet Dönemi önemlidir. Bu dönem 1876 yılında ilk anayasanın (Kanuni Esasi) kabulüyle başlamış, buna bağlı olarak Meclis-i Mebusan açılmış ve böylece ilk kez Türk halkı oy kullanarak kısmen de olsa kendi kendini yönetmeye başlamıştır. Ancak bu süreç çok kısa sürmüş, 1878 yılında Sultan II. Abdülhamit tarafından Meclis-i Mebusan dağıtılarak anayasa rafa kaldırılmış ve 30 yıl kadar süren bir istibdat (baskı) dönemi yaşanmıştır. Bu istibdat döneminde yurtiçinde filizlenen ama yurtdışında gelişen muhalif Jön Türk hareketi, zaman içinde önce asker-sivil muhaliflerin yer aldığı İttihat ve Terakki Cemiyeti'ne sonra da İttihat ve Terakki Partisi'ne dönüşerek sultanın istibdadına karşı hürriyeti (özgürlüğü) savunmuş, bu doğrultuda yayın yapmış ve son olarak da silahlı güce başvurarak 1908 yılında sultana yeniden Meclis-i Mebusan'ı açtırıp anayasayı ilan ettirmiştir. Bu da yetmemiş, sultanın anayasadaki yetkilerini en aza indirmiştir.

1839-1908 arasındaki bu gelişmeler, bir taraftan dinsel monarşinin egemenlik alanını gittikçe daraltırken, diğer taraftan toplumun kısmen de olsa çağdaş değerleri tanımasını sağlamıştır. Önce Yeni Osmanlı sonra da Jön Türk aydınlarının öncülük ettiği hürriyet (özgürlük) mücadelesi, Türkiye'nin demokrasi tarihinin altyapısını oluşturması bakımından çok önemlidir. Bu dönemde çıkan çok sayıdaki gazete ve dergide Namık Kemal, Ziya Paşa, Şinasi, Ahmet Rıza, Abdullah Cevdet, Kılıçzade Hakkı, Ziya Gökalp, Yusuf Akçura gibi Osmanlı aydınları neredeyse bütün siyasal sistemleri ve fikir akımlarını enine boyuna tartışmıştır. Atatürk, Türk Devrimi'ni gerçekleştirirken bütün bu tartışmalardan yararlanmıştır.

nüp parçalanmaya yol açmıştır. Anlayacağınız, Batı sadece bugün değil, geçmişte de Doğu'ya "demokrasi getirmeye" çok meraklıdır. Batı'nın bugün demokrasi getirdiği yerlerde yaşananların neredeyse aynıları, dün demokrasi getirdiği yerlerde de yaşanmıştır. "Tarih tekerrürden ibarettir," diye boşuna dememişler!

Atatürk'ü Atatürk yapan temel özelliklerinden biri onun demokrasi aşkıdır. Atatürk'ün uğrunda en çok mücadele ettiği iki değerden biri bağımsızlık, diğeri ise demokrasidir. Atatürk, bir ülkede gerçek demokrasinin kurulabilmesi için öncelikle o ülkenin "tam bağımsız", sonra da "laik" olması gerektiğine inanmıştır. Bu nedenle "Atatürk'ün demokrasi anlayışı" denilince çok partili sistemden önce "tam bağımsızlık" ve "laiklik" akla gelmelidir. Nitekim Atatürk, çok partili sistemden önce tam bağımsızlık ve laiklik için mücadele etmiştir. Nitekim Erzurum Kongresi'nde siyasi partilerin kurulmasına yönelik teklifin reddedilmesi üzerine Atatürk, Mazhar Müfit Kansu'ya şu değerlendirmeyi yapmıştır: *"Kongrenin siyasi partiye ihtiyaç hakkındaki teklifi reddetmesi de mükemmel oldu. Ben siyasi partilerin bugünkü vaziyet içinde aleyhindeyim. Biz siyasi partilere değil, milli birliğe muhtacız. Böyle felaketli anlarda siyasi partiler millet beraberliğini bozar."*[387]

Çok partili sistemin tek başına hiçbir işe yaramadığının en açık örneği Osmanlı Devleti'nin 1908'den sonraki II. Meşrutiyet ve Cumhuriyet'in 1946'dan sonraki II. Cumhuriyet(!) dönemleridir. Meşrutiyet Dönemi'nde Osmanlı'da "İttihat ve Terakki Partisi", "Hürriyet ve İtilaf Fırkası", "Mutedil Hürriyetperveran Fırkası", "Ahrar Fırkası", "Ahali Fırkası", hatta "Osmanlı Demokrat Fırkası" gibi çok sayıda siyasi parti kurulmuş olmasına karşın ne yazık ki Osmanlı demokratikleşememiştir.[388] Dikkat edilecek olursa II. Meşrutiyet Dönemi'nde kurulan partilerin birçoğunun adında "hürriyet", "ilerleme", "halk" sözcükleri var-

---

387 Mazhar Müfit Kansu, **Erzurum'dan Ölümüne Kadar Atatürk'le Beraber,** C 1, 4. bas., Ankara, 1997, s. 129.
388 **Hürriyet ve İtilaf Fırkası** (**Özgürlük ve Birleşme Partisi:** Kurucusu, Damat Ferit'tir. Siyasi görüşü liberaldir. Unsurların birleşmesi görüşünü savunmaktadır. İngiliz dostluğundan yanadır. **Ahrar Fırkası** (**Özgürlükler Partisi**). Kurucusu Prens Sabahattin'dir. Siyasi görüşü, liberal-ademimerkeziyetçidir. **Mutedil Hürriyetperveran Fırkası** (**Ilımlı Liberal Parti**): Arnavut ve Arap liberallerce desteklenmiştir. **Osmanlı Demokrat Fırkası:** Kurucuları Abdullah Cevdet ve İbrahim Temo'dur. **Ahali Fırkası** (**Halk Partisi**): Kurucusu İsmail Kemal'dir. Özgürlükçüdür (bkz. Tarık Zafer Tunaya, **Türkiye'de Siyasi Partiler,** 3 cilt, İstanbul, 2011; Ali Birinci, **Hürriyet ve İtilaf Fırkası,** İstanbul 1990).

dır. Hatta bir tanesinin adı "Osmanlı Demokrat Fırkası"dır. Bu partilerin birçoğu özgürlükçü ve liberal olduğunu iddia etmiştir. Ancak Osmanlı Devleti'nin bu "çok partili" döneminde gerçek anlamda bir parti diktası yaşanmıştır. Öyle ki, bu dönemde yapılan 1912 seçimleri "sopalı seçimler" olarak adlandırılmıştır. İttihat ve Terakki Partisi, özellikle 1913'teki Babıali Baskını'ndan sonra, ülkedeki bütün muhalefeti susturmuştur. Benzer bir durum 1946'dan sonraki çok partili dönemde de mevcuttur. 1946'da Cumhuriyet Halk Partisi'ne muhalif olarak Demokrat Parti'nin kurulmasıyla Türkiye çok partili hayata geçmiştir; ancak bir türlü demokrasiye geçememiştir.[389] 1950'de "*Yeter Söz Milletindir!*" sloganıyla seçimleri kazanıp iktidar olan Demokrat Parti'nin 1950-1960 arasındaki iktidarı; baskıcı, gerici, laiklikten ve bağımsızlıktan büyük ödünler veren, muhalefeti ezmeye, basını ve yargıyı kontrol altına almaya çalışan son derece antidemokratik bir iktidardır.[390] Çok partiyle, serbest seçimlerle ve adında "demokrasi" sözcüğü olan bir partiyle demokrasiye geçiliyorsa eğer, Türkiye daha II. Meşrutiyet Dönemi'nde demokrasiye geçmiştir!

Bu nedenle "Atatürk ve demokrasi" tartışmalarında her şeyden önce "çok parti = demokrasi" özdeşliğinin her zaman doğru olmadığını veya en azından eksik olduğunu bilerek hareket etmek gerekir. İşte Atatürk, bu gerçeği çok iyi bildiği için çok

---

389 Demokrat Parti döneminin ne kadar demokrat(!) olduğunu görmek için bkz. Şevket Çizmeli, **Menderes Demokrasi Yıldızı**, 2. bas., Ankara, 2007.

390 Türkiye'de Demokrat Parti'nin Cumhuriyet Halk Partisi karşısında seçimleri kazanarak 1950'de iktidara gelmesini "Türkiye demokrasiye geçti" diye yorumlamak çok yaygın bir hatadır. Çünkü bir ülkenin gerçekten demokrasiye geçebilmesi için o ülkede çok partinin olması ve serbest seçimlerin yapılması yeterli değildir. Serbest seçimler ve çok partili hayat demokrasi yolunda atılmış güçlü adımlardır sadece... Demokratikleşen bir ülkenin her şeyden önce tam bağımsız ve laik olması ve her türlü özgürlüklere çok geniş yer vermesi gerekir. Ancak 1950-1960 arasındaki Demokrat Parti iktidarı döneminde hem tam bağımsızlık, hem laiklik hem de özgürlükler büyük darbe yemiş, toplumsal aydınlanma engellenmiş, Atatürk'ün etkisiz hale getirmeye çalıştığı cemaat kültürünün ve din sömürüsünün yeniden önü açılmıştır. Böyle bir ülkenin demokratikleştiğini söylemek abesle iştigaldir. Nitekim sonraki dönemlerde yaşananlar, darbeler vs., Türkiye'nin bir türlü demokratikleşemediğinin en açık kanıtıdır. "Türkiye 1950'de demokrasiye geçti" iddiası bir II. Cumhuriyet yalanıdır.

partiden önce "bağımsızlık", "ulusal egemenlik" ve "laiklik" mücadelesi vermiştir. Bu nedenle 18 Kasım 1920'de TBMM'ye sunduğu "Halkçılık Beyannamesi"nde, " *Türkiye Büyük Millet Meclisi, (...) hayat ve bağımsızlığını tek ve kutsal amaç bildiği Türkiye halkını emperyalizm ve kapitalizm baskısından ve zulmünden kurtararak irade ve hâkimiyetinin sahibi kılmakla amacına ulaşacağı düşüncesindedir,*" demiştir.[391] O, emperyalizmin ve kapitalizmin baskısından kurtulmadan ulusal egemenliğin, cumhuriyetin ve demokrasinin gerçekleşmeyeceğini çok erken görmüştür.

Emperyalizmin ve kapitalizmin baskısından kurtulup "bağımsız"; dini kullananların baskısından kurtulup "laik" olmadan demokratikleşilmeyeceğinin en açık kanıtı, bugün ABD ve Batı emperyalizminin ayakları altında çiğnenen İslam ülkeleridir. Bugün ABD ve Batı emperyalizminin İslam ülkelerine nasıl "demokrasi" getirmeye çalıştığı hepimizin malumudur! Örneğin 2003-2012 arasında ABD Irak'a "demokrasi" getirirken 1,5 milyondan fazla Müslümanı dünyanın gözleri önünde katletmiştir. Bu durumu Banu Avar'ın deyişiyle, "*Kaçın demokrasi geliyor!*"[392] diye adlandırmak gerekir.

Atatürk demokrasiyi, Cumhuriyetçilik ve Halkçılık ilkeleriyle eş anlamlı olarak kullanmıştır. "*Egemenlik kayıtsız şartsız milletindir!*" diyerek ulusal egemenliğe vurgu yapan Atatürk, demokrasiye giden yolda öncelikle işgalci otoritesine, sonra padişah otoritesine ve dine dayalı saltanat sistemine son vererek cumhuriyeti ilan etmiştir. Çünkü gerçek demokrasinin anahtarı tam bağımsız ve laik cumhuriyettir.[393]

---

391 TBMM Zabıt Ceridesi, C 5, s. 369; Yücel Karlıklı, **Türk Devriminin Temel Belgeleri,** "Siyasal Belgeler, Anayasalar, Yasalar", İstanbul, 2010, s. 13.
392 Bkz. Banu Avar, **Kaçın Demokrasi Geliyor,** Remzi Kitabevi, İstanbul, 2011.
393 Bugün cumhuriyetle yönetilen bazı İslam ülkeleri ve Afrika ülkeleri vardır. Ancak bu ülkelerin nerdeyse hiçbiri tam bağımsız ve laik değildir. Bu nedenle bu ülkelerde cumhuriyet, Arapça anlamıyla "halk yığınlarını" ifade eden bir sözcükten başka bir anlam taşımaz. İçi boşaltılan ruhsuz bir cumhuriyetin de padişahlıktan, krallıktan hiçbir farkı yoktur.

Atatürk'ün Formülü: Cumhuriyet=Halkçılık=Demokrasi

Demokrasiyi *"fikir meselesi"* diye adlandıran Atatürk, gerçek demokrasinin kurulabilmesi için halkın her bakımdan bilinçlendirilmesi ve kalkındırılması gerektiğini düşünmüştür. Bu düşüncesini Halkçılık diye formüle etmiştir. Bu yöndeki hazırlıklara Kurtuluş Savaşı yıllarında başlamıştır.

Şu sözler Atatürk'e aittir:

"Bizim hükümetimiz, ulusal egemenliği, ulusal istenci anlatıma kavuşturan tek hükümettir. Hükümet şeklimiz tam bir demokrat hükümettir. Toplumbilim bakımından anlatmak gerekirse 'halk hükümeti' deriz."

Şu sözler de Atatürk'e aittir:

"Bizim görüşlerimiz ki 'Halkçılık'tır. Kuvvetin, kudretin, hâkimiyetin, doğrudan doğruya halka verilmesidir. Halkın elinde bulundurulmasıdır. Ve hiç şüphe yok ki bu dünyanın en kuvvetli esası prensibidir."

Atatürk'ün, TBMM Hükümeti'ni, o döneme kadar geçerli olan Bolşevik, Komünist, Sosyalist, Kapitalist ve Liberal olarak değil de "Halk hükümeti" diye tanımlaması çok dikkat çekicidir.

Kurtuluş Savaşı işte bu "Halk hükümeti"yle ve "Halkçılık Programı"yla yürütülmüştür.

Atatürk'ün 13 Eylül 1920'de TBMM'ye sunduğu Halkçılık Programı, 18 Kasım 1920'de TBMM'de Halkçılık Beyannamesi olarak kabul edilmiştir. İşte ilk kez bu beyannamede halkın her bakımdan bilinçlendirilmesinden ve kalkındırılmasından söz edilmiştir:

"Türkiye Büyük Millet Meclisi, milli sınırlar dahilinde halkın öteden beri maruz bulunduğu sefalet nedenlerini yeni şartlar ve teşkilat ile kaldırarak yerine refah ve saadet koymayı başlıca hedefi sayar. Bu suretle, toprak, eğitim, hukuk, maliye, ekonomi ve vakıf işlerinde ve diğer işlerde toplumsal kardeşlik ve yardımlaşmayı hâkim kılarak, halkın ihtiyaçlarına göre yenilik ve kurumları oluşturmaya çalışacaktır. Bunun için de

siyasi ve sosyal ilkelerini milletin ruhundan almak ve uygulamada milletin eğilim ve ananelerini gözetmek düşüncesindedir. *Bu suretle Türkiye Büyük Millet Meclisi, ülkenin, siyasi, ekonomik, sosyal bütün ihtiyaçlarına gereken hükümleri yavaş yavaş kanun şeklinde uygulamaya başlamıştır.*[394]

1921 Anayasası'na esas olan belge, "Halkçılık Beyannamesi"dir. Atatürk, *"Nutuk"*ta bu konuda şunları söylemiştir: *"İlk Teşkilâtı Esasiye Kanunumuza menşe teşkil eden 13 Eylül 1920 tarihli bir programı meclise takdim etmiştim. Bu programın, mecliste 18 Eylül'de okunan kısmından başka, buna da esas olmak üzere, Büyük Millet Meclisi'nin esas mahiyetini ve idare usulü hakkındaki görüşleri tesbit eden ve meclisin açılışının ertesinde okunup kabul olunan önergemi de, bu kısımla beraber, Halkçılık Programı unvanı altında bastırıp yayımlamıştım."* Halkçılık Beyannamesi'nde geçen, *"Türkiye halkını (...) irade ve hâkimiyetinin sahibi kılmak"* ifadesi, 1921 Anayasası'nda, *"Egemenlik kayıtsız şartsız milletindir"* biçiminde maddeleştirilerek cumhuriyetin temeli atılmıştır. Bu bakımdan Atatürk'ün Demokrasi Projesi'nin ruhu 1921 Anayasası, 1921 Anayasası'nın ruhu ise Atatürk'ün Halkçılık Beyannamesi'dir.

Atatürk, Aralık 1922 tarihinde Ankara basınına, "Halkçılık esasına dayanan ve Halk Fırkası adıyla siyasi bir fırka (parti) kurmak niyetinde" olduğunu açıklamıştır. Eylül 1923'te kurulan Halk Fırkası'nın adı, şüphesiz Halkçılık ilkesinden esinlenmiş olduğu gibi, Halkçılık, 1923 tarihli ilk parti Nizamnamesinin (Tüzük) 1'inci ve 2'nci maddelerinde yer almıştır.[395]

Atatürk Kurtuluş Savaşı yıllarından itibaren hep "ulusal egemenliğe" vurgu yapmıştır. Atatürk, Kurtuluş Savaşı yıllarında toplumsal ayrışmaları önlemek için cumhuriyeti "ulusal egemenlik" kavramıyla örtüp gizlemiştir. Bütün Kurtuluş Savaşı boyunca hep ulusal egemenlikten söz etmiştir. 1 Mart 1923'te

394 TBMM Zabıt Ceridesi, C 5, s. 369; Karlıklı, age., 13, 14.
395 Ergun Özbudun *"Atatürk ve Demokrasi"*, Atatürk, Araştırma Merkezi Dergisi, S. 14, C 5, Mart 1989.

TBMM'de yaptığı konuşmada, *"Hâkimiyetin de, adaletin de dayanak noktası milli egemenliktir,"* demiştir.[396]

Atatürk, ulusal egemenliğe verdiği önemi, 1923 yılında annesinin mezarı başında şu sözlerle dile getirmiştir:

"Millet egemenliği ilelebet devam edecektir. Valdemin ruhuna ve bütün ecdat ruhuna karşı taahhüt ettiğim yemini tekrar ediyorum: Annemin mezarı önünde ve Allah'ın huzurunda ahd ve peyam ediyorum; bu kadar kan dökerek milletin elde ettiği egemenliğin korunması ve savunulması için gerekirse valdemin yanına gitmekte asla tereddüt etmeyeceğim. Milletin egemenliği uğrunda canımı vermek benim için vicdan ve namus borcu olsun."[397]

Atatürk devrimlerinin tamamı Türkiye'nin demokratikleştirilmesine yöneliktir. Saltanatın Kaldırılması, Cumhuriyetin İlanı, Halifeliğin Kaldırılması, Harf Devrimi, Kılık Kıyafet Devrimi, Medeni Kanunun Kabulü, Tekke ve Zaviyelerin Kapatılması, Medreselerin Kapatılması, Aşar Vergisinin Kaldırılması, Çağdaş Okulların ve Halkevlerinin açılması, Eğitim-Öğretim Seferberliğinin başlatılması, Çağdaş Hukuk Sisteminin kabul edilmesi gibi Atatürk devrimleri, Türk insanının; padişahın, ağanın, şeyhin, şıhın, kulları olmaktan kurtulup özgür bireyler olması için, yani demokrasi için yapılmıştır.

Yeni Osmanlı aydınları, Montesquieu'nun ve J. J. Rousseau' nun demokrasi/halk hükümeti diye adlandırdıkları rejimi Arapça "cumhuriyet" olarak adlandırmıştır. Bu adlandırma, doğal olarak Atatürk tarafından da benimsenmiştir. 1945 yılına kadar Türkiye'de demokrasi ve cumhuriyet genelde aynı anlamda kullanılmıştır.[398]

Atatürk, Cumhuriyetçiliği ve Halkçılığı demokrasiyle eşanlamlı olarak kullanmıştır. Atatürk daha Kurtuluş Savaşı sırasında 14 Ağustos 1920'de Halkçılığı, *"Kuvvetin, kudretin, ege-*

---

396 Atatürk'ün Söylev ve Demeçleri, C 1, Ankara, 1961, s. 308.
397 Atatürk'ün Söylev ve Demeçleri, C 2, Ankara, 1959, s. 76.
398 Turan, age., s. 614.

menliğin, idarenin doğrudan doğruya halka verilmesi" olarak tanımlamıştır.[399]

Atatürk, 1 Mart 1921'de meclisin ikinci toplanma yılını açarken de, "*Halkçılık, yani milleti bizzat kendi mukadderatına (alın yazısına) hâkim kılmak esası, anayasamızda tespit edilmiştir,*" demiştir.[400]

Atatürk, cumhuriyet ve demokrasiyi eşanlamlı olarak kullanmıştır. Örneğin ortaokullarda okutulması için dikte ettirdiği "*Vatandaş İçin Medeni Bilgiler*" kitabında demokrasiyi Halkçılık ve Cumhuriyetçilikle aynı anlamda kullanmıştır. Atatürk, "*Vatandaş için Medeni Bilgiler*" kitabında demokrasiyi şöyle tanımlamıştır:

"*a) Demokrasi (Halkçılık): Bu prensibe göre, irade ve hâkimiyet milletin tümüne aittir ve ait olmalıdır. Demokrasi prensibi ulusal egemenlik biçimine dönüşmüştür.*" Atatürk, aynı kitabın "*Devlet Şekilleri*" bölümünde de J. J. Rousseau'dan esinlenerek demokrasiyi yine Halkçılıkla eşanlamlı olarak kullanmıştır:

"*III. Demokrasi (Halkçılık): Demokrasi esasına dayanan hükümetlerde hâkimiyet, halka, halkın çoğunluğuna aittir. Demokrasi prensibi, hâkimiyetin millette olduğunu, başka yerde olmayacağını gerektirir. Bu suretle demokrasi prensibi, siyasi kuvvetin, hâkimiyetin kökenine ve yasallığına değinmektedir. Demokrasinin tam ve en bariz şekli cumhuriyettir.*"

Atatürk yine o yıllarda ders kitabı olarak hazırlattığı ve bir bölümünü bizzat yazdığı "*Tarih IV*"te demokrasi hakkında genel bilgiler verdikten sonra cumhuriyeti, "*Millet hâkimiyetini, millet saltanatını en iyi temsil edebilen en yüksek ve bundan ötürü Türk milletine en layık ve onun asil ruhuna en uygun devlet şekli*" olarak tanımlamıştır. Halkçılığı da, "*Yasalar karşısında eşitlik –hiç kimseye ayrıcalık tanımama– sınıf kavgası kabul etmeme ve demokratik içerikli bir kavram,*" diye adlandırmıştır.

---

399 "*14 Ağustos 1920'de Doğu Cephesi'yle İlgili Bir Soru Önergesine Verdiği Cevap*", **Atatürk'ün Söylev ve Demeçleri**, C 1, İstanbul, 1945, s. 97.

400 "*TBMM'nin İkinci Toplanma Yılının Açılışında Yaptığı Konuşma*", **Atatürk'ün Söylev ve Demeçleri**, C 1, İstanbul, 1945, s. 161.

1933 yılında cumhuriyeti şöyle tanımlamıştır: *"Cumhuriyet rejimi demek, demokrasi sistemi ile devlet şekli demektir. Biz cumhuriyeti kurduk. O, on yaşını doldururken demokrasinin bütün icaplarını sırası geldikçe uygulamaya koymalıdır."*[401] Atatürk, cumhuriyetin ilanından önce 9 Eylül 1923'te kurduğu partiye Halk Partisi adını vermiştir. Ancak bir yıl sonra Terakkiperver Cumhuriyet Partisi adlı bir parti kurulunca, Halk Partisi'nin başına cumhuriyet sözünü ekletmiştir. Böylece partinin demokratik niteliğini daha da vurgulamıştır.

CHP, 1927'de Almanya'nın Karlsruhe kentinde toplanan radikal demokratlar kongresine davet edilmiştir.[402]

Milli Eğitim Bakanı Cemal Hüsnü Taray, Atatürk'ün bilgisi dahilinde, 12 Nisan 1929'da yayımladığı bir genelgede, genç kuşakların, *"bilinçli cumhuriyetçi, bilinçli demokrat ve bilinçli laik vatandaşlar"* olarak yetiştirilmeleri gerektiğini belirtmiştir.[403]

Atatürk'ün ilkeleri arasında demokrasinin olmadığını söyleyerek –düz mantık– Atatürk'ün demokrat olmadığını iddia edenler fena halde yanılmaktadırlar anlayacağınız. Çünkü Atatürk, hem Halkçılığı hem de Cumhuriyetçiliği zaten demokrasiyle eşanlamlı olarak kullanmıştır. Ayrıca CHP'nin 1931'deki üçüncü kurultayında tuttuğu notlarda partinin ilkeleri arasında "demokrat olmaya" da yer vermiştir.[404] Ancak daha sonra buna gerek kalmadığını düşünmüştür.

Özetle Atatürk, Demokrasi Projesi'ni hazırlarken Cumhuriyetçilik=Halkçılık=Demokrasi formülünden hareket etmiştir.

Demokrasiye Adanmış Bir Ömür

"Atatürk'ün bütün hayatı demokrasi mücadelesiyle geçmiştir." dersek abartmış olmayız. Atatürk'ün demokrasi aşkının ve demokrasi mücadelesinin temelinde Osmanlı Devleti'nin yüz-

---

401 Kocatürk, **Atatürk'ün Fikir ve Düşünceleri**, s. 70.
402 Turan, **age.**, s. 414.
403 **age.**, s. 414, 415.
404 **age.**, s. 416.

yıllar boyunca Türkleri dışlamış olmasına ve padişah diktasına duyduğu tepki yatmaktadır. Atatürk, yaradılış olarak –bütün Türkler gibi– özgürlüğüne/bağımsızlığına çok düşkündür. Her kim tarafından olursa olsun özgürlüğünün kısıtlanmasına tahammül edemeyen bir karaktere sahiptir.

Kurtuluş Savaşı sırasında, 1921 yılında *"Özgürlük benim karakterimdir. Bence bir millette şerefin, haysiyetin, namusun olabilmesi ve yaşayabilmesi, mutlaka o milletin özgürlük ve bağımsızlığına sahip olmasıyla mümkündür,"* demiştir.

Onun parasız, silahsız, ordusuz, moralsiz, kısacası en imkânsız koşullarda *"Ya istiklal ya ölüm!"* diyerek Kurtuluş Savaşı'nı başlatmasının sırrı burada gizlidir.

Ana-baba soyunun Yörük/Türkmen olması nedeniyle atalarının Orta Asya bozkırlarının ve Toros Dağları'nın özgür havasını solumuş olması Atatürk'ün genlerine işlemiş gibidir.

Atatürk, anılarında özgürlük/bağımsızlık tutkusundan şöyle söz etmiştir:

"Çocukluğumdan beri bir huyum vardır. Oturduğum evde ne anne, ne kız kardeş ne de sevdiğim arkadaşlarla birlikte bulunmaktan hoşlanmam. Yalnız ve bağımsız bulunmayı, çocukluğumdan çıktığım zamandan beri hep yeğlemiş ve sürekli olarak öyle yaşamışımdır."

Baş eğmeyen bir yapısı vardır. Çocukluğunda arkadaşları birdirbir oynarken o, *"Ben eğilmem, ayakta dururken üzerimden atlayın,"* diyerek eğilmeyi reddetmiştir.

Yine çocukluk yıllarında okulda Arapça güzel yazı hocası Kaymak Hafız'ın baskılarına başkaldırmış, bu başkaldırısı dayakla noktalansa da pes etmemiştir.

Atatürk'ün bu başı dik özgür karakteri, onu "baş eğmeye mecbur eden" kişilerle ve sistemle karşı karşıya getirmiştir. Bu nedenle, önce okulda baskıcı öğretmenlerine, sonra Osmanlı'daki kavmi-i necip (üstün kavim) anlayışına ve son olarak da sisteme, saltanata/padişahlığa başkaldırmıştır.[405]

---

405 Osmanlı'da Araplar "kavm-i necip" olarak adlandırılmıştır.

Atatürk'ün demokrasi anlayışı askeri okullarda belirginleş-meye başlamıştır. Özellikle İstanbul Harp Okulu'nda ve Harp Akademisi'nde okuduğu kitaplar onu derinden etkilemiştir. Namık Kemal, Ziya Paşa, Şinasi gibi Yeni Osmanlı aydınları, J. J. Rousseau, Montesquieu, Baron Holbach, David Hume gibi aydınlanmacı düşünürler, Atatürk'ün "özgürlük", "ulusal egemenlik", "cumhuriyet" ve "laiklik" gibi kavramlarla tanışmasını sağlamıştır. Okulda vatan şairi Namık Kemal'in yazılarını hem gizlice kendisi okumuş hem de arkadaşlarına okutmuştur. Böylece, daha öğrencilik yıllarında teokratik monarşiye, padişahın baskıcı sistemine karşı hürriyet (özgürlük)/demokrasi mücadelesi vermeye başlamıştır.

Harp Okulu'nda arkadaşlarına cuma geceleri gizli konuşmalar yapmıştır. Bu konuşmalarda padişahı ve saltanat sistemini eleştirmiştir. Asım Gündüz hatıralarında Atatürk'ün cuma konuşmalarından şöyle söz etmiştir: *"O zamana kadar padişahım çok yaşa demekten başka bir şey bilmeyen bizler için Mustafa Kemal'in anlattıkları çok dikkat çekiciydi."*[406]

Atatürk, o konuşmalarından birinde arkadaşlarına şöyle seslenmiştir:

"Arkadaşlar bu gece burada sizleri toplamaktan maksadım şudur: Memleketin yaşadığı vahim anları size söylemeye lüzum görmüyorum. Buna cümleniz müdriksiniz. Bu bedbaht memlekete karşı mühim vazifemiz vardır. Onu kurtarmak biricik hedefimizdir. Bugün Makedonya'yı ve tekmil Rumeli'yi vatan bütünlüğünden ayırmak istiyorlar. Memlekete yabancı nüfuz ve hâkimiyeti fiilen girmiştir. Padişah zevk ve saltanatına düşkün, her zilleti yapacak, menfur bir şahsiyettir. Millet zülüm ve istibdat altında mahvoluyor.

Hürriyet olmayan bir memlekette ölüm ve çöküntü vardır. Her terakkinin (ilerlemenin) ve kurtuluşun anası hürriyettir. Tarih, bugün biz evlatlarına bazı büyük vazifeler yüklüyor. Şimdilik gizli çalışmak ve teşkilatı yaymak zaruridir. Sizlerden

---

406 Meydan, **Atatürk ile Allah Arasında**, s. 104.

fedakârlık bekliyorum. Kahredici bir istibdata karşı ancak ihtilalle cevap vermek ve köhnemiş olan çürük idareyi yıkmak, milleti hâkim kılmak, hülasa vatanı kurtarmak için sizi vazifeye davet ediyorum.[407]

Atatürk, Harp Akademisi'nde arkadaşlarını bilinçlendirmek için **bir okul gazetesi** çıkarmıştır. Bu gazetede de zaman zaman saltanat eleştirileri yaparak özgürlüğün öneminden söz etmiştir. Bu gizli çalışmalarından dolayı kovuşturmaya uğramış ve okulda gazete çıkarması yasaklanmıştır.

Atatürk, Harp Akademisi'nden mezun olduktan sonra da özgürlük mücadelesini sürdürmüştür. 1905'te tayin olduğu Şam'da saltanat karşıtı özgürlükçü arkadaşlarıyla birlikte *"Vatan ve Hürriyet Cemiyeti"*ni kurmuştur. Bu cemiyet daha sonra İttihat ve Terakki'ye katılınca, Atatürk de vatan ve özgürlük mücadelesini İttihat ve Terakki Cemiyeti içinde sürdürmeye başlamıştır.

1906 yılında Suriye'de bulunduğu sırada iki yakın arkadaşı Müfit ve Halil'e cumhuriyetten söz etmiştir.[408]

Atatürk, 1909 yılındaki 31 Mart İsyanı üzerine, sadece Sultan Abdülhamit'in devrilmesiyle yetinilmeyerek cumhuriyetin ilan edilmesini önermiştir.[409]

İttihat ve Terakki'nin 1909 yılındaki kongresinde ordu ile siyasetin birbirinden ayrılmasını önermiş, bu önerisi kabul edilmeyince İttihat ve Terakki'den ayrılmıştır.

Kâzım Özalp, Atatürk'ün Balkan Savaşı'ndan sonra Sofya Ateşemiliterliği'ne gitmeden önce (Ekim 1913) cumhuriyetten söz ettiğini belirtmiştir.[410]

1913'te Sofya'da ateşemiliterken Bulgar parlamentosundaki hararetli siyasi tartışmaları çok dikkatle izlemiştir.[411]

I. Dünya Savaşı'nın sonlarına doğru Enver Paşa'nın cumhuriyeti ilan etmek istediği söylentileri dolaşmaya başlamıştır. Bu

---

407 Sadi Borak, **Atatürk, Gençlik ve Hürriyet**, İstanbul, 1998, s. 16.
408 Münir Hayri Egeli, **Atatürk'ten Bilinmeyen Hatıralar**, İstanbul, 1954, s. 34-35.
409 **Cumhuriyet** gazetesi, 25 Temmuz 1948, s. 4.
410 Kâzım Özalp, *"Atatürk ve Cumhuriyet"*, **Milliyet** gazetesi, 29 Ekim 1963, s. 5.
411 Özakman, **age.**, s. 92.

söylentileri duyan Atatürk, cumhuriyeti ilan etmek için henüz ortamın uygun olmadığını, bunun için daha beklemek gerektiğini belirtmiştir.[412]

Kurtuluş Savaşı'nın başlarında işgallere karşı kurulan Müdafaa-i Hukuk Cemiyetleri ve onların Türkiye'nin dört bir yanında topladığı yerel kongreler ve işgalleri protesto etmek için düzenlenen mitingler, halkın doğrudan siyasal sürece katılımını sağlamıştır. Halk belki de ilk kez tamamen kendi isteğiyle kendi geleceği hakkında çok içten bir tavır sergilemiştir. Üstelik bu tavır, padişahtan tamamen bağımsız, hatta padişaha rağmen gelişmiş bir tavırdır. Böylece İzmir'in işgalinden sonraki süreçte –adı konulmasa da– bir bakıma ulusal egemenlikle monarşi karşı karşıya gelmiştir.

"*İzmir'in işgaliyle ortaya çıkan düşmana karşı koyma bilinci, ulusun ortak bir amaç etrafında birleşmesi ve bu bilincin Atatürk tarafından olgunlaştırılmasıyla önce 'ulusal egemenliğe', sonra 'cumhuriyete' daha sonra da 'demokrasiye' dönüşmüştür.*"[413]

Attilâ İlhan, Atatürk'ün Kurtuluş Savaşı'nı "darbeci" zihniyetle değil "kongre" zihniyetiyle kazandığını belirtmiştir ki çok haklıdır: "*Mustafa Kemal istese Anadolu harekâtını paşalar arası bir cunta, subaylar arası bir devrim komitesi olarak kurup geliştiremez miydi? Pekâlâ yapar, geliştirirdi. Üstelik o zamanki orduda bulunan İttihatçılık geleneği elverişliydi buna. Yapmamıştır. Komita fikri yerine kongre (şûra) fikrini benimsemiş, askeri bir hareket yerine halk hareketi fikrini uygulamıştır. İttihatçılar ne yapmışsa o tersini yapar. Halktan delege çağırır, bunları toplar, Müdafaa-i Hukuk için kararlar alınmasını sağlar Milli Mücadele'nin başlarında. Üstelik bu örgütlerin silahlı eylem kanadı da düzenli ordu değil, Kuvayı Milliye milisleridir. Yani silahlanmış halktır. Kongreler olağan gelişmeleriyle Millet Meclisi'ne, Kuvayı Milliye de Büyük Millet Meclisi Ordusu'na dönüşür.*"[414]

---

412 Turan, **age.**, s. 398; Mütercimler, **age.**, s. 377-379.
413 Sinan Meydan, "**Atatürk'ü Doğru Anlamak İçin**" Nutuk'un Deşifresi, 2. bas., İstanbul, 2009, s. 213.
414 Attilâ İlhan, **Hangi Atatürk**, İstanbul, 2010, s. 220.

Atatürk, Kurtuluş Savaşı'nı başlatmak için 19 Mayıs 1919' da Anadolu'ya geçer geçmez halkın katılımıyla başlayan bu direnişi "ulusal egemenlik" biçiminde formüle ederek cumhuriyetin altyapısını hazırlamaya başlamıştır.

Atatürk, Samsun'a ayak basmasıyla başlayan yolculuğun daha ilk adımında, 22 Mayıs 1919'da İstanbul'da Sadrazama gönderdiği bir raporda "ulusal egemenliğe" şöyle vurgu yapmıştır: *"Millet topluca hâkimiyet (egemenlik) esasını, Türklük duygusunu hedef ittihaz etmiştir."*[415]

Atatürk, Anadolu'daki bütün adımlarında her şeyden önce ulusal egemenliğe dikkat çekmiştir.

Atatürk, 21-22 Haziran 1919 gecesi hazırladığı Amasya Genelgesi'nde çokça "ulusal egemenliğe" vurgu yapmış, halkın temsilcilerini Sivas ve Erzurum'da bir araya getirerek kongreler düzenlemek istemiştir. Amasya Genelgesi'ne göre:

"Milletin bağımsızlığını yine milletin azim ve kararı kurtaracaktır.", *"Anadolu'nun en güvenli yeri olan Sivas'ta ulusal bir kongre toplanması kararlaştırılmıştır."*, *"Bunun için bütün illerin her sancağından milletin güvenini kazanmış üç temsilcinin mümkün olan en kısa zamanda yetişmek üzere yola çıkılması gerekmektedir."*, *"Doğu illeri adına 10 Temmuz'da Erzurum'da bir kongre toplanacaktır. O tarihe kadar öteki illerin temsilcileri de Sivas'a gelebilirlerse Erzurum Kongresi'nin üyeleri de Sivas Genel Kongresi'ne katılmak üzere hareket edecektir."*

Amasya Genelgesi'nin bir de "mahrem maddesi" vardır. Bu gizli madde yalnızca Atatürk, Ali Fuat ve Kazım Karabekir ile Rauf ve Refet beyler arasında imzalanmış, saklanmış ve kamuoyuna açıklanmamıştır. Bu maddeye göre beklenmeyen bir durumda ülkenin idaresini hemen ele almak için harekete geçileceği ve Sivas Kongresi'ne Milli Meclis görünümü verileceği ifade edilmiştir.[416]

---

415 Utkan Kocatürk, **Atatürk ve Türkiye Cumhuriyeti Tarihi Kronolojisi**, Ankara, 1981, s. 44.

416 Serdar Sakin, *"Milli Mücadele Döneminde Atatürk'ün Demokrasi Anlayışı ve Uygulamaları"*, **Sosyal Bilimler Enstitüsü Dergisi**, S. 16, yıl 2004/1, s. 236.

Atatürk, İstanbul Hükümeti'nin baskısı üzerine Erzurum Kongresi öncesinde, 7-8 Temmuz 1919 gecesi ordu müfettişliğinden ve askerlikten istifa ederek sine-i millete dönmüştür. Bundan sonra mücadelesine sivil olarak devam etmiştir.

Atatürk, Erzurum Kongresi arifesinde, 7-8 Temmuz gecesi Mazhar Müfit Kansu'ya gelecekte yapacaklarını açıklarken, *"Zaferden sonra hükümet şekli cumhuriyet olacaktır,"* diye yazdırmıştır.

Atatürk, Erzurum Kongresi'nin açış konuşmasında, *"Milletin mukadderatına hâkim bir milli iradenin ancak Anadolu'dan doğabileceğini,"* belirterek "ulusal egemenliğe" dayanan bir milli meclisin meydana getirilmesi ve gücünü ulusal egemenlikten alacak bir milli hükümetin kurulması gerektiğini dile getirmiştir.[417]

23 Temmuz 1919'da toplanan Erzurum Kongresi'nin 7 Ağustos tarihli beyannamesinde *"Kuva-yı Milliyeyi amil ve irade-i milliyeyi hâkim kılmak esastır,"* denilerek açıkça **"milli irade"**(ulusal egemenlik) sözüne yer verilmiştir. Erzurum Kongresi'nde ayrıca milli meclisin toplanması ve ulusu ilgilendiren işlerin bu meclisin kontrolü altında yapılması gerektiği ifade edilmiştir.

Erzurum Kongresi beyannamesinin 8. maddesi aynen şöyledir: *"Milletlerin kendi mukadderatını bizzat tayin ettiği bu tarihi devirde hükümeti merkeziyemizin de irade-i milliyeye tabi olması zaruridir. Çünkü irade-i milliyeye gayrı müstenid herhangi bir heyeti hükümetin indi ve şahsi mukarreratı milletçe muta olmadıktan başka haricen de muteber olmadığı ve olmayacağı, şimdiye kadar mesbuk ef'al ve netayiç ile sabit olmuştur. Binaenaleyh milletin içinde bulunduğu hali zücret ve endişeden kurtulmak çarelerine bizzat tevessülüne hacet kalmadan hükümeti merkeziyemizin Meclisi Milliyi hemen ve bilaifaci zaman toplaması ve bu suretle mukadderatı millet ve memleket hakkında ittihaz edecek bilcümle mukarreratı meclisi millinin murakabesine arz etmesi mecburidir."*[418]

---

417 Atatürk'ün Söylev ve Demeçleri, C 1, Ankara, 1997, s. 1-5.
418 Kansu, age., s. 116.

Kurtuluş Savaşı günlerinde "ulusal egemenlik/milli irade" kavramı halife/padişaha umut bağlayanları incitmeyecek biçimde kullanılmıştır. Çünkü ortam çok dikkatli hareket etmeyi gerektirmiştir. Nitekim Erzurum Kongresi sırasında bazı hocalar "asri" sözcüğüne takılarak, bunun insanı küfre götüreceğini ileri sürmüşlerdir! Atatürk bu durumdan şöyle yakınmıştır: *Asri kelimesi hoca efendilerin taassubuna dokundu. Yanlış tefsir ve mülahazalara kapıldılar. O kelimeyi çıkarmakla iyi ettik. 'Asri kelimesi, şu manaya mı bu manaya mı gelir' diye saatler harcamanın ve yanlış tefsirlere yol açmanın manası yoktu.*[419] I. TBMM'de de benzer gericilikler vardır. Falih Rıfkı Atay'ın anlattığına göre, meclisin kanun koyma yetkisi gündeme geldiğinde iki hoca mebus meclisin sokağa doğru penceresini açarak avaz avaz, "Allah'ın kitabı dururken kanun koymaya çalışan bir mecliste aza bulunamayacaklarını" haykırmışlardır. 1920 yılında da Hoca Raif Efendi ve arkadaşları, TBMM'de kurulan Müdafaa-i Hukuk Grubu'nun halifelik ve padişahlığı cumhuriyete çevirme amacı güttüğünü sezerek, önce Doğu Anadolu Müdafaa-i Hukuk Cemiyeti Erzurum merkez kurulunun adını "Muhafaza-i Mukaddesat Cemiyeti"ne çevirmişler, sonra ise dernek tüzüğünün başına padişahlığın, halifeliğin ve devlet biçiminin dokunulmazlığını sağlamak için birtakım eklemeler yaptırmışlardır. Atatürk, bu davranışından dolayı Hoca Raif Efendi'nin uyarılmasını istemiştir. İşte böyle bir ortamda "cumhuriyetten" söz etmek "kâfir" damgası yemek anlamına geleceğinden Atatürk bu kavramı kendi ifadesiyle "vicdanında bir milli sır olarak saklayarak" yola devam etmiştir. Hatta belli bir süre Kurtuluş Savaşı'nın asıl amacının halife/padişahı kurtarmak olduğunu ifade etmiştir.

Atatürk'ün Demokrasi Projesini nasıl inceden inceye geliştirdiğini görmek için onun, Erzurum Kongresi günlerinde Mazhar Müfit Kansu'ya "ulusal egemenlik" hakkında söylediklerini bilmek gerekir.

---

419 age., s. 129.

Mazhar Müfit Kansu'yu dinleyelim:

"(Atatürk) ayağa kalktı. Bir elini pantolonunun cebine soktu. Bir eli ile de bıyıklarını burarak: '(...) Vatanın müdafaasını ve milli istiklali iradei milliyeye tabi kılmak ve Kuvayı milliyeyi bu hüküm altında tutmak prensibi belki birden ehemmiyeti kavranamayacak basit bir ifade zannolunur. Hakikatte bu büyük, her türlü zan ve tahminin üzerinde büyük bir davadır.'

Paşa odanın içinde bir aşağı bir yukarı dolaştıktan sonra tam karşıma geldi, durdu ve bakışlarını gözlerime dikerek: 'Memlekette iradei milliye hâkim olacak Kuvayı milliye de bu iradeye tabi. Hakikat bu olunca neler olmaz?' dedi ve tekrar sükûn bulmuş bir volkan gibi hafifleyerek kongre hakkında birkaç noktayı kritik etti. '(...) Bunlar küçük sanılan hakikatte mühim olan noktalardır. Demin de söyledim: En mühimi 'iradei milliye' prensibinin kavranması ve benimsenmesidir. İradei milliyeyi millet işlerine hâkim kılmak birinci gayemizdir. Bu şuur kongrede bütün hâkimiyetiyle kendisini gösterdi.'

Paşa, bu sözlerini söylerken tekrar coşmuştu: 'Erzurum'da ve kongrede gördüğüm samimiyet, mertlik ve fedakârlık, azim ve iman, beni doğrusu çok cesaretlendirdi. Memleketimi kurtarmak yolundaki cesaretimi artırdı..."[420]

4-11 Eylül 1919 tarihleri arasındaki Sivas Kongresi'nde, Erzurum Kongresi'nin "ulusal egemenliğe" vurgu yapan kararları bir kere daha onaylanarak tüm ulusa mal edilmiştir. Ayrıca Sivas Kongresi'nde bir an önce milli meclisin toplanması gerektiği belirtilerek bir kere daha "ulusal egemenliğe" vurgu yapılmıştır.

"(...) Hükümeti merkeziyemizin Meclisi Milliyi hemen ve bilaifatçi vakit toplaması ve bu suretle mukadderatı millet ve memleket hakkında ittihaz eyleyeceği bilcümle mukarreratı Meclisi Millinin murakebesine arz etmesi mecburidir."[421]

Anadolu'daki gelişmeleri çok yakından takip eden İtilaf Devletleri, Sivas Kongresi toplandığında "Millicilerin bir Anadolu Cumhuriyeti" kurmaya giriştikleri kaygısına kapılmış-

---

420 Kansu, age., s. 128-130.
421 Karlıklı, age., s. 8.

lardı. Nitekim İngiliz Yüksek Komiseri Robeck, Dışişleri Bakanı Curzon'a gönderdiği 17 Eylül 1919 tarihli raporda Sivas Kongresi'ni bir cumhuriyet girişimi olarak adlandırmıştır. İngiliz *The Times* gazetesi de 22 Eylül günlü sayısında kongreden *"Sivas'taki Anadolu Cumhuriyeti"* diye söz etmiştir.[422]

Atatürk, Temsil Heyeti ile birlikte Ankara'ya gelişinde 23 Aralık 1919 tarihinde Hacı Bektaş'ta görkemli bir şekilde karşılanmıştır. Çelebi Cemalettin Efendi, Atatürk'ü Bektaşlar mevkiinde karşılamıştır. Atatürk, Cemalettin Efendi ile 5 saat gibi uzun bir süre görüşmüştür. Mazhar Müfit Kansu bu görüşme hakkında şu bilgileri vermiştir:

"Paşa'nın vaziyet ve giriştiğimiz mücadele hakkında verdiği izahat Çelebi'nin nazarı dikkatini celbetti. Hatta Çelebi, daha ileri giderek Cumhuriyet taraftarlığını ihsas ettirdi ise de, Paşa zamanı olmayan bu mühim mesele için müspet veya menfi bir cevap vermeyerek gayet tedbirli bir süratle müzakereyi idare etti. Anlaşılıyor ki, Cemalettin Efendi cumhuriyete taraftar..."[423]

Atatürk, o gün kendisine cumhuriyetin ilan edilmesinden söz eden Çelebi Cemalettin Efendi'yi I. TBMM'de milletvekili yapmıştır. TBMM'de II. Reis Vekilliği'ne seçilen Cemalettin Efendi, 1921'de hayata gözlerini kapamıştır.

Atatürk, Ankara'ya geldikten sonra 28 Aralık 1919'da Ankara ileri gelenleriyle yaptığı konuşmada "ulusal egemenliğe" vurgu yapmıştır: *"Teşkilatımıza milli güçlerin etken ve milli iradenin egemen olması esas kabul edilmiştir. Bugün bütün cihanın milletleri yalnız bir egemenlik tanırlar, millet egemenliği..."*[424]

Ulusal egemenliğe, cumhuriyete ve dolayısıyla demokrasiye giden yolda 23 Nisan 1920'de Ankara'da açılan TBMM'nin çok önemli ve özel bir yeri vardır.

TBMM'nin açılmasına giden süreç Amasya Görüşmeleri'yle başlamıştır. Sivas Kongresi'nden sonra İstanbul'da Damat Ferit Hükümeti'nin istifa etmesinden sonra kurulan Ali Rıza Pa-

---

422 Turan, **Mustafa Kemal Atatürk**, s. 398.
423 Kansu, **age.**, C 2, s. 494.
424 **Atatürk'ün Söylev ve Demeçleri**, C 3, Ankara, 1959, s. 11.

şa Hükümeti'nin Bahriye Nazırı Salih Paşa, Amasya'ya gelerek Temsil Heyeti lideri Atatürk'le görüşmüştür. Görüşmede Salih Paşa ve Atatürk, Meclis-i Mebusan'ın toplanması konusunda fikirbirliğine varmıştır. Ancak meclisin yeri konusunda anlaşmazlığa düşmüştür: Salih Paşa meclisin İstanbul'da toplanmasını isterken Atatürk, İstanbul'un işgal altında olduğunu belirterek meclisin Anadolu'da işgal altından olmayan bir ilde toplanmasını istemiştir. Sonunda Salih Paşa'nın dediği olmuş ve meclisin İstanbul'da toplanmasına karar verilmiştir. Ancak Atatürk, İstanbul'da açılacak bir meclisin çok geçmeden düşman süngüleriyle dağıtılacağını tahmin ettiği için, Anadolu Rumeli Müdafaa-i Hukuk Cemiyeti adayı olarak seçimleri kazanıp İstanbul'a gidecek milletvekillerini Ankara'da toplayarak onlara bazı talimatlar vermiştir. Bu arada Atatürk de Erzurum milletvekili seçilmiştir, ancak İstanbul'daki meclis toplantılarına gitmeyecektir. Atatürk'ün İstanbul'a gidecek milletvekillerine verdiği talimatlardan biri mecliste "Müdafaa-i Hukuk Grubu" adında bir grup kurulmasıdır. Atatürk, bu grubu bir siyasi parti gibi çalıştırarak Osmanlı Meclisi'nin Milli Hareket'e karşı bir karar almasını engellemeyi planlamıştır. Atatürk ayrıca, mecliste kendisinin gıyaben başkan seçilmesini ve Misak-ı Milli'nin kabul edilmesini istemiştir. İstanbul'daki meclise katılmayacak olan Atatürk'ün meclise başkan seçilmek istemesinin nedeni, eğer İstanbul'daki meclis dağıtılacak olursa –ki Atatürk kesinlikle buna inanmaktadır– başkanlık sıfatını kullanarak hiç zaman kaybetmeden Ankara'da yeni bir meclis toplamak istemesidir. Çok geçmeden Atatürk'ün ne kadar haklı olduğu anlaşılmıştır: İstanbul'daki Son Osmanlı Mebusan Meclisi'nin Türkiye'nin bağımsızlık belgesi Misak-ı Milli'yi yayımlaması üzerine İtilaf Devletleri silah zoruyla bu meclisi dağıtıp milletvekillerinin önemli bir kısmını tutuklayıp Malta'ya sürgün etmiştir. İstanbul'dan kaçabilen milletvekilleri ise gizli yollarla Anadolu'ya geçerek Ankara'da açılacak olan TBMM'ye katılmıştır. İstanbul'daki Son Osmanlı Mebusan Meclisi'nin işgalciler tarafından silah zoruyla dağıtılması, emperyalizmin boyunduruğundan kurtulup tam bağımsız olmadıkça demokrasinin hiçbir anlam ifade etmediğini göstermesi bakımından önemlidir.

Türkiye'nin bağımsızlık belgesi olan Misak-ı Milli'de "ulusal egemenliğe" çok ciddi göndermeler yapılmıştır. Türk Kurtuluş Savaşı'nın ne kadar "demokratik" ve "haklı" bir mücadele olduğunu görmek için Misak-ı Milli'ye bakmak yeterlidir. Misak-ı Milli'nin 1. maddesinde *"Arap kökenli halkın oturduğu ve Mondros Mütarekesi imzalandığı tarihte yabancı devletlerin işgali altında bulunan bölgelerin geleceği, halkın serbest oyuyla belirlenecektir (...)"* denilerek serbest seçimlerden söz edilmiş; 2. maddesinde, *"İlk serbest kaldıkları zamanda kendi istekleriyle anavatana katılan Kars, Ardahan ve Batum illerinde gerekirse yeniden halkoylaması yapılabilecektir,"* denilerek halkoylamasından söz edilmiş ve 3. maddesinde, *"Batı Trakya'nın hukuksal durumu da, halkın tam bir özgürlük içinde verecekleri oylarla saptanmalıdır,"* denilerek yine halk oylamasından söz edilmiştir.[425] Türkiye, Misak-ı Milli ile işgalci emperyalistlerden "bağımsızlığını" isterken adeta onlara demokrasi dersi vermiştir. Ancak işgalci emperyalistler, bu Misak-ı Milli'yi yayımlayan meclisi silah zoruyla dağıtarak aslında demokrasiden ne anladıklarınıda herkese göstermişlerdir.

İstanbul'da Son Osmanlı Mebusan Meclisi'nin dağıtılmasından sonra Atatürk hiç zaman kaybetmeden bir genelge yayımlayarak seçimlerin yenilenmesini ve Ankara'da TBMM'nin açılmasını istemiştir. Böylece ciddi bir demokrasi geleneği olmayan Türk ulusu, Atatürk'ün önderliğinde, Anadolu bozkırının ortasında, Ankara'da, halkın her kesiminden temsilcilerin katıldığı, tarihin en demokratik meclislerinden birini toplamayı başarmıştır. Mecliste hem her görüşten milletvekili hem de bu milletvekillerinin kendi siyasi görüşleri doğrultusunda bir araya gelerek oluşturdukları birçok grup vardır: Tesanüt Grubu, İstiklal Grubu, Islahat Grubu, Halk Zümresi, Müdafaa-i Hukuk Grubu bunlardan bazılarıdır. Kurtuluş Savaşı işte bu halk mec-

---

425 Karlıklı, **age.**, s. 11, 12.

lisiyle birlikte yürütülerek kazanılmıştır. TBMM'nin 1920-1923 arasında ortaya koyduğu olgun demokratik tavır tüm dünyaya örnek olacak niteliktedir.

Atatürk, Kurtuluş Savaşı'nı örgütlerken ordudan önce meclisin gerekli olduğunu düşünerek hareket etmiştir. Yunus Nadi Bey, Ankara'da TBMM'nin açılması öncesinde, 4-5 Nisan 1920 gecesi Atatürk'le değişik konularda sohbet ederken söz dönüp dolaşıp meclis konusuna gelmiştir. Yunus Nadi Bey Atatürk'e, *"Her kerameti meclisten beklemek niyetinde misiniz?"* diye sorunca Atatürk'ten şu anlamlı yanıtı almıştır:

"Ben her kerameti meclisten bekleyenlerdenim. Nadi Bey, bir devreye yetiştik ki onda her iş meşru olmalıdır. Millet işlerinde meşruiyet, ancak milli kararlara isnat etmekle, milletin eğilimine tercüman olmakla elde edilir. Milletimiz çok büyüktür, hiç korkmayalım. O esareti ve zilleti kabul etmez. Fakat onu bir araya toplamak ve kendisine, 'Ey millet! Sen esaret ve zilleti kabul eder misin?' diye sormak lazımdır. Ben milletin vereceği cevabı biliyorum. Ben milletin büyüklüğünü biliyor ve bu soru karşısında onun o soruyu soran çocuklarını canı gibi seveceğini ve alınlarından öpeceğini biliyorum. Ben biliyorum ki bu millet kendisine bu soruyu soran çocuklarının hep o esasa dayanan tabirlerini ve tertibatını canla başla kabul edecektir. Onun için işte ben şimdi bu yoldayım. Onun için çok sağlam bir yol olduğuna kani olarak."

O günlerde "Meclis mi ordu mu daha önemli ve gereklidir?" diye kafalarda soru işareti uyanmış, önce ordu olmadığı sürece meclisin hiçbir işe yaramayacağına inananların sayısı artmıştır. Onlara göre meclis kuramdır. Atatürk ise meclisin "kuram" değil "gerçek" olduğunu belirterek "önce meclis" diyebilen az sayıdaki yurtseverden biridir:

"Bence meclis kuram değil gerçektir ve gerçeklerin en büyüğüdür. Önce meclis sonra ordu Nadi Bey. Orduyu yapacak olan millet ve onun yerine meclistir. Çünkü ordu demek, yüz binlerce insan, milyonlarca ve milyonlarca servet ve zaman demektir. Buna iki üç şahıs karar veremez. Bunu ancak milletin karar ve

kabulü meydana çıkarabilir ve bir kere bu hale geldikten sonra milletin hayat ve mevcudiyetine zıt olan mezalim ve tazyiklerin tümünü bertaraf etmeye muktedir olmak salahiyetini yalnız teorik olarak değil fiilen de kazanmış oluyoruz."[426]

Atatürk'ün Demokrasi Projesi'ni nasıl bir inançla geliştirdiğinin en açık kanıtlarından biri onun Yunus Nadi Bey'e söylediği bu sözlerdir... 1920'nin koşullarında, o berbat işgal günlerinde, Ankara'da *"Ben her kerameti meclisten bekleyenlerdenim."*, *"Millet işlerinde meşruiyet, ancak milli kararlara isnat etmekle, milletin eğilimine tercüman olmakla elde edilir."* ve *"Önce meclis sonra ordu Nadi Bey..."* diyen Atatürk, büyük bir kararlılıkla TBMM'yi toplayıp işleterek, yoksul ve yoksun Anadolu'nun orta yerinde gerçek bir savaş demokrasisi yaratmıştır.

Atatürk, Büyük Taarruz öncesinde, hazırlanması ve tamamlanması gereken savaş araçları arasında ulusu ilk sıraya, meclisi ikinci sıraya, orduyu ise üçüncü sıraya koymuştur:

"Birincisi, en önemlisi ve asıl olan doğrudan doğruya milletin kendisidir. Milletin varlığı ve bağımsızlığı için gönlünde, vicdanında belirmiş olan istek ve emellerin sağlamlığıdır. Millet içindeki bu isteği ne kadar güçlü bir şekilde ortaya koyarsa, bu istek ve emellerin gerçekleşmesi için ne kadar çok azim ve iman gösterirse düşmanlara karşı başarı sağlamak için o kadar güçlü bir araca sahip olduğumuza inanırım. İkinci amaç, milleti temsil eden meclisin milli isteği ortaya koymakta ve bunun gereklerini inanarak uygulamakta göstereceği kararlılık ve yiğitliktir. Meclis milli isteği ne kadar büyük bir dayanışma ve birlik içinde aksettirebilirse, düşmana karşı o kadar güçlü bir üstünlük aracına sahip olur."[427]

Atatürk, Kurtuluş Savaşı'nın en kritik döneminde, fırsattan istifade ederek, asla meclisin üstünde bir güç olmaya kalkmamıştır. Meclisin isteğiyle başkomutanlık görevini üstlenirken bile bu görev için istediği olağanüstü yetkilerin **üç ay** gibi kısa bir süreyle sınırlandırılmasını istemiştir:

426 A. Esat Bozyiğit, **Türk Yazınında Ankara**, Ankara, 2000, s. 63.
427 Mustafa Kemal Atatürk, **Nutuk**, hzl. Bilge Bahadır, İstanbul, 2002, s. 499.

"Meclisin saygıdeğer üyelerinin genellikle beliren arzu ve istekleri üzerine Başkumandanlığı kabul ediyorum. **Bu görevi kişisel olarak üstlenmekten doğacak yararları en büyük hızla elde edebilmek ve ordunun maddi ve manevi gücünü en büyük hızla artırıp tamamlamak ve yönetimini bir kat daha güçlendirmek için Türkiye Büyük Millet Meclisi'nin tanıdığı yetkileri doğrudan doğruya kullanmak koşuluyla kabul ediyorum. Yaşamım boyunca ulusal egemenliğin en sadık bir hizmetçisi olduğumu ulusun gözlerinde bir kez daha doğrulamak için, bu yetkinin üç ay gibi kısa bir süreyle sınırlandırılmasını ayrıca isterim."**

"O ki komutandır, o ki hareketin ruhudur, beynidir, her şeyidir. Kurduğu orduların başkomutanı olmak için meclis karşısına çıkar, yetki ister, nefes tüketerek zar zor alır. Ne mecburiyeti vardır birader, paşalar nasıl olsa ondan yanaydılar, cart diye başkomutanım dese, kim hayır diyebilecekti. Demez ama neden demez, çünkü egemenliğin kayıtsız şartsız halkta olacağı bir devleti kurarken önce kendisi, herkesten uygulamasını isteyeceği bir ana kurala uymazlık edemezdi. Uymuştur. Onu, Türkiye Büyük Millet Meclisi ordularının başkomutanı yapan Türkiye Büyük Millet Meclisi olmuştur."[428]

Atatürk'ün silah arkadaşlarından İsmet İnönü, Kurtuluş Savaşı yıllarındaki savaş demokrasisinden şöyle söz etmiştir:

"Milli Mücadele'nin bir millet meclisi kurularak onunla beraber yürütülmesi son derece güç fakat harikulade isabetli bir karar olmuştur... Askeri sahada, idari sahada, iç ve dış siyaset sahasında bu harikulade bir buluştur. Emsali de hemen hemen yok gibidir."[429]

İnönü, Atatürk'ün ölüm yıl dönümüne rastlayan bir radyo konuşmasında Atatürk'ün Kurtuluş Savaşı yıllarında demokrasiye doğru adımlar attığını şöyle ifade etmiştir:

"Atatürk, insanların tanıyabileceği en güç şartlar içinde Milli Mücadele'nin askeri hareketlerini ve hükümet idaresini, ilk gününden Büyük Millet Meclisi ile birlikte yürütmüştür. Kudreti eli-

---

428 İlhan, **age.**, s. 221.
429 Abdi İpekçi, **İnönü Atatürk'ü Anlatıyor**, İstanbul, 1981, s. 35, 36; İsmet İnönü, **Aziz Atatürk**, Ankara, 1963.

ne alırken ilk düşündüğü şey, bir millet meclisi kurmak olmuştur. Atatürk, demokratik rejime hepimizden önce girmiş, inanmış ve onu tatbik etmiştir."[430]

Attilâ İlhan, Atatürk'ün Kurtuluş Savaşı yıllarında dönemin savaş şartlarından dolayı bir "askeri demokrasi" kurduğunu, ancak şartlar normale döndükten sonra çoğulcu demokrasiye geçiş denemeleri yaptığını belirtmiştir.[431] TBMM'nin daha önceki meclislerden farkı, tarihimizde ilk kez egemenliği kayıtsız şartsız millete vermesidir. TBMM, tarihimizde, üzerine halife/padişahın gölgesinin düşmediği ilk meclistir. Bu nedenle üzerine halife/padişahın ve işgal güçlerinin gölgesinin düştüğü Son Osmanlı Mebusan Meclisi'nden farklıdır. TBMM, her şeyden önce *"Ya istiklal ya ölüm!"* diye yola çıkan bir milletin temsilcilerinden oluşmuş, gerçek anlamda bir bağımsızlık meclisidir. İstanbul'daki Son Osmanlı Mebusan Meclisi'nin dağıtılmasından sonra oradaki bazı milletvekillerinin Ankara'daki TBMM'ye katılmış olması, TBMM'yi Osmanlı Mebusan Meclisi'nin devamı yapmaz. TBMM, hem İstanbul'daki işbirlikçilere (padişah dahil) hem de emperyalistlere karşı Türk ulusunun isyanıdır. Bu bakımdan tamamen özgün ve tamamen yeni bir meclistir. Atatürk de bu düşüncededir. Örneğin bir hukuk profesörü olan Celalettin Arif Bey, TBMM'yi Osmanlı Meclisi'nin devamı olarak göstermek isteyince Atatürk kendisine, *"Siz değil anayasa profesörü sokak başı avukatı bile olamazsınız,"* diye çok sert bir yanıt vermiştir.[432]

TBMM'nin aldığı 24 Nisan Kararları, ulusal egemenliğe çok güçlü bir şekilde vurgu yaptığı için cumhuriyetin ilk güçlü habercisidir. *"Meclisin üstünde hiçbir güç ve kuvvet yoktur.", "Meclise padişah temsilcisi atanmayacaktır.","Padişahın geleceği, meclisin ilerde vereceği karara göre belirlenecektir."* Bu kararları alan TBMM, padişah otoritesi de dahil bütün kişisel

---

430 10 Kasım 1962 tarihli radyo konuşması. Hamza Eroğlu, **Atatürkçülük**, Ankara, 1981, s. 271.
431 İlhan, **age.**, s. 78.
432 Meydan, **"Atatürk'ü Doğru Anlamak İçin"** Nutuk'un Deşifresi, s. 221.

otoriteleri reddederek sadece millet egemenliğini tanımıştır. Atatürk *"Nutuk"*ta o gün alınan kararlar konusunda şu yorumu yapmıştır: *"Efendiler, bu ilkelere dayanan bir hükümetin niteliği kolayca anlaşılabilir. Böyle bir hükümetin kurulmasında ana ilke kuvvetler birliği töresidir. Zaman geçince bu ilkelerin taşıdığı kavramlar anlaşılmaya başlar."*

TBMM'de 18 Kasım 1920'de yayımlanan "Halkçılık Beyannamesi"nde geçen,*"Türkiye halkını (...) irade ve hâkimiyetinin sahibi kılmak"* ifadesiyle yine çok güçlü bir şekilde "ulusal egemenliğe", dolayısıyla cumhuriyete vurgu yapılmıştır.

Atatürk, her fırsatta "vicdanındaki milli sır" cumhuriyete yönelik adımlar atmıştır. Örneğin Milli Hareket'i halka anlatmak için Sivas'ta *İrade-i Milliye*, Ankara'da ise *Hâkimiyet-i Milliye* adlı gazeteler kurmuştur.[433] Atatürk, gazetelere bu adları bilinçli olarak vermiştir. Her iki ad da "ulusal egemenlik" dolayısıyla "cumhuriyet" anlamına gelmektedir.[434] Atatürk'ün, Ankara'daki tek yapraklı *Hâkimiyet-i Milliye* gazetesini çıkarmakla görevlendirdiği Muhittin Bey'e tek tavsiyesi: *"Var kuvvetimizle hâkimiyetin millete ait olduğu fikrini neşredeceğiz,"* olmuştur.[435] *Hâkimiyet-i Milliye* gazetesinin 10 Ocak 1920 tarihli ilk sayısında "hâkimiyeti milliye" kavramının **meşrutiyet** anlamına gelmediği vurgulanarak, üstü kapalı da olsa bu kavramla başka bir rejimin kastedildiği ima edilmiştir.[436]

Kurtuluş Savaşı sırasında cumhuriyetin en somut tanımı 1921 *"Teşkilatı Esasiye Kanunu"*nun (ilk anayasanın) *"Egemenlik ka-*

---

433 Sabahattin Özel, **Büyük Milletin Evladı ve Hizmetkârı Atatürk ve Atatürkçülük**, İstanbul, 2006, s. 66.

434 Atatürk'ün en önemli devrim stratejilerinden biri "sembolik anlatımdır". Atatürk vurgulamak istediği kavramları hayatın içine sokarak halkın bu kavramlara alışmasını sağlamıştır. Kurtuluş Savaşı yıllarında halkı **cumhuriyete** alıştırmak için kurduğu gazetelerden birine **İrade-i Milliye** diğerine **Hakimiyet-i Milliye** adlarını vermiş, 1930'larda **Türk Tarih Tezi**'nin gündeme geldiği dönemde de halkın **Hititleri** ve **Sümerleri** sahiplenmesi için kurduğu bankalardan birine **Etibank**, diğerine **Sümerbank** adlarını vermiştir.

435 Muhittin Birgen, *"Atatürk'ü Seviyorsak"*, **Son Posta** gazetesi, 15 Kasım 1938; Özel, **age.**, s. 66, 67.

436 Turan, **age.**, s. 399.

yıtsız şartsız *milletindir*" şeklindeki 1. maddesidir.[437] Anayasaya böyle bir madde konulması, adlandırılmamış olsa da aslında cumhuriyetin ilan edildiğini gösterir. Ancak Atatürk, Kurtuluş Savaşı kazanılmadan cumhuriyeti ilan etmek istemediği için bu konuyu 1923 yılına kadar vicdanında "bir milli sır olarak" saklamıştır.

Atatürk 1921 yazında not defterine, TBMM başkanının yetkilerinin ve hükümet şeklinin saptanması gerektiği düşüncesiyle şunları yazmıştır.:

"Reis: Vaziyet-i hukukiye (Başkan: Hukuki durum)
Hükümetin şeklini tespit lazım.
Yenilik."[438]

Atatürk'ün bu notları, onun cumhuriyet konusundaki taslak çalışmalarından biridir.

Anadolu'dan yayılan "ulusal egemenlik" kokuları İstanbul Hükümeti'ni kuşkulandırmıştır. Başta Padişah Vahdettin olmak üzere İstanbul'daki yöneticiler, Anadolu hareketinin cumhuriyete doğru yöneldiğini anlamıştır. Vahdettin, 1922 Şubatı'nda Avrupa'ya giderken kendisiyle görüşen TBMM temsilcisi Yusuf Kemal Tengirşek'ten TBMM'nin cumhuriyetçi olup olmadığını öğrenmeye çalışmış; İstanbul Hükümeti'nde sadrazam olarak görev alan Ali Rıza Paşa da eski sadrazamlardan Ahmet İzzet Paşa'ya millicilerden söz ederken, *"Cumhuriyet yapacaklar, cumhuriyet!"* diye yakınmıştır.[439] Bir din bilgini olan İzmirli İsmail Hakkı da Ayasofya Camii'nde verdiği vaazda, *"İslam hükümdarsız olmaz, cumhuriyet olmaz,"* diyerek ulusal egemenliğe karşı çıkmıştır. Atatürk, I. TBMM'de Müdafaa-i Hukuk Grubu'nu kurduktan sonra işin cumhuriyete doğru gittiğini anlayan bazı gericiler, kutsal sandıkları hilafet/padişahlık düzenini korumak için Muhafaza-i Mukaddesat adlı bir örgüt kurmuştur. O günlerde Kazım Karabekir Paşa bile Atatürk'ü cumhuriyete gitmekle suçlamıştır![440] İşte bu cumhuriyet karşıtlığından dolayı Atatürk

---

437 Maddenin aslı, *"Egemenlik bilakaydüşart milletindir"* biçimindedir. Bkz. Karlıklı, **age.**, s. 15.
438 Ali Mithat İnan, **Atatürk'ün Not Defterleri**, Ankara, 1998, s. 90.
439 Turan, **age.**, s. 399.
440 **age.**, s. 399.

ve Müdafaa-i Hukuk Grubu'ndakiler, Atatürk'ün vereceği işarete kadar, taktik gereği, "cumhuriyet" sözünü kullanmamaya özen göstermiştir. Örneğin Hüseyin Cahit Yalçın, *Renin* gazetesinde çıkan "*İnkılâb*" başlıklı yazısında, "*TBMM Hükümetinin esasında bir cumhuriyet olduğu belirgindir*" cümlesinden dolayı Basın Müdürü Ahmet Ağaoğlu tarafından uyarılmıştır.[441] Atatürk Demokrasi Projesi'ni planladığı gibi adım adım hayata geçirmiştir. Cumhuriyeti ilan edebilmek için her şeyden önce bin yıldan fazla bir süredir devam eden bir kuruma, saltanata/padişahlığa son vermesi gerekmiştir. Atatürk, bunun için de en uygun zamanı beklemiştir. Kurtuluş Savaşı'nın başından itibaren padişahla olan ilişkilerini çok dikkatle yürüten, Padişah'ın İngilizlerle birlikte hareket ettiğini bilmesine karşın yeri ve zamanı gelinceye kadar padişah yanlılarını karşısına almamak için halife/padişahı kurtarmaktan söz eden Atatürk, Padişah'ın İngilizlerle işbirliği içinde Milli Hareket'i yok etmek için açıkça çalışmaya başlaması üzerine çok ağır sözlerle Padişah'ı eleştirmeye başlamıştır. Atatürk ve silah arkadaşlarının "dinsiz ve zındık" olduklarını, bu nedenle öldürülmelerinin dinen "uygun" olduğunu belirten fetvalarının yayımlanması ve Kuvay-ı İnzibatiye (Halifelik Ordusu) adlı bir ordunun hazırlanıp milliyetçilerin üzerine saldırtılması gibi ihanetler, Atatürk'ün, "*halife/padişahı kurtaracağız*" söylemini terk etmesinde etkili olmuştur. TBMM'de halife/padişah konusundaki tartışmalar artınca Atatürk, 25 Eylül 1920 tarihinde meclis gizli oturumunda yaptığı konuşmada, o koşullarda halife/padişah konusuyla bu kadar fazla ilgilenmenin doğru olmadığını belirtmiş ve padişahı ilk kez açıkça "hain" olarak adlandırmıştır: "*Türk ulusunun ve onun biricik temsilcisi bulunan Büyük Millet Meclisi'nin yurt ve ulusun bağımsızlığını, yaşamasını güven altında bulundurmaya çalışırken, halifelik ve padişahlıkla, halife ve padişahla bu denli çok ilgilenilmesi sakıncalıdır. Şimdilik bunlardan hiç söz etmemek yüksek çıkarlarımız gereğidir. Eğer amaç bugünkü halife ve*

---

441 age., s. 400.

padişaha bağlılığı bir daha söyleyip belirtmekse bu kişi haindir. Düşmanların yurt ve ulusa kötülük yapmada kullandıkları maşadır. (...) Sorunu kökünden çözümlemeye girişecek olursak, bugün içinden çıkamayız, bunun da zamanı gelecektir."[442]

Beklenen zaman, Lozan Konferansı arifesinde gelmiştir. İngilizlerin, 28 Ekim 1922'de Lozan Konferansı'na İstanbul Hükümeti'ni de çağırmaları üzerine harekete geçen Atatürk, bunu engellemek için saltanatın kaldırılması gerektiğini belirtmiştir. 1 Kasım 1922'de halifelik ile saltanat birbirinden ayrılmış –Atatürk'ün stratejisi gereği henüz ortam uygun olmadığı için halifelik korunmuş– saltanat ise kaldırılmıştır.

Ancak saltanatın kaldırılması hiç de kolay olmamıştır. Monarşiyi dinsel bir gereklilik zannedenlerin tepkisi Atatürk'ü bir hayli uğraştırmıştır. Öyle ki, Atatürk'ün bazı silah arkadaşları bile saltanatın kaldırılmasına büyük tepki duymuştur. Kazım Karabekir Paşa, Rauf Bey ve Refet Paşa'nın saltanata gönülden bağlı oldukları anlaşılmaktadır. Örneğin Atatürk, Rauf Bey'e padişahlık ve halifelik konusundaki düşüncelerini sorduğunda Rauf Bey şu yanıtı vermiştir: *"Ben, padişahlık ve halifelik onuruna gönül ve duygu bakımından bağlıyım. Çünkü benim babam, padişahın ekmeğiyle yetişmiş, Osmanlı Devleti'nin ileri gelen adamları arasına geçmiştir. Benim de kursağımda o ekmekten vardır. Ben iyilikbilmez değilim ve olamam. Padişaha bağlı kalmak borcumdur. Halifeye bağlılık ise görgümün gereğidir.*" Atatürk, aynı soruyu Refet Bey'e de sormuş, o ise şu yanıtı vermiştir: *"Rauf Bey'in bütün düşünce ve görüşlerine katılırım. Gerçekten bizde padişahlıktan, halifelikten başka bir yönetim biçimi söz konusu olamaz.*" Atatürk aynı soruyu Ali Fuat Paşa'ya da sormuş, ancak Ali Fuat Paşa, Moskova'dan yeni geldiğini belirterek, halkın bu konudaki düşünce ve duygularını incelemeye daha zaman bulamadığını söyleyip bu soruya yanıt vermemiştir. Kazım Karabekir Paşa'nın düşünceleri de Rauf Bey ve Refet Paşa'nın düşüncelerinden çok farklı değildir.

---

442 Görüldüğü gibi Atatürk'ün Kurtuluş Savaşı devam ederken Vahdettin'i "hain" olarak adlandırmadığı iddiası da kocaman bir yalandır.

Ancak Atatürk kararlıdır. Muhaliflerin bütün karşı çıkışlarına rağmen saltanatı kaldırmak için düğmeye basmıştır. Kılıç Ali'nin anlattığına göre, *"Gazi mecliste artık saltanat aleyhinde konuşmak zamanı geldiğine inanmış, Bakanlar Kurulu'nda bu işin yavaş yavaş görüşülmeye başlanmasını istemiş ve bu iş için Celal Bayar'ı seçmiştir."*

Atatürk gerçekten büyük bir stratejisttir. Saltanatı kaldırırken bu işin ilk adımını muhaliflerin gizli lideri saltanatçı/hilafetçi Rauf Bey'e attırmak istemiştir. Böylece muhalefeti etkisiz hale getirmeyi amaçlamıştır. Atatürk, Rauf Bey'i meclisteki odasına çağırarak onun saltanat konusundaki görüşlerini hiç bilmiyormuş gibi ayakta, ona: *"Halifelikle padişahlığı birbirinden ayırarak padişahlığı kaldıracağız,"* demiştir. Rauf Bey'le bundan başka bir şey konuşmamıştır. Rauf Bey odadan çıkarken Kazım Karabekir içeri girmiştir. Atatürk, ondan da bu yolda konuşmasını istemiştir.

Bütün güçlüklere rağmen Atatürk'ün Demokrasi Projesi tıkır tıkır işlemiştir. Rauf Bey adeta efsunlanmış gibi, mecliste Atatürk'ün kendisinden istediği şekilde konuşmuş, hatta padişahlığın kaldırıldığı günün bayram ilan edilmesini önermiştir. Muhalifler, Rauf Bey'in birdenbire düşüncelerini değiştirmesine bir anlam veremeyerek sessiz kalmıştır. Saltanatın kaldırılmasına ilişkin önerge mecliste okunduğunda sadece iki kişi çok sert muhalefet etmiştir. Bunlardan biri Mersin Milletvekili Albay Selahattin, diğeri de daha sonra İzmir Suikastı'na karışarak asılacak olan Ziya Hurşit'tir.[443]

Atatürk 1 Kasım 1922'deki meclis toplantısında saltanatın ve halifeliğin tarihsel sürecini anlatan çok etkili bir konuşma yapmıştır. Hülagü'nün Halife Mutasım'ı asıp dünya yüzünde halifeliğe edimli olarak son verdiğini, eğer 1517'de Mısır'ı ele geçiren Yavuz, orada halife sanını taşıyan bir sığıntıya önem vermeseydi, halifelik sanının zamanımıza dek sürüp gelemeyeceğini anlatmıştır.

---

443 Mütercimler, *age.*, s. 765.

Daha sonra bu konuyla ilgili önergeler üç komisyona (Teşkilatı Esasiye, Şer'iye ve Adliye) verilmiştir. Atatürk, *"Nutuk"*ta, *"Bu üç komisyon üyelerinin bir araya gelip konuyu güttüğümüz maksada uygun bir çözüme bağlaması elbette güçtü. Durumu yakından bizzat takip etmek gerekti,"* demiştir. Üç komisyon bir odada toplanıp konuyu tartışmaya başlamıştır. Din işleri komisyonundaki hocalar halifelikle saltanatın birbirinden ayrılamayacağını iddia etmeye başlamıştır. Atatürk'ün de içinde bulunduğu bir grup bu tartışmaları izlemiştir. Bu tartışmalardan bir sonuç çıkmayacağını anlayan Atatürk, Karma Komisyon Başkanı'ndan söz alarak önündeki sıranın üstüne çıkmış ve yüksek sesle şunları söylemiştir:

"Efendiler, egemenliği hiç kimse, hiç kimseye bilim gereğidir diye görüşmeyle, tartışmayla vermez. Egemenlik güçle, erkle, zorla alınır. Osmanoğulları zorla Türk ulusunun egemenliğine el koymuşlardı. Bu zorbalıklarını altı yüz yıldan beri sürdürmüşlerdi. Şimdi de Türk milleti bu saldırganlara isyan ederek ve artık dur diyerek, hâkimiyet ve saltanatı artık kendi eline almış bulunuyor. Bu bir oldu bittidir. Söz konusu olan millete saltanatını, hâkimiyetini bırakacak mıyız, bırakmayacak mıyız meselesi değildir; mesele zaten oldu bitti haline gelmiş olan bir gerçeği kanunla ifadeden ibarettir. Bu mutlaka olacaktır. Burada toplananlar, meclis ve herkes meseleyi doğal olarak karşılarsa sanırım ki uygun olur. Aksi takdirde yine gerçek şekline uygun olarak ifade edilecektir. Fakat belki de bazı kafalar kesilecektir. İşin ilim yönüne gelince hoca efendilerin merak ve endişelerine kapılmalarına yer yoktur. Bu konuda ilmi açıklamalarda bulunayım, dedim ve uzun uzadıya birtakım açıklamalar yaptım. Bunun üzerine Ankara milletvekillerinden Hoca Mustafa Efendi, 'Afedersiniz efendim!' dedi. 'Biz konuyu başka bakımdan ele alıyorduk, açıklamalarınızla aydınlandık,' dedi. Konu Karma Komisyon'da çözüme bağlanmıştı."[444]

Atatürk'ün, saltanatın kaldırılmasına direnenlere karşı, *"Ak-*

---

444   Atatürk, **Nutuk**, s. 543.

si takdirde bazı kafalar kesilecektir," şeklindeki "devrimci tepkisi", aslında onun Demokrasi Projesi'ne ne kadar büyük önem verdiğini göstermektedir. Atatürk'ün ilk bakışta "diktatörce" görülebilecek bu "devrimci tepkisi" sayesinde, bin yıldan fazla bir zamandır devam eden en büyük diktatörlük; saltanat sistemi yıkılmış ve ulusal egemenliğin, cumhuriyetin, dolayısıyla demokrasinin önü açılmıştır.

Atatürk'ün anlatımıyla: *"Hızla kanun tasarısı hazırlandı. O gün meclisin ikinci oturumunda okundu. Ad okunarak oya konması teklifine karşı kürsüye çıktım. Dedim ki: 'Bu ebedi olarak korunacak ilkeleri yüce meclisin oybirliğiyle kabul edeceğini sanırım.' 'Oya' sesleri yükseldi. Sonunda başkan oya sundu ve 'Oybirliğiyle kabul edilmiştir,' dedi. Yalnız olumsuzluk bildiren bir ses işitildi. 'Ben muhalifim.' Bu ses, 'Söz yok' sesleriyle boğuldu. İşte efendiler, Osmanlı saltanatının yıkılışı ve göçüş töreninin son aşaması böyle geçmiştir."*[445]

Demokrasi Projesi bütün hızıyla ilerlemiştir. Şimdi sıra cumhuriyetin ilanına gelmiştir. Atatürk yavaş yavaş, "cumhuriyet" sözünü ağzına almaya başlamıştır. Örneğin 23 Eylül 1923 tarihinde *Neu Free Press* muhabirine verdiği demeçte mevcut anayasanın aslında bir cumhuriyet rejimi öngördüğünü belirtmiştir:

"Yeni Türkiye Esas Teşkilat Kanunu'nun ilk maddelerini size tekrar edeceğim: Hâkimiyet kayıtsız şartsız milletindir. Yürütme kudreti, yasama yetkisi milletin biricik gerçek temsilcisi olan mecliste belirmiş ve toplanmıştır. Bu iki cümleyi bir kelimede özetlemek kabildir: Cumhuriyet!"[446]

Atatürk'ün cumhuriyetten söz etmesinden sonra İstanbul basını ikiye bölünmüştür. *Tanin* gibi İstanbul gazetelerinin çoğu cumhuriyetin ilan edilmesinin doğru olmayacağını öne sürerken İzmir'de çıkan *Türk Sesi*, *"Ülkeyi ancak hâkimiyeti milliye esaslarının kurtaracağını"* belirterek cumhuriyetin ilan edilmesini desteklemiştir.[447]

---

445 age., s. 344.
446 Turan, age., s. 400.
447 age., s. 400.

Atatürk, cumhuriyetin ilanı için en uygun zamanı beklemiştir. Mecliste hükümet bunalımının yaşanmaya başlamasıyla Atatürk beklediği fırsatı bulmuştur. Başbakan Fethi Okyar'ın içişleri bakanlığı görevini bırakması, aynı gün Ali Fuat Cebesoy'un meclis ikinci başkanlığından çekilmesi ve Kazım Karabekir'in de meclisteki görevlerinden ayrılması hükümet bunalımını daha da derinleştirmiştir. Ertesi gün toplanan Halk Partisi Grubu, Rauf Orbay'ı meclis ikinci başkanlığına, Sabit Sağıroğlu'nu da içişleri bakanlığına aday göstermiştir. Fakat bu önerilerle de sorun çözülememiştir.

Atatürk "*Nutuk*"ta o gelişmeleri şöyle yorumlamıştır: "*Bizimle görüşte ve yapılan çalışmalarda uzlaşma ve işbirliği aramayı gerekli bulmaksızın bağımsız ve gizli çalışan bir grup belirdi. Bu grup iyi niyetli ve hakkı tutar gibi görünerek bütün parti üyelerini kendi görüşlerine çekmekte başarılı olmaya başladı. Örnek olarak bir parti toplantısında İçişleri Bakanlığı'nda da İstanbul'da bulunan Sabit Bey'in meclisçe seçilmesini karar altına aldırdı (25 Ekim 1923). Oysa ben, Sabit Bey'in İçişleri Bakanı olmasını uygun görmemiştim. (...) Rauf Bey'in de meclis İkinci Başkanlığı'na seçilmesini doğru bulmuyordum. Çünkü Rauf Bey, daha dün hükümet başkanı idi. O makamı, ne gibi duyguların etkisinde kalarak hareket ettiği için terke mecbur edildiği bilinmekteydi. Buna rağmen onu Meclis Başkanlığı'na getirmekle bütün meclisin onunla aynı görüşte olduğunu, yani meclisin Lozan Barış Antlaşması'nı yapan ve hükümette Dışişleri Bakanı olarak bulunan İsmet Paşa'nın aleyhine olduğunu göstermek maksadı güdüyordu. Efendiler, yeni meclis ilk döneminde gizli muhalefet grubunun tuzağına düşme durumuyla karşı karşıya kaldı. Fethi Bey ve arkadaşları, hükümet işlerini sakince yürütemeyecek bir duruma getirildi. Fethi Bey, bu durumdan bana defalarca şikâyet etti ve kendisi hükümetten çekilmek istedi. Öteki bakanlar da aynı şekilde şikâyetlerde bulunuyorlardı. Kötülük hükümetin meclisçe seçilmesinden ileri geliyordu. Bu gerçeği çoktan görmüştüm.*"[448]

---

448   Atatürk, **Nutuk**, s. 622.

Atatürk, Bakanlar Kurulu'nun çalışamaz hale geldiğini gördüğünde, artık cumhuriyetin ilan edilme zamanının geldiğini de görmüştür. Kendi ifadesiyle: *"Uygulanması için sırasını beklediğim bir düşüncenin uygulanma alanının geldiğine hükmetmiştim. Bunu itiraf etmeliyim..."*[449] Atatürk 26 Ekim akşamı Bakanlar Kurulu'nu Çankaya'da bir toplantıya davet etmiştir. Toplantı sonunda Fethi Okyar'la birlikte diğer bakanların da istifa etmelerine karar verilmiştir. Yalnızca görevinin niteliği gereği Fevzi Çakmak'ın istifa etmesine gerek görülmemiştir. Bu karar doğrultusunda Fethi Okyar Hükümeti düşünce meclisteki diğer gruplar yeni bir kabine oluşturabilmek için çalışmalara başlamıştır. Ancak iki gün boyunca devam eden çalışmalardan bir sonuç alınamamıştır. Bunun üzerine Atatürk bir kere daha devreye girerek 28 Ekim akşamı bazı bakanları ve milletvekillerini Çankaya'da akşam yemeğine davet etmiştir. İsmet İnönü, Kâzım Özalp, Fethi Okyar, R. Eşref Ünaydın, Fuat Bulca, Kemalettin Sami ve Halit Karsıalan'la Çankaya'da bir araya gelen Atatürk, o gece kararını açıklamıştır: *"Yarın cumhuriyeti ilan edeceğiz."*[450]

Cumhuriyetin Şifresi

Atatürk, *"Nutuk"*un daha başında, Anadolu'ya geçişinin iki amacı olduğunu belirtmiştir. Bunlardan biri "tam bağımsızlık", diğeri ise "ulusal egemenlik", yani cumhuriyettir.

"Efendiler! (...) bir tek karar vardı. O da milli egemenliğe dayanan, kayıtsız, şartsız bağımsız yeni bir Türk devleti kurmak."[451]

Atatürk, Demokrasi Projesi'nin en önemli parçası olan "cumhuriyetin ilanı" sürecini *"Nutuk"*ta saat saat çok ayrıntılı olarak anlatmıştır. Bu süreç dikkatle incelendiğinde Atatürk'ün kriz yönetimi, örgütleme becerisi, zamanlama yeteneği, kısacası başarılı devrim stratejisi gözler önüne serilmektedir.

---

449 age., s. 623.
450 age., s. 625.
451 age., s. 18.

Şöyle ki; Atatürk *"Nutuk"*ta, *"Uygulanması için sıra beklediğim bir düşüncenin uygulanma zamanı gelmişti,"* diyerek başlamıştır cumhuriyetin ilanını anlatmaya.

- Bu konudaki ilk görüşmeyi 25 Ekim 1923 Perşembe günü hükümet üyeleriyle Çankaya'da, kendi evinde yapmıştır.
- İkinci görüşmeyi hemen ertesi gün 26 Ekim 1923'te yine Çankaya'da gerçekleştirmiştir.
- Üçüncü ve en önemli görüşmeyi 28 Ekim 1923 akşamı yine Çankaya'da yapmıştır. O gece misafirleri dağıldıktan sonra İsmet İnönü'ye, *"Yarın cumhuriyeti ilan edeceğiz,"* diyerek Teşkilat-ı Esasiye'de yapılacak değişiklikleri belirlemiştir.
- Atatürk, 29 Ekim 1923 Pazartesi günü 13:30'da meclis kürsüsüne gelerek içinde "cumhuriyetin" de olduğu kanun teklifini sunmuştur. Atatürk'ün, *"Teşkilat-ı Esasiye Kanunu'muzun bazı noktalarına açıklık kazandırmak gerekir. Teklif şudur..."* diyerek meclise sunduğu kanun teklifinin içinde koskoca bir rejim gizlidir. Bunun üzerine tartışmalar başlamıştır.
- 29 Ekim 1923, saat 20:30'da cumhuriyet ilan edilmiştir.

25 Ekim 1923 Perşembe günü başlayan süreç, 29 Ekim 1923 Pazartesi günü sona ermiştir. Yani Atatürk, en önemli ve radikal devrimlerinden birini, kendi ifadesiyle "en büyük eserini", sadece 3 görüşmeyle ve sadece 4 gün içinde gerçekleştirmiştir.

İşte AKL-I KEMAL...

Atatürk, mecliste yapılan oylamada –oylamaya katılan– 158 milletvekilinin oyunu alarak Türkiye Cumhuriyeti'nin ilk cumhurbaşkanı seçilmiştir.[452]

Anayasada yapılan değişikliklere göre 1. maddenin sonuna: *"Türkiye Devleti'nin hükümet şekli cumhuriyettir"* hükmü eklenmiş, 2. madde, *"Türkiye Devleti'nin dini İslam dinidir. Resmi lisanı Türkçedir"* biçiminde düzenlenmiştir. Böylece, cumhuriyeti "din dışı" görenlerin yapacakları cumhuriyet karşıtı propagandanın önüne geçilmek istenmiştir. Anayasada cumhurbaşka-

---

452 age., s. 639.

nının TBMM tarafından bir seçim dönemi için seçilmesine karar verilmiştir. Dönemi biten cumhurbaşkanının yeniden seçilmesine de olanak sağlanmıştır.

Atatürk, Türkiye Cumhuriyeti'nin ilk cumhurbaşkanı olarak mecliste yaptığı ilk konuşmada şunları söylemiştir:

"Saygıdeğer arkadaşlar, dünya çapında önemli ve olağanüstü olaylar karşısında saygıdeğer milletimizin gerçek uyanıklığına ve şuurluluğuna değerli bir belge olan 'Teşkilat-ı Esasiye Kanunu'nun bazı maddelerini açıklığa kavuşturmak için kurulmuş olan özel komisyon tarafından yüksek kurulunuza teklif edilen kanun tasarısının kabulü dolayısıyla Türkiye Devleti'nin zaten bütün dünyaca bilinen, bilinmesi gereken özelliği, milletlerarası adıyla adlandırıldı. Bunun doğal bir gereği olmak üzere bugüne kadar doğrudan doğruya Meclis Başkanlığı'nda bulundurduğumuz arkadaşınıza yaptırdığımız bu görevi Cumhurbaşkanı unvanıyla yine aynı arkadaşınıza, bu aciz arkadaşınıza yöneltiyorsunuz. Bu münasebetle şimdiye kadar hakkımda gösterdiğiniz sevgi, samimiyet ve güveni bir defa daha göstermekle, yüksek değerbilirliğinizi ispat etmiş oluyorsunuz. Bundan dolayı yüce kurulunuza gönlümün bütün samimiyeti ile teşekkürlerimi sunarım.

Efendiler, asırlardan beri Doğu'da haksızlığa ve zulme uğramış olan milletimiz, Türk milleti gerçekte soydan sahip bulunduğu yüksek yeteneklerden yoksun zannediliyordu. Son yıllarda milletimizin fiili olarak gösterdiği yetenek, istidat ve kavrayış, kendi hakkında kötü düşünenlerin ne kadar gafil ve ne kadar gerçeği görmekten uzak, görünüşe aldanan insanlar olduğunu pek güzel ispat etti. Milletimiz kendisinde var olan özellikleri ve değeri, hükümetin yeni adıyla, medeniyet dünyasına çok daha kolaylıkla gösterebilecektir. Türkiye Cumhuriyeti, dünya devletleri arasında tuttuğu yere layık olduğunu eserleriyle ispat edeceklerdir.

Arkadaşlar bu büyük eseri yaratan Türk milletinin son dört yıl içinde kazandığı zafer, bundan sonra da birkaç misli olmak üzere kendini gösterecektir. Bendeniz, kazandığım bu güven ve itimata layık olmak için pek önemli gördüğüm bir noktadaki bir ihtiyacı bildirmek mecburiyetindeyim. O ihtiyaç, yüce kurulumuzun şahsıma karşı gösterdiği sevgi, güven ve desteğin devamıdır. Ancak bu sayede ve Tanrı'nın yardımıyla bana verdiğiniz vereceğiniz görevleri en iyi şekilde yapabileceğimi ümit ediyorum. Daima sayın arkadaşlarımın ellerine çok samimi ve sıkı bir şekilde yapışarak kendimi onların şahıslarından bir an bile uzak görmeyerek çalışacağım. Daima milletin sevgi ve güvenine dayanarak hep birlikte ileri gideceğiz. Türkiye Cumhuriyeti, mutlu, başarılı ve galip olacaktır."

Cumhuriyeti gençliğinden beri inceden inceye planlayan, bu planını hayata geçirmek için en uygun zamanı bekleyen, büyük bir sabırla, çalışmayla ve akılla aşama aşama hareket ederek cumhuriyeti ilan eden Atatürk, milletin temsilcilerinin karşısına çıkıp, büyük bir tevazu, büyük bir hoşgörü ve büyük bir minnetle, adeta hiçbir şey yapmamış gibi konuşabilmiştir.

İşte AKL-I KEMAL budur...

Atatürk *"Nutuk"*ta Demokrasi Projesi'nin en önemli parçası olan cumhuriyeti nasıl büyük bir dikkatle ve nasıl bir yöntem ve stratejiyle ilan ettiğini şöyle anlatmıştır:

"Efendiler! Saltanat devrinden cumhuriyet devrine geçebilmek için herkesin bildiği üzere geçiş dönemi yaşadık. Bu dönemde iki ayrı düşünce ve görüş birbiriyle sürekli olarak çarpıştı. O düşüncelerden biri saltanat devrinin devam ettirilmesiydi. Bu görüşün sahipleri belliydi. Diğer bir düşünce saltanat rejimine son vererek cumhuriyet rejimini kurmaktı. Bu bizim düşüncemizdi. Biz düşüncemizi açıkça söylemeyi başlangıçta sakıncalı buluyorduk. Ancak düşünce ve görüşlerimizi daha sonra zamanı geldiğinde uygulayabilmek için, saltanat taraftarlarının görüşlerini yavaş yavaş uygulama alanından uzaklaştırmak mecburiyetinde idik. Yeni kanunlar yapıldıkça, özellikle 'Teşkilat-ı Esasiye Kanunu' yapılırken, saltanat taraftarları, padişah ve halifenin hak ve yetkilerinin açıkça belirtilmesi için ısrar ediyorlardı. Biz bunun zamanı gelmediğini veya gerekli olmadığını söyleyerek, o tarafı geçiştirmeye yarar görüyorduk.

Devlet idaresini, cumhuriyetten söz etmeksizin, milli ege-
menlik ilkeleri çerçevesinde her an cumhuriyete doğru yürüten
rejim etrafında yoğunlaştırmaya çalışıyorduk.

Büyük Millet Meclisi'nden daha büyük bir makam olmadı-
ğını telkinde ısrar ederek, saltanat ve hilafet makamları olmadan
da devleti idare etmenin mümkün olacağını ispat etmek lazımdı.
Devlet başkanlığından bahsetmeksizin onun görevini fiilen
meclis başkanına yaptırıyorduk. Uygulamada meclis başkanı,
ikinci başkandı. Hükümet vardı fakat Büyük Millet Meclisi
adını taşırdı. Kabine Sistemine geçmekten çekiniyorduk. Çün-
kü saltanatçılar, hemen padişahın yetkisini kullanması gerekti-
ğini ortaya atacaklardı.

İşte geçiş döneminin bu mücadele sahasında bizim kabul
ettirmek mecburiyetinde bulunduğumuz orta şekli, yani Büyük
Millet Meclisi Hükümeti sistemini haklı olarak yetersiz bulan
ve meşrutiyet şeklinin açıkça belirtilmesini sağlamaya çalışan
muhaliflerimiz, bize itiraz ederek diyorlardı ki: 'Bu kurmak is-
tediğiniz hükümet şekli, neye, hangi idareye benziyor? Maksat
ve hedefimizi söylemek için yöneltilen bu türlü sorulara biz de
zamanın gereğine uygun cevaplar vererek saltanatçıları sustur-
mak zorunda idik."[453]

Atatürk, cumhuriyetin şifresini, cumhurbaşkanı seçilişinin
hemen ardından Fransız temsilcisi Mongin'in kutlamasına ver-
diği yanıtta şöyle ifade etmiştir: *"Hırpalamak, sonra şaşırtmak*
için saldırmak ve başarı kazanmak."[454]

İşte plan, program, strateji... İşte AKL-I KEMAL...

Neden 29 Ekim?

Cumhuriyetin ilan ediliş süreci kadar, ilan ediliş tarihinin de
bir anlamı, bir şifresi vardır. Atatürk, cumhuriyeti özellikle 29
Ekim'de ilan etmiştir. Bu tarihi bilinçli olarak seçmiştir. Atatürk,
cumhuriyetin ilanı için 29 Ekim tarihini seçerken, 30 Ekim ta-

453 age., s. 658, 659.
454 Turan, age., s. 412.

rihine bir gönderme yapmak, daha doğrusu emperyalizmden 30 Ekim'in "intikamını" almak istemiştir. Çünkü bilindiği gibi 30 Ekim 1918'de Anadolu'nun emperyalistlerce işgaline zemin hazırlayan Mondros Ateşkes Antlaşması imzalanmıştı. Mondros Ateşkes Antlaşması'nın Türk ulusunu nasıl bir ölüm kalım savaşının içine sürüklediğini asla unutmayan Atatürk, imkânsızı başarıp, Türk ulusunu emperyalizmin pençesinden kurtardıktan sonra bu kurtuluşu cumhuriyetle taçlandırırken Mondros'u çağrıştıran 30 Ekim'in bir gün öncesinde, 29 Ekim'de cumhuriyeti ilan ederek bir anlamda Mondros'un intikamını almıştır.

Cumhuriyetin ilanından 2 yıl sonra, Ekim 1925'te Fahrettin Altay Paşa Çankaya'da Atatürk'ün misafiri olmuştur. Paşa, zihnini hep meşgul eden, cumhuriyetin niçin ve neden 29 Ekim'de ilan edildiğini öğrenmek istemiştir.

Altay Paşa'ya kulak verelim:

"Atatürk hep mazlum bir millet derdi. Cumhuriyetin ilanından epey bir süre geçmişti. Ben de, hep neden 29 Ekim diye kendi kendime sormuşumdur. Bir gün Çankaya'da sofra dağıldıktan sonra, 'Paşam benim dikkatimi çekmiştir. Hep düşündüm. 30 Ekim 1918 günü mütareke ilan edildi. Adana'daki karargâhınızdan Başkent'e (İstanbul'a) verdiğiniz şifreyi hatırlıyorum. Şimdi aradan zaman geçti, cumhuriyetimizin ilanının 29 Ekim gecesine gelmesi acaba bir tesadüf müdür? Üç gün evvel, beş gün sonra da olabilirdi,' diye sordum."

Bu soruya Atatürk şu yanıtı vermiştir:

"Mütarekenin ilk günlerini hatırlarsın. Saray ve hükümet teslimiyeti kabul etmişti. Hükümet sarayın, saray da İtilaf Devletleri'nin elinin altına girmişti. Saray bu halinden memnundu. Fakat, ben bunu kabul edemezdim. Buna karşı koymakla bir çıkış yolunu temin ederek, bu mazlum milleti tarih sahnesinden silmek, ortadan kaldırmak isteyenlere karşı harekete geçmek için kendimi vazifeli saymıştım. Dünyada tek başımıza idik, fakat benim inandığım ideale benimle beraber olanlar da bağlandılar ve netice hasıl oldu. Mütareke 30 Ekim 1918'de imzalanmıştı. Vatan parçalanmış, istilaya uğramıştı. Peki, 30

Ekim 1918'den bizim İzmir'e girdiğimiz tarih olan 9 Eylül 1922'ye kadar kaç yıl geçti? Dört yıl. 29 Ekim 1923'te Cumhuriyeti ilan ettik. İşte beş yıla sığdırdığımız büyük inkılâp, bizim yaşadığımız şartlara duçar olmuş, hangi milletin tarihinde vardır? Bu mazlum millet kendisinin hakkı olan yere ulaşmıştır. Çektiğimiz acıların, sıkıntıların en büyük mükafatı işte budur. Bütün dünya bunu görmüştür. Daha da görecekleri vardır. Beni en çok mesut eden hadise, bu mazlum milletin hak ettiği bu yere gelmesidir. Sen benim 30 Ekim 1918 sonrası günlerdeki çektiğim azabı bilirsin. Yanımdaydın. Mondros 30 Ekim'dir. Cumhuriyet 29 Ekim. İşte bu da bir milletin, mazlum bir milletin ahıdır. Sanırım ki o zamanki devletler bunu anlamışlardır."

Atatürk bir an durup Fahrettin Altay Paşa'ya bakmış ve sonra elini masanın üzerine vurarak şöyle demiştir:

"Deyiniz ki, bu tarihten silinmek istenilen bir milletin öcüdür..." Fahrettin Altay Paşa'nın, *"Ama bundan hiç bahsetmediniz,"* demesi üzerine Atatürk: *"Övünmek olur, övünmek benimle beraber mefkureye inananların, milletin, ordunun hakkıdır,"* demiştir.

Fahrettin Altay Paşa bu konuda şu yorumu yapmıştır:

"... Cumhuriyetin ilanı üç gün önce, iki gün sonra da olabilirdi. Bazı akımlar vardı, onlara karşı harekete geçmişti. Ama dikkatimden kaçmayan husus, müzakerelerin bir an evvel bitmesini istemesiydi. Adana'dan İstanbul'a verdiği şifrede yanında bulunduğum için, mütareke koşullarına olan şiddetli itirazını ve o günkü azabını çok iyi biliyordum. 'Diyelim ki, bu bir milletin öcüdür' sözünden bir netice çıkarabiliyorum, belki iki neticeyi birden elde etmek istemişti."

Atatürk, cumhuriyetin ilan tarihini seçerken, dünyaya ve Türkiye'ye bir kere daha AKL-I KEMAL'i göstermiştir.

Bir Tek O Başarabildi

Kurtuluş Savaşı'nda, *"Biz (...) tüm ulus olarak bizi mahvetmek isteyen emperyalizme karşı ve bizi yutmak isteyen ka-*

pitalizme karşı bütün ulusça mücadele etmeyi gerekli gören bir mesleği takip eden insanlarız," diyerek emperyalizmi ve yerli işbirlikçilerini bozguna uğratan Atatürk, emperyalizme asıl büyük darbeyi 1923'te cumhuriyeti ilan ederek vurmuştur. Bir anlamda adeta emperyalizmin ezberini bozmuştur. Daima kontrol edebileceği kişiler, krallar, şahlar, sultanlar, padişahlar arayan emperyalizm, Türkiye'de kendisine karşı kazanılan bir zaferden sonra padişahlığın yıkılıp "egemenliğin ulusun eline geçmesinden" fena halde rahatsız olmuştur. Çünkü emperyalizm, bir milleti kontrol etmektense bir adamı kontrol etmenin çok daha kolay olduğunu tarihi tecrübelerle görmüştür. Bu nedenle her seferinde ulusal egemenliği, cumhuriyeti daha doğmadan boğmanın yollarını aramıştır.

Örneğin 1913'te Batı Trakya'da kurulan **Batı Trakya Cumhuriyeti** sadece 3 ay, 1918'de Bakü'de kurulan **Azerbaycan Cumhuriyeti Devleti** sadece 23 ay ve 1919'da Kars'ta kurulan **Güneybatı Kafkas Cumhuriyeti** de sadece 18 gün sonra emperyalizm tarafından yerle bir edilmiştir.

Bugün hâlâ emperyalizmin pençesinden kurtulamayan İslam dünyasında tek adamlar, diktatörler ya da göstermelik cumhuriyetler hüküm sürmektedir.

1920'lerde Türkiye ile eşzamanlı olarak dünyanın başka yerlerinde de emperyalizme başkaldıran uluslar vardır. Örneğin 1920'lerde Hindistan, Mısır, İrlanda gibi ülkeler de emperyalizme karşı bağımsızlık mücadelesi vermiştir. Ancak emperyalizm bu ülkelerin hiçbirinde **cumhuriyet** ilan edilmesine izin vermemiştir.

İrlanda da İngiliz emperyalizmine başkaldıran **Michael Collins** bağımsızlık mücadelesi sonrasında cumhuriyeti ilan etmeyi başaramamıştır. 1922 yılında Michael Collins'e, neden cumhuriyeti ilan etmediğini sorduklarında verdiği yanıt çok anlamlıdır: *"İngilizler izin vermedi!"*

1925 yılında İran'da **Rıza Şah** cumhuriyet ilan etmek istemiş, ancak İngilizler ona da izin vermemişlerdir. Atatürk, İran'da cumhuriyetin ilan edilmesine yardım etmek istemiş, bu amaçla Tahran'daki Türkiye Büyükelçisi Memduh Şevket Esendal'a gerekli talimatları vermiştir. Neden cumhuriyeti ilan edemediğini soran Memduh Şevket Esendal'a Rıza Şah: "*Ne zaman bu yabancılar bizi serbest bırakacaklar!*" diye imalı bir yanıt vermiştir.[455] İrlanda'da Michael Collins'in ve İran'da Rıza Şah'ın yapamadığını Türkiye'de Atatürk yapmış, 1923'te Anadolu'nun göbeğinde, Ankara'da dosta düşmana göstere göstere cumhuriyeti ilan etmiştir.

1923'te ilan edilen o cumhuriyet, bütün iç ve dış saldırılara rağmen, dünya tarihindeki tek kesintisiz cumhuriyet olarak, 89 yıldır hâlâ dimdik ayaktadır.

İşte Atatürk mucizesi budur...

Atatürk'ün En Büyük Eseri

Atatürk, "*Türk milletinin doğasına ve âdetlerine en uygun olan yönetim biçiminin cumhuriyet yönetimi*" olduğunu belirtmiştir.[456] Montesquieu'dan esinlenerek cumhuriyetin "fazilet" olduğunu söylemiştir. 1925'te İzmir Kız Öğretmen Okulu'nu ziyaretinde cumhuriyeti şöyle tanımlamıştır: "*Cumhuriyet, ahlak erdemliliğine dayanan bir yönetimdir. Cumhuriyet erdemdir. Sultanlık, korku ve tehdide dayanan bir yönetimdir. Cumhuriyet yönetimi erdemli ve namuslu insanlar yetiştirir.*"

Kendi elyazıyla yazıp Afet İnan'a verdiği notta cumhuriyete verdiği önemi şöyle ifade etmiştir: "*Benim için tek bir hedef vardır: Cumhuriyet hedefi. Bu hedefe ulaşmak için belirli yolda yürüyen arkadaşların başarılı olması için girişilecek doğru yolda çok çalışmak ve çalışkan olmak lazımdır. Arkadaşlar benden iltimas beklememelidir. Hepiniz benim nazarımda kıymetli, yüksek kardeşlersiniz. Amma hepinize gösterdiğim hedef, yüce kutsal bir hedeftir. Hepiniz oraya yönelmişsiniz. Hanginiz daha güzel çizgilerle oraya varırsanız, onu ellerim çatlayıncaya kadar çarparak takdir edeceğim.*"[457]

---

455 Turan, **age.**, s. 416.
456 Kocatürk, **age.**, s. 71.
457 Turan, **age.**, s. 413.

1923 yılında cumhuriyetin düşünce özgürlüğüne taraftar olduğunu belirtmiştir: *"Cumhuriyet düşünce özgürlüğü taraftarıdır. Samimi ve meşru olmak şartıyla her fikre saygı duyarız. Her düşünce bizce değerlidir. Yalnız karşımızdakilerin insaflı olması lazımdır."*[458]

Atatürk, cumhuriyeti "en büyük eseri" olarak adlandırmıştır. *"Benim naçiz vücudum elbet bir gün toprak olacaktır, ama Türkiye Cumhuriyeti ilelebet payidar kalacaktır,"* diyen; Erzurum'da bir caddeye kendi adının verilmesini isteyenlere, bu caddeye *"Cumhuriyet Caddesi adının verilmesinin çok daha doğru olacağını"* belirten;[459] 30 Ağustos 1924'te Büyük Taarruz'un ikinci yıldönümünde yaptığı konuşmada gençlere, *"Ey yükselen yeni nesil! Gelecek sizindir. Cumhuriyeti biz kurduk, onu yüceltecek ve sürdürecek sizsiniz,"* diye seslenen ve *"Nutuk"*un sonundaki Gençliğe Hitabe'yi, *"... İşte bu ahval ve şerait içinde dahi vazifen Türk istiklal ve cumhuriyetini kurtarmaktır..."* diye bitiren Atatürk için cumhuriyet, gerçekten de çok özel ve çok önemlidir. Atatürk için cumhuriyet, sadece bir rejim değil, özgürleşmenin, ilerlemenin, çağdaşlaşmanın; kısacası yeni Türkiye'nin ta kendisidir.

Şu sözler Atatürk'e aittir:

"Cumhuriyet imkân demektir. Cumhuriyet yalnızca adıyla bile kişi özgürlüğünü aşılayan sihirli bir aşıdır. Görülecektir ki, cumhuriyet imkânları olan her ülke, özgürlük davasında er geç başarılı olacaktır. Cumhuriyet kendisine bağlı olanları en ileri zirvelere götüren imkânları verir. Bağımsızlık ve özgürlüklerine sahip olan milletler ilerleme yolunda imkânlara sahip demektirler. O halde cumhuriyet her alanda ilerlemenin de en belirgin teminatıdır. Cumhuriyeti bu anlamıyla ve bu kapsamıyla anlamak lazımdır."[460]

---

458 Kocatürk, **age.**, s. 70.
459 **Atatürk'ün Bütün Eserleri**, C 12, s. 63.
460 Kocatürk, **age.**, s. 70.

Cumhuriyet'in Taslak Çalışmaları

Atatürk'ün Demokrasi Projesi derken, *"Canım böyle proje mi olur! Proje dediğin hesaplı, kitaplı, çizimli, resimli, şekilli olur!"* diyenler de çıkacaktır haliyle!

Aslında Atatürk'ün Demokrasi Projesi'ni, gençliğinden beri nasıl planlı ve programlı bir şekilde adım adım düşünceden uygulamaya geçirdiğini gördük. Şimdi de illa çizimli, hesaplı, kitaplı gerçek bir proje görmek isteyenlere bir belge sunalım.

Atatürk 1923'te, cumhuriyetin ilanından hemen önce, İsmail Hakkı Babanzade'nin *"Hukuk-u Esasiye"* (Anayasa Hukuku) adlı kitabını okumuştur. Çankaya Köşkü Kütüphanesi'nde 620 numarada yer alan bu kitap, Atatürk'ü derinden etkilemiştir. Atatürk bu kitabı okurken, cumhuriyetten ve demokrasiden söz edilen yerlerin altını çizmiş, sayfa kenarlarına bazı notlar almış ve en önemlisi de bir sayfa kenarına çok çarpıcı bir hesap yapmıştır.[461]

Atatürk, bu kitapta özellikle Montesquieu'nun cumhuriyet konusundaki görüşleriyle ilgilenmiştir. Örneğin Atatürk, Babanzade'nin kitabının 115. sayfasındaki bu cümleleri işaretlemiştir (altını çizmiştir).

"Montesquieu'nun hükümet şekillerine ilişkin olarak ortaya koyduğu kural şudur: Kavimler başlangıçta bir tek kişinin gücüne bağlıydılar, ki buna despotizm denir. Daha sonraları yalnız kendi yaptıkları yasaya uyarlar, ki buna cumhuriyet denir."

Atatürk, kitabın 119. sayfasındaki şu cümlenin ise hem altını çizmiş ve hem de yanına bir çarpı (x) işareti koymuştur (ki bu durum Atatürk'ün bu cümleyi çok önemsediğine işarettir):

"Cumhuriyet ve demokrasileri yaşatan siyasal fazilettir." Nitekim, Atatürk'ün *"cumhuriyet fazilettir"* ifadesinin kaynağı Montesquieu'nun işte bu cümlesidir.

Atatürk, kitabın yine 119. sayfasındaki, *"Bir devletin baştaki yöneticilerinin çoğu namussuz olsun da aşağı tabakada bulunanlar iyi adam olsunlar, bu güçtür."* ve 25. sayfasındaki, *"Ana-*

---

461 Atatürk'ün Okuduğu Kitaplar, C 8, s. 193-326.

yasa, hukuk kuramlarına bütünüyle uyabilmek için bir ulusal meclisten çıkmış olmalıdır." cümlelerinin de altını çizmiştir.

Atatürk, bu paragrafın hemen yanına kendi elyazısıyla şöyle bir hesap yapmıştır:

"*1923-1789=134*"

Bilindiği gibi 1923 cumhuriyetin ilan tarihi, 1789 Fransız İhtilali'nin (Fransa'da cumhuriyetin ilan edilişinin) tarihidir. Yani Atatürk, cumhuriyet konusunda, Türkiye'nin Fransa'nın (Batı'nın) tam 134 yıl gerisinde kaldığını hesaplamıştır. Dile kolay! Tam 134 yıl!.. Neredeyse bir buçuk asır...

Atatürk, aynı kitaptaki "özgürlüğe" ve "demokrasiye" vurgu yapılan satırlarla da ilgilenmiştir. Örneğin 172. sayfadaki, "*Zorba hükümetler, ne şekilde olursa olsunlar payidar olamaz, ayakta kalamazlar. Özgür bir ülkede ise yasalara uymak koşuluyla, hükümetin buyruklarını eleştirmek de kınamak da caizdir.*" cümlelerini önemli bularak altını çizmiştir.

Atatürk'ün, kitabın 109. sayfasında altını çizdiği şu cümle, onun nasıl bir demokrasi anlayışına sahip olduğunu göstermesi bakımından önemlidir:

"*Özgürlük sınırları ne kadar geniş tutulursa, hükümet o ölçüde sağlam olur.*"

1920'lerin dünyasında, özgürlüğün ve demokrasinin önemine işaret eden bu tür cümlelerin altını çizip bu düşünceleri kendisine ve ulusuna rehber edinebilecek Atatürk'ten başka kaç lider vardır acaba?

İşte hesaplı, kitaplı, çizimli biçimiyle Atatürk'ün Demokrasi Projesi'nden bir bölüm...

Türk Demokratik Devrimi

Atatürk'ün bağımsızlık ile birlikte en büyük aşkı demokrasidir. Bütün hayatı demokrasi mücadelesiyle geçen Atatürk, özellikle Kurtuluş Savaşı ve sonrasındaki çağdaşlaşma hareketi sırasında yapıp ettikleriyle Türkiye'yi demokratikleştirmek için çok büyük çaba harcamıştır.

Türk Devrimi'nin mimarı Atatürk 1924 yılında, Türk Devrimi'nin demokratik karakterini şöyle vurgulamıştır: *"Büyük, önemli bir inkılâp oldu. Bu inkılâp, milletin güvenliği adına, hak adına yapıldı. Milletimiz demokratik bir hükümet kurarak düşman ordularını yok etti."*[462]

Attilâ İlhan, Türk Devrimi'ni *"demokratik devrim"* olarak adlandırmıştır.[463] Gerçekten de emperyalizme ve yerli işbirlikçisi halife/sulatana karşı verilen Türk Kurtuluş Savaşı ve sonrasındaki çağdaşlaşma hareketini en iyi anlatan kavram "demokratik devrim" olsa gerek.

Atatürk'ün öncülük ettiği demokratik devrimi ayrıntılı olarak gözler önüne sermeden önce kısa bir özet yapalım:

Atatürk, gençliğinde askeri okullarda, arkadaşlarına yaptığı konuşmalarda ve çıkardığı okul gazetesinde saltanatı eleştirip ulusal egemenlikten söz etmiştir.

Askerliğe ilk adımını attığı yıllarda Suriye'de *"Vatan ve Hürriyet Cemiyeti"*ni kurarak ve Selanik'te İttihat ve Terakki'ye katılarak istibdat düzenine karşı özgürlük mücadelesi vermiştir.

Ordu ile siyasetin birbirinden ayrılmasını istemiş, isteği reddedilince İttihat ve Terakki'den ayrılmıştır.

Kurtuluş Savaşı boyunca cumhuriyeti "vicdanında bir milli sır" olarak saklayıp her adımında "ulusal egemenliğe" vurgu yaparak kulakları ve kafaları yavaş yavaş cumhuriyete hazırlamıştır. Şöyle ki:

- Amasya Genelgesi'nde, *"Vatanın bütünlüğünü ve milletin bağımsızlığını yine milletin azmi ve kararı kurtaracaktır,"* diyerek ulusal egemenliğe vurgu yapmıştır.
- Erzurum Kongresi'nde, *"Milli iradeyi etkin milli kuvvetleri hâkim kılmak esastır,"* diyerek yine ulusal egemenliğe vurgu yapmıştır.
- Sivas Kongresi'nde, *"Milli Meclis toplanmalıdır"* kararıyla bir kere daha ulusal egemenliğe vurgu yapmıştır.

462 Kocatürk, age., s. 71.
463 İlhan, age., s. 223.

- İşgal altındaki Anadolu'nun orta yerinde Ankara'da halkın temsilcilerinden oluşan TBMM'yi toplayarak ulusal egemenliği gerçekleştirmiştir.

- *"Meclisin amacı egemenliği millete vermektir,"* diyen Halkçılık Programı'nı TBMM'ye sunarak Cumhuriyetçiliği ve Halkçılığı devletin temellerine yerleştirmiştir.

- 1921 Anayasası'na *"Egemenlik kayıtsız şartsız milletindir"* maddesini koydurarak cumhuriyetin altyapısını hazırlamıştır.

- Saltanatı kaldırarak monarşik düzene son verip ulusal egemenliğin önündeki en büyük engeli ortadan kaldırmıştır.

Cumhuriyeti ilan ederek demokrasi yolundaki en güçlü adımlardan birini atmıştır.

Cumhuriyet Halk Partisi'ni kurup toplumu siyasal katılıma, demokrasiye hazırlamıştır.

Halifeliği kaldırarak dinsel kaynaklı kişi otoritesine son vermiştir.

Serbest Cumhuriyet Fırkası'nı kurarak, çok partili demokrasi denemesi yapmıştır.[464]

Kadınlara sosyal ve siyasal haklar vererek kadını hem toplumsal hayatta özgür kılmış hem de siyasal katılımcı yapmıştır.

Devrimleriyle ve ilkeleriyle kuldan birey, ümmetten millet yaratmıştır...

Prof. Dr. Halil İnalcık, Atatürk'ün bu başarısını şöyle ifade etmiştir: *"Arap ülkelerinde, Mısır, Irak ve Suriye'de darbe hareketleriyle iş başına gelen askeri bürokrasiler genellikle Atatürk örneğini benimsemekle beraber, devrimi halk egemenliği çerçevesinde, demokratik kurumlar temeline oturtamamışlardır. Türkiye'nin başarısı buradadır. Serbest seçimler bunu kanıtlamaktadır."*[465]

Atatürk yönetimde, eğitimde, ekonomide, hukukta demokrasiyi egemen kılarak her yönüyle demokratik bir toplum ya-

---

464 Atatürk, eski arkadaşı ve Paris Büyükelçisi Fethi Okyar'a kurdurduğu bu partiyi, rejim karşıtı mürtecilerin partiye sızmaları ve bu sırada patlak veren gerici Menemen Olayı nedeniyle kapatmak zorunda kalmıştır.

465 İnalcık, *age.*, s. 34.

ratmak istemiştir. Bunu yaparken asırların baskıcı zihniyetlerini; monarşinin (siyasal baskı) ve teokrasinin (dinsel baskı) gücünü kırarak işe başlamıştır. Cumhuriyetçilik ve Laiklik ilkeleri bu bakımdan çok önemlidir. Çünkü Cumhuriyetçilikle monarşinin, Laiklikle teokrasinin gücü kırılmıştır.

Atatürk'ün yaptığı devrimler, "*Türk erkeğine 'Şapka giyemezsin!', Türk kadınına, 'Saçının telini ya da elini, kolunu, gözünü gösteremezsin!', Türk insanına, 'Tiyatro yapamazsın! Müzik, resim, heykel günahtır!' diyen, Arapçayı ve Arap yazısını kutsalmış gibi gösteren zorba kafa yapısını yıkmayı olanaklı kılmıştır. Türk halkının kafasını, yazıda, dilde, bez parçasında, resimde, yontuda... büyülü bir etki olabilirmiş diyen ilkel anlayıştan kurtarıp özgürleştirmiştir.*"[466]

"*Tekke, türbe, zaviye ve tarikatlar gibi ortaçağ kalıntısı baskıcı, insanları yurttaş değil, iktidar sahiplerinin bir buyruğuna sorgulamasız boyun eğecek uyruklar olarak koşullandıran kurumlar kapatıldı. Şeyh, mürit, mensup, çelebi, halife, nakip, falcı, büyücü gibi sanların anlattığı etkinliklerde bulunulması yasaklandı. Türk devrimi yalnızca bilim dışı, baskıcı düşünceyi ortadan kaldırmak, vicdanları baskı ve sömürüden kurtarmak, toplumu özgürleştirmek istiyordu.*"[467]

Atatürk'ün birbirini tamamlayan devrimleri ve Cumhuriyetçilik, Halkçılık, Milliyetçilik, Laiklik, Devletçilik ve Devrimcilik ilkeleri, dinsel baskının yerine özgür aklı egemen kılmıştır. Nitekim demokrasinin ilk kuralı, her şeyden önce aklın özgürleşmesidir. Demokrasi düşünce özgürlüğüyle başlar.

Atatürk, Erzurum Kongresi'nde "düşünce özgürlüğü"nden şöyle söz etmiştir: "*Ülkemiz bayındırlık bakımından olduğu kadar, ulusumuz da düşünce özgürlüğü bakımından, bütün dünyadaki ilerleme ve gelişmelerle kıyaslanınca biraz değil çok geridir.*"[468] Aralık 1923'te şöyle demiştir: "*Cumhuriyet özgür düşünce*

466 Ozankaya, **age.**, s. 20.
467 **age.**, s. 174, 175.
468 Akarsu, **age.**, s. 35.

taraftarıdır. Samimi ve yasal olmak şartıyla her düşünceye hürmet ederiz. Her kanaat bizce değerlidir."

Ocak 1923'te İzmit basın toplantısında da şunları söylemiştir: *"Hükümetin düşündüğü gibi düşünmeye hiç kimsenin mecburiyeti yoktur. Gerçek özgürlüğün olduğu bir ülkede vicdan özgürlüğü vardır..."*[469]

Şu sözler de Atatürk'e aittir: *"Özgürlükten doğan bunalımlar ne kadar büyük olursa olsunlar, hiçbir zaman fazla baskının sağlayacağı sahte güvenlikten daha tehlikeli değildir."*[470]

Bedia Akarsu'nun, Atatürk'ün özgürlük ve demokrasi mücadelesi hakkındaki şu değerlendirmeleri önemlidir:

"Atatürk düşüncesinin temel ilkesinin özgürlük ve bağımsızlık olduğunu biliyoruz. Özgürlüğü tam anlamıyla sağlayan devlet biçimi de hiç kuşkusuz demokrasidir. Atatürk'ün kurduğu Cumhuriyet'in iki temel ilkesi vardır: 1. Bilimsel düşünce yapısı, 2. Demokratik yönetim=Ulusal egemenlik. Bu ikisinin de temelinde özgürlük var. Bilim yol gösterici olarak kabul edilmiştir. Araştırma, denetleme, düzeltme bilimin en önemli nitelikleridir. Bilim kesin konuşmaz, boyuna yeniden araştırır, düzeltir. Aynı durum toplum olayları için de geçerlidir; değişmez yasaları yoktur. Olayların gidişine göre toplumsal durumlar incelenerek zamana ve gidişe göre yeni koşullara uygun yeni yasalar yapılabilir. Bunu da ancak bireylerin özgür istençleriyle seçtiği temsilcilerden kurulu olan meclis yapar. (...)

Ulusun egemen olduğu bir toplumda insanlar kul olmaktan çıkmış, birer yurttaş, birer birey olmuşlardır. Birey olmak hiçbir otoriteye bağlı olmadan kararlarını kendi verebilmektir. Kendi aklı, kendi görgüleriyle, kendi deneyimleriyle karar verebilen insanların oluşturduğu bir toplum yaratmak istiyordu Atatürk de. Batı kültürüne yönelişi de bununla bağlı idi. Batı kültürünün belli bir düzeye gelmesini sağlayan Batılı düşüncenin temelleri, kaynakları Batı'ya temel olmuş düşünüş biçimiydi. O da aklın kılavuzluğunda bilimsel düşünüştür. Uygarlığa varmanın başka

469   Arar, **Atatürk'ün İzmit Basın Toplantısı**, s. 60.
470   Goloğlu, **Devrimler ve Tepkileri**, s. 306.

yolu yoktu. Batı'da özgürlük Doğu'da alın yazısı egemendi. Biz bu alın yazısını silmek, egemenliği elimize almak zorundaydık. Bu da insanlarımızın kul olmaktan çıkıp birey olması, yurttaş olması, daha kesin deyişle özgür birer yurttaş olmasını gerektiriyordu. Bu da ancak laik eğitimle gerçekleşebilirdi. Eğitilmemiş bir halk birey olmamakla sürü durumunda kalır. Başkaları yönetir onu. Başkaları tarafından yönetilen insanın sorumluluğu da yoktur. Özgür olmayan sorumlu da olmaz, başkalarının buyruğundadır. Onun yerine başkaları düşünmüş, eylemleri başkaları tarafından belirlenmiştir."[471]

Atatürk, bütün bir Kurtuluş Savaşı'nı "önce meclis" ilkesi doğrultusunda, meclis kararlarıyla yürütmüştür. Tüm devrimlerini −meclisi ikna yöntemini kullanarak− meclisin onayıyla hayata geçirmiştir. Falih Rıfkı Atay'ın anlattığına göre bir defasında oya sunduğu bir önerge kabul edilmeyince, *"Lütfen ellerinizi indirir misiniz? Galiba iyi izah edemedim!"* diyerek konuyu açıklamaya devam etmiştir.[472] Atatürk, meclise başkanlık yapmadığı zamanlarda milletvekillerinin arasında rasgele bir yere oturup konuşacağı zaman sıradan bir milletvekili gibi söz isteyerek ya kürsüye çıkmış ya da oturduğu yerde ayağa kalkarak konuşmuştur.[473] Asla meclisin üstünde bir otorite gibi görünmemiştir. Devrimler mecliste uzun uzun tartışılarak kabul edilmiştir. Atatürk'ün temel ilkesi, "ulusal egemenlik" ve "yasallık" olmuştur. *"Hiçbir şeyi 'ben yaptım!' demedi. Her şeyi Türkiye Büyük Millet Meclisi'ne yaptırdı."*[474] Atatürk, meclis konuşmalarında yanlış anlaşılır diye *"milletim"* ifadesini kullanmaktan bile kaçınmıştır. Bir arkadaşının bu konudaki ısrarı üzerine, *"Sen bu meclisi bilmezsin, milletin kelimesinden 'millet onun mu' anlamı çıkarır,"* demiştir.[475] Atatürk, ulusal egemenliğe, meclis irade-

471 Akarsu, age., s. 109, 110.
472 Sabahattin Özel, **Büyük Milletin Evladı ve Hizmetkârı Atatürk ve Atatürkçülük**, İstanbul, 2006, s. 85.
473 Tevfik Rüştü Aras, **Vatan** gazetesi, 21 Temmuz 1944; Özel, **age.**, s. 108.
474 Ozankaya, age., s. 137, 138.
475 İsmail Habip Sevük, **Atatürk İçin**, Ankara, 1981, s. 54; Niyazi Ahmet Banoğlu, **Nükte, Fıkra, Çizgilerle Atatürk**, İkinci kitap, Yeni Tarih Dünyası Özel Sayısı,

sine verdiği önemi bir keresinde Enver Behnan Şapolyo'ya şöyle ifade etmiştir: *"Ben memlekette uygulamak istediğim herhangi bir fikri önce kongreler toplayarak, onlarla konuşarak, bu fikirleri onlardan aldığım yetkiye dayanarak uyguladım. İşte Erzurum, Sivas kongreleri, işte Büyük Millet Meclisi, bunun en canlı ifadeleridir."*[476]

Dünyada, 1920'de sadece 35 anayasal ve seçilmiş hükümet varken, bu sayı 1938'de 17'ye düşmüştür. Bolşevizm, nazizm ve faşizmin yükselmeye başladığı 1920'lerin 1930'ların dünyasında demokrasiler büyük darbe yemiştir. 1918-1920 arasında 2, 1920'lerde 6, 1930'larda 9 ve 1939-1946 arasında Alman işgali altındaki 5 Avrupa ülkesinde yasama meclislerine son verilmiştir. İki dünya savaşı arasında (1918-1939) meclisleri açık olan ve demokratik kurumları bir şekilde işleyen ülke sayısı Avrupa'da 5 ve Amerika'da 5 olmak üzere toplam 10 ülkedir.[477] 1944'te ise tüm dünyadaki 64 ülkenin sadece 12'si meclise ve anayasal düzene sahip, demokrat olarak adlandırılabilecek ülkelerdir.[478]

Avrupa'da meclislerin kapatıldığı 1920'lerde Türkiye'de, hem de bir ölüm kalım savaşının tam ortasında, bir meclis açılmıştır. Türkiye, I. ve II. Dünya Savaşı arasında meclisini kapatmayan –daha doğrusu silah zoruyla kapatılan meclisinin yerine yeni bir halk meclisi açan– dünyadaki 10 ülkeden biridir. II. Dünya Savaşı'nda meclislerin kapatılıp, anayasaların rafa kaldırıldığı, Nazi, faşist ve komünist diktatörlüklerin tüm Avrupa'yı ve dünyayı kasıp kavurduğu bir ortamda, Türkiye, meclise ve anayasaya sahip dünyadaki 12 ülkeden biridir. Türkiye'nin sadece iki yıl sonra çok partili hayata (1946), altı yıl sonra da demokrasiye (1950) geçmesinin sırrı işte Atatürk'ün bu meclis aşkında gizlidir.

Ulusal egemenliğin ve laikliğin bir gereği olmak üzere saltanat ve halifelik kaldırılmış, Osmanlı hanedanı yurtdışına sürgün

İstanbul, 1954, s. 14, 15; Özel, **age.**, s. 85.

476 Enver Behnan Şapolyo, **Atatürk ve Milli Mücadele Tarihi**, İstanbul, 1958, s. 304; Kocatürk, **age.**, s. 260.

477 Bunlar, İngiltere, Finlandiya, İrlanda, İsveç, İsviçre, Kanada Kolombiya, Kosta Rika, ABD ve Uruguay'dır.

478 Fabio L. Grassi, **Atatürk**, çev. Eren Yücesan Cenday, İstanbul, 2009, s. 9.

edilmiş, Erkân-ı Harbiye Umumiye Vekâleti kaldırılmış ve komutanların milletvekili olması engellenmiştir. Böylece hem dinin hem de ordunun siyasetle ilişkisine son verilmiştir.[479] Prof. Dr. Halil İnalcık'ın ifadesiyle, *"Artık devletin sahibi, efendisi hanedan veya halife değildir. Türk bireyleri tebaa değil, eşit vatandaştırlar. Egemenlik hakkını Tanrı'dan alan ve yalnız Tanrı önünde sorumlu olan padişahlık bir daha geri gelmemek üzere gitmiştir."*[480] İnsanlar kulluktan kurtarılıp din, mezhep, ırk ve cinsiyet ayrımı gözetilmeksizin özgür birey yapılmıştır. Böylece güdümlü kulların oluşturduğu bir ümmetten, özgür bireylerin oluşturduğu bir ulus yaratılmıştır.

Dinsel baskıyı kırmak için laiklik, devlete temel yapılmıştır. Saltanatın ve halifeliğin kaldırılması ile siyasi hayat; medreselerin kapatılması, 'Tevhid-i Tedrisat Kanunu'nun kabulü ve çağdaş okulların açılması ile eğitim öğretim hayatı; tekke ve zaviyelerin, türbelerin kapatılması, dinsel hukukun yerine çağdaş hukukun kabul edilmesi ile de toplumsal hayat laikleştirilmiştir. 1928 yılında *"Devletin dini İslam'dır"* maddesi anayasadan çıkarılmış, 1937'de de Laiklik anayasaya konulmuştur. Böylece demokrasinin olmazsa olmaz ilkesi (laiklik) hayata geçirilmiştir.

Atatürk, siyasal katılımı sağlamak için siyasi partiler kurmuştur. Amasya Göreşmeleri'nden sonra imzalanan protokolün 6. maddesinde çok partilik onaylanmıştır.[481] 23 Ekim 1919'da Sosyal Demokrat Fırkası'nın yayımladığı bir bildiride, demokrasinin uygulanmasının zamanı geldiği, bunun için de mecliste ve belediyelerde güçlü olunması gerektiği belirtilmiştir.[482] Atatürk ise Kurtuluş Savaşı kazanılmadan çok partili sistemin kurulmasının çok zamansız bir hareket olacağı düşüncesindedir. O, öncelikle tam bağımsızlığın gerçekleştirilmesinden ve halkın ulusal egemenlik, cumhuriyet düşüncesine alıştırılmasından yanadır.

479 Ozankaya, age., s. 167.
480 İnalcık, age., s. 90.
481 Mithat Sertoğlu, *"Amasya Protokolü'nün Tam ve Gerçek Metni"*, **Belgelerle Türk Tarihi Dergisi**, S. 3, İstanbul, 1967, s. 12.
482 Zekai Güner-Orhan Kabataş, **Milli Mücadele Dönemi Beyannameleri ve Basını**, Ankara, 1990, s. 244.

Bu nedenle 1919'da Amasya'da Ruşen Eşref Ünaydın'a, çeşitli görüşlere dayanan siyasi partilerin kurulabilmesi için önce ülkenin kurtarılması gerektiğini söylemiştir. 1919'da Erzurum'da Mazhar Müfit Kansu'ya da Erzurum Kongresi'nin, partilerin kurulması hakkındaki önergeyi reddetmiş olmasından duyduğu memnuniyeti dile getirmiştir.

Kurtuluş Savaşı sırasında I. TBMM'de farklı siyasi görüşlerde gruplar kurulmaya başlayınca Atatürk de Müdafaa-i Hukuk Grubu'nu kurmuştur.

Kurtuluş Savaşı'nın hemen ardından da halkı siyasal katılımcı yapmak, devrimleri halka anlatarak halkı bilinçlendirip demokrasi kültürü oluşturmak için Cumhuriyet Halk Partisi'ni kurmuştur. Atatürk, 1923'te Balıkesir'de yaptığı konuşmada, *"Halk Fırkası, halkımıza siyasi terbiye vermek için bir okul olacaktır,"* demiştir. Ancak Atatürk, Cumhuriyet'in ilk yıllarında da çok partili hayata geçmenin erken olduğunu düşünmüştür. Bu düşüncesini 20 Eylül 1924'te Samsun Belediyesi'ndeki bir konuşmasında dile getirmiştir. Yine Aralık 1924'te *The Times* muhabiri McCartney'e, cumhuriyet rejimlerinde siyasi partilerin varlığının doğal olduğunu, Türkiye Cumhuriyeti'nde de birbirini denetleyecek partilerin oluşacağına kuşku olmadığını belirterek: *"Bizim Türkiye'de bir tek sıçrayışta hemen sizin İngiltere'de yüzyıllar boyunca elde edebildiğiniz tüm siyasal deneyimi gerçekleştirmemiz beklenemez,"* demiştir.[483]

"TBMM'de tek bir partinin olması halinde o parti kendi hükümetinin icraatını yeterli ölçüde eleştiremez," diyen Atatürk, arkadaşı Paris Büyükelçisi Ali Fethi Okyar'a 1930 yılında Serbest Cumhuriyet Fırkası'nı kurdurmuştur. Atatürk'ün, bütün Avrupa'da demokrasi düşmanı faşist rejimlerin kol gezdiği bir ortamda Türkiye'de çok partili demokrasiyi kurmaya çalışması çok önemlidir. Ancak devrimin henüz tam olarak yerleşmediği, devrim karşıtlarının pusuda beklediği bir ortamda çoğulcu demokrasinin yürümeyeceğini anlayan Atatürk, kısa bir süre

---

483   Eric Jan Zürcher, **Terakkiperver Cumhuriyet Fırkası**, İstanbul, 1992, s. 183.

sonra Serbest Cumhuriyet Fırkası'nı kapattırmıştır. Atatürk, Serbest Cumhuriyet Fırkası'nın kapatılmasının hemen ardından Trabzon'da yaptığı bir konuşmada muhalefetsiz bir demokrasinin nasıl olması gerektiğini şöyle anlatmıştır: *"Karşımızda birçok fırkalar varmış gibi her gün daha fazla bir faaliyetle çalışmak, fikirlerimizi halk kitlelerinin içine yaymak ve köylere kadar götürmek mecburiyetindeyiz. Her an tarihe karşı, cihana karşı hareketimizin hesabını verebilecek bir vaziyette bulunmak lazımdır. Düşünce ve faaliyetlerimizde bu kadar duyarlı ve tetikte bulunmak suretiyle muhalefetsiz bir fırkanın sakıncalarını önlemiş oluruz."*[484] Serbest Cumhuriyet Fırkası'nın kapatılmasının ardından patlak veren irticai, devrim karşıtı Menemen Olayı (23 Aralık 1930) çok partili demokrasi arayışlarını kesintiye uğratmıştır. Bu durumu Atatürk'ün devrimci Adalet Bakanı Mahmut Esat Bozkurt, *"Demokrasinin nasibi, irticanın elinde oyuncak olmak değildir,"* diye ifade etmiştir.[485] Atatürk, CHP'nin 1931 İzmir Kongresi'nde "demokrasi" vurgusu yapmakla birlikte Türkiye Cumhuriyeti'nin tek partili bir demokrasi olduğunu açıklamıştır.[486] Atatürk, çok partili demokrasiyi hayata geçirmeyi başaramasa da demokratik siyaset için mücadelesini sürdürmüştür. Örneğin CHP Genel Başkanı olarak yayımladığı 21 Nisan 1931 tarihli bildiride, kendilerinin eleştiriye açık olduklarını belirtmiştir. 1931'de yenilenecek seçimlerde 30 kadar bağımsız milletvekilliği oluşturmuştur. Atatürk, bağımsız adaylara oy vermeyi düşünen seçmenlere şöyle seslenmiştir: *"Başka programdan seçeceğiniz mebuslar için fırkanın ikinci seçmenlerine dikkat noktası olarak gösterdiğim evsaf, yalnız, laik, cumhuriyetçi, milliyetçi, samimi olmaktır. Açık bıraktığım yerler için hiçbir şahsiyet lehinde veya aleyhinde herhangi bir telkinim yoktur ve olmayacaktır. Açık yerlere adaylıklarını ko-*

484 Falih Rıfkı Atay, *"Gazi'nin Düsturları"*, Hâkimiyet-i Milliye gazetesi, 1 Şubat 1931; Özel, age., s. 127.
485 Uğur Mumcu, Uyan Gazi Kemal, 3. bas., Ankara, 2004, s. 81.
486 Hâkimiyet-i Milliye gazetesi, 2 Şubat 1931; Özel, age., s. 127.

yacaklar hakkında vicdani kanaatinize göre oy vermek özellikle rica ettiğim husustur.[487]

8 Şubat 1935 seçimlerinde, **19 ilde bağımsız milletvekilliği** için yer bıraktırmış, **azınlıkların** da seçimlere katılabileceklerini açıklamış ve ilk kez **kadınların** da milletvekili seçimlerine katılmasını sağlamıştır.[488] Seçimler sonunda aralarında saygın ve ünlü isimlerin de yer aldığı 13 bağımsız aday ve 17 kadın aday, TBMM'ye girmiştir.[489] Seçilenler arasında Rum azınlıktan iki, Ermeni azınlıktan bir, Yahudi azınlıktan ise bir milletvekili yer almıştır.[490]

Tek parti olmasına karşın bağımsız adaylara da seçilme hakkı tanıyan, azınlıkların ve kadınların siyasi haklarını gasp etmeyen bir rejim, hele bir de 1930'larda kurulmuşsa, neresinden bakılırsa bakılsın "antidemokratik" ve "diktatör" olarak adlandırılamaz.

Bu arada Atatürk, demokrasinin olanaklarından yararlanıp demokrasiyi yok etmek isteyenlere de izin vermemiştir. 1924'te kurulan Terakkiperver Cumhuriyet Fırkası, din istismarı yaparak gericileri kışkırttığı için kapatılmıştır.[491] Çünkü Atatürk, demokrasinin olmazsa olmazlarından birinin Laiklik olduğu düşüncesindedir. Terakkiperver Cumhuriyet Fırkası'nı kuran Kazım Karabekirlerin ve Rauf Orbayların, daha birkaç ay önce cumhuriyetin ilanını erken buldukları ve bu nedenle Atatürk'ü eleştirdikleri dikkate alınacak olursa, birkaç ay sonra üstelik adında "cumhuriyet" ifadesi olan bir parti kurarak çok partili demokrasiyi savunmalarının ne kadar samimi bir davranış olduğu çok tartışılır! Atatürk *"Nutuk"*ta, Terakkiperver Cumhuriyet Fırkası'ndan şöyle söz etmiştir: *"Cumhuriyet kelimesini ağızlarına almaktan bile çekinenlerin, cumhuriyeti doğduğu gün boğmak isteyenlerin, kurdukları partiye cumhuriyet hem de Terakkiperver Cumhuri-*

---

487 Hâkimiyet-i Milliye gazetesi, 26 Nisan 1931; Özel, **age.**, s. 129.
488 Seçimler sonunda seçilen azınlık milletvekilleri şunlardır: Berç Türker (Ermeni), Dr. Taptas, İstimat Zihri Özdamar, Dr. Abravaya Marmaralı (Rum). Özakman, **age.**, s. 788, dipnot 421.
489 R. von Kral, **age.**, s. 33.
490 **age.**, s. 33.
491 Bu partiyi, Atatürk'le yollarını ayıran Kazım Karabekir, Ali Fuat Cebesoy, Refet Bele ve Dr. Adnan Adıvar kurmuştur.

yet adını vermiş olmaları nasıl ciddiye alınabilir ve ne dereceye kadar samimi sayılabilir." Terakkiperver Cumhuriyet Fırkası'nı kuranlardan bazılarının bir yıl sonra Atatürk'e yönelik İzmir suikastıyla ilişkili olduklarının anlaşılması, bu partinin nasıl bir muhalefet peşinde olduğunu göstermesi bakımından çok önemlidir.

Attilâ İlhan, Atatürk'ün aslında çoğulcu demokrasiden yana olduğunu, ancak önce emperyalizm ve yerli işbirlikçilerine, sonra da karşı devrimcilere hareket alanı bırakmamak için askeri bir demokrasi kurduğunu belirtmiştir: "*Türk devriminde (...) savaş demokrasisi dönemi yaşanmıştır. Bana sorarsanız bu dönem 1919'dan başlıyor, taa Dersim İsyanı'nın bastırılmasına kadar sürüyor. Çünkü Mustafa Kemal Paşa iktidarı, Lozan'dan sonra kendi haline bırakılmış sayılmaz. Nasıl emperyalizm ve kullandığı çeşitli isyanlar, daha Kurtuluş Savaşı sırasında devrimi hırpalamaya, başarısını engellemeye çalışmışlarsa, sonra da birtakım iç isyanların, dış gailelerle Cumhuriyet'in temelini sarsmaya gayret etmişler. Bu yüzden Mustafa Kemal, özgürlükçülüğünü uygulayamaz. Kurulmuş partileri kapatır, darda kalınca askeri rejimi ilan eder. (...) Mustafa Kemal'in rejimini, onun sağlığındaki haliyle ölçüp, biçip değerlendirmek mi istiyorsunuz, kapitalizme geçiş döneminde bir 'askeri demokrasi' olduğunu göz önünde tutacaksınız.*"[492] Attilâ İlhan'ın bu değerlendirmesi kısmen doğru olmakla birlikte, Atatürk'ün Kurtuluş Savaşı'ndan hemen sonra sivil ve çoğulcu demokrasiyi yerleştirmek için verdiği mücadele; kurduğu siyasi partiler, toplumu demokrasiye hazırlayacak altyapı ve üstyapı devrimleri, silah arkadaşlarıyla kavga pahasına ordu ile siyaseti birbirinden ayırması ve savaş, isyan vb. bütün güçlükleri mecliste halkın iradesiyle çözümlemesi gibi uygulamaları nedeniyle onun dönemindeki demokrasiye, kendi ifadesiyle, "tek parti demokrasisi" demek çok daha doğrudur. Ayrıca unutulmamalıdır ki, çok partili sistemler her zaman demokratik olmayacakları gibi, tek partili sistemler de

---

492 İlhan, age., s. 140, 141.

her zaman antidemokratik değillerdir.[493] Daha önce de ifade ettiğimiz gibi, Osmanlı'nın 1908-1918 arasındaki II. Meşrutiyet Dönemi'nde çok parti vardır ama demokrasi yoktur. Yine aynı şekilde 1920-1940 arasında çok partili sistemin en saf biçimde uygulandığı bazı Avrupa ülkelerinde siyasi partilerin sağduyudan uzak, yıkıcı yaklaşımları, ne meclis ne de parti bırakarak Türkiye'deki tek partili sistemi aratmıştır. *"Türkiye uyguladığı tek parti rejimine karşın anılan çoğu devletten daha demokratik bir ülke konumuna gelmişti."*[494] Cumhuriyet'in tek parti dönemindeki bazı antidemokratik uygulamaları ise tamamen yeni rejimi korumaya yöneliktir.[495] Genç Cumhuriyet, 1923-1925 ara-

---

493 Ünlü siyaset bilimcilerden Maurice Duverger'in bu yöndeki analizi şöyledir: *"Bazı tek partiler, gerek felsefeleri, gerek yapıları bakımından gerçek anlamda totaliter değildir. Bunun en güzel örneğini 1923'ten 1946'ya kadar Türkiye'de tek parti olarak faaliyet göstermiş bulunan Cumhuriyet Halk Partisi sağlamaktadır. Bu partinin başta gelen özelliği, demokratik ideolojisindedir. Bu ideoloji hiçbir zaman, faşist ya da komünist kardeşleri gibi bir tarikat ya da kilise niteliği taşımamış, üyelerine bir iman ya da mistik empoze etmemiştir. Kemalist Devrim, özü bakımından pragmatiktir. (...) Adının 'Cumhuriyetçi' oluşu bile bu partiyi (CHP) 20. yüzyılın otoriter rejimlerinden çok, Fransız Devrimi'ne ve 19. yüzyıl terminolojisine yaklaştırmaktadır. Konvansiyon örneğine uygun olarak bütün iktidarı Büyük Millet Meclisi'ne veren ve ayrı bir yürütme organı kurmayı reddeden Türk anayasası da bu benzerliği doğrulamaktadır. Sözü geçen anayasanın tümü, onda kuvvetle ifade olunan ulusal egemenlik ilkesine dayanır. Egemenlik kayıtsız şartsız ulusundur. Faşist rejimlerde her gün rastlanan otorite savunusunun yerini, Kemalist Türkiye'de demokrasi savunusu almıştır. Bu da 'halkçı' ya da 'sosyal' diye nitelendirilen yeni bir demokrasi değil, geleneksel, siyasal demokrasidir. Parti, yöneticilik hakkını 'siyasal elit' ya da 'işçi sınıfının öncüsü' olma niteliğinden yahut da liderinin Tanrı iradesine dayanışından değil, seçimlerde kazandığı çoğunluktan almıştır. (...) 1935'te Cumhuriyet Halk Partisi'nin rızasıyla birçok bağımsız şahsiyetlerin seçilmeleri sağlanmıştır. Bir muhalefet yaratma yolundaki bu çabalar, çoğu zaman gülünç karşılanmışsa da, bunlar her şeye karşın Kemal rejiminin plüralizme üstün bir değer tanıdığı ve plüralist bir devlet felsefesi çerçevesinde faaliyet gösterdiğini ifade etmektedir. Öte yandan Türk tek partisinin yapısında da totaliter bir taraf yoktu."* (Maurice Duverger, **Siyasi Partiler**, **age.**, çev. Ergun Özbudun, 2. bas., Ankara, 1986, s. 359-361).

494 R. von Kral, **age.**, s. 32.

495 Büyük bir çoğunluğu devrimin gereği olan bu uygulamalarından bazıları şunlardır. 1925 Şeyh Sait İsyanı'ndan sonra Takrir-i Sukun Kanunu çıkarılıp İstiklal Mahkemeleri kurulmuştur. 1925 Şeyh Sait İsyanı'ndan sonra bazı bölücüler ve yobazlar, 1926 İzmir Suikastı'ndan sonra bazı İttihatçılar asılmıştır. 16 İstiklal Mahkemesinde toplam **2076 kişi** idam edilmiştir (Ayrıntılar için bkz. Turgut Özakman, **Vahdettin, Mustafa Kemal ve Milli Mücadele**, s. 647-651; Özakman, **Cumhuriyet**, 2. Kitap, s. 727, dipnot 225.) Kılık Kıyafet Devrimi'ne karşı kış-

sında basın özgürlüğüne çok geniş yer vermiştir. Ancak zamanla iç ve dış devrim karşıtlarının bu özgürlüğü istismar ederek genç Cumhuriyet'e saldırmaya başlaması üzerine bazı kısıtlamalara gitmiştir. Mahmut Goloğlu, *"Devrimler ve Tepkileri"* adlı kitabında bu gerçeği şöyle dile getirmiştir: *"O sırada Cumhuriyet düzeninin getirdiği basın özgürlüğü bazılarınca sınırsız bir şekilde ve kötü etkiler yapacak, belki de özel amaçlar güdecek şekilde kullanılıyordu. Tehlikeli bir gerici akıma sebep olabilecek yayınlardan ötürü Toksöz gazetesi, yabancı uyruklu yazarlar elinde olduğu halde İstanbul'un bakımsızlığını konu eden ve böylece içişlere karışma niteliğinde bulunan yayınlarından ötürü Orient News gazetesi ve yasalar gereği usul işlemlerini yapmayan Keskin gazetesi kapatılmış, Büyük Millet Meclisi üyelerini küçümser yayında bulunan Sada-yı Hak gazetesi hakkında da kovuşturma başlatılmıştı. Basın özgürlüğünden yararlanarak en tehlikeli yayınları yapanlar İstanbul'da çıkan Rumca gazetelerdi...*"[496]

Atatürk, dini kullanıp bölücülük ve rejim düşmanlığı yapan bazı gazeteleri 1925'teki Şeyh Sait İsyanı'ndan sonra kapattırmıştır. 1 Kasım 1925'te yaptığı meclis konuşmasında bu konuda şunları söylemiştir:

"Basın özgürlüğünden doğacak mahsurların bizzat basın özgürlüğü ile yok edileceğine dair Büyük Millet Meclisi'nin doğru ve saf alanında saygı duyulan esaslar eğer Cumhuriyet'in ruhu olan erdemden yoksun cüret sahiplerine, basının koynunda haydutluk fırsatını verirse, eğer kandırıcıların ve doğruluktan sapmışların

---

kırtıcılık yapan **27 mürteci** idam edilmiştir (Özakman, **Cumhuriyet**, 2. kitap, s. 715, dipnot 175a). İstiklal Mahkemeleri "devrim mahkemeleri"dir (Bkz. Ergun Aybars, **İstiklal Mahkemeleri**, 2. bas., İstanbul, 1998). 1927, 1929 ve 1938'de bazı komünistler tutuklanmıştır. 1930'daki Serbest Fırka denemesinden sonra Atatürk'ün ölüme kadar her türlü parti ve örgüt kurmak yasaklanmıştır. Mason dernekleri, Türk Ocakları, işçi dernekleri, tekkeler, CHP'nin kontrolü dışındaki her türlü siyasi ve kültürel kurum yasaklanmıştır. 1937'den itibaren parti devlet özdeşleştirilmiştir. Bu süreçte daha çok irticai sağ cezalandırılmıştır, sol ise nispeten daha az cezalandırılmıştır (Mütercimler, **age.**, s. 6, 7). (Tek parti yönetimini antidemokratik olarak adlandıran bir çalışma için bkz. Mete Tunçay, **Türkiye Cumhuriyeti'nde Tek Parti Yönetiminin Kurulması**, 3. bas., İstanbul, 1992.)

496 Goloğlu, **age.**, s. 102.

düşünce alanındaki uğursuz etkileri, tarlasında çalışan masum vatandaşların kanlarının akmasına, yuvalarının dağılmasına sebep olursa ve eğer en sonra haydutluğun en kötüsünü yapan bu tür sapıklar kanunların özel müsaadelerinden yararlanma imkânını bulurlarsa Büyük Millet Meclisi'nin terbiye ve kahreden yönetim elinin işe karışması ve akıllarını başlarına getirmesi gerekli olur. Muhakkak ki, Cumhuriyet döneminin kendi zihniyet ve ahlak anlayışıyla bezenmiş basınını yine ancak Cumhuriyet'in kendisi yetiştirir. Bir yandan geçmiş günler basınının ve bu basına mensup olanların düzelme imkânı olmayanları milletin gözünde belli olurken, öte yanda Cumhuriyet basınının temiz ve bereketli alanı genişleyip yükselmektedir. Büyük, temiz ve soylu milletimizin yeni çalışma ve uygarlık hayatını kolaylaştıracak ve cesaretlendirecek işte bu yeni zihniyetteki basın olacaktır."[497]

Atatürk, demokrasinin altyapısının hazırlandığı bir dönemde, demokrasi düşmanlarının, demokrasiyi kullanarak demokrasiyi yok etmelerine engel olmak istemiştir. Çok okuyan biri olarak bu konudaki tarihi tecrübeleri çok iyi bilmektedir. Nitekim bir keresinde Roma'da cumhuriyetten dikta rejimine nasıl geçildiğini bizzat anlatmıştır.[498]

Atatürk Cumhuriyeti, Türkiye'de yaşayan gayrimüslimleri "eşit yurttaş" kabul etmiş, asla ayrımcılık yapmamıştır. Cumhuriyet, Osmanlı Devleti'nin gayrimüslimlere Millet Sistemi kapsamında getirdiği kısıtlamaları ve Tanzimat Fermanı kapsamında getirdiği ayrıcalıkları ortadan kaldırmıştır. Cumhuriyet, Türkiye'de yaşayan Müslüman-gayrimüslim herkesi, eşit yurttaş olarak görmüştür.

Osmanlı'nın klasik döneminde, Millet Sistemi'nden dolayı İslam mahkemelerinde bir gayrimüslimin bir Müslümana karşı tanıklığı kabul edilmemiş, 19. yüzyıl sonuna kadar bir yabancının, mal mülk edinmesine izin verilmemiş, gayrimüslimler asker olamamış, gayrimüslimlerin giysilerinin ve evlerinin Müslümanlardan farklı olması istenmiş, gayrimüslimlerin Müslüman ka-

---

497 **age.**, s. 165.
498 **Cumhuriyet** gazetesi, 10 Kasım 1961; İnalcık, **age.**, s. 45.

246

dınlarla evlenmesine izin verilmemiş, Müslümanlıktan ayrılan kişi ölüm cezasına çarptırılmıştır.[499] Buna karşın gayrimüslimlerin dinsel özgürlüklerine dokunulmamış, Müslüman olan gayrimüslümler ise (dönme-devşirmeler) devletin en üst makamlarına kadar tırmanabilmişlerdir.

Aynı Osmanlı Devleti, 19. yüzyılda Tanzimat Dönemi'nden itibaren, Batı'nın isteği ve baskısı sonunda gayrimüslimlere çok geniş haklar vermiştir. Bu sefer de Müslümanlar gayrimüslimler karşısında eşitsizliğe uğramıştır. Müslüman Türkler ise zaten her dönemde ikinci plana itilmiştir.

Türkiye Cumhuriyeti'nin kuruluş belgesi, tapusu olan Lozan Antlaşması'nda Fener Rum Patrikhanesi'nin siyasi ve dini yetkileri birbirinden ayrılarak siyasi yetkileri kaldırılmıştır.[500] Buna karşın, hâlâ Türkiye'de İslam Hukuku devam ettiği için Batılı ülkeler, daha önce gayrimüslimlere verilen bazı hakların devam etmesini istemiştir. Türkiye de bu isteği kabul etmiştir.[501] Bunun üzerine Lozan Antlaşması'nın 3. fasılında *"Azınlıkların Korunması"* başlığı altında azınlık hakları konusu ele alınmıştır. 3. faslın 37-45 arasındaki maddeleri kapsamında azınlıklara her bakımdan "eşit yurttaşlık" hakkı tanınmış, hatta bazı ayrıcalıklar verilmiştir. Lozan Antlaşması'nın azınlıklarla ilgili kararlarından bazıları şunlardır:

1. Türkiye Devleti, din ve ırka dayalı her tür ayrımı ortadan kaldıracaktır.

2. Askerlik görevleri dahil, bütün kamu hizmetlerinde Müslüman ve gayrimüslim ayrımı yapılmayacak, kişilerin bağlı oldukları din ve mezhepler, onların atanmalarında, yükselmelerinde engel sayılmayacaktır.

3. Müslüman olmayan azınlıkların, din, eğitim, basın-yayın kurumları kurması serbest olacak, kendi dilleriyle eğitim yapabilecek ve mahkemelerde ifade verebileceklerdir.

---

499 Paul Gentizon, **Mustafa Kemal ve Uyanan Doğu**, çev. Fethi Ülkü 3. bas., Ankara, 1997, s. 169.

500 **age.**, s. 207, 211.

501 **age.**, s. 213.

4. Gayrimüslimler, kişisel hukukta ve aile hukukunda Türk Devleti'nin hukuk kurallarına uymak zorunda değillerdir.[502] Türkiye, 1926'da dünyanın en son, en gelişmiş, en çağdaş medeni kanunlarından biri olan *"İsviçre Medeni Kanunu"*nu kabul edince "eşit yurttaşlık" çerçevesinde Türkiye'deki gayrimüslimler de bu haklardan yararlanacakları için Lozan'daki ayrıcalıklarından vazgeçip *"Türk Medeni Kanunu"*na tabi olmayı kabul etmiştir.

1922'de *Le Temps* gazetesi adına Türkiye'ye gelen Paul Gentizon, 1929 yılında yazdığı *"Mustafa Kemal ve Uyanan Doğu"* adlı kitabında bu gerçeği şöyle açıklamıştır:

"Mustafa Kemal'in devrimlerinden İsviçre Medeni Kanunu'nun kabulü, 1926'dan sonra, Türkiye'de Müslüman olmayan azınlık konusuna yepyeni bir görünüm veriyordu. Yahudi, Ermeni ve Rumlar (...) Türk Medeni Hukuku'nun bugünkü durumunu ödüllendirmek için birbiri ardından Lozan'ın kendileri için tanıdığı haklardan vazgeçiyorlardı."[503]

Gentizon, şöyle devam etmiştir: *"Türkiye Cumhuriyeti artık laiktir. Bu koşullar altında Türk çoğunluğu Müslüman olmayan azınlık aynı görünüş altında bulunmaktaydı. Üstelik kabul edilmiş olan İsviçre Hukuku ırk ve din farkı gözetmeksizin her yurttaşa uygulanabilir durumdaydı. Bu nedenle, Yahudi, Ermeni ve Rumlar, özel kanunlara sahip olma gereğini duymadıklarından Lozan Antlaşması'nda 'Azınlıkların Korunması' başlığı altında yazılı olan maddelerle tanınan haklardan vazgeçmeleri tabii bir sonuç oldu. Türkiye Cumhuriyeti de buna karşı hukuk düzenini koyuyor ve böylece Türkiye'de yaşayanlar arasında herhangi bir biçimde ırk ve din ayrımı yapılmaksızın bir hukuk birliği gerçekleştiriyordu. Olay çok önemliydi. Böylece her azınlıktan, ayrıcalıklı, özel bir örgütten yararlanan, hemen hemen başına buyruk bir varlık meydana getiren kötü bir sisteme son veriyordu. Bundan böyle biri ötekinden ayrı yaşayan hiçbir topluluk artık üstün kişilik iddiasında bulunamayacak. Artık devlet içinde devlet millet içinde millet düşüncesine*

---

502 Hüseyin Avni Çavdaroğlu, **Öncesi ve Sonrası ile Lozan**, İstanbul, 2011, s. 92, 93.
503 Gentizon, **age.**, s. 212.

son verilecek, bu ülkenin değişik unsurlarını, yeni kardeşlik, anlaş-
ma ve işbirliği duyguları birbirine bağlayacak."[504]
Atatürk'ün genç Cumhuriyet'i eğer baskıcı, faşizan bir siya-
set izleseydi, din ayrımı yapmış olsaydı, Türkiye'deki gayrimüs-
limler hiçbir şekilde kendilerine Lozan'da tanınmış olan ayrıca-
lıklardan vazgeçmezlerdi. Türkiye'deki Yahudi, Rum, Ermeni
toplulukların, kendilerine tanınan uluslararası koruyuculuktan
vazgeçerek, yaşadıkları ülkenin, Türkiye'nin koruyuculuğunu
kabul etmeleri, genç Cumhuriyet'in özgür ve demokratik kuru-
luş felsefesinin bir sonucudur.[505] Atatürk, ulus ve yurt kavramlarını, kavrayıcı, birleştirici,
bütünleştirici ve eşitlikçi biçimde tanımlamıştır. Örneğin milleti,
"Türkiye Cumhuriyeti'ni kuran Türkiye halkına Türk milleti
denir," şeklinde tanımlamıştır. Cumhuriyet'in kurucu anayasa-
sı olan *"Teşkilat-ı Esasiye Kanunu"*nun 5. fasıl 88. maddesinde
Türklük şöyle tanımlanmıştır: *"Türkiye ahalisine din ve ırk far-*
kı olmaksızın vatandaşlık itibariyle bağlı herkes (Türk) ıtlak
olunur."[506] Görüldüğü gibi genç Cumhuriyet, din ve ırk bağını
değil, aidiyet duygusunu ve eşit yurttaşlığı esas almıştır. Aidiyet
duygusu ve eşit yurttaşlık demokrasinin ruhudur.

1921 ve 1924 Anayasası'nın birçok maddesinde, özgürlü-
ğe, eşitliğe, dolayısıyla demokrasiye vurgu yapılmıştır. August
R. von Kral bu gerçeği: *"Anayasa'da özel olarak belirtilmemiş*
olmasına karşın, metnin tamamı göz önünde bulundurulduğun-
da tam anlamıyla demokratik bir Cumhuriyet söz konusudur,"

---

504 **age.**, s. 213, 214.
505 Nitekim Atatürk'ün sağlığında Türk vatandaşı gayrimüslimler –istisnalar hariç–
     Türkiye'deki diğer Türk vatandaşlarının yaşadıkları sıkıntılardan çok farklı sı-
     kıntılar yaşamamış, ayrımcılığa uğramamış ve dışlanmamıştır. Ancak, Kurtuluş
     Savaşı ve öncesinde gayrimüslim azınlıklardan bazılarının Müslüman Türklere
     karşı işgalci emperyalistlerin yanında yer alması, Müslüman Türklerin bilinçal-
     tında gayrimüslimlere karşı ister istemez bir önyargı oluşturmuştur. Bu önyargı
     zaman zaman nefret haline gelmiştir. Ancak Atatürk hayatta olduğu dönemde
     genelde bu karşılıklı nefret duygularının önüne geçmeyi başarmıştır.
506 Karlıklı, **age.**, s. 43.

diye ifade etmiştir.[507] 1921 Anayasası'nın demokratikliğine gölge düşüren en önemli maddeler, dönemin koşullarından dolayı anayasaya konulan *"Devletin dini İslamdır"* biçimindeki 2. madde ile sadece erkeklere seçme ve seçilme hakkı veren 10. ve 11. maddelerdir. Bu maddelerden ilki 1928'de anayasadan çıkarılmış, diğerleri ise 1930'da ve 1934'te değiştirilmiştir.

*"Teşkilat-ı Esasiye Kanunu"*nun eşit yurttaşlık, özgürlük ve demokrasiye vurgu yapan bazı maddeleri şunlardır:

"Beşinci Bölüm

Madde 68: Her Türk özgür doğar, özgür yaşar. Özgürlük başkasına zarar vermeyecek her türlü hakka sahip olmaktır. Hukukun doğasından gelen özgürlüğün herkes için sınırı, başkalarının özgürlük sınırıdır.

Madde 70: Şahsi masuniyet, vicdan, düşünce, söz, yayın, seyahat, anlaşma, iş, alacak ve tasarruf, toplanma, dernek, şirket, hak ve hürriyetleri Türklerin doğal hukukundandır.

Madde 72: Kanunen belirlenen hal ve şekilden başka bir suretle hiç kimse yakalanamaz ve tutuklanamaz.

Madde 73: İşkence, eziyet, zorla el koyma ve zorla iş yaptırma yasaktır.

Madde 75: Hiçbir kimse mensup olduğu din, mezhep, tarikat ve felsefi yorumundan dolayı kınanamaz/ayıplanamaz. Toplanma biçimi toplumun genel şartlarına aykırı olmamak üzere her türlü ayinler serbesttir.

Madde 76: Kanun ile belirlenen şekil ve haller dışında kimsenin özel mülküne girilemez ve üzeri aranamaz.

Madde 77: Basın, kanun çerçevesinde serbesttir ve yayınlanmadan denetleme ve kontrole tabi değildir."[508]

Uluslararası ilişkilerde bağımsızlığı kısıtlayan bütün engeller, kapitülasyonlar sökülüp atılmış ve başka uluslarla karşılıklı haklara saygı çerçevesinde, çağdaş ilişkiler kurulmuştur. Dış politikada fetihçi ve saldırgan anlayış yerine, Atatürk'ün, *"Yurtta barış dünyada barış"* anlayışı egemen kılınmıştır.

507 R. von Kral, **age.**, s. 21.
508 Karlıklı, **age.**, s. 41, 42.

Atatürk, laik, bilimsel ve çağdaş bir eğitim sistemi kurmuştur. Okullarda aklı ve bilimi esas alan laik ve ulusal bir eğitim verilmeye başlanmıştır. Ders kitaplarında da sorgulayıcı akıl ve son bilimsel veriler dikkate alınmıştır. Örneğin Atatürk'ün hazırlattığı ders kitaplarında (*Tarih, I-II-III-IV* ve *Vatandaş İçin Medeni Bilgiler, I-II*) hem din eleştirisi yapılmış, hem Evrim Teorisi anlatılmış, hem dinlerin sosyal boyutuna vurgu yapılmış, hem de her türlü faşizmden kaçınılmıştır. Ders kitaplarında, fetihçi ve faşizan bir dil kullanılmaya başlanması 1950'den sonradır.

"*Gerçekten de Cumhuriyet, eğitim kurumlarını, her türlü dinsel dogmanın baskısından kurtarmakla bilimin, vazgeçilmez gereği olan düşünme, araştırma, sorgulama ve gerçekleri ortaya koyma özgürlüğünü sağlamıştır. Nakilci değil akılcı, ezberciliğe değil gözleme, deneye ve uygulamaya dayalı eğitim veren kurumlar yaratmaya yöneliktir.*"[509]

Atatürk, sosyalizmin ve kapitalizmin baskısından uzak, halkın çıkarlarını esas alan bir ekonomik model kurmuştur. Ekonomik yatırımlar sadece büyük kentlere değil bütün ülkeye eşit bir şekilde dağıtılmaya çalışılmıştır. Ülkenin çok değişik yerlerinde halkın her türlü ihtiyacını karşılayan sosyal fabrikalar kurulmuştur. "Planlı Devletçilik" ve "Karma Ekonomi" olarak adlandırılan Kemalist Ekonomi Modeli (KEM), ulusal kalkınmayı sağladığı için, emperyalizmin baskısını önlemiş, böylece tam bağımsızlığı ve egemenliğin korunmasını sağlamıştır. Kemalist Ekonomi Modeli ekonomiyi tamamen devlet kontrolüne vermeyerek özel teşebbüse de çok ciddi bir özgürlük alanı tanımıştır. Böylece hem devletin özel girişimciyi/ sermayedarı ezmesini hem de sermayedarların halkı sömürmesini engellemiştir.[510] Bunun adı ekonomide demokrasidir.

Atatürk, "*Vatandaş İçin Medeni Bilgiler*" kitabında ekonomide demokrasiyi şöyle açıklamıştır:

---

509 Ozankaya, **age.**, s. 232.
510 Bu nedenle Atatürkçü ekonomik model ne sosyalizm, ne kapitalizm ne de liberalizm olarak adlandırılabilir. Bu tamamen Atatürk'e ve Türkiye'ye özgü bir modeldir. "*Akl-ı Kemal*" 3. ciltte ayrıntılı olarak incelenecek olan bu modelin adı "Kemalist Ekonomi Modeli"dir.

"Devletin ekonomide düzenleyiciliği kabul edildiğinde karşılaşılacak olan güçlük şudur: Devlet ile bireyin karşılıklı etkinlik alanını ayırmak: Bireylerin kişisel etkinlikleri, ekonomik gelişmenin ana kaynağı olarak kalmalıdır. Bunun için ilke olarak devlet bireyin yerine geçmemeli, bireysel girişim ve özgürlüğü sınırlandırmamalıdır. Ama bireyin gelişimi için genel koşulları göz önünde tutmalıdır. Bireylerin gelişimine engel olmamak, onların her bakış açısında olduğu gibi, özellikle ekonomik alanlardaki özgürlük ve girişimleri önünde devlet etkinlikleri ile bir engel oluşturmamak demokrasi ilkelerinin en önemli temelidir."

Attilâ İlhan, Atatürk'ün ekonomide demokrasi düşüncesi konusunda şu değerlendirmeyi yapmıştır: *"Türkiye Cumhuriyeti, demokratik bir devrimden doğmuştur. (Atatürk), sosyalizm değil demokrasi amaçlıyordu, burası muhakkak. Ama bağımsız ve özgür bir demokrasiyi amaçladı. Bu bağımsızlık ve özgürlük idealidir ki, yeni devleti, demiryollarından başlayıp denizyollarına, madenlerinin işletilmesinden başlayıp, ilk sanayi girişimlerine kadar, her alanda bir kamu iktisadi teşebbüsleri şebekesine yönelmişti. Bu teşebbüsler bir yerde devletin egemenliğinin ve özgürlüğünün teminatı oluyorlardı."*[511]

Atatürk'ün yazı, dil, takvim, saat, ölçü, giyim-kuşam, sanat gibi üstün değerler alanındaki devrimleriyle çağdaş değerler benimsenmiş, bu sayede sorgulayıcı akıl, yaratıcılığı, o da özgür düşünceyi tetiklemiştir.[512] Kendi diline uygun yazıyı kullanmaya başlayan ve anadilinin öz güzelliğine yönelen Türk insanı, kendini çok daha rahat ve özgürce ifade edebilmiştir. Çağdaş kıyafetleri giyen Türk insanı, dinsel, geleneksel ve siyasi baskılarla çağdışı giyinmeye zorlanmaktan kurtularak özgürleşmiştir.[513] Çağdaş

---

511 İlhan, **age.**, s. 188.
512 Ozankaya, **age.**, s. 16-20.
513 Şapka Devrimi'nin amacı insanlara zorla şapka giydirmek değil, insanların din gereği sanarak başlarında taşıdıkları fesleri-sarıkları başlarından çıkartmalarını sağlamaktır. Şapka Devrimi'yle "başa giyilen şeyin dinle ilgili olduğu" yönündeki boş inanç kırılarak, bir anlamda, **içi özgürleşen başların dışının da özgürleşmesi** amaçlanmıştır. İnsanlar şapka giymedikleri için değil, kışkırtıcılık yaparak devrim karşıtlığı yaptıkları için cezalandırılmıştır.

dünyanın kullandığı takvimi, saati, ölçüyü, kullanmaya başlayan Türk insanı, yerellikten kurtulup dünyaya uyum sağlayarak çağdaşlaşıp özgürleşmiştir. Atatürk, *"Sanatsız kalmış bir milletin hayat damarlarından biri kopmuş demektir,"* diyerek sanata büyük önem vermiş, sanat için çok ciddi yatırımlar yapmıştır. Bu doğrultuda heykel, resim, müzik ve tiyatroyla ilgilenmeye başlayan Türk insanı, yaratıcılığını açığa çıkarıp özgürleşmiştir.

Ulusal kalkınma ve toplumsal aydınlanma tabandan; köylüden/çiftçiden başlatılarak tüm halkın kalkınması ve aydınlanması amaçlanmıştır.

"Türk devriminde halkı eğitmek, ekonomik refaha kavuşturmak Halkçılık ilkesinin gerekleridir. Atatürk sosyal bir eğitimci gibi meydanlarda halka yeni alfabeyi öğretmek için saatlerce çırpınmış bir devlet kurucusudur."[514]

Kurtuluş Savaşı Halkçılık Programı'nı kabul eden bir halk meclisiyle yürütülmüştür. Halkçılık ilkesiyle "toplumsal eşitlik" esas alınmıştır. *"Sınıfsız, imtiyazsız kaynaşmış bir kitleyiz"* sloganıyla eski zamanların sınıf ayrımıyla, dönme-devşirme-soylu saltanatından arta kalanlarla mücadele edilmiş, Türkiye'deki bütün gayrimüslimler "eşit yurttaş" kabul edilmiştir. Alt tabakalar korunup kollanmış; köylüyü/çiftçiyi/halkı ezen aşar vergisi kaldırılmış, topraksız köylüye toprak dağıtılarak feodal yapı yıkılmak istenmiş, din dili Türkçeleştirilerek din adamlarının halk üzerindeki ayrıcalıklarına son verilmiş, Harf Devrimi yapılarak tüm halkın kolayca okuryazar olması amaçlanmıştır, Millet Mektepleri, Halkevleri, Halkodaları, Köy Enstitüleri kurularak herkesin ulusal ve evrensel değerleri tanıması, hem bireysel hem de toplumsal olarak kendini geliştirmesi sağlanmıştır. Bu nedenle Prof. Dr. Halil İnalcık, Atatürkçülüğü, *"(...) Toplumu, sınıf kaygılarından azade bir halk ve bütün insanları eşit görmek"* olarak tanımlamıştır, ki çok haklıdır.[515]

514 Özel, age., s. 69.
515 İnalcık, age., s. 34.

Kadın Devrimi ve Demokrasi

> *"Hz. Muhammed'in kadın hakları*
> *konusundaki devrimleri nerede bitiyorsa*
> *Atatürk oradan başladı. (...) İsviçre Medeni*
> *Kanunu'nun kabulü ile, kadını bağlayan*
> *zincirler düştü ve peygamberin tasarladığı*
> *kadın erkek eşitliği gerçekleşti."*

Prof. Dr. Vera Elizabeth Flory[516]

Hiçbir zaman kadınsız demokrasi olmaz. Bu nedenle Atatürk'ün Demokrasi Projesi'nin en önemli ayaklarından biri, "kadınlara sosyal ve siyasal haklar vermek" diye tanımlanabilecek olan kadın devrimidir.

Batılı kadın 18. yüzyıldan itibaren çok uzun ve zahmetli bir mücadele sonunda sosyal ve siyasi haklarını kazanırken, Türk kadını, 19. yüzyıldan itibaren Osmanlı modernleşmesi çerçevesinde kendisine verilen kısmi haklarla yetinmek zorunda kalmıştır. İslam öncesi Türklerde kadın-erkek her bakımdan eşitken, kadın sosyal ve siyasi hayata katılırken, Türklerin Müslüman olmalarından sonra, daha çok İslam dininin Arap yorumundan dolayı, Türk kadınları önce kendi içlerine, sonra evlerine kapatılarak, eğitim hayatından, çalışma hayatından, kısacası sosyal hayattan dışlanmıştır. Kadın bedeninin "namahrem" olduğu ve kadının tek görevinin "analık" olduğu düşüncesinin yaygınlık kazanmasıyla birlikte Müslüman Türk kadınının yüzyıllar süren esaret dönemi başlamıştır.[517]

---

516 H. Fethi Gözler, **Atatürk İnkılâpları, Türk İnkılâbı**, İstanbul, 1985. s. 45.

517 İslamiyetten önce Türk kadını giyim kuşam olarak çok özgürdü, kapalı değildi. Hükümdarların eşleri devlet yönetimine katılır, kurultaylarda oy kullanır, elçi kabullerinde bulunur ve hatta zaman zaman devlet yönetirdi. Buyruklar, "Hatun ve Hakan buyuruyorlar ki" diye başlardı. Tek eşlilik vardı. Çocuklar üzerinde baba kadar annenin de hakkı vardı. Bundan 600 yıl kadar önce Türk illerini gezen Arap seyyahı İbn Batuta, Türk kadınlarını şöyle anlatmıştır: *"Bu ülkede (Kıpçak Türkleri ülkesi) gördüğüm ve beni epeyce şaşırtan tutumlardan biri de buradaki erkeklerin kadınlara gösterdikleri aşırı saygıdır. Bu memlekette kadınlar erkeklerden daha üstün sayılırlar. Gerçi, beylerin kadınlarını ilk defa Kırım'dan ayrılırken görmüştüm. Saltu'ya Bey'in eşini, baştan aşağı mavi ağır kumaşlarla kaplı, pencere ve kapıları açık bulunan kendi arabasına bindiği sı-*

Osmanlı İmparatorluğu'nda, bırakın kadın haklarını, kadının alınıp satıldığı pazarlar vardır. Kadın esirler satın alındığı gibi, hediye olarak da verilmiştir. Nitekim, Ahmet Mithat Efendi 1875'de yazdığı *"Felatun Bey ve Rakım Efendi"* romanında "cariyelerden"; Namık Kemal 1876'da yazdığı *"İntibah"* adlı romanında "esir kadınlardan" söz etmiştir. Sami Paşazade Sezai *"Sergüzeşt"* (1889) adlı romanında ve Nabizade Nazım da *"Zehra"* (1895) adlı romanında bu konu üzerinde durmuştur.[518] Yüz otuz sene önce bir esirenin fiyatı 60.000 kuruştur. 1856'da yabancı devletlerin baskısı ile kölelik resmen kaldırılmış ama, gizli olarak köle alım satımı devam etmiştir. Nitekim 1864'teki bir resmi senette, on yaşındaki bir Çerkez kızının 4000 kuruşa satıldığı tespit edilmiştir.[519] Harem geleneği vardır. Padişah Abdülmecit'in (1823-1861) sarayında 800, Padişah Abdülaziz'in (1830-1876) sarayında 400 kadın vardır.[520]

Çok eşlilik şeriatça onaylanmıştır. Evlenmede kadının isteği söz konusu değildir. Boşanma erkeğin iradesine ve "boş ol" sözcüğünün peşi sıra üç kere tekrarlanmasına bağlıdır. Resmi nikâh olmadığından, boşanma durumunda kadının herhangi bir hak talep etmesi de söz konusu değildir.[521] Mirasta, şahitlikte kadının iradesi ve ifadesi erkeğin yarısı kadardır. Kadın peçe ve çarşafla örtünmeye, kafes hayatı yaşamaya zorlanmış, toplumsal hayattan dışlanmıştır. Kadının çalışma özgürlüğü olmadığından ekonomik özgürlüğü de yoktur. Kadının eğitim hayatı sınırlı, okuma yazama

---

rada seyretmiştim. (...) Sofra hazırlanınca yemeklerini bir arada yediler. Esnaf ve sanatçıların eşlerine gelince... Bunlardan birini atların çektiği bir arabada gördüm. (...) Arabanın pencereleri açık olduğu gibi kendi yüzü de örtülmemişti. Zira Türk kadınları yüzleri açık dolaşırlar, erkeklerden kaçmazlar. Bir başka kadını da aynı şekilde gördüm. Yanındaki köleleriyle pazara süt, yoğurt getirip satar. Karşılığında koku ve esanslar satın alırdı. Bazen kadınlara erkekleriyle beraber rastlarsınız ve o zaman bu adamları kadınların hizmetkârı zannedersiniz. Çünkü Türk erkekleri sırtlarına koyun derisinden yapılma postlar, başlarına ise deri külahlar giyerlerdi." (Bkz. İsmet Parmaksızoğlu, **İbn Batuta Seyahatnamesinden Seçmeler**, 1000 Temel Eser, Ankara, 1981).

518   Gözler, **age.**, s. 122.
519   Enver Ziya Karal, **Osmanlı Tarihi**, C 8, Ankara, 1962, s. 208.
520   Enver Ziya Karal, **Atatürk ve Devrim**, Ankara, 1980, s. 121.
521   Gerçi Osmanlı'da "izinname" ile şahitler huzurunda yapılan resmi nitelik taşıyan bir nikah akdi vardır, ancak uygulamada kadının bundan yararlandığı pek söylenemez.

oranı çok düşüktür. Harf Devrimi'nden bir yıl önce (1927) bütün Türkiye'de kadınların okuma yazma oranı yalnızca %04'tür. Güneydoğu Anadolu'da kadınların okuma-yazama oranı %01 bile değildir. Kadının erkek doktora muayene edilmesi de yasaktır. Bu durum kadın doktorun olmadığı bir toplumda kadının göz göre göre hastalıklara ve ölüme mahkûm edilmesi demektir.[522] 1789'da III. Selim, bir ferman yayımlayarak kadınların birçok özgürlüğünü kısıtlamıştır. III. Osman zamanında kadınların hiçbir gün evden çıkamayacağı, IV. Mustafa zamanında kadınların kocaları ve oğulları yanlarında olsa bile sokağa çıkamayacağı, arabaya binemeyeceği, ezan saatinde dışarıda kalamayacağı gibi yasakları içeren fermanlar çıkarılmıştır. Ayrıca değişik tarihlerde kadınların erkeklerle birlikte sandala binmeyecekleri, mesire yerlerine gitmeyecekleri, ince kumaştan ferace diktirip giymeyecekleri gibi fermanlar yayımlanmıştır.[523]

III. Osman, III. Ahmet ve II. Abdülhamit yayımladıkları fermanlarla peçe kullanımı zorunlu tutmuştur.[524] Hicri 1861'de ise *"Çarşaf ve ince peçe ile gezmenin men'i ve feraceye dönüş"* biçiminde bir ferman yayımlanmıştır.[525]

Osmanlı'da ancak 19. yüzyıldan itibaren kadınlara kimi haklar verilmeye başlanmıştır. Reformist Osmanlı padişahı II. Mahmut, kız çocuklarının da ilkokula gitmesini istemiştir. Osmanlı'da Batılı anlamda "kadın hakları" konusu ilk kez Tanzimat Dönemi'nde (1839-1876) gündeme gelmiştir. Tanzimat fermanından 4 sene sonra Sultan Abdülmecit zamanında ilk kez Mektebi Tıbbiye bünyesinde, kadınlar için ebelik kursu açılmıştır. 1909'da Haseki Hastanesi'nde bir ebe mektebi kurulmuştur. Sultan Abdülmecit, 1858 yılında yayımladığı yeni *"Arazi Kanunnamesi"*nde bazı mülk türlerinde kız ve erkek çocuklara eşit miras hakkı vermiştir. Ancak bu hak genelde kâğıt üzerinde kalmıştır. 1859 yılında İstanbul'da ilk kız rüştiyesi (ortaokul), açılmıştır. 1864'te ilk kez Rusçuk'ta Mithat Paşa tarafın-

522 Atay, **Çankaya**'dan nakleden, Aydoğan, **Atatürk ve Türk Devrimi**, s. 240.
523 Gözler, **age.**, s. 120.
524 Turgut Sönmez, *"Kadın Giyim Kuşamı ve Atatürk"*, **Atatürk Haftası Armağanı**, ATESE Yayınları, 10 Kasım 2006, s. 152, 153.
525 Gözler, **age.**, s. 120.

dan kız teknik okulu açılmıştır.[526] 5 yıl sonra da, 1869'da da 4 yıllık ilk-öğretim, erkek ve kız çocuklar için zorunlu hale gelmiştir. Yine 1869'da İstanbul Yedikule'de Tophane-i Âmire'nin kurduğu Kız Sanayi Mektebi açılmıştır. Aynı yıl kız rüştiyelerinin öğretmen ihtiyacını karşılamak üzere İstanbul'da "Dâr-ül-muallimât" (Kız Öğretmen Okulu) hizmete girmiştir. 1874'te bu okulun öğrenci sayısı 46, dokuz kız rüştiyesinde okuyanların sayısı ise 248'dir. 1877'de İstanbul'daki kız ortaokulu sayısı 8'e düşerken kız öğrenci sayısı 294'e yükselmiştir. 1878'de Ahmet Vefik Paşa tarafından kurulan "Üsküdar Mekteb-i İnas"ı sonradan kız sanat okuluna dönüştürülmüştür. 1879'da İstanbul'da Aksaray ve Cağaloğlu'nda iki kız sanayi mektebi daha açılmıştır. 1880'de Münif Paşa'nın Maarif Nazırlığı döneminde İstanbul'da ilk kız idadisi açılmıştır. Okulun programına genel kültür, Türkçe, üç batı dili, musiki, el ve ev işleri dersleri de alınmış, okula başlangıçta sadece 3 öğrenci kaydolmuş, ilgisizlik yüzünden iki yıl sonra bu okul kapanmıştır. Basında çıkan haberlerde, babaların kızlarını okula göndermeleri, kızları olmayanların da yardımları istenmiş, kızların ilmin tadını alamadıklarından yakınılmıştır.[527]

Görüldüğü gibi Osmanlı'da 19. yüzyıldan itibaren açılan kız okullarının çoğu İstanbul gibi büyük kentlerde açılmış ve bu okullara çok az sayıda kız öğrenci devam etmiştir.[528]

---

526 age., s. 121.
527 Müjgan Cunbur, "*Atatürk Döneminde Kadın Eğitimi*", **Atatürk Araştırma Merkezi Dergisi**, S. 23, C 8, Mart 1992.
528 Dârül-muallimat'tan 26 yılda 348 kız öğrenci mezun olmuştur. Aynı yıllarda 9 kız rüştiyesinde 1779, 3 kız sanat okulunda 486 öğrenci okumaktadır. İstanbul'daki iptidaî adı verilen ilkokullarda ise 453 kız öğrenci vardır. Ankara'daki iki öğretmenli kız rüştiyesinde 12 öğrenciye karşılık azınlıkların 4 rüştiyesinde 239 kız öğrenci bulunmaktadır. 1893'te açılan İzmir Kız Rüştiyesi'nde 4 öğretmen 80 öğrenciyi okutmaktadır. 1911'de de İstanbul İnas İdadisi açılmıştır. Bu idadî 1913'te İnas Sultanîsi, 1915 yılında da Bezmi âlem Sultanîsi adını almış ilk kız lisemizdir. 12 Eylül 1914'te kız idadilerine öğretmen yetiştirmek üzere, Dârül-muallimat'ı Âliye'ye bağlı olarak ilk İnas Dâr-ül-fünun'u (Kız üniversitesi) açılmış, matematik, edebiyat ve tabiî bilimler şubelerinden 1917'de toplam 18, 1918'de de 10 kız öğrenci mezun olmuştur. İnas Dâr-ül-fünun'u 1920'de kızlar erkekler ayrı sınıflarda ders görmek üzere İstanbul Dâr-ül-fünun'u ile birleştirilmiş, bir süre sonra kızların kendi sınıflarını boykot edip esas derslere girmeleriyle de karma öğretim başlamıştır. 1916'da örgün eğitim görmemiş kadınlar için İstanbul'da Bilgi Yurdu açılmış, ilk ayda buraya 116 kadın kay-

28 Haziran 1868'de *Terakki* gazetesinde, isimsiz bir kadın mektubu yayımlanmıştır. Bu mektupta şikâyet edilen konulardan biri erkeklerin çok eşliliğidir. Ayrıca başka bir kadın; aynı ücreti ödedikleri halde vapurlarda kadınlara neden kötü yerler ayrıldığından yakınmıştır. Bazı aydın kadınlar yavaş yavaş eşitsizliğe isyan etmeye başlamıştır.

İttihat ve Terakki Cemiyeti'nin 1895'te hazırladığı ilk nizamnamesinde kadınların da cemiyete üye yazılabilecekleri, erkelerle aynı haklara ve görevlere sahip oldukları belirtilmiştir. 1908'de II. Meşrutiyet'in ilan edilmesinden sonra sansürün kalkmasıyla birlikte hem kadın dernekleri kurulmuş hem de kadın dergileri çıkmaya başlamıştır. Halide Edip, Teali Nisvan (Kadınların Yükselmesi) Derneği'ni kurmuştur. O günlerde kurulan başka bir kadın derneği olan Müdafa-i Hukuk-i Nisvan Cemiyeti de *"Kadınlar Dünyası", "İnsaniyet, Mehasin", "Demet"* ve *"Kadın"* gibi kadın dergileri çıkarmaya başlamıştır.[529]

İnci'nin kapağı · *Erkekler Dünyası'nın kapağı (19 Ocak 1913)*

dolmuş, bu yurtta sanat ve müzik dersleri verilmiştir (bkz. Cunbur, **agm.**).
529 Diğer kadın dergileri arasında, *Terakk-i Muhadderat, Mürebbie-i Muhadderat, Ayine, Şukufezar, Erkekler Dünyası* önemli bir yere sahiptir (bkz. Leyla Kaplan, **Cemiyetlerde ve Siyasi Teşkilatlarda Türk Kadını (1908-1960)**, Ankara, 1998, s. 9 vd.).

19. yüzyılda açılan "Darü'l Muallimat" adlı kız öğretmen okulundan mezun olan az sayıdaki münevver (aydın) kadın önemli işler yapmıştır. Nezihe Muhittin, Arife Hanım ve Ulviye Mevlan gibi bazı aydın Osmanlı kadınları, kadın hakları için mücadele etmiştir. Meşrutiyet'in en ateşli kadın hakları savunucularından olan Nezihe Muhittin, Türk kadınlarının seçme ve seçilme hakkına sahip olması için çok ciddi bir mücadele vermiştir.

Osmanlı'da kadın haklarını savunan erkekler de vardır. Şemsettin Sami, Namık Kemal, Ahmet Mithat Efendi, Baha Tevfik, Tevfik Fikret, Ziya Gökalp, Hüseyin Rahmi, Abdullah Cevdet bunlardan bazılarıdır.

1867'de Namık Kemal, *Tasviri Efkâr* gazetesinin 457. sayısında *"Terbiye-i Nisvan Hakkında Bir Layiha"* (*Kadınların Eğitimi Konusunda Bir Tasarı*) adlı yazısını yayımlamıştır. Şinasi'in *"Şair Evlenmesi"*nden on yıl sonra, 1869'da Ahmet Mithat Efendi, kadınların sorunları konusunda yazılar yazmaya başlamıştır. 1872'de Namık Kemal, *İbret* gazetesinde *"Aile Hakkında"* adlı bir makale yayımlamış ve makalesinde kız çocuklarına baskı yapan anne-babaları eleştirmiştir.

20. yüzyılın başında girilen savaşlar, Müslüman Türk kadınının zorunlu olarak iş hayatına girmesini sağlamıştır. Erkeklerin cephede olduğu bu dönemde kadınlar bir taraftan evlerinin geçimleri, diğer taraftan vatan savunması için küçük atölyelerde çalışmaya başlamıştır.[530] İttihat ve Terakki Partisi, 7 Kasım 1917'de kabul ettiği *"Aile Kanunnamesi"*yle imam nikâhının tümden bağlayıcı niteliğini sınırlandırarak kadına da kocasını boşama hakkı tanımıştır.[531] *"Daha önceleri, ancak ebe, hastabakıcı ve daha sonra da öğretmen olabilen kadınlar için bu dönemde bir ileri adım daha atılmış; kadınlar memur olabilmiş, peçeleri kalkmış ve çarşafları elbiseye yakın bir şekil almıştır."*[532]

530 Meydan, **Atatürk ile Allah Arasında**, s. 596-604.
531 İlhan Başgöz, *"Türkiye'de Laikliğin Tarihsel ve Sosyal Kökleri"*, **Bilanço 1923-1998**, 10-12 Aralık 1998.
532 Mümtaz Turhan, **Kültür Değişmeleri,** İstanbul, 1987, s. 193.

Teal-i Nisvan Cemiyeti'ndeki kadınlardan bir grup

Ancak Osmanlı'nın son yıllarında kadınlara tanınan bu kısmi haklar ya kâğıt üzerinde kalmış, ya savaşlar nedeniyle hayata geçirilememiş, ya da çok sınırlı bir kesim üzerinde etkili olmuştur. İstanbul, İzmir ve Selanik dışındaki kadınların ne bu kadın cemiyetlerinden, ne bu kadın dergilerinden, ne kız okullarından ne de *"Aile Kanunnamesi"*nden haberleri vardır. 20. yüzyılın başlarında İstanbul'da bile bir kadının yanında kocası veya ağabeyi olmadan tek başına sokağa çıkması çok yadırganan bir durumdur. Sokağa çıkan kadın da hâlâ erkeğinin birkaç metre gerisinden, yüzünü, gözünü saklayarak, sokak diplerinden, sinerek yürümek zorundadır. Kadın konusunda köklü bir devrim yapmadan Müslüman Türk kadını üzerindeki yüzlerce yıllık baskıyı kaldırmak olanaksızdır. İşte Atatürk bu gerçeği görerek yola çıkmıştır.

"Şuna kani olmak lazımdır ki, dünya yüzünde gördüğümüz her şey kadının eseridir,"[533] diyen Atatürk, çok genç yaşlarından itibaren kadın erkek eşitliğini ve kadın haklarını savunmuştur. Kadınların kısmen daha fazla haklara sahip olduğu,

---

533 Kocatürk, **Atatürk'ün Fikir ve Düşünceleri,** s. 113.

toplumsal hayattan dışlanmadığı Selanik gibi Batılı etkilere açık bir kentte doğup büyümesi, bir süre Sofya ve Karlsbat gibi kadın haklarına değer verilen Batılı kentlerde bulunması, kadın hakları konusunda düşüncelerinin olgunlaşmasını sağlamıştır.

1916'da Bitlis'te, 1917'de Karlsbad'ta, 1919'da Erzurum'da, gelecekte kadınları özgürleştireceğinden, kadınlara devrim niteliğinde haklar tanıyacağından söz etmiştir.

Atatürk, daha 1918 yılında kadınların özgürleştirilmesinden şöyle söz etmiştir:

"Bu kadın meselesinde cesur olalım. Vesveseyi bırakalım... Açılsınlar. Onların dimağlarını ciddi ilimler ve fenler ile donatalım. Namusu, fenni sağlıklı biçimde anlatalım. Şeref ve Haysiyet sahibi olmalarına birinci derecede önem verelim."[534]

Atatürk, kendi ifadesiyle "ifrat ve tefritten" (aşırılıklardan) kaçınan çağdaş Türk kadınının nasıl olması gerektiğini Türkhalkına bizzat gösterebilmek için örnek bir evlilik yapmıştır. Atatürk'ün günümüze sürekli dedikodu malzemesi yapılan Latife Hanım'la olan evliliği bir aşk veya mantık evliliği değil, bir model/örnek evliliktir. Atatürk, Batı'da eğitim görmüş, birkaç yabancı dil bilen, aynı zamanda köklerine bağlı Latife Hanım'la –henüz kanunlaşmamış olan– medeni nikâhla evlenip, onu yurt gezilerinde yanında götürerek Türk kadınına, aşırılıklardan uzak, çağdaş Türk kadınının nasıl olması gerektiğini göstermek istemiştir.[535]

Atatürk, Demokrasi Projesi çerçevesinde kadın haklarını yavaş yavaş yerleştirmeye çalışmıştır. Bu amaçla sıkça kadınlı

---

534 A. Afet İnan, **Mustafa Kemal Atatürk'ün Karlsbad Hatıraları**, 2. bas., Ankara, 1991, s. 45.

535 *"Bu konudaki savaşı sadece sözle değil, kişiliğiyle örnek olarak da yürüttü. Latife Hanım'la evlenmesi sırasında yapılan resmi törende Türkiye'de çok eskiden beri uygulanagelen tüm gelenekleri bir yana ittiği bilinmektedir. Evlenme bir pazartesi günü oldu. Oysa ülkede evlenme törenlerini perşembe günü yapmak âdetti. Tatil günü cuma olduğuna göre perşembe arife sayılırdı. Sonra evliliğe rıza sözü olan geleneksel 'evet' sözcüğünü kendisi ve nişanlısıyla hoca önünde ve tanıklar karşısında birlikte bulunarak söylemelerini istedi. Oysa geleneğe göre bu sırada da birbirini görmemeleri gerekiyordu. Dahası var: Gazi, genç karısını yüzü açık, çizmeleriyle askeri teftişlere ve lokantaya götürmekten çekinmiyordu."* (Gentizon, **Mustafa Kemal ve Uyanan Doğu**, s. 132, 133.)

261

erkekli balolar (İzmir'de, Ankara'da, Trabzon'da, Mersin'de ve Bursa'da) düzenlemiş, kadınları, bilim, sanat ve spor etkinliklerine yöneltmiştir.[536] Bu konuda da halka bizzat örnek olmak istemiştir: Manevi kızlarından A. Afet İnan'ın tarihçi, Sabiha Gökçen'in ise havacı olmasını istemiştir. Toplumda kadın erkek ayrımının yapılmasına büyük tepki duymuştur. Örneğin bir gün Ankara'da Cemil Bey sinemasına film seyretmeye giden Atatürk, salonda yalnız erkekleri görünce, Cemil Bey'e, *"Neden hiç kadın yok?"* diye sormuş, *"Paşam, kadınlara yalnız salı günleri film gösteriyoruz,"* yanıtını alınca, hemen yaverini çağırarak, *"Film seyretmek isteyen hanımları içeri bıraksınlar"* talimatını vermiştir. Kısa sürede salonu dolduran hanımlar, Atatürk'ü coşkuyla alkışlamıştır.[537]

Atatürk'e göre Kurtuluş Savaşı yıllarında cepheye kağnılarla cephane ve mermi taşıyan, hatta cephede düşmanla savaşıp erkeğiyle yan yana şehit düşen Türk kadını, (I. İnönü Savaşı'nda şehit düşen genç kızlarımız vardır.) toplumsal hayatta da her bakımdan erkeğiyle eşit, yan yana olmayı çoktan hak etmiştir.

9 Mayıs 1920 günü Türkiye Büyük Millet Meclisi Hükümeti'nin ilk programı okunurken kız ve erkek farkı gözetilmeden Türk çocuklarına verilecek eğitimin, kazandırılacak şuur ve karakterin hedefleri üzerinde durulmuştur.

Atatürk, Yunan ordusunun Anadolu içlerine doğru ilerlediği günlerde, sanki hiçbir şey yokmuşçasına, 16 Temmuz 1921'de Ankara'da bir *"Maarif Kongresi"* toplamıştır. Kongreyi bizzat açan Atatürk, yeni devletin eğitim ilkelerinden, millî eğitimin düzenlenmesinde alınacak tedbirlerden söz ederken kadın öğretmenlere *"Muallime ve Muallimler"* (*Hanımlar, Efendiler*) diyerek öncelik tanımıştır. Kongrede "Eğitim ve Öğretim Reformu" planını sergilemiş, tartışmış ve kararlar haline getirmiştir. Geleceğin Türkiye'sinin kız ve erkek çocuklarına, kadın ve erkek tüm halkına verilmesi gereken ulusal terbiyenin, eğitim ve öğretimin esaslarını tespit etmiştir. Atatürk, Kurtuluş Savaşı sırasında dü-

536 Gentizon, age., s. 133-136.
537 Nazmi Kal, **Atatürk'le Yaşadıklarını Anlattılar**, Ankara, 2001, s. 94, vd.

zenlediği bu kongreyle, bir taraftan eğitim öğretimin diğer taraftan da kadın-erkek eşitliğinin önemini vurgulamıştır.[538] Kongrenin, kadın erkek karışık düzenlenmesi TBMM'de bazı milletvekillerince tepkiyle karşılanmıştır: Dönemin Millî Eğitim Bakanı Hamdullah Suphi (Tanrıöver) ve Bitlis Mebusu Yusuf Ziya Bey 10.000 lira harcayıp top tarrakaları arasında "muallimler kongresi" düzenlenmesini eleştirmiştir. Karesi Mebusu Hasan Basri Bey de, "kongrenin milletin gelenek ve duygularına uymayacak bir şekilde muhtelit bir kongre olarak düzenlendiğini" söyleyerek eleştirilere katılmıştır. Karahisar-ı Sahib Mebusu Mehmet Şükrü Bey de kongreye kadın-erkek birlikte katılınmasının "kadınlığı tahkir" olduğunu ifade etmiştir. Medreseli Mebuslar ise kongrenin düzenlenmesine yardımcı olan Türkiye Muallime ve Muallim Dernekleri Birliği'ni Atatürk'e şikâyet etmişlerdir. Bunun üzerine Atatürk, Birlik Başkanı Mazhar Müfit Bey'i çağırıp hiddetle, *"Hanımların da katıldığı birlikler toplantısında siz ne yapmışsınız?"* diye azarlamıştır. Mazhar Müfit Bey şaşırmıştır, milletvekilleri ise memnundur. Atatürk şöyle devam etmiştir: *"Siz toplantıya gelen muallime hanımlarla muallim beyleri ayrı ayrı oturtmuşsunuz. Halbuki karışık oturtmalıydınız, bir daha öyle hareket etmeyiniz."* Bu sefer mebuslar şaşırmış ve başları önlerinde orayı terk etmişlerdir. Bu olay karma eğitimin habercisidir. Nitekim Atatürk 31 Ocak 1923 günü İzmir'de karma eğitim konusundaki düşüncelerini halka iki cümleyle şöyle açıklamıştır: *"Milletimizin, memleketimizin ilim yuvaları bir olmalıdır. Bütün memleket evlâdı kadın ve erkek aynı surette oradan çıkmalıdır."*[539]

Atatürk, Demokrasi Projesi çerçevesinde, 1923'ten itibaren kadının ve kadın haklarının önemini vurgulayan konuşmalar yapmaya başlamıştır.

Örneğin 31 Ocak 1923'te, İzmir'de halka konuşmasında, kadınların erkeklerden hiçbir zaman geri olmadığını söyleyerek

---

538 Burhan Göksel, *"Atatürk ve Türk Çocuğunun Eğitim ve Öğretimi"*, **Belgelerle Türk Tarihi Dergisi**, S. 71, Ağustos 1973.

539 Cunbur, **agm.**

kadınların erkeklerle aynı seviyede olmasını, kalkınmanın ancak kadın-erkek birlikte gerçekleştirileceğini vurgulamıştır.[540]

21 Mart 1923'te, Konya Kızılay Şubesi'nin düzenlediği bir toplantıda da, kadınların hak ve görevleri açısından pek çok konuya değinmiştir.

1925'te kadın hakları konusunda İnebolu'da, Kastamonu'da, İzmit'te konuşmalar yapmıştır.

1925'te, *"Bir toplum, bir millet, erkek ve kadın denilen iki cinsten meydana gelir. Mümkün müdür ki bir kütlenin bir parçasını ilerletelim, diğerini görmezlikten gelelim de kütlenin hepsi yükselme şerefine erişebilsin?"* demiştir.[541]

14 Ekim 1925'te İzmir Kız Öğretmen Okulu'nda, öğrencilere sorular sormuş ve bazı soruları kendisi yanıtlamıştır. Örneğin*"Türk kadını nasıl olmalıdır?"* sorusunu şöyle yanıtlamıştır: *"Türk kadını dünyanın en münevver, en faziletkâr ve en ağır kadını olmalıdır. Ağır siklette değil, ahlâkta, fazilette ağır, vakur bir kadın olmalıdır. Türk kadınının vazifesi, Türkü zihniyetiyle, pazusuyla, azmiyle muhafaza ve müdafaaya kadir nesiller yetiştirmektir... Herhalde kadın çok yüksek olmalıdır. Burada Fikret merhumun cümlece malum olan bir sözünü hatırlatırım (Elbet sefil olursa kadın, alçalır beşer)."*[542]

1928'de, kadınlarımız eğer gerçekten milletin anası olmak istiyorlarsa, *"erkeklerden daha çok aydın, daha çok feyizli, daha fazla bilgili olmaya mecburdurlar,"* demiştir.[543]

Atatürk, 1 Mart 1923'te TBMM'nin dördüncü toplanma yılını açış nutkunda, özel idarelerce yurdun çeşitli yerlerinde bir kız öğretmen okulu ile 3 kız idadisinin ve 30 kız ilkokulunun, Millî Eğitim Bakanlığı'nca da 1 kız lisesi ile 2 kız ortaokulunun açıldığını müjdelemiştir.

15 Temmuz 1923'te Millî Eğitim Bakanlığı'nda Birinci Hey'eti İlmiye toplanmış, diğer konular arasında kız ve erkek öğretmen

---

540 Atatürk'ün Söylev ve Demeçleri, C 2, s. 85-87.
541 Kocatürk, age., s. 116, 117.
542 Atatürk'ün Söylev ve Demeçleri, C 2, s. 235.
543 Kocatürk, age., s. 112.

okullarının tüzük ve programları üzerinde durulmuş, İstanbul Kız Öğretmen Okulu'nda orta kısım açılması kararlaştırılmıştır.

14 Ağustos 1923 günü TBMM'de hükümet programı okunmuş, millî eğitim konuları arasında kadınların eğitim ve öğretimine de önem verileceği, bu maksatla kız öğretmen okulları, kız liseleri ve kız sanayi idadileri açılacağı ve bunlara gerekli eğitim araçları sağlanacağı belirtilmiştir.

Cumhuriyet'in ilk anayasası ilköğretimi kız çocuklar için de zorunlu saymıştır. 87. maddede *"Kadın, erkek bütün Türklerin ilk öğretimden geçmek mecburiyetinde oldukları"* belirtilmiştir.[544]

3 Mart 1924'te *"Tevhidi-i Tedrisat Kanunu"* kabul edilerek ve 20 Nisan 1924'te *"Teşkilât-ı Esasiye Kanunu"*nun 87. maddesi değiştirilerek "kız ve erkek çocuklara ilköğretim zorunluluğu" getirilmiştir.

Cumhuriyet'in ilk ders yılında öğretim yapan 20 öğretmen okulundan 7'si kız öğretmen okuludur.[545]

1927-28 öğretim yılında 9 erkek 2 kız teknik öğretim okulu varken, 1938-39 öğretim yılında bu sayı 11 erkek, 13 kız teknik öğretim okuluna yükselmiştir.[546]

1938'e kadar Türkiye'nin değişik yerlerinde toplam 40 kız sanat enstitüsü ve kız sanat okulu kurulmuştur.

Bu sayede okuyan kızlarımızın sayısında büyük bir artış görülmüştür. 1923'te ilkokullarımızda 63.000 kız öğrencimiz varken, bu oran 1970'te 2 milyonu bulmuştur. Ortaokullardaki kız öğrenci sayısı 1128'den 200.000'e ulaşmıştır. Liselerimizde 1923'te sadece 166 olan kız öğrenci adedi 1970'te 64.000'e yükselmiştir. 1923'te üniversitede (Darülfünun) sadece 168 kız öğrenci varken bu sayısı 1970'te 16.000'e yükselmiştir.[547]

Harf Devrimi'nin yapılması, Millet Mekteplerinin açılması, karma eğitimin başlatılması gibi devrimci adımlarla kadınların

544 Cunbur, **agm.**
545 **agm.**
546 Reşit Özalp, **Rakamlarla Türkiye'de Teknik ve Mesleki Öğretim**, Ankara, 1956, s. 41.
547 Bkz. Burhan Göksel, *"Atatürk ve Kadın Hakları"* **Atatürk Araştırma Merkezi Dergisi**, S. 1, C 1, Kasım, 1984.

okuryazarlık oranları yükseltilmiştir. Cumhuriyet'in ilk yıllarında kız öğrenci ve kadın öğretmen sayısında büyük bir artış gerçekleşmiştir.[548]

"*Eğitim Birliği Kanunu*" (Tevhid-i Tedrisat) ile eğitim alanında kadın-erkek eşitliği sağlandıktan sonra kadını iş hayatına katacak bir dizi girişimde bulunulmuştur. Kurtuluş Savaşı'nın hemen ardından 1923'te yapılan İzmir İktisat Kongresi'nde Türkiye'de ilk kez kadınlara işçi ve çiftçi delegeleri arasında yer verilmiştir. Ayrıca beş yüz kadar izleyici arasında önemli sayıda kadın izleyici vardır. Kongre kararlarının 1. maddesinde "*Kadın erkek çalışanlara amele yerine işçi denilmesi*", 7. maddesinde "*Kadınların madenlerde çalıştırılmaması*", 10. maddesinde "*Kadın işçilere sekiz hafta doğum, her ay üç gün ay hali (regl dönemi) izni*" verilmesi, 2. maddesinde "*emzikhaneler açılması*" öngörülmüştür.[549]

Atatürk, 1924'te Ticaret Bakanı Ali Cenani Bey'i, gelişen ülkelerdeki iş kanunlarında kadının durumunu incelemekle görevlendirmiştir. Bu doğrultuda bir komisyon kurulmuştur. Komisyonun çalışmaları sonunda çalışan kadınlara on hafta ücretli doğum izni verilmesinden kadınları gece ve ağır işlerde çalıştırmayı önlemeye yönelik bir dizi koşul getirilmiştir. Meclisin bu tasarıyı kabul etmemesi üzerine, 1929'da kadın haklarını daha da genişleten bir kanun tasarısı hazırlanmıştır. İstanbul Ticaret Odası'nın "*Türk sanayini yıkıma uğratacak*"[550] iddiasıyla karşı çıktığı bu tasarı da reddedilmiştir. Bunun üzerine 1934'te öncekilerden çok daha ileri bir "kadın işçi hakları tasarısı" hazırlanmış ve sonunda bu üçüncü tasarı sekiz yıllık bir mücadelenin ardından 8 Haziran 1936'da 3008 sayılı "*İş Kanunu*" olarak kabul edilmiştir.[551]

Atatürk'ün çabalarıyla sonunda yasalaşan "*İş Kanunu*", kadınların sanayi işlerinde gece görevlendirilmesini, yaşı ne olursa olsun maden işleri, kablo döşemesi, kanal ve tünel yapımında

548 Bkz. Yahya Akyüz, **Türk Eğitim Tarihi**, Ankara, 1982, s. 322-328.
549 Aydoğan, **Atatürk ve Türk Devrimi**, "Ülkeye Adanmış Yaşam", 2, s. 253, 254.
550 Nedjidé Hanum, **La législation Ouvière de la Turquie Contemporaine**, REI, Cahier, II, S. 245, A 1928'den nakleden Bernad Caporal, **Kemalizm Sonrasında Türk Kadını**, C 2, s. 19; Aydoğan, **age.**, s. 254.
551 Aydoğan, **age.**, s. 254.

çalıştırılmasını yasaklamıştır. İsteyen kadınlara gece çalışma izni de verilmiştir. Kadınlar artık "123 çeşit ağır ve tehlikeli işte" çalıştırılmayacaktır. Çok daha önemlisi işverenlerin, atölyelerinde ve fabrikalarında kadın işçi çalıştırması zorunlu kılınmıştır.[552]

1926'da çıkarılan "*Borçlar Kanunu*"nda borçlar tanımlanırken kadın-erkek ayrımı yapılmadan her iki cins eşit görülmüştür.

1926'da çıkarılan "*Medeni Kanun*"la kadına "dilediği mesleği, sanatı seçme ve yürütme hakkı" verilmiştir. Kanun, kadının meslek ve sanatını yürütmesine yarayan malları "dokunulmaz mallar" saymıştır.

1930'da çıkarılan "*Hıfzısıha (Toplum Sağlığını Koruma) Kanunu*"yla çocuklu kadın işçilere çalışma saatleri içinde, işlerine ara vererek çocuklarını emzirme olanağı sağlanmıştır.[553]

Atatürk'ün genç Cumhuriyeti'nin kadınlara tanıdığı bu işçi hakları Atatürk'ün kurduğu sosyal fabrikalarda aynen uygulanmıştır.[554]

Atatürk, kadınların sosyal hayatın tüm olanaklarından yararlanmasını istemiştir. Önce 1924 yılında İstanbul'da vapur, tramvay ve trenlerde erkeklerle kadınları ayıran kafesler ve kadınların bulunduğu bölümlerdeki perdeler kaldırılmıştır. Bundan sonra kadınların kocalarının yanında seyahat edebilmeleri sağlanmıştır. Daha sonra parklar, plajlar, mesire yerleri, salonlar kadınlara açılmıştır. Kadın spor kulüpleri kurulmuştur. Beden eğitimi ve izciliğin gelişmesiyle kadınlar da bu alanlarda önemli başarılar elde etmiştir. Cumhuriyet'in ilk kadın sporcularını, ilk kadın doktorları, ilk kadın biliminsanları, ilk kadın pilotları, ilk kadın hukukçuları takip etmiştir. Örneğin 1930 yılında Hâkim Nezahat ve Beyhan hanımlar, asliye hâkimliklerine atanmışlardır.[555]

Cumhuriyet çok kısa sürede Türk kadının çehresini öylesine değiştirmiştir ki, son Osmanlı şeyhülislamının torunu Keriman Halis 1932'de dünya güzeli seçilmiştir.[556]

552 Caporal, **age.**, s. 34,35; Aydoğan, **age.**, s. 254.
553 Coparal, **age.**, s. 31, 32, 37; Aydoğan, **age.**, s. 354, 355.
554 Atatürk'ün Sosyal Fabrika Projesi, "AKL-I KEMAL"in 3. cildinde anlatılacaktır.
555 Özakman, **Cumhuriyet**, 2. kitap, s. 367.
556 Bernard Caporal, **age.**, s. 22'den nakleden Aydogan, **age.**, s. 248.

Müslüman Türk kadınının Osmanlı'nın son dönemlerindeki en büyük sorunlarından biri giyim-kuşamına çok fazla müdahale edilmesidir. 17. yüzyıldan beri birçok Osmanlı padişahı, kadınların örtünmeleri, çarşaf ve peçe kullanmaları konusunda fermanlar yayımlayarak kadınlar üzerinde bir baskı kurmuş, kadınların özgürlüklerini kısıtlamıştır.

Atatürk, Türk kadınını her bakımdan özgürleştirmeye kararlıdır. Bu bakımdan koca, ağabi ve mahalle baskısıyla, padişah fermanıyla kapanmaya, çarşaf ve peçe takmaya zorlanan Müslüman-Türk kadınını öncelikle bu türlü erkek baskısından kurtarmak gerektiğini düşünerek işe başlamıştır. Atatürk, kadın üzerindeki erkek baskısının dine dayandırıldığını da çok iyi bildiği için, kadın kıyafeti konusundan söz ederken, sıkça dinin bu konudaki hükümlerinden de söz etmiştir. Dinimizin kadınların çarşaf ve peçeyle kapanmalarını istemediğinin özellikle altını çizmiştir.

Atatürk Kurtuluş Savaşı'nın başlarında en yakın arkadaşlarına, gelecekte "tesettürü" kaldıracağından söz etmiştir. Örneğin 7 Temmuz 1919 gecesi Erzurum'da yakın arkadaşı ve yaveri Mazhar Müfit Kansu'ya, gizli kalmak kaydıyla gelecekte yapacağı devrimleri yazdırırken üçüncü sıraya *"tesettür kalkacaktır"* diye yazdırmıştır.[557]

24 Eylül 1925'te Bursa Türk Ocağı'nda yaptığı konuşmada da çarşaf ve peçenin kalkması gerektiğinden söz etmiştir:

"Hanımlar da erkekler gibi şapka giymelidir. Başka türlü hareket etmemize imkân yoktur. İşte size bir örnek: Bu başla medeni bir hanım Avrupa'ya gidip insan içine çıkamaz."[558]

Atatürk, 2 Şubat 1923'te İzmir'de ve 27 Ağustos 1925'te İnebolu'da yaptığı konuşmalarda kadınların kendilerini hayattan koparacak şekilde çarşaf ve tesettürle kapanmalarının doğru olmadığını, dinimizin hiçbir zaman bu şekilde bir giyinme (örtünme) istemediğini uzun uzun anlatmıştır.[559]

Bir taraftan çarşaf ve peçeyle sıkı sıkıya kapanmayı eleştiren

557 Kansu, **Erzurum'dan Ölümüne Kadar Atatürk'le Beraber**, C 1, s. 131, 132.
558 **Atatürk'ün Bütün Eserleri**, C 17, s. 324.
559 Meydan, **Atatürk ile Allah Arasında**, s. 621-623.

Atatürk, diğer taraftan Avrupa'daki balolarda görülemeyecek kadar açık saçık giyinilmesini de eleştirmiştir. Kadınlarımızın giyinme konusunda ifrat ve tefritten kaçınmaları gerektiğini belirtmiştir. 21 Mart 1923'te Konya kadınlarına bu konuda şunları söylemiştir:

"Şehirlerimizde kadınlarımızın giyinme tarzı ve tesettüründe iki şekil görülüyor, ya ifrat ya tefrit görülüyor. Yani ya ne olduğu bilinmeyen çok kapalı, çok karanlık dış şekil gösteren bir kıyafet, veyahut Avrupa'nın en serbest balolarında bile dış kıyafet olarak arz edilmeyecek kadar açık bir giyinme. Bunun her ikisi de şeriatın tavsiyesi, dinin emri haricindedir. Bizim dinimiz, kadını o tefritten de bu ifrattan da uzak tutar..."[560]

Atatürk'ün Türk kadınlarına en büyük hizmetlerinden biri, din istismarıyla kadını kapanmaya zorlayan erkek baskısını kırmak için verdiği mücadeledir. Cumhuriyet, kadınları her bakımdan bilinçlendirmekle işe başlamıştır. Atatürk, okuyan, düşünen, sorgulayan, çalışan, ekonomik özgürlüğüne sahip, medeni ve siyasi haklarını kazanmış kadının, dinle beslenen erkek baskısından kurtulacağını düşünmüştür. Bu durumdaki kadının, kendine en yakışan çağdaş kıyafeti özgürce seçeceğini bildiği için de kadının giyim kuşamı konusunda "zorlayıcı" hiçbir kanun çıkarmamıştır. Sadece kadınları çarşaf ve peçe takmaya zorlayan çağdışı anlayışla mücadele etmiştir.

Türk Medeni Kanunu

Osmanlı İmparatorluğu'nda uzun çalışmalar sonunda, on yıl içinde 16 kitap olarak hazırlanan *"Osmanlı Medeni Kanunu" "Mecelle"*, 1868'de yürürlüğe girmiştir. Mecelle, fıkıhın dünya işleri ile ilgili hükümlerini bir araya toplayan bir medeni kanundur. Dini kuralları esas aldığı için değişen toplumsal ihtiyaçlara yanıt vermekten çok uzaktır. Özellikle kadın hakları konusunda dişe dokunur hiçbir yenilik getirmemiştir. Çok kesin

---

560 **Atatürk'ün Söylev ve Demeçleri**, C 2, s. 153-155.

hükümlere sahip olduğu için hâkimin yorumuna hiç yer bırakmaması, hükümlerinin çağdaş ticarete uygun olmaması (örneğin 197. maddedeki satış sırasında, satılacak olan şeyin mutlaka var olması hükmü, bir hasadın ürünlerinin önceden satılmasına engeldir. Ayrıca ticari şirketlerle ilgili maddeleri yetersizdir), aile ve kişi hukukunda sessiz kalıp bu konuları şer'i hukukun alanına bırakması gibi sayısız eksikliği vardır.[561]

Türk kadınını iş hayatında, eğitim hayatında, özel hayatta, kısacası toplumsal hayatta her bakımdan erkekle eşit hale getirmek isteyen Atatürk, kadına geniş haklar veren, çağdaş bir medeni kanun hazırlanması için çalışma başlatmıştır.[562]

Yeni medeni kanunun gerekçesi olarak, önceki medeni kanun Mecelle'nin kuralları ve ana hatlarının dini olduğu, kanunları dine dayanan devletlerin kısa süre sonra ulusun isteklerini karşılayamadığı, çünkü dinlerin değişmez hükümler içerdiği, bu nedenle çağdaş bir medeni kanuna ihtiyaç duyulduğu biçiminde ifade edilmiştir.[563]

Atatürk'ün talimatları doğrultusunda dünyadaki medeni kanunlar incelenmiştir. 11 Eylül 1924'te, İsviçre Üniversitesi'nde öğretim görmüş 26 hukukçudan kurulu bir komisyon, Adalet Bakanı Mahmut Esat Bozkurt'un başkanlığında dünyadaki çağdaş medeni kanunları incelemeye başlamıştır. *"Fransız Kanunu"*nu eski, *"Alman Kanunu"*nu ise eksik ve karışık bulan komisyon,

---

561 Gentizon, **age.**, s. 174, 176.

562 Nitekim Adliye Bakanı Mahmut Esat Bozkurt, hukuk devrimi nedeniyle kendisine teşekkür eden İstanbul Hukuk Fakültesi Öğrenci Derneği Başkanına 6 Şubat 1926'da çektiği telgrafta, bu kanunları Atatürk'ün ilhamıyla hazırladığını, Cumhuriyet kanunlarında bir başarı görülüyorsa, bunun şerefinin Atatürk'e ait olduğunu ifade etmiştir. *"Cumhuriyet kanunlarında bir muvaffakiyet ve bir güzellik görülüyorsa, bu şahsıma değil, doğrudan doğruya Türk İhtilâlinin büyük lideri Gazi Mustafa Kemal Paşa hazretlerine aittir. Büyük liderden aldığım maddî ve manevî feyz ve ilhamladır ki bu kanunları hazırladım. Zaten bu kanunlar büyük liderimizin vaz' ettiği (ortaya koyduğu) inkılâp prensiplerinin ifade ve tesbitinden başka bir şey değildir. Gizli kalmasına gönlümün bir türlü razı olmadığı bu hakikati şuracıkta kayd etmekle tarihe hizmet etmiş olmakla mütevellid (doğmuş) bir sürür (sevinç) duymaktayım. Hürmetlerimin kabulü ve en samimi duygularımın inkılâbın genç Türk hukuk namzedlerine (adaylarına) iblağını (iletilmesini) lütfen tavassut buyrulmasını çok rica ederim."* (**Hâkimiyet-i Milliye** gazetesi, 7 Şubat 1926.)

563 Gözler, **age.**, s. 110.

*"İsviçre Medeni Kanunu"*nda karar kılmış ve bu kanunu Türk ihtiyaçlarına uygun hale getirmeye çalışmıştır.[564]

*"İsviçre Medeni Kanunu"*nun bazı maddeleri değiştirilerek *"Türk Medeni Kanunu"* olarak kabul edilmiştir. Örneğin *"İsviçre Kanunu"*nda yetişkinlik çağı 20 olarak belirlenmişken, *"Türk Kanunu"*nda 18 olarak belirlenmiştir. *"İsviçre Kanunu"*nda evlenme mal birliği ilkesine dayalıyken Türk hukukunda mal ayrılığı ilkesine dayanmıştır.[565]

Bu çalışmalardan sonra meclis, 17 Şubat 1926'da *"İsviçre Medeni Kanunu"*nu, bazı değişikliklerle *"Türk Medeni Kanunu"* olarak kabul etmiştir.[566] *"Medeni Kanunu"* tamamlamak için yine İsviçre'den alınan *"Borçlar Kanunu"* kabul edilmiştir. (22 Nisan 1926).[567]

"Türk Medeni Kanunu", şeriattan ve şeraitle biçimlenen Mecelle'den ayrı olarak, aile hukukunda, miras hukukunda, malların yönetimi konusunda kadına erkekle eşit haklar tanımıştır. En önemlisi de resmi nikâhı zorunlu kılarak, birden fazla kadınla evlenmeyi yasaklamıştır.

"Türk Medeni Kanunu", kadın hakları dışında özellikle miras hukuku ve toprak mülkiyeti konusunda da çok önemli yenilikler getirmiştir. Feodallerin (ağalar, şeyhler) ve nüfuzlu kişilerin etkisini kırmıştır.

*"Medeni Kanun"*un kabulünden sonra 14 Haziran 1926'da, Adliye Vekâleti bir yönetmelik yayımlayarak, nişanlanma, evlenme, boşanma bölümlerini düzenlemiş, bunu savcılıklara ve

---

564 Yücel Özkaya, *"Atatürk'ün Hukuk Alanında Getirdikleri"*, **Atatürk Araştırma Merkezi Dergisi**, S. 21, C 7, Temmuz 1991.

565 Gentizon, **age.**, s. 182, 183.

566 İsviçre Medeni Kanunu 1912'de yürürlüğe girmiştir. O zamanki dünyada en son hazırlanmış, dolayısıyla en çağdaş medeni kanunlardan biridir. İsviçre Medeni Kanunu'nun önemli bir bölümünü **Eugen Huber** hazırlamıştır. 1923'te ölen Profesör Huber'in en önemli eseri, 1888 ile 1893 yılları arasında çıkardığı *"İsviçre Özel Hukukunun Sistemi ve Tarihi"* adlı dört ciltlik çalışmadır. İsviçre hukukunun şaheseri olan bu çalışmasıyla Huber, bizim de kabul ettiğimiz İsviçre Medeni Kanunu'nun temelini atmıştır (Özkan Tikveş, **Atatürk Devrimi ve Türk Hukuku**, İzmir, 1975, s. 151, dipnot 38).

567 Tikveş, **age.**, s. 151.

köy ihtiyar heyetlerine yollamıştır. Bu kanunlar gazetelerde de yayımlanarak halkın bilgilenmesi sağlanmıştır.[568]

Genç Adalet Bakanı Mahmut Esat Bozkurt, Medeni Kanun'un kabulü ile artık Türk ailesinde kadın ve erkeğin eşit duruma geldiklerini belirtmiştir:

"*Benim düşünceme göre tarihimizde çıkan en belirgin görüntü Türk kadınına aittir. İşte elimizdeki kanun tasarısı bugüne kadar hatunluğunu korumasına rağmen esir gibi muamele gören kadınımıza onurlu yerini vermek görevini yapacak...*"[569]

"*Türkler*" adlı kitabın yazarı David Hotham, "*Türk Medeni Kanunu*" hakkında şu değerlendirmeyi yapmıştır:

"*Atatürk devrimleri içinde en hayret verici ve ilerici olanı, İsviçre Medeni Hukuku'nun kabulüdür. Yeni medeni kanun, çok kadın alma geleneğini ortadan kaldırmış, o zamana kadar erkek egemenliği altında olan kadına, eşit hak tanımıştır. Bunun ne kadar devrimci bir davranış olduğunu anlamak için Türkiye'den başka hiçbir Müslüman ülkenin böyle bir işe kalkışmadığını hatırlatmak yeter. Diğer İslam ülkeleri şeriatı derinleştirmeye çabalamışlar, fakat hiçbiri Atatürk'ün yaptığı gibi şeriatın yerine bir Avrupa ülkesinin kanunlarını getirmeye cesaret edememiştir. Türkler kanunu olduğu gibi kabul etmişler, fakat bir noktada önemli bir değişiklik yapmışlardır. Bu da evlenme yaşının tespitinde olmuştur. 'İsviçre Kanunu'nda evlenme yaşı olarak erkeklerde 20, kızlarda 18 yaşı tespit olunmuştur. Türkiye'de genç kızlar genellikle 14 yaşında evlendikleri için bu çok görülmüştür. Bunun üzerine 'İsviçre Yasası' Türkiye'de erkeklerde 18, kızlarda da 17 olarak değiştirilmiştir.*"[570]

Kadınlara Siyasal Haklar Verilmesi

Atatürk, Demokrasi Projesi gereği kadınlara bir an önce seçme ve seçilme hakkı vermek istemiştir. 16-17 Ocak 1923'te-

---

568 Özkaya, **agm.**
569 Gentizon, **age.**, s. 184.
570 Gözler, **age.**, s. 112.

272

ki İzmit basın toplantısında *Vakit gazetesi* yazarı Ahmet Emin Yalman'ın, *"Halide Edip Hanımefendi'yi milletvekili görecek miyiz?"* sorusuna, Atatürk şu yanıtı vermiştir: *"Kanunlara göre şimdiye kadar elli bin erkek nüfusa bir milletvekili çıkmıyor mu idi? Şimdi genel olarak elli bin de bir milletvekili dersek o zaman bu şekilde erkeklerle birlikte kadınlar da söz konusu olur. Kadınlara bu tabir ile bir seçim hakkı verilmiş olur."*

Bu sırada Halide Edip Hanım söze karışıp şu soruyu sormuştur: *"Paşam, bu kararı bu meclis verir mi? Yoksa ikinci bir meclis mi verir?"*

Halide Edip Hanım'ın bu sorusuna Atatürk şu yanıtı vermiştir:

"Bu noktayı ben bazıları ile konuştum. Buna henüz itiraz edenler var. Fakat er geç olacaktır. (...) Biz de her yerde fazla mı taassup vardır (nedir)?"[571]

Atatürk, kadınlara siyasal haklar verilmesi konusunda hem eski Türk tarihinden, hem ABD'den ve İngiltere'den hem de Finlandiya, Norveç gibi Kuzey Avrupa ülkelerinden esinlenmiştir. Atatürk'ün *"Vatandaş İçin Medeni Bilgiler"* kitabındaki şu ifadeleri bu yargıyı doğrulamaktadır:

"Dünya Savaşı'ndan beri çoğu ülkeler, kadınların seçme haklarını kabul etmiştir. Kadınların siyasi hakların yürütülmesine katılmasını reddeden ülkeler, ancak Fransa, İtalya, İspanya gibi Latin ülkeleridir. Amerika'da, İngiltere'de Kuzey Avrupa ülkelerinde seçme yetkilerini yerine getirmektedirler. (...)

Türk tarihinin en eski dönemleri incelenecek olursa, devleti temsil eden yalnız hükümdar olmayıp onunla birlikte hatunun da bu temsilde ortak olduğuna ilişkin belgelerin az olmadığı görülür. Türk milletinin önce ve sonraki tüm hayatı göz önüne getirilirse, kadınları erkeklerin yaptıkları, yapabilecekleri, işlerin en ağırlarında dahi çalışırken görürüz. Tarlada, ormanda,

---

571 Arar, **Atatürk'ün İzmit Basın Toplantısı**, s. 71, 72. Atatürk, *"Buna henüz itiraz edenler var,"* diyerek, devrimine itiraz edenleri ikna etmeye çalışacak kadar demokrat bir devrimcidir.

sürüde, pazarda, her yerde ve her işte erkeklerle yan yana ve bazen onlardan daha fazla çalışmaktadırlar. *Aralıksız seferler ve meydan savaşları içinde Atilla ordularının erkekleri kadınlarından ayrı mı savaşıyorlardı? Kadınlar da erkeklerle beraber aynı sefer ve aynı savaş zorluklarına göğüs germiyorlar mıydı? Oerlean Meydan Savaşı'nda, kadınlar, erkekler aynı kahramanlığın, ortak organları halinde birbirlerinin yardımcısı olmadılar mı?*

Türk kadınının yeteneği gücü ve ülke işlerine ilgi ve yakınlığını ispat eden örnekler, özellikle kurtuluş mücadelesinde az mıdır? Özetle kadın, seçmek ve seçilmek hakkını elde etmelidir. Çünkü demokrasinin mantığı bunu gerektirir. Çünkü kadının savunacağı menfaatler vardır. Çünkü kadının topluma karşı yerine getireceği görevler vardır. Çünkü kadının siyasi haklarını uygulaması kendisi için faydalıdır..."[572]

Atatürk, o günlerde kırmızı bir kalemle şu notu yazmıştır: *"Amerikan kadınlarını takdir ederim. Çünkü onlar bilhassa siyasi haklarını tamamen almışlardır. Türk kadınları da şimdiye kadar aldıkları haklarla yetinmeyeceklerdir. Yakın zamanda seçmek ve seçilmek hakkını kazanacaklarını ümit ederim ve eminim."*[573]

Atatürk'ün kadınlara seçme ve seçilme hakkının verilmesinden ve demokrasinin öneminden söz ettiği o günlerde (1930), Avrupa'da birçok ülkede faşizm yükselmekte, meclisler kapatılmakta ve diktatörler başa geçmektedir.

Atatürk ve genç Cumhuriyet, kadınlara seçme ve seçilme hakkının verilmesini bir "demokrasi meselesi" olarak görmüştür. Yukarıda da görüldüğü gibi Atatürk 1930'da *"Vatandaş İçin Medeni Bilgiler"* kitabında, *"Kadın seçmek ve seçilmek hakkını elde etmelidir, çünkü demokrasinin mantığı bunu gerektirir,"* demiştir.

---

572 Mustafa Kemal Atatürk, **Medeni Bilgiler**, 2. bas., Toplumsal Dönüşüm Yayınları, İstanbul, 2010, s. 128, 130 (Afet İnan'dan günümüz Türkçesine çeviren Neriman Aydın).

573 Özel, **age.**, s. 96.

Sadri Maksudi Arsal da, TBMM'de 5 Aralık 1934'te yaptığı konuşmada antidemokratik rejimlerde kadınların siyasal haklardan yoksun bırakıldıklarını, kadınlara siyasal hakların verilmesinin Türkiye'nin demokratikleşmesinin doğal bir sonucu olduğunu vurgulamıştır.[574] 10 Mart 1924'te anayasanın seçme ve seçilme hakkını düzenleyen 10. ve 11. maddeleri görüşülmüştür. Hazırlanan tasarıda *"Her Türk'ün seçme ve seçilme hakkı olduğu"*, 11. maddede ise *"30 yaşını bitiren her Türk'ün milletvekili seçilebileceği"* belitilmiştir. Tasarı sessizce, tartışmasız kabul edilmiştir. Demek ki artık kadınlar da seçmen ve milletvekili olabilecekti![575] II. Mahmut döneminde yapılan nüfus sayımında kadınların sayılmadıkları dikkate alınacak olursa bu devrimin büyüklüğü çok daha iyi anlaşılacaktır. Ancak komisyon sözcüsü herkesi hayal kırıklığına uğratarak, *"Seçim kanununda kadınlara yer verilmediğini, 'Her Türk' derken yalnız erkekleri düşündüklerini"* belirtmiştir. Bu duruma sinirlenen Recep Peker: *"Kadınlar Türk değil mi beyefendi?"* diye seslenmiştir. Bunun üzerine Yahya Kemal Bey, *"30 yaşını bitiren kadın ve erkek her Türk'ün milletvekili seçilme yetkisi vardır,"* şeklinde bir öneri vermiştir. Başkan bu öneriyi oylamaya sunmuştur. Ancak oylama sonucunda öneri reddedilmiştir.[576] Öneriye karşı çıkanların başında yer alan Emin Bey, öneriyi savunan Tunalı Hilmi Bey'e, *"Böyle düşünce olmaz, dinsel yasaya saygı göster, milletin duyarlılıklarıyla oynama,"* demiştir.[577] Konya Milletvekili Vehbi Bey ise, *"Bizim memleketimize Bolşeviklik daha girmedi Hilmi Bey,"* diye bağırarak tepki göstermiştir.[578] Atatürk, kadınlara daha 1924'te seçme ve seçilme hakkı vermek istemiş, ancak maalesef henüz kadını ikinci sınıf olarak gören ortaçağ kafasının

574 **Cumhuriyet** gazetesi, 3 Haziran, 1952; Özel, **age.**, s. 97.
575 Özakman, **Cumhuriyet**, 2. Kitap, s. 45.
576 **age.**, s. 45.
577 Tezer Taşkıran, **Cumhuriyet'in Ellinci Yılında Türk Kadın Hakları**, İstanbul, 1965, s. 98, 99; Bernard Caporal, **Kemalizm Sonrası'nda Türk Kadını, 3**, İstanbul, 2000, s. 56, Aydoğan, **age.**, s. 236.
578 Tarık Zafer Tunaya, **Devrim Hareketleri İçinde Atatürk ve Atatürkçülük**, 3. bas., İstanbul, 1994, s. 89. Aydoğan, **age.**, s. 236.

buna hazır olmadığını görmüştür.[579] Bu olay her yönüyle –hem 1920'lerin ortalarında kadınlara seçme ve seçilme hakkını gündeme getirmesi hem de meclisin iradesine boyun eğmesi– Atatürk'ün ne kadar demokratik bir anlayışa sahip olduğunu göstermektedir. Bazı aydın ve genç milletvekilleri, toprak reformu ve kadın hakları gibi konular yer almadığı için 1924 Anayasası'nı devrimci bulmayarak eleştirince Atatürk, onlara şunları söylemiştir: *"Anayasamız, parlamenter demokrasi sistemine uygun bir anayasa. Ama hiçbir devrime, hamleye engel değil. Olmadığını göreceksiniz. Engeller kafalarda. Kadınlara seçme ve seçilme hakkını niye çok gördünüz? Kadınlar cahillerse, erkekler cahil değil mi? Kadınsız demokrasi olur mu? Evde annenizin, kardeşinizin, eşinizin yüzüne nasıl bakıyorsunuz?"*[580]

Süreyya Hulusi adlı bir hanım 1926'da Trabzon Türk Ocağı'nda verdiği bir konferansta Türk kadınına seçme ve seçilme hakkı verilmesi konusuna dikkat çekmiştir.[581]

Türk Kadınlar Birliği Başkanı Nezihe Muhittin Hanım, 1926'da yaptığı bir yazılı açıklamada, *"Birkaç yıl içinde yaşamın tüm alanlarında, en alçak gönüllü işlerden uzmanlık isteyen çok büyük işlere kadar, yeteneklerini kanıtlamış olan Türk kadınının artık seçme ve seçilme dahil, tüm siyasal haklara kavuşmasını"* istemiştir.[582]

1927'de İstanbul'da "Kadınlar Birliği" tüzüğüne, *"Kadına siyasî haklar sağlamak için çalışılacağı"* yolunda bir madde eklenmiştir.[583]

579 1923 Nisanı'nda "kadınları da adet olarak sayalım" teklifine mecliste büyük bir tepki doğmuş, onlara siyasî hak tanımak şöyle dursun, bu sayıma dahi razı olmayan bir düşünce meclise hâkim olmuştur (Özkaya, agm.). Yine Kurtuluş Savaşı'na katılan 70. Alay Kumandanı Hafız Halid Bey'in kızı Nezahat Hanım'a ilk İstiklâl Madalyasının verilmesi teklifi 30 Ocak 1921'de mecliste, reddedilmiştir. Nezahat'ın 12 yaşında bir çocuk olması, çok daha önemlisi bir kız olması nedeniyle kendisine ne madalya, ne askerî rütbe verilmemiş, sadece "Büyüdüğü zaman çeyizini sağlayacak bir hediye takdimine" karar verilmiştir (bkz. Tezer Taşkıran, **Cumhuriyetin 50. Yılında Türk Kadın Hakları**, Başbakanlık Kültür Müsteşarlığı, 1973).
580 Özakman, **age.**, s. 49.
581 Bkz. Gülgün Polat, **Atatürk ve Kadın Hakları**, Ankara, 1983.
582 **Türk Yurdu dergisi**, C 3, No: 16, 1926'dan nakleden Aydoğan, **agm.**, s. 249.
583 Göksel, **agm.** Kaplan, **age.**, s. 141, 142.

Nezihe Muhittin Hanım, yaptığı konuşmalarda sürekli olarak kadınların seçme ve seçilme haklarına sahip olmaları gerektiğinden söz ederek ülke çapında bir "siyasi hak" isteği kampanyası başlatmıştır.[584]

Nezihe Muhittin'in başkanlığındaki "Kadınlar Birliği" üyeleri İstanbul'da Atatürk'le görüştükten sonra kadınlara seçme ve seçilme hakkı isteklerini çok daha güçlü bir şekilde dile getirmiştir.[585]

21 Haziran 1927'de mecliste mecburi askerlik konusu görüşülürken kadınlara siyasi hakların verilmesi konusu da tartışılmış ve "kadınların er geç siyasi haklara kavuşacakları" dile getirilmiştir.[586]

Atatürk, 1930 yılından itibaren kadınların seçme ve seçilme hakkını kazanmaları için çok yoğun çaba harcamıştır. Önce, ortaöğretimde okutulması için yazdığı "Vatandaş İçin Medeni Bilgiler" kitabında "gerçek demokrasi için bir an önce kadınların siyasi haklara kavuşmaları gerektiğinden" söz etmiş, sonra Fethi Okyar'a kurdurduğu Serbest Cumhuriyet Fırkası'nın parti programına "Kadınların da seçme hakkına sahip olması savunulacaktır"[587] maddesini koydurmuş, daha sonra da manevi kızı Afet İnan'ı, "Otur çalış, konuyu iyice incele, sonra da bir konferans ver, hakkınızı iste! Yetkilileri, demokrasinin gereğini yerine getirmeye davet et," diyerek yönlendirmiştir.

Afet İnan hazırlıklarını tamamlayarak kadınlara seçme ve seçilme hakkı verilmesi konusunda 3 Nisan 1930'da Türk Ocağı salonunda çok etkili bir konferans vermiştir. Bu konferans özellikle TBMM'de "Belediye Kanunu"nun görüşüldüğü güne denk getirilmiştir. Atatürk, genel sekreterden, konferans hakkında, hükümet üyelerini, milletvekillerini, yüksek yöneticileri, aydınları ve gazetecileri bilgilendirmesini istemiştir.

Sonuçta, mecliste kadınlara, belediye seçimlerinde seçme ve

---

584 Kaplan, age., s. 142.
585 Aydoğan, age., s. 249, Kaplan, age., s. 142.
586 Kaplan, Cemiyetlerde ve Siyasi Teşkilatlarda Türk Kadını (1908-1960), s. 143.
587 Goloğlu, age., s. 308.

seçilme hakkı tanınmasıyla ilgili değişiklik, 316 milletvekilinden 198 milletvekilinin olumlu oyuyla kabul edilmiştir.[588] Böylece 1930 yılında Türk kadınlarına belediye seçimlerinde seçme ve seçilme hakkı tanınmıştır. Atılan bu önemli adım, kadınların milletvekili seçme ve seçilme hakkını kazanmalarının da yolunu açmıştır.

Atatürk, 1931 yılında kadınların bir an önce siyasal yaşama katılmaları gerektiğini şöyle ifade etmiştir: *"Türk kadınları, memleketin alın yazısını millet adına idare eden siyasi topluluğa dahil olmak arzusunu göstermekle, memleketin, milletin vatandaşlara yüklediği görevlerin hiçbirinden kendilerinin uzak bırakılacağını düşünmezler. Çünkü görev karşılığı olmayan hak yoktur."[589]*

Atatürk, 1933 yılından itibaren kadınların milletvekili seçme ve seçilme hakkına sahip olmaları için çalışmalarını hızlandırmıştır. 1933 yılındaki sofralarından birinde bu konuda şunları söylemiştir: *"Cumhuriyet rejimi demek demokrasi sistemi ile devlet şekli demektir. Demokrasinin bütün icaplarını sırası geldikçe tatbikata koymalıdır. Kadın haklarını tanımak da bunun bir gereği olacaktır."[590]*

Cumhuriyet'in onuncu yılı arifesinde, 26 Ekim 1933'te TBMM'de kadınlara, köy ihtiyar heyetlerine seçme ve seçilme hakkı tanınmıştır, ancak hâlâ milletvekili seçme ve seçilme hakkı tanınmamıştır. Özakman'ın dediği gibi, *"Erkeklerin eli bir türlü kadınlara milletvekili seçme ve seçilme hakkı vermeye gitmiyordu. Kadını küçümseyen ilkel anlayış direniyordu hâlâ."[591]*

1934 yılında, Atatürk'ün isteğiyle, Ankara Türk Ocağı'nda, Türk kadınlarına milletvekilli seçme ve seçilme hakkının verilmesi konusunda, aydın Türk kadınları tarafından bir konferans verilmiştir. Konuşmalar sonunda TBMM'ye kadar bir gösteri yürüyüşü yapılmasına karar verilmiş ve bu karar uygulanmıştır. Aydın bir kadın topluluğunun meclis önünde yüksek sesle ko-

---

588 Özakman, **age.**, s. 363.
589 Kocatürk, **age.**, s. 117, 118.
590 **Atatürk'ün Bütün Eserleri**, C 26, s. 181.
591 Özakman, **age.**, s. 485.

nuşmalarını çalışma odasından duyan Atatürk, olup bitenlerden hiç haberi yokmuş gibi, çevresindeki milletvekillerine, *"Bakın bakalım hanımlarımız ne istiyorlar? Bana da bilgi getirin!"* demiştir. Gidip konuyu inceleyen milletvekillerinin telaşlı halleri karşısında Atatürk: *"Arkadaşlar! Kadınlarımız mecliste görev isteğinde haklıdırlar. Hemen kanun tasarısı için çalışmalara başlayınız,"* direktifini vermiştir.[592]

5 Aralık 1934'te Atatürk'ün katkılarıyla İsmet İnönü'nün ve 191 milletvekilinin hazırlayıp meclise sunduğu[593] kadınlara milletvekili seçme ve seçilme hakkı tanıyan anayasa değişikliği önerisi, 258 milletvekilinin oybirliğiyle kabul edilmiştir. İsmet İnönü bu konuda yaptığı konuşmada şöyle demiştir: *"Gelecek nesiller, Dördüncü Türkiye Büyük Millet Meclisi'nin Türk kadınına bütün haklarını vermek için gösterdiği gayreti minnet ve şükranla anacaktır."*[594]

8 Şubat 1935'te yapılan milletvekili seçimlerine ilk kez kadınlar da katılmıştır. Seçim sonucunda, 383 erkek, 17 kadın milletvekili seçilmiştir. İlk ara seçimde bir kadın milletvekili daha seçilince, mecliste toplam 18 kadın milletvekili olmuştur.[595]

---

592 Göksel, **agm.**

593 Atatürk, 1934 seçimlerinin yaklaştığı günlerde Çankaya'da bir gece Başbakan İsmet İnönü'yle sabaha kadar çalışmıştır. 1923'ten beri süren mücadelenin sonunda hazırlattığı yasa tasarısına son biçimini vermek üzeredir. Güneş doğarken kadın sorunuyla ilgilenen Afet İnan'ı uyandırıp kitaplığa çağırtmıştır. Geldiğinde, *"İnönü'nün elini öp ve teşekkür et,"* demiştir. Şaşkınlık içinde nedenini soran Afet İnan'a, *"Kadınlarımızın genel seçimlerde oy kullanabilmesi ve seçilme hakkına kavuşturulması için hükümet, Büyük Millet Meclisi'ne yasa teklifi verecek,"* yanıtını vermiştir (A. Afet İnan, **Atatürk ve Türk Kadın Haklarının Kazanılması**, İstanbul, 1968, s. 137).

594 Özakman, **age.**, s. 520.

595 Türkiye'de kadınlar ilk kez 1919 yılında siyasi hayata katılmıştır. Şöyle ki: 1919 yılındaki Mebusan Meclisi seçimlerinde Beypazarı'ndaki 22 seçmenin 20'si ve Giresun'da da 8 seçmen oylarını Halide Edip Hanım'a vermiştir. Yine kadınların seçme ve seçilme hakkının olmadığı dönemde yapılan II. TBMM seçimlerinde Latife Hanım, İzmir'den 1 oy almıştır. Bu 1 oyun çok şey ifade ettiğini fark eden Latife Hanım: *"Bu teveccühü bir İzmirli olarak değil, bir Türk kadını olarak heyecan ve şükranla karşıladığını,"* belirtmiştir (**Cumhuriyet** gazetesi, 19 Aralık 1930, **Hâkimiyet-i Milliye** gazetesi, 20 Aralık 1930, Özel, **age.**, s. 95. Meydan, "Atatürk'ü Doğru Anlamak İçin" **Nutuk**'un Deşifresi, s. 224).

Cumhuriyet tarihinde bugüne kadar bir daha oransal olarak bu kadar çok kadın milletvekili meclise girememiştir.[596] Atatürk, 1924 yılından beri kadınlara seçme ve seçilme hakkı verilmesi için çaba harcamış ve 11 yıl içinde kadınlara bütün seçimlerde seçme ve seçilme hakkı verilmesini sağlamıştır. Atatürk, bu konuda Türk Kadınlar Birliği'nden ve Türk Ocağı'ndan yararlanmıştır.

Türk kadınının milletvekili seçme ve seçilme hakkı kazanması üzerine Atatürk şunları söylemiştir: *"Bu karar Türk kadınına sosyal ve siyasi hayatta bütün milletlerin üstünde yer vermiştir. Çarşaf içinde, peçe altında ve kafes arkasındaki Türk kadınını artık tarihlerde aramak lazım gelecektir. Türk kadını, evdeki çağdaş yerini hakkıyla doldurmuş, iş hayatının her aşamasında başarılar göstermiştir. Siyasi hayatta, belediye seçimlerinde tecrübesini yapan Türk kadını, bu sefer de milletvekili seçme ve seçilme suretiyle haklarının en büyüğünü elde etmiş bulunuyor. Çağdaş ülkelerin bir çoğunda kadından esirgenen bu hak, bugün Türk kadınının elindedir ve onu yetki ve ehliyetle kullanacaktır."*[597]

Atatürk gurur duymakta ve övünmekte çok haklıdır, çünkü Türkiye, KADINLARA SEÇME SEÇİLME HAKKI VERME konusunda İslam dünyasında 1'inci, Avrupa'da 7'nci, dünyada 12'nci sıradadır. **Türkiye;** Yeni Zelanda, Avustralya, ABD, Kanada, Güney Afrika Cumhuriyeti, Finlandiya, Danimarka, İzlanda, Rusya, Avusturya, Almanya ve İngiltere'den sonra; **Fransa (1944-1945), Belçika (1944), İtalya (1946), Japonya (1945), Çin (1947), Hindistan (1950), İsviçre (1971)**'den önce kadınlarına seçme seçilme hakkı vermiştir.

Atatürk'ün Türk Kadın Devrimi dünya ölçeğinde, hatta dünya ölçeğinin üstünde çok sıra dışı ve çok başarılı bir devrimdir. Örneğin 1980'de Türkiye'de çalışan nüfusun %33,7'sini kadınlar oluştururken, bu oran aynı yıl ABD'de %36'dır.[598]

596 Özakman, **age.,** s. 523.
597 Kocatürk, **age.,** s. 118.
598 **Cumhuriyet Dönemi Türkiye Ansiklopedisi,** C 5, s. 1203.

12 Ağustos 1930 tarihinde *Chiristian Monitor* gazetesinde yayımlanan bir yazıda, Türkiye'nin kadın hakları konusunda Fransa'dan çok daha ileri olduğu şöyle ifade edilmiştir: *"Fransız kadınlarının seçime katılma isteklerini 1923'te 22 oy farkla Fransa Meclisi reddetmiştir. Bu cesaret kırıcı bir davranış örneğidir. Bugünse TBMM, belediye seçimlerine kadınların katılmasını sağlayan bir kanunu kabul etmiştir. Türk kadınlarına devlet işlerinde daha fazla bir oy hakkı sağlamakla Fransızlardan ileriye gitmiş bulunan Türkiye ve Türk hükümetinin amacı kadın ve erkeğin yalnız sorumluluk konusunda değil ayrıcalık konusunda da aynı haklara sahip olmasını temin etmektir. Türkiye'de feministler, Fransa'dakilere göre daha azdır ve çalışmaları sınırlıdır. Buna rağmen Cumhurbaşkanı Kemal Atatürk'ün desteği bulunmaktadır."* [599]

Türkiye'nin birçok ülkeden önce kadınlara seçme ve seçilme hakkı vermesi, bütün dünyanın ilgisini çekmiş, övgüsünü almıştır. Bu nedenle **Uluslararası Kadın Hakları (Sufrajistler) Derneği'**nin 12. Kongresi, 22 Nisan 1935'te İstanbul'da, Beylerbeyi Sarayı'nda Türk Kadınlar Birliği'nin ev sahipliğinde toplanmıştır. Bu derneğin temel amacı dünyadaki bütün kadınlara siyasi haklar verilmesi için çalışmaktır.

Atatürk'ün himayesine aldığı kongre, Türk kadınlarının siyasi haklara kavuşması için yaptıklarından dolayı Atatürk'e bir teşekkür telgrafı çekmiştir. Atatürk bu telgrafa şu yanıtı vermiştir: *"Siyasi ve toplumsal hakların kadınlar tarafından kullanılmasının, insanlığın saadeti ve prestiji bakımından gerekli olduğuna eminim."*

Uluslararası Kadın Hakları Derneği Romanya temsilcisi Aleksandrina Cantacuzene 1935'te, *"Dünyada yeni bir dönem başlatan Atatürk, Türk kadınına verdiği haklarla, anayı hak ettiği yüksekliğe eriştirdi. Batı'ya verdiği bu dersin unutulması mümkün değildir."* [600]

---

599 17 Mayıs 1930, **Christian Monıtor**, *"Cumhurbaşkanı Kemal, Hareketi Destekliyor"*, K.60-3, D-65-1, F.1-71-76'dan nakleden Kaplan, **age.**, s. 175.
600 Selahattin Çiller, **Atatürk İçin Diyorlar ki**, 4. bas., İstanbul, 1981, s. 212, Aydoğan, **age.**, s. 252.

Avustralya delegesi Cardel Oliver de, *"Tüm dünyanın ilgisini üzerine çeken Türkiye, kadın hakları konusunda gerçekleştirdiği atılımlarla birçok Avrupa ulusunu geride bıraktı. Bizi İstanbul'a getiren en büyük etken budur. Tüm dünya kadınları, Türk kadının bugünkü haklarına erişebilirse, kendilerini gerçekten şanslı sayacaktır."*[601]

Uluslararası Kadın Birliği yazmanı Katherin Bonifas 1935'te Atatürk'ten "öke", yani "dahi" diye söz ederek Türk Kadın Devrimi'nin evrensel boyutları hakkında şunları söylemiştir: *"Atatürk gibi insanlığın en yüksek katına erişmiş bir dâhinin kadınların genel düzeyini yükseltmesi, uluslararası kadın hareketini çok kolaylaştırmıştır. Atatürk'ün Türk kadınına kazandırdığı hak ve özgürlükler, bütün dünya kadınlarında özgüven yaratmış ve mücadelelerinde onlara destek olan, yardımcı bir güç vermiştir."*[602]

Kongre'ye katılan delegelerden seçilmiş bir kurul Ankara'ya gelerek Atatürk'ü ziyaret etmiştir. O ziyaret sırasında Mısır temsilcisi Hüda Sarayi Atatürk'e şunları söylemiştir, *"Türkler sizi Atatürk, yani Türklerin babası olarak isimlendiriyorlar, ben ise sizi Atadoğu, yani Doğu'nun babası olarak isimlendirmek istiyorum."*[603]

Kadın hakları konusunda dünyadaki öncülerden biri olan Atatürk, geleceğin dünyasında kadının yeri konusunda şunları söylemiştir: *"Pek yakın bir gelecekte kadının her manasıyla erkekle eşit olacağı bir dünya doğacaktır."* [604]

Nitekim bugünün dünyasında, çağdaş ve gelişmiş ülkelerin nerdeyse tamamında kadın ve erkek her bakımdan eşittir.

Görülen o ki Akl-ı Kemal dünyanın gideceği yeri çok önceden görüp ulusunu ona göre hazırlamıştır...

---

601 Çiller, **age.**, s. 52, Aydoğan, **age.**, s. 252.
602 Çiller, **age.**, s. 211, 212; Aydoğan, **age.**, s. 252, 253.
603 Hacı Angı, **Atatürk İlkeleri ve Devrim Tarihi**, İstanbul, 1983, s. 65, Aydoğan, **age.**, s. 252, Özakman, **age.**, s. 527.
604 Kocatürk, **age.**, s. 113.

Diktatörler Çağında Bir Demokrat: Atatürk

Tarihte köklü devrim yapan ülkelerden hiçbiri hemen çok partili demokrasiye geçmemiştir. Örneğin Fransa'ya demokrasi, Fransız İhtilali'nden yıllar sonra gelebilmiştir. Bırakın demokrasiyi, Fransa'da cumhuriyet bile defalarca yıkılıp yeniden kurulmuştur. Türkiye Cumhuriyeti'nin kurulduğu yıllarda Avrupa'da sadece İngiltere'de gerçek demokrasi vardır. İsviçre'de, İsveç'te, Norveç'te, Finlandiya'da, Belçika'da, Hollanda'da ve Çekoslovakya'da kısmen demokrasi vardır. Fransa'da gerçek demokrasi yoktur. Örneğin savaş çıkar çıkmaz Komünist Partisi'nin yayınları yasaklanmıştır. Milletvekillikleri iptal edilmiştir. Savaştan sonra kurulan Vichy Hükümeti, faşist anlayışın temsilcisi olmuş, Yahudi düşmanlığı konusunda Almanlarla işbirliği yapmıştır. 1924'te Sovyetler Birliği'nde kanlı, baskıcı Stalin dönemi başlamıştır. 1930'ların başında Almanya'da Hitler nazizmi, İtalya'da Mussolini faşizmi başlamıştır. 1936'da İspanya'da Franco faşizmi vardır. Polonya'da askeri bir darbeyle iktidara gelen Mareşal Pilsudaski diktatörlüğünü ilan etmiştir. Macaristan'ı diktatör Amiral Horthy yönetmiştir. Romanya'da Kral Carol, Yugoslavya'da Kral Aleksandr diktatörleşmişlerdir. Arnavutluk'ta Cumhurbaşkanı Zago krallığını ilan etmiştir. Bulgaristan'da 1923-1935 arasında üç askeri darbe yaşanmıştır. 1936'da Çar Boris diktatör olmuştur. Aynı dönemde Yunanistan'da da birçok darbe yaşanmıştır. Son olarak 1936'da darbe yapan General Metaksas diktatör olmuştur. Avusturya'da 1933'te diktatörlük kurulmuş, 1936'da Almanya ile birleşmiştir. Portekiz'de 1928'den beri Salazar'ın diktatörlüğü vardır. Avrupa bu durumdayken Ortadoğu'da, Akdeniz bölgesinde bir tek demokrat ülke bile yoktur.[605]

Türkiye Cumhuriyeti'nin kurulduğu yıllar dünyada gerçek anlamda bir diktatörler çağı yaşanmaktadır. Dünya ve Avrupa eli kanlı diktatörlerin baskısından inim inim inlerken, Türkiye halife/sulatanların baskısından kurtarılmış, egemenlik ulusa verilmiştir.

---

605 Bkz. Sina Akşin, **Türkiye Önünde Üç Model**, İstanbul, 1997, s. 93-118.

Türkiye'nin farkı hiç şüphesiz Atatürk'tür. Atatürk yaratılış olarak demokrattır; çünkü araştıran, sorgulayan, eleştiren ve, *"Düşünceye düşünceyle karşılık vermek gerekir,"* diyen özgür ve bağımsız bir kafa yapısına sahiptir. Akıl ve bilimi tek gerçek yol gösterici olarak kabul etmiş, hiçbir kalıplaşmış düşüncenin esiri olmamıştır. Yaptığı olağanüstü işlere rağmen hiçbir zaman *"Her şeyi ben yaptım!"* diye böbürlenmemiştir. Her zaman ulusunu yüceltmiş, bütün başarılarını halkıyla paylaşmıştır. Devrimlerini önce halka sormuş, sonra halkın ayağına kadar götürmüştür. Örneğin 1923 Ocak ayındaki Batı Anadolu gezisiyle kurulmakta olan yeni Cumhuriyet'in ilkelerini ve halifelik konusunu kamuoyuyla tartışmıştır. Bu seyahatin nedenini şöyle açıklamıştır: *"Padişahlığın kaldırılışı, halifelik makamının yetkisiz kalışı üzerine halk ile yakından görüşmek, ruh durumunu ve düşünce eğilimini bir daha incelemek önemliydi."* Atatürk bu seyahatinde halkı uygun yerlerde toplayarak halkla soru-yanıt biçiminde altı yedi saat süren görüşmeler yapmıştır.[606] 1923'te İzmir'de halkla buluşmasında, halka şöyle seslenmiştir: *"Efendiler, (…) maksadım halkla kardeşçe sohbet etmektir. Bu dakikadaki muhatabınız TBMM Reisi ve Başkumandan değildir. Sade bir milletvekili ve sizi çok seven bir hemşeriniz, Mustafa Kemal'dir. Bu sebeple benden neler öğrenmek istiyorsanız serbest olarak sormanızı rica ederim."*[607] 1925'teki Kılık Kıyafet Devrimi'ni ve 1928'deki Harf Devrimi'ni halka anlatmak için de il il dolaşmıştır. Yurt gezilerinde kendisini karşılarken masraflı törenlerden kaçınılmasını, kurban kesilmemesini istemiştir. Örneğin 1929 ve 1932 yıllarındaki İstanbul ziyaretlerinden önce, İstanbul valiliğini, masraflı törenlerden kaçınılması konusunda uyarmıştır. Hatta 1932'deki İstanbul ziyareti sırasında hiç karşılama töreni yaptırmamıştır. Hiçbir zaman bir koruma ordusuyla gezmemiş, hep halkın içinde, halkla birlikte olmuştur. Hiç kimseye ayrıcalık tanınmasını istememiştir. Örneğin "bir gün trende kondüktör, bir kişiye bilet sormayınca Atatürk kondüktöre niçin

---

606 Mütercimler, *age.,* s. 785.
607 Kocatürk, *age.,* s. 258.

bilet sormadığını sormuş, "o mebus" yanıtını alınca da, "*Oh ne âlâ halkçılık!*" diye karşılık vermiştir. Hiçbir zaman tek başına yemek yememiş, savaşta askerleriyle, barışta dostlarıyla ve halka birlikte yemek yemiştir. Hiçbir şeyi ulusundan saklamamış, hep olduğu gibi görünmüştür. Örneğin 1928'de Sarayburnu'nda yeni harfleri halka tanıtırken halkın içinde, "*Şerefinize içiyorum!*" diyerek kadeh kaldırmıştır. Kendisine başkalarının gammazlanmasından, imzasız gelen ihbar mektuplarından nefret etmiştir. "*Samimi ve dürüst insanlar aynı zamanda medeni cesaret sahibi olur, imzalarını saklamaya tenezzül etmezler, belli ki bunu yazan ahlaksız yalancının biridir,*" demiş ve bu mektupları dikkate almamıştır.[608] Kendisini aşırı yüceltenleri azarlamış, dost meclislerinden ve sofrasından uzaklaştırmıştır. Örneğin kendisine "*Büyük Atatürk*" diye hitap edenleri, "*Benden söz ederken böyle riyakâr ifadeler kullanmayın,*" diye uyarmıştır. Hiçbir zaman hoşgörüyü elden bırakmamış, meşhur sofrasında birine sinirlendiğinde, kendisi sofradan ayrılmıştır. O kadar alçakgönüllüdür ki, bir baloda küçük çocukları toplayıp, masaları devirip siper yaptırıp gazoz kapaklarıyla savaş oyunu oynamıştır. Kendisine "din konusunda" çirkin iftiralar atılmasına karşın, hiçbir zaman dini "şov" aracı olarak kullanmamış, dinini çok sade bir şekilde yaşamıştır. "*Benim naçiz vücudum elbet bir gün toprak olacaktır...*" diyerek kendisinin de bir "ölümlü" olduğunu hep hatırlatmıştır. Sokaklara, caddelere ve şehirlere adının verilmesini istememiştir.[609] Örneğin Erzurum'da bir caddeye "Atatürk Caddesi" adının verilmesini isteyenlere, "*O caddeye cumhuriyet caddesi adını verin,*" demiş; Ankara'ya Atatürk adının verilmesini isteyen bazı milletvekillerine de, "*Bir ismin kalması ve söylenmesi için şehirlerin temellerine sığınmak şart*

608 Hasan Rıza Soyak, Atatürk'ten Hatıralar, İstanbul, 2004, s. 26.
609 Atatürk, sokaklara, caddelere ve şehirlere adının verilmesini istemezken, Enver Paşa neredeyse her yere ve her şeye adının verilmesini istemiştir. Örneğin Enver Paşa, Almanların Osmanlı'ya "**Enverland**" demelerine ses çıkarmamış, yeni alfabe denemesine "**Enveriye yazısı**", ordu için hazırlattığı yeni başlıklara "**Enveriye kalpağı**" adını vermiştir. Bu "**Enveriye**" modası o kadar ilerlemiştir ki Enver Paşa'nın bıyıkları gibi bıyıklara da "**Enveriye bıyığı**" denilmiştir.

değildir. Tarih zorlanmayı sevmeyen nazlı bir peridir. Fikirleri ve vicdanları tercih eder," demiştir.[610] Paralarda sürekli kendi fotoğrafının bulunmasını istemeyerek, "kim cumhurbaşkanı olursa paralara onun fotoğrafının konulmasını" önermiştir.[611] Heykeli dikildiğinde, Fatih, Yavuz, Mimar Sinan ve Piri Reis gibi Türk büyüklerinin de heykellerinin dikilmesini istemiştir.[612] Hiçbir zaman kendisini meclisin üstünde bir güç olarak görmemiş, bütün devrimlerini meclisin onayına/oyuna sunmuş, yasa koyma veya yasaları veto etme hakkı olmamış, halife ve padişah olmayı kabul etmemiştir.[613] Kendisine CHP'nin sürekli başkanlığı teklif edildiğinde, *"Milletin sevgi ve güvenini kaybetmediğim müddetçe tekrar seçilirim,"*[614] diyerek bu teklifi de reddetmiştir. Vatan haini oldukları için yurtdışına sürgün edilen yüzelliliklerden bazılarını affetmiş, dahası yüzelliliklerden ölmüş olanların yurtiçinde kalan ailelerine de dul ve yetim maaşı verilmesini

610 Ayrıntılar için bkz. Meydan, **"Atatürk'ü Doğru Anlamak İçin" Nutuk'un Deşifresi,** s. 241-246; Meydan, **Atatürk ile Allah Arasında,** s. 1055 vd.
611 Atatürk'ün bu isteği doğrultusunda daha Atatürk'ün sağlığında 1927 yılında çıkarılan bir kanunla, paralara cumhurbaşkanının fotoğrafının konması kararlaştırılmıştır. Nitekim bu karar doğrultusunda Atatürk öldükten sonra paralara yeni cumhurbaşkanı olan İsmet İnönü'nün fotoğrafı konulmuştur. Ancak 1950'den sonraki DP-CHP rekabetinde, DP paralardan İsmet İnönü fotoğrafını çıkartıp yeniden Atatürk fotoğrafını koydurmuştur. Bu durumun nedeni DP'nin Atatürk sevgisinden çok İnönü düşmanlığıdır. (bkz. Meydan, **Cumhuriyet Tarihi Yalanları,** 2. Kitap, s. 618 vd.)
612 Sinan Meydan, **Atatürk ve Türklerin Saklı Tarihi,** İstanbul, 2010, s. 129.
613 Atatürk'ün *Nutuk*'ta anlattığına göre TBMM halifeliği kaldırdığında Antalya Milletvekili din alimi Rasih Efendi, Hilaliahmer Cemiyeti adına Mısır'a uğrayıp Ankara'ya dönmüştür. Rasih Efendi'nin seyahat ettiği İslam ülkelerindeki Müslümanlar Atatürk'ün halife olmasını istemişlerdir. Rasih Efendi Ankara'ya dönünce Müslümanların bu isteğini Atatürk'e iletmiştir. Atatürk bu isteği reddetmiştir. Reddetme gerekçesini Rasih Efendi'ye şöyle açıklamıştır: *"Rasih Efendi'ye verdiğim cevapta İslamların bana yakınlık ve sevgilerine teşekkür ettikten sonra dedim ki: 'Zat-ı aliniz din alimlerindensiniz. Halifenin devlet reisi demek olduğunu bilirsiniz. Başlarında kralları, imparatorları bulunan tebaanın bana ulaştırdığınız arzu ve tekliflerini ben nasıl kabul edebilirim. Kabul ettim desem, buna o tebaanın fertleri razı olur mu? Halifenin emir ve yasağı yapılır. Beni halife yapmak isteyenler emirlerimi yerine getirmeye muktedir midirler? Bu sebeple konu, anlamı olmayan, kuruntuya dayanan bir sıfatı takınmak gülünç olmaz mı?"* (Kocatürk, **age.,** s. 68.)
614 Kocatürk, **age.,** s. 257.

286

sağlamıştır.[615] Başarıdan başarıya koşmuş bir asker olmasına rağmen, *"Mecbur olmadıkça savaş bir cinayettir"* ve *"Yurtta barış dünyada barış"* diyerek hep barıştan yana olmuştur. Bu nedenle de Eski Yunan Başbakanı Venizelos, 12 Ocak 1934'te, Oslo'daki Nobel ödül komitesine başvurarak Atatürk'ü dünya barışına yaptığı katkılardan dolayı Nobel'e aday göstermiştir.[616] En önemlisi de Atatürk gerçekleştirdiği devrimle ortaçağ kalıntısı yarı bağımlı bir ümmetten, her şeyiyle çağdaş tam bağımsız bir ulus yaratmıştır. Bütün bunlar yetmemiş, oturmuş, Türk toplumuna demokrasinin önemini anlatabilmek için demokrasinin kitabını (*Vatandaş İçin Medeni Bilgiler* kitabını) yazmıştır. Üstelik bütün bunları 1920'lerin, 1930'ların dünyasında, diktatörler çağında yapmıştır. İşte bu nedenle Atatürk, diktatörler çağında bir demokrattır.

Atatürk'ün demokrat karakterinin temelinde "özgürlük" düşüncesi yatmaktadır. Gençliğinde Padişah II. Abdülhamit'in istibdat düzenini yıkmak için mücadele etmiş, kurduğu cemiyete *"Vatan ve Hürriyet"* adını vermiştir. *"Bütün özgürlüklerin anası düşünce özgürlüğüdür."* *"Demokrasi mide meselesi değil fikir (düşünce) meselesidir,"* diyen Atatürk, düşünce özgürlüğüne çok büyük bir önem vermiştir. Örneğin 20 Ocak 1921'de meclis gizli oturumunda, Türkiye'de Bolşeviklik akımıyla mücadele edilmesi hakkında yaptığı konuşmada, *"Düşünceye düşünceyle karşılık verilmesi gerektiğini"* belirtmiştir:

"Efendiler! İki türlü tedbir olabilirdi: Birincisi, doğrudan doğruya 'komünizm' diyenin kafasını kırmak, Rusya'dan gelen her adamı derhal sınır dışı etmek gibi şiddete dayanan kırıcı tedbir kullanmak... Bu tedbirleri uygulamakta iki sebepten faydasızlık görülmüştür: Birincisi, siyaseten iyi ilişkilerde bulunmayı gerekli gördüğümüz Rusya Cumhuriyeti komünisttir. İkinci bir sebep, zora dayanan tedbir kullanmayı faydalı görmedik. Çünkü fikir cereyanları cebir, şiddet ve kuvvetle reddedilemez, bilakis takviye edilir. Buna karşı en etkili çare, ge-

---

615 Gologlu, **age.**, s. 205.
616 Özakman, **age.**, s. 499, 500.

len fikir cereyanına fikirle karşılık vermek, fikre fikirle cevap vermektir."[617]

Atatürk, düşünce özgürlüğünün demokrasinin vazgeçilmez unsuru olduğunun farkındadır. Ona göre ancak tam anlamıyla özgür bireyler ülkesine yararlı olabilir, onu kurtarıp koruyabilir.[618]

Atatürk, özgürlük ve demokrasinin birbirine bağlı olduğunu belirtmiştir: *"Özgürlüksüz demokrasi olmayacağı gibi demokrasisiz de özgürlük düşünülemez. Bunlar birbirinden hiçbir şekilde ayrılmayan ikiz kardeştirler. Biri zedelendi mi diğeri hırpalanmış, biri hırpalandı mı diğeri zedelenmiş olur.*"[619]

Atatürk 1923'te, cumhuriyetle demokrasiyi özdeş olarak kullandığı bir konuşmasında her düşünceye saygı gösterileceğini, her görüşün saygın olduğunu söylemiştir.[620]

Atatürk, okuduğu kitaplarda da özgürlük kavramının altını çizmiştir. Örneğin Emil Faguet'in *"Liberalizm"* adlı kitabındaki düşüncelerle ilgilenmiştir. Kitabın girişindeki 1789 İnsan Hakları Bildirgesi'nin 11. maddesi Atatürk'ün dikkatini çekmiştir. O madde şöyledir:

"Düşünce ve görüşlerin serbest iletişimi, insanın en temel haklarından biridir. O halde her vatandaş özgürce konuşabilir, yazabilir, yazdıklarını yayınlayabilir. Yeter ki, yasanın belirttiği durumlarda bu özgürlüğü kötüye kullanmaya yönelik olmasın."[621]

Atatürk, Mehmet Enis'in *"Tarihte Güzel Kadınlar"* adlı kitabını okurken de "özgürlükten" söz edilen satırların altını kırmızı kalemle çizmiştir. İşte o satırlardan bazıları:

"Hürriyet, kayıtsız şartsız serbest olmak değildir. Onun kayıtları ve şartları vardır. Kayıtsız, şartsız serbest olmak ormanlardaki hayvanlara mahsustur. İnsanlar ise içtimai muhitlerde, birtakım âdetler, teamüllerle ülfet etmiş, içtimai bir terbiye al-

---

617 TBMM Gizli Celse Zabıtları, C 1, s. 333-336.
618 Özel, **age.**, s. 102.
619 Gökçen, **Atatürk'ün İzinde Bir Ömür Böyle Geçti**, s. 161.
620 **Atatürk'ün Söylev ve Demeçleri**, C 3, s. 94.
621 **Atatürk'ün Okuduğu Kitaplar**, C 18, s. 170.

tında yaşamak mecburiyetinde kalmış olduklarından hürriyetleri de bu muhitlerin içtimai kaideleri ile sınırlıdır."

"İlmi esaslara göre ferdin hürriyeti, gayrin hürriyetinin hududu ile sınırlıdır. Başkasının hürriyet hakkını tanımayan kendi hürriyet hakkını da tanıtamaz. Siyasi anlayış sahibi olan hakiki ve zeki inkılâpçılar bu lekeden masundurlar."

"Onlar ne vakit şiddet, ne vakit yumuşaklık göstereceklerini bilirler. Milletlerini hürriyet ve adalete doğru yürütürler."[622]

Gelişmeyi, insan düşüncesinin bir ürünü olarak gören Atatürk, düşünceyi harekete geçirmeye büyük önem vermiş, bunun için de bireylerin düşüncelerini özgürce dile getirmeleri, yazmaları ve her türlü girişimde bulunabilme özgürlüğüne sahip olmaları gerektiğini belirtmiştir.[623] Atatürk, *"Vatandaş İçin Medeni Bilgiler"* kitabında devletin her alanda, özellikle de ekonomik alandaki özgürlüklere engel olmamasını demokrasinin en önemli ilkelerinden biri olarak görmüş, bireyin özgürlüğünün engellenmeye başlamasını devlet faaliyetinin sınırı olarak saymıştır.

Atatürk'e göre Türk milleti "tabiat" olarak, Türkiye Cumhuriyeti de "yönetim" olarak demokrattır.[624]

Şu sözler Atatürk'e aittir:

"Bizim milletimiz esasen demokrattır. Kültürünün, geleneklerinin en derin maziye ait dönemleri bunu doğrular. Bizim yapabileceğimiz bir şey varsa, bu fıtri karakterin gereklerini yapay bir şekilde men etmek isteyenleri ortadan kaldırmaktır."[625]

Atatürk, dünya üzerinde yaşayan uluslar arasında demokrasiye en yatkın ulusun Türk ulusu olduğunu düşünmüştür.[626]

Atatürk, Türkiye Cumhuriyeti'nin "demokratik bir devlet" olduğunu herkesin anlayacağı bir dille şöyle açıklamıştır:

"Türkiye devletinde ve Türkiye devletini kuran Türkiye halkında taç sahibi yoktur, diktatör yoktur. (...) Bütün cihan

---

622 Şevket Süreyya Aydemir, **Tek Adam**, C 3, 22. bas., İstanbul, 2007, s. 485.
623 Kılıç Ali, **Atatürk'ün Hususiyetleri**, İstanbul, 1954, s. 64.
624 **Atatürk'ün Söylev ve Demeçleri**, C 1, s. 384.
625 Kocatürk, **age.**, s. 283.
626 Enver Ziya Karal, *"Atatürk, Siyaset Ahlakı ve Siyasi Partiler"*, **Atatürkçülük Nedir?** 1963, s. 92.

bilmelidir ki, artık bu devletin ve bu milletin başında hiçbir kuvvet yoktur, hiçbir makam yoktur. Yalnız bir kuvvet vardır, o da milli egemenliktir. Yalnız bir makam vardır, o da milletin kalbi, vicdanı ve varlığıdır."[627]

Atatürk, 1930'da İstanbul Türk Ocağı'nda toplanan gençlere şöyle seslenmiştir:

"Demokrasinin ne olduğunu halka anlatmak özellikle sizin görevinizdir. (...) Cumhuriyeti, onun gereklerini yüksek sesle anlatınız. Cumhuriyet ilkelerini sevdiriniz. Bunu yüreklere yerleştirmek için hiçbir fırsatı kaçırmayınız."[628]

Atatürk, Türk demokrasisinin Fransa'dan ve Amerika'dan esinlendiğini ifade etmiştir.

"Türk demokrasisi Fransız demokrasisinin açtığı yolu takip etmiş, lakin kendisine has ayırıcı özellikte gelişmiştir. Zira her millet inkılâbını toplumsal ortamın baskı ve ihtiyacına, tabi olan hal ve vaziyetine ve bu ihtilal ve inkılâbın meydana geliş zamanına göre yapar. Her zaman ve her yerde aynı hadisenin tekrarına şahit değil miyiz? Her ne kadar demokrasi ve milletlerin işbirliği etmeleri lazım ve mümkünse de işbirliği ancak, gayeye, yani barışa yönelmiş ise mümkün ve faydalı olur. Bu noktayı kavrayıp anlamayanlar, meydana getirdiğimiz eser hakkında bir fikir ve hüküm elde edemezler."[629]

Atatürk'e göre, Amerikan demokrasisi yeni dünyanın en yaşlı, Türk demokrasisi ise eski dünyanın en genç demokrasisidir.[630] Ağustos 1921'de AP muhabirine verdiği demeçte Türkiye'nin Amerika kadar demokrat olduğunu ifade etmiştir.[631] Atatürk Kasım 1930'da da Ankara Orman Çiftliği'ndeki Marmara Köşkü'nde sesli sinema makinesi önünde Amerikan elçisi Grew'in İngilizce sunumundan sonra Amerikan kamuoyuna Türkçe olarak, iki demokrat milletin karşılıklı sevgisinden söz etmiştir.[632]

627 Atatürk'ün Söylev ve Demeçleri, C 1, s. 311.
628 Ozankaya, age., s. 179.
629 Kocatürk, age., s. 283.
630 Enver Ziya Karal, Atatürk'ten Düşünceler, İstanbul, 1981, s. 134; Özel, age., s. 90; Meydan, "Atatürk'ü Doğru Anlamak İçin" Nutuk'un Deşifresi, s. 228.
631 Atatürk'ün Söylev ve Demeçleri, C 3, s. 38.
632 Hâkimiyet-i Milliye gazetesi, 5 Aralık 1930.

Atatürk 9 Kasım 1930'da kendisiyle görüşen ABD Ticaret Bakanı Yardımcısı Julius Klein'e şunları söylemiştir: *"Türk milleti yaratılış bakımından demokrattır. Amerikan halkı, henüz kendi varlığının bilincine vardığı sıralarda demokrasi prensiplerine sarılmış ve demokrasiyi tutmuştur. Yaratılıştan demokrat olan Türkler de demokrasinin en canlı örneği olan Amerikalılara bu nedenle derin bir sevgi duymaktadır."*[633]

Atatürk, 1923 Temmuzu'nun başında Ankara'ya gelen *The Sturday Evening Post* dergisi yazarlarından F. Macosson'un sorduğu bir soruya verdiği yanıtta, *"Emperyalizm ölüme mahkûmdur, demokrasi insan ırkının ümididir,"* demiştir.[634]

Demokrasiyi "insan ırkının ümidi" olarak tanımlayan Atatürk, tek partili sistemi zaman içinde çok partili sisteme dönüştürmeye çalışmıştır. Bu amaçla 1930 yılında, Cumhuriyet Halk Partisi'nin yanında ona muhalefet edecek Serbest Cumhuriyet Fırkası'nı kurdurmuştur. Atatürk, bu partinin kurucusu Fethi Okyar'ın bir sorusu üzerine ona şunları söylemiştir:

"Büyük Millet Meclisi'nde ve millet önünde millet işlerinin serbest tartışılması ve iyi niyetli kimselerin ve partilerin görüşlerini ortaya koyarak milletin yüksek çıkarlarını aramaları, benim gençliğimden beri âşık ve taraftar olduğum bir sistemdir. Memnuniyetle görüyorum ki laik cumhuriyet esasında beraberiz. Zaten benim siyasi hayatta bir taraflı olarak daima aradığım ve arayacağım temel budur. Dolayısıyla Büyük Meclis de aynı temele dayanan yeni bir partinin faaliyete geçerek millet işlerini serbestçe münakaşa etmesini cumhuriyetin esaslarından sayarım. Laik cumhuriyet esası dahilinde partinizin her türlü siyasi faaliyet akımlarının bir engelle karşılaşmayacağına emniyet edebilirsiniz."[635]

Atatürk'ün burada yaptığı "laik cumhuriyet" vurgusu çok önemlidir. Çünkü o –daha önce de belirttiğimiz gibi– "laik" ol-

633 Reşat Kaynar-Necdet Sakaoğlu, **Atatürk Düşüncesi**, İstanbul, 1995, s. 23.
634 Mustafa Kemal Palaoğlu, **Müdafaa-i Hukuk Saati**, Ankara, 1998, s. 27; Meydan, **age.**, s. 229.
635 **Atatürk'ün Bütün Eserleri**, C 23, s. 339.

mayan bir "cumhuriyetin" demokrasiye evirilemeyeceğini çok iyi bilmektedir. Bu nedenle Fethi Okyar'a, *"Laik Cumhuriyet esası dahilinde partinizin her türlü siyasi faaliyet akımlarının bir engelle karşılaşmayacağına emniyet edebilirsiniz,"* demiştir. Ama maalesef, çok kısa bir süre sonra bütün karşı devrimci din istismarcılarının bu partiye sızmaları üzerine Atatürk, Serbest Cumhuriyet Fırkası'nı kapattırmak zorunda kalmıştır.

Çok partili bir sistem kurmayı düşünen Atatürk Mimar Holzmeister'in İkinci Meclis binasını çok partili sisteme uygun şekilde planlamasını istemiştir.[636]

Atatürk, 1930 yılında seçmenlere yayımladığı bir bildiride, *"Yaptığını bilen ve hizmet yolunda tedbirlerine inanan idealistler olarak kendimizi eleştiriye açmayı gerekli görüyoruz,"*[637] diyerek muhalif ve eleştirel düşüncelere açık olduklarını söylemiştir.

Cumhuriyet'in tek partili sisteminin bir "dikta" rejimi olmadığının en açık göstergesi meclis ve parti çalışmalarında karşımıza çıkmaktadır. Parti grubu toplantılarında önemli konular çok geniş bir şekilde tartışılmış, devrimler mecliste tartışılarak kanunlaşmıştır.[638] Örneğin en radikal devrimlerden biri olan Şapka Devrimi'ne karşı Nurettin Paşa bir önerge vererek bu devrimi eleştirebilmiştir.[639] Partinin yerel yönetimlere müdahale etmesi engellenmiştir. Örneğin Parti Genel Sekreteri Recep Peker'in, Edirne'deki parti temsilcisinin etkisiyle Trakya Umum Müfettişi Kazım Dirik'le uğraştığını haber alan Atatürk, *"Parti-*

---

636 Özakman, age., s. 764. dipnot 336.
637 **Atatürk'ün Bütün Eserleri,** C 25, s. 117.
638 Atatürk bu gerçeği bir keresinde Prof. Dr. Reşat Kaynar'a şöyle ifade etmiştir: *"Lütfen meclis tutanaklarını inceleyiniz. Tutanaklarda da tespit edileceği üzere en çok konuşan benim. Fakat, eğer ortaya koyduğum fikirlerden karşı fikirler daha kuvvetli ise o zaman ben fikrimi değiştiririm. Kuvvetli olan fikrin yanında yer alırım. Şimdi size soruyorum muhterem hocam, böyle bir diktatör var mıdır? Böyle bir tartışma yapan diktatör var mıdır?"* Mustafa Ersem-Servet Avşar, *"Reşat Kaynar ile Söyleşi, Atatürk'ün Yakın Çevresinde Bulunmuş Kişilerle Röportajlar-6,"* **Türk Silahlı Kuvvetleri Dergisi,** Temmuz 2003, S. 377, s. 120'den nakleden Mütercimler, age., s. 5.
639 Goloğlu, age., s. 168 vd.

nin devlet temsilcilerine karışması söz konusu olamaz," diyerek Recep Peker'i uyarmıştır.[640]

Meclis genel kurulunda bazı milletvekilleri iktidara karşı oy kullanabilmiş, mecliste bazı bakanlar hakkında yolsuzluk önergeleri verilebilmiş ve bunlardan bazıları yüce divana sevk edilerek cezalandırılmıştır.[641] Örneğin 1928'de Eski Denizcilik Bakanı Osmaniye Milletvekili İhsan Bey ile Bilecik Milletvekili Fikret Bey, Londra'daki havuz (Yavuz'u onarmak için yapılacak havuz) yapımı ihalesinde yolsuzluk yaptıkları gerekçesiyle Yüce Divan'a sevk edilmişler ve dokunulmazlıkları kaldırılmıştır.[642] Yüce Divan yargılaması sonunda Eski Denizcilik Bakanı Osmaniye Milletvekili İhsan Bey'in "memuriyet görevini kötüye kullanmak ve ihaleye fesat karıştırmak yoluyla rüşvet yemeğe teşebbüs" suçundan iki yıl ağır hapis cezasına ve iki yıl memurluk hakkından yoksun bırakılmasına; Bilecik Milletvekili Fikret Bey'in ise dört ay hapis cezası ile 100 lira para cezasına çarptırılmasına karar verilmiştir. Bu kişilerin milletvekillikleri de düşürülmüştür.[643] Bir süre sonra da Eski Ticaret Bakanı Ali Cenani Bey hakkında meclis soruşturması açılmış, Karma Komisyonun yaptığı soruşturma sonunda Ali Cenani Bey'in görevi kötüye kullandığı sonucuna varılmıştır. Bunun üzerine Ali Cenani Bey, dokunulmazlığı kaldırılıp Yüce Divan'a sevk edilmiştir.[644]

Atatürk döneminde yolsuzluk, görevi kötüye kullanma, ihmal ve suiistimal gibi nedenlerle bazı milletvekilleri hakkın-

---

640 Atatürk bu konuda Hasan Rıza Soyak'a şunları söylemiştir: *"İttihat ve Terakki Partisi'nin başarısızlığının en önemli nedeni, yönetimi sorumlu görevliler yerine sorumsuz particilerin eline bırakmış olmasıdır. Bundan dolayı çok büyük kayıplara uğradık. Partinin devlet temsilcilerine karışması söz konusu olamaz. Recep Bey, yine Kazım Dirk'ten şikâyet etti. Görevden alınmasını istiyor. Şikâyetiyle ilgili haberleri hükümete vermesini istedim. Kazım Dirik'i yemeğe çağır, konuş, sor, dinle, bana sonucu bildir... Eğer Hükümet Dirik'in girişim ve düşüncelerini benimser, bir elemeden geçirir, daha derli toplu, daha hesaplı, daha kapsamlı bir biçime koyarsa, ele mükemmel bir köyleri kalkındırma programı geçebilir."* (Özakman, age., s. 560.)
641 Turhan Feyzioğlu, **Türk Milli Mücadelesinin ve Atatürkçülüğün Temel İlkelerinden Biri Olarak Millet Egemenliği**, İstanbul, 1989, s. 72.
642 Feridun Kandemir, **Serbest Fırka**, s. 18-38'den nakleden Goloğlu, age., s. 269, 270.
643 Goloğlu, age., s. 270, 271.
644 age., s. 271.

da meclise gensoru önergesi verilmiş, bu önergeler ve yolsuzluk dosyaları açılıp özgürce tartışılabilmiş, bu tartışmalar basının ve kamuoyunun gözleri önünde yapılabilmiştir. Örneğin 5 Kasım 1924'te, İmar ve İskân Bankı Refet Bey hakkında mecliste gensorunun görüşmelerine başlanmıştır. Bu konuda ilk sözü alan Başbakan İsmet Paşa, hakkında gensoru önergesi verilmiş olan İmar ve İskân Bakanı Refet Bey'in, Meclis Başkanlığı Vekilliği'ne seçilmiş olmasına rağmen konunun görüşülmesine devam edilmesini, hatta bütün hükümet işlerinin enine boyuna görüşülmesini istemiş ve, *"Ben güzel yanlışlamayı, eleştiriyi severim,"* demiştir. Bunun üzerine gensorunun bütün hükümet işlerini kapsayacak şekilde genişletilmesine karar verilmiştir. Karşılıklı suçlamalar, eleştiriler ve savunmalar yapılmıştır. Bu arada Balıkesir Milletvekili Hulusi Bey'in yazlık ve kışlık evleri ve zeytinlikleri aldığı iddia edilmiştir. Eskişehir Milletvekili Arif Bey hükümeti eleştirirken sürekli Kars Milletvekili Ağaoğlu Ahmet Bey ile Kozan Milletvekili Ali Saip Bey'in sataşmalarına uğramıştır. Bu sırada İstanbul basını da hükümeti eleştirmeye başlamıştır. Örneğin *Vatan* gazetesi hükümet yanlılarının muhaliflere saldırmak için gizli emir aldıklarını bile yazabilmiştir.[645]

1925'te Ardahan Milletvekili Halit Paşa mecliste tabancayla vurularak öldürülmüştür. Halit Paşa'nın öldürüldüğü günlerde yolsuzluk olaylarını inceleyen soruşturma kurulunun çalışmaları da tamamlanmıştır. Sonuçta, aralarında İstanbul Polis Müdürü ile İzmir Valisinin de bulunduğu kırk kişiden yedisi tutuklanmıştır.[646]

Atatürk'ün kanun koyma ve kanunları veto etme hakkı yoktur.[647] Atatürk hükümet işlerine doğrudan müdahale etmekten de kaçınmıştır. Örneğin 1923'te Konya'da esnaf ve tüccarlar tarafından düzenlenen ziyafette bir tüccarın, *"Hükümetin, ticaretimizi geliştirmek için neler düşündüğünü"* sorması üzerine Atatürk; *"Evvela şunu söyleyeyim ki, bendeniz içinizde hükümet adına değil, meclis adına değil, ordu adına değil, sadece bir*

---

645 Goloğlu, **age.**, s. 77, 78.
646 **age.**, s. 112.
647 Özel, **age.**, s. 110.

milletvekili gibi, belki de yalnız bir arkadaşınız, bir kardeşiniz gibi bulunuyorum. Onun için sorunuza hükümet adına cevap vermeye yetkim yoktur. Eğer sorunuzu 'Sen ne diyorsun? Senin ticaretimiz hakkındaki fikrin nedir?'diye soraydınız o zaman cevap vermekte sakınca görmezdim ve kabul ediyorum ki asıl amacınız da budur," demiştir.[648]

Atatürk, 1924 *"Teşkilat-ı Esasiye Kanunu"* hazırlanırken –dönemin hassas şartlarından dolayı– kendisine gerektiğinde meclisi dağıtabilme ve kanunları veto edebilme yetkisinin tanınmasını istemiş, fakat kendisine karşı çıkan Şükrü Saraçoğlu ve Mahmut Esat Bozkurt'la bu konuyu sabaha kadar tartıştıktan sonra bu isteğinden vazgeçmiştir. Dahası, kendisine karşı çıkan bu iki gencin bakan olmalarını da desteklemiştir.[649]

Atatürk, Türkiye'nin kurtarıcı başkomutanı ve kurucu lideri olmasına karşın TBMM'de yapılan cumhurbaşkanlığı seçiminde genel kurul salonundan ayrılmıştır. Fethi Bey'in kendisine yaptığı ömür boyu cumhurbaşkanlığı teklifini, *"Milletin sevgi ve güvenini kaybetmediğim müddetçe tekrar seçilirim, milletin oyu esastır,"*[650] diyerek reddetmiştir.[651] Atatürk 1923, 1927, 1931, 1935 yıllarında TBMM'de seçilerek cumhurbaşkanı olmuştur.[652]

Ömür boyu cumhurbaşkanlığı teklifi söylentileri üzerine gazetecilere şunları söylemiştir:

"Bana öteden beri bu ve buna benzer tekliflerde bulunanlar çok olmuştur. Siz ve kamuoyu bilmelisiniz ki, bu yoldaki teklifler hoşuma gitmemiştir ve gitmez. Benim gayem Türkiye'de, yeni Türkiye Cumhuriyeti'nde millet egemenliğini güçlendirmek ve sonsuzlaştırmaktır. Dediğiniz gibi bir teklifi, benim idealimi cidden rencide eden bir anlamda görürüm. Bu noktada şu veya

---

648 Kocatürk, **age.**, s. 258.
649 Falih Rıfkı Atay, **Babamız Atatürk**, s. 4'ten nakleden Özel, **age.**, s. 110.
650 Kocatürk, **age.**, s. 257.
651 **Cumhuriyet** gazetesi, 2 Aralık 1925; **Atatürk'ün Bütün Eserleri**, C 24, s. 274, 275; Özel, **age.**, s. 110.
652 Özel, **age.**, s. 110.

bu yorumlara giden sözlerin anlamını, beni iyi tanımış olan Türk milleti benden daha iyi taktir eder.[653] 1930 yılında başkanlık sistemi gündeme gelince, Amerikan sistemini uygulamayı hiç düşünmediğini, sistemsiz ve kanunsuz bir şekilde cumhurbaşkanlığıyla başbakanlığı birleştirmeyi asla düşünmediğini, düşünecek adam olmadığının milletçe bilindiğini açıklamıştır. Zorunlulukların başbakan olmasını gerektirmesi halinde bu görevi alçakgönüllük ve minnetle yapmaya hazır olduğunu, bu durumda cumhurbaşkanı kalmasına yasal imkân kalmayacağını belirtmiştir.[654] Ordu ile siyaseti birbirinden ayıran Atatürk, sivilleşmeyi savunan bir askerdir. Dünya savaş tarihine altın harflerle yazılan zaferler kazanmış bir "mareşal" ve "gazi" olmasına karşın cumhurbaşkanı seçildikten sonra bir tek kez bile askeri üniformalarını giymemiştir.[655]

Şevket Süreyya Aydemir'in şu saptaması çok doğrudur: *"Askerdi fakat, militarist değildi. Sivil idareye inanıyordu. Bu sivil idareye de hiçbir zaman bir parti veya klik diktatörlüğü vasfı vermedi... Militarist gösterilere hiçbir zaman yüz vermedi. Ordunun siyasete karışmasını, ordunun haysiyet ve itibarına aykırı sayardı. Normal devirde orduyu, hiçbir zaman bir siyasi bas-*

653 Kocatürk, age., s. 258.
654 **Cumhuriyet** gazetesi, 4 Ekim 1930; Özel, age., s. 111.
655 (Ozankaya, age., s. 171.) Atatürk, Kurtuluş Savaşı'ndan hemen sonra askeri üniformalarını çıkarmıştır. Bir kere, foto Ferit İbrahim Süreyya'nın, üniformalı bir fotoğrafını çekme ricasını kırmayarak, bir kere de Ankara civarında bir manevrayı yönetmek için üniformalarını giymiştir. Atatürk, 1929 yılında Askeri Şura üyelerine verdiği bir yemekte, *"Benim artık askerliğim kalmadı,"* diyerek askeri üniformalarını ve teçhizatlarını hatıra olarak dağıtmıştır. Cumhuriyet'in onuncu yılında üniforma giymesi yolundaki bütün ısrarlara karşın emekli bir asker olduğunu belirterek üniforma giymeyi reddetmiştir. İtalyan yazar Renato Bova Scoppa, *"İstanbul"* adlı eserinde (Milano 1933) Atatürk'ün bu yönünden şöyle söz etmiştir: *"Üniforması ve siyah astragan kalpağıyla sadece 14 günde Sakarya'ya sokulan koca bir orduyu denize indiren gözü pek asker, savaş sona erince askeri üniformasını kaldırdı ve giymedi."* (**Atatürk'ün Okuduğu Kitaplar**, C 24, s. 358; Özel, age., s. 88, 89, dipnot 17). Üniformalı Atatürk'le ilgili en bilindik anekdot şudur: Çankaya'da İtalyan elçisinin, Mussolin'in Antalya hakkındaki imalı sözlerini kendisine aktarması üzerine, Atatürk yanıt vermeden konuşmayı keserek dışarı çıkmış, yarım saat sonra üzerinde mareşal üniformasıyla geri dönmüş ve elçiye, *"Şimdi konuşalım,"* demiştir.

kı aleti olarak kullanmadı. Hükümet teşkilatına, kanuna ve şekillere bağlılığı bu alanda da üstündür. *Mussolini'nin ve başka çağdaş liderlerin, asker gücünü veya ordulaştırılmış siyasi gücü çeşit çeşit renkte üniformalar, sıra sıra nişanlar ve tören oyunları ile sokak malı kıldıkları bir devirde o, istiklal madalyasından başka bir madalya bırakmadı, bütün nişanları kaldırdı. Süs, kordon, salkım saçak sırmalar gibi abes ve lüzumsuz takınakları attı. Ordusuna sadeliğin vakarını verdi. Siyaset, sivil idare işlerini ordunun ayakbağı kılmadı. Hatta orduyu şehir ve sokak kalabalığı olarak teşhir etmekten de çekindi. 'Askerler kışlaya' dedi ve askerler kışlaya çekildiler. (...) Kapalı, karanlık bir Doğu memleketi olan ülkesinde istedi ki kadın hayata açılsın, çocuğun yüzü gülsün ve insanlar korkunun olduğu gibi batıl itikatların da ürpertisini duymadan hayattan zevk alsınlar. Türkiye'de hiçbir zaman bir cehennem hayatı, bir polis rejimi yaratmak istemedi. Eğer milletini daha fazla refaha ulaştıramamış, daha zengin, daha giyimli, daha şen yapamamışsa, suç onun değil kendisinden evvelki devrindir.*"[656]

Atatürk, askeri bir diktatörlük kurmamasının nedenini şöyle açıklamıştır: "**Ben isteseydim derhal askeri bir diktatörlük kurar ve memleketi öyle idareye kalkışırdım. Fakat ben istedim ki, milletim için modern bir devlet kurayım ve onu yaptım.**"[657]

Atatürk normal koşullarda yargı kararlarına hep saygılı olmuş, asla yargıyı yönlendirmeye kalkmamış ve yargıyı baskı altına almamıştır.[658] Örneğin 9 Ocak 1936 tarihinde Ankara Ağır Ceza Mahkemesi'nde Atatürk'e suikast iddiasıyla çok önemli bir dava görülmeye başlanmıştır.[659] Davanın sekiz sanığı vardır: Yahya, Üzeyir, kardeşi Arif, Şaban Çavuş, İsmail, İdris, Çokak Nahiye Müdürü Şemsettin ve Ali Saip Ursavaş... Savcı,

---

656 Aydemir, age., C 3, s. 483, 484.
657 Kocatürk, age., s. 257.
658 Devrim karşıtı hareketlerde, Türkiye Cumhuriyeti'ne yönelik iç ve dış saldırılarda, "En büyük eseri Cumhuriyeti" koruma içgüdüsüyle çok nadir olsa da yargıya müdahale ettiği olmuştur. Örneğin İzmir Suikastı yargılamaları.
659 İddianameye göre 1936 yılındaki bu suikast girişimini Çerkez Ethem organize etmiştir.

hâkimlerden, sanıkları cezalandırarak rejimi güçlendirmelerini istemiştir. Buna karşın Atatürk, başından itibaren dava ile hiç ilgilenmemiş, yargıyı yönlendirecek en ufak bir girişimde bile bulunmamıştır. 17 Şubat 1936 tarihinde sanıkların son savunmalarını dinleyen mahkeme heyeti, delilleri yeterli bulmayarak bütün sanıkların beratına karar vermiştir.[660] Atatürk, yargının verdiği bu kararı büyük bir olgunluk ve saygıyla karşılamıştır. Yalnız, Ali Saip Ursavaş'la ilgili iddialar Atatürk'ün canını sıkmıştır. Çünkü Atatürk, Ursavaş'ın bu işle uzaktan yakından bir ilgisi olabileceğine ihtimal vermemiştir. Bu nedenle sanıkların neden onu da bu konuyla ilişkilendirdiklerini merak etmiştir. Ali Saip Ursavaş'ın kaçakçılık işleri nedeniyle bu davayla ilişkilendirildiğini öğrenince de bir daha onunla görüşmemiştir.[661]

1937'deki I. Dersim harekâtı sonrasında yakalanan **Seyit Rıza**, Elazığ'da yargılandıktan sonra 6 isyancıyla birlikte idam edilmiştir. Ancak Seyit Rıza idam edilirken bir de fotoğrafı çekilmiştir. Bütün bunlar Atatürk'ten habersiz, bazı işgüzarlar tarafından yapılmıştır.

Seyit Rıza'yı apar topar idam etmek için Elazığ'a gitmiş olan merkezdeki Emniyet Müdürü İhsan Sabri Çağlayangil, olaylardan tamamen habersiz olan Atatürk'ün, olan biteni öğrendikten sonra verdiği tepkiyi ve Atatürk'ten işittiği azarı anılarında "*Atatürk'ten paparayı yedik,*" diye ifade etmiştir.

Çağlayangil'in anılarından okuyalım:

"*Bu sırada, 'Atatürk seni çağırıyor,'* dediler. Gittim, kahvaltı ediyorlardı. Bana bir resim gösterdi. Seyit Rıza'nın sehpada sallanırken resmi çekilmiş. '*Bu resim ne Emniyet Müdürü?*' dedi. '*Haberim yok,*' dedim. '*Öyleyse maiyetine hâkim değilsin,*' dedi ve ekledi. '*Çabuk git, bu resmin negatifini bul, basılanları imha et.*' Gittim, araştırdım. Bizim sivil polisimiz Macar Mustafa, ben idam yerinden ayrılırken resim çekmiş. Bir yerlerde bastırmış ve Şükrü

---

660 Özakman, **age.**, s. 549, 553.
661 Hasan Rıza Soyak, **Atatürk'ten Hatıralar**, C 1, İstanbul, 1973, s. 393-400; Özakman, **age.**, s. 553-555.

Kaya'nın yaverine vermiş. Şükrü Kaya da Atatürk'e iletmiş. O kısa konuşmada anladım ki, Atatürk bu olayları detaylı olarak bilmiyor. Bu tür olayları da sevmiyor. Ve Atatürk demokrat tavırlı bir insan. Ben hemen negatifleri, basılanları imha ettim. Resimlerden ikisini sakladım. Atatürk'e gittim Resimlerden birini kendisine uzattım. *'Emriniz yerine getirildi,'* dedim. *'Hepsi imha edildi mi?'* *'Edildi efendim. Yalnız iki tanesini sakladım.'* *'Ne olacak onlar?'* *'Müsaade ederseniz birini zat-ı devletlerine vereceğim, birini de kendime alıkoyacağım.'* *'Sen bu resimleri ne yapacaksın ki?'* *'Müsaade ederseniz ilerde anılarımı yazacağım.'* Atatürk, *'Peki. Bana ayırdığını ver,'* dedi. Verdim. Ve Atatürk, trenden Halkevine hareket etti. Arabasına da binmedi."[662]

1936'da Atatürk'e suikast davasının bütün sanıklarının, savcının telkinlerine rağmen, suçsuz bulunarak berat ettirilmesi ve Atatürk'ün bu karara saygı duyması; 1937'de Atatürk'ün, isyancı Seyit Rıza'nın idam edilmesi sırasında aşağılanmasına tepki duyarak, bu işin sorumlularından İhsan Sabri Çağlayangil'i azarlaması, Atatürk'ün diktatör bir lider olmadığını kanıtlayan onlarca örnek olaydan sadece ikisidir.

Atatürk kendisine, *"Size diktatör diyorlar, ne dersiniz?"* diye soranlara, *"Ben diktatör olsam bana bu soruyu soramazdınız,"* diye yanıt vermiştir.[663]

Atatürk, dünyada diktatörlüklerin çoğalmaya başladığı 1932 yılında, diktatörlük rejimini savunanlara şu sözleriyle adeta demokrasi dersi vermiştir: *"Bir devlet, bir millet dikta ile idare edilemez. Diktatörlerin sonu mutlaka felaketle biter ve milletlerin en büyük hücumlarına maruz kalırlar. Fakat, bir muntazam idare, temelli bir idare, medeni bir idare demokrasidir. Demokrasi katiyen bir zarar vermez. Bilakis demokrasi bir milletin gelişmesini sağlar. Onun için Türkiye Cumhuriyeti, demokrasi yolunda, demokratik bir sistem içersinde gelişecektir, kanaatindeyim.*

---

662 Tanju Cılızoğlu, **Kader Bizi Una Değil Üne İtti: Çağlayangil'in Anıları**, İstanbul, 2000, s. 72, 73.
663 Kocatürk, age., s. 257.

Dikta rejimi ile hareket eden gerek Mussolini, gerekse Hitler'in sonu felaketle bitecektir.[664]

Diktatörler çağında onu da "diktatör" olarak adlandıranların çoğalması üzerine Atatürk, birçok defa, *"Ben diktatör değilim,"* diye söze başlamıştır.

İşte birkaç örnek:

"Ben diktatör değilim. Çünkü fikirlerimi ve düşüncelerimi zora dayanarak kabul ettirmeyi asla benimsemedim, arzuladım ve uyguladım. Ben yaşadığım zaman içinde milletimin hayrına, refahına ve maddi, manevi mutluluk ve onuruna uygun gördüğüm önlemlerin alınmasına çalıştım. Hepsinin bileşkesi, uygar ve ileri bir yaşamın yaratılması çabasıdır."[665]

"Ben diktatör değilim. Benim kuvvetim olduğunu söylüyorlar; evet, bu doğrudur. Benim arzu edip de yapamayacağım hiçbir şey yoktur. Çünkü ben zoraki ve insafsızca hareket etmek bilmem. Bence diktatör, diğerlerini iradesine boyun eğdirendir. Ben kalpleri kırarak değil, kalpleri kazanarak hükmetmek isterim."[666]

Atatürk, Nazizm, faşizm ve Bolşevizm'in kol gezdiği bir dünyada, *"Demokrasi yükselen bir denizdir,"* diyebilmiştir.

Sabiha Gökçen anılarında, Nazi, faşist ve komünist diktatörlüklerin dünyayı kasıp kavurduğu 1930'larda Atatürk'ün, bir gün sofrasındakilere tek tek bu diktatör rejimleri ve demokrasiyi anlatıp *"Doğru yol hangisidir?"* diye sorduğunu ve sofradakilerin görüşlerini aldıktan sonra diktatör rejimleri yerip demokrasiyi övdüğünü belirtmiştir.

İşte Gökçen'in anılarındaki o bölümden bir kesit:

"Atatürk (...) konuşmasına devam etti: 'Biz büyük savaşlar görmüş, büyük bir milletiz. Bu nedenle dünyanın nereye gittiğini, bu gidişin gelecekte bize ne gibi oyunlar hazırlamakta ol-

---

664 Mustafa Ersem-Servet Avşar, *"Reşat Kaynar İle Söyleşi, Atatürk'ün Yakın Çevresinde Bulunmuş Kişilerle Röportajlar-6,"* **Türk Silahlı Kuvvetleri Dergisi,** Temmuz 2003, S. 377, s. 120'den nakleden Mütercimler, **age.,** s. 4.

665 Mütercimler, **age.,** s. 3.

666 Kocatürk, **age.,** s. 260.

duğunu bilmemizde, görmemizde yarar vardır. Konuya sadece savaş ve barış açısından bakmak elbette ki yanlıştır. Kendimizi dünyadan soyutlayamayız. Dünya nimetlerinin emperyalist ülkeler tarafından zaman zaman pervasızca paylaşıldığını ve bu paylaşma esnasında gelişmemiş ülkelerin tarihten silindiğini, hafızalardan silmek kadar gaflet olamaz. Dünyanın bugünkü durumu hiç de parlak görünmüyor. Her ülke gençliğini bir başka ideolojiye sahip olarak yetiştirme gayreti içinde İtalya, faşizm ideolojisine dört elle sarılmış. Bu ülkenin diktatörü olan Mussolini ülkesinin sekiz milyon faşist gencinin süngüsü üzerinde yaşayıp durduğunu haykırıp duruyor. İtalyan gençlerine kara gömlekler giydirerek çoktan tarihe gömülmüş bulunan Roma İmparatorluğu'nu yeniden kurmayı bu şartlandırılmış gençlere aşılamaya çalışıyor. Almanya'da Hitlerin yaratarak geliştirmekte olduğu nazilik de faşizmin bir başka, bir büyük tehlikeli benzeridir. Hitler bir ırkçıdır. Dikkat buyurunuz, milliyetçi demiyorum, ırkçıdır diyorum. Alman ırkının en üstün ırk olarak gören bir mecnundur. Tekmil Alman gençliğini peşine takmış, onlara bu ideali aşılamıştır. Moskova'da oynanan oyun ise bir başka türlüdür. Stalin yalnız kendi gençliğine değil, dünya gençliğine komünistlik ideolojisini aşılamaya çalışıyor. Komünistlik propagandasının fukarası ve cahili çok ülkelerde ne kolay taraftar topladığı ise ortada bir gerçektir. Ancak komünistlik de bir ideolojidir. Diğer taraftan varlıklarını başka bilhassa yoksul ve geri kalmış ülkeleri sömürerek sürdüren, yeni kuşaklarını da bu ideoloji ile yetiştirmekte olan siyasi ve ekonomik emperyalistler var. Bir de Fransa'nın tuttuğu hürriyetçi bir demokrasi yolu vardır. Yani gençliği hürriyete, cumhuriyete ve demokrasiye bağlı olarak yetiştirme yolu... Tabi bugün sayıları artık pek azalan şeriatçı, ümmetçi akımlardan hiç bahsetmiyorum... Kralcıları da bunlara dahil edebilirsiniz... Türk gençliği, bu gerici, kara taassubun egemen olduğu akımlardan kendisini kurtarmıştır..."[667]

---

667 Gökçen, age., s. 155.

Atatürk, daha sonra sofradakilerin bu konudaki görüşlerini almaya başlamıştır. Alman hayranı olan bir general sakin bir eda ile, gençleri askeri bir disiplin altında yetiştirmekten söz edince Atatürk generalin sözünü keserek ona, *"Yani gençlerimize ideoloji olarak faşizm veya nazizmi mi benimsetmemizi öneriyorsunuz?"* diye sormuştur. General bu soruya; *"Yurduna bağlı, disiplinli bir gençlik yetiştirecek olursak milletçe rahat ederiz gibi geliyor bana. Daha açık söyleyeyim, komünist gençliğe, her zaman böyle disiplinli bir gençliği tercih ederim,"* diye yanıt vermiştir. Bunun üzerine Atatürk şunları söylemiştir:

"Hayır! Ne komünizm ne faşizm... Bu iki ideoloji de memleketimizin, ulusumuzun gerçeklerine, karakterine asla uymaz. Şunu da hemen ilave edeyim ki, ne faşizmin ne de nazizmin sonu yoktur. Ben belki bunu görebilecek kadar yaşayacak değilim. Ama aramızda onların sonunu görebilecekler olacaktır elbet. Bu ülkeler bir defa bu yola girdiler mi bir daha geri dönemezler. Halkı ve gençliği sürekli olarak heyecan içinde tutmak için durmadan silahlanmak, sağa sola tehditler savurarak ayakta kalmak zorundadırlar. Bu işin sonu ise savaştır. Ve bu savaşın sonunda ne faşizmin, ne nazizmin ayakta kalabilmesine olanak göremiyorum."[668]

1930'larda, diktatörler çağında bakın neler söylemiş Atatürk:

"Bir gün nazizmin ve faşizmin sonu gelecektir."

"Nazizmin ve faşizmin sonu savaştır."

"Bu savaşın sonunda ne nazizm ne de faşizm ayakta kalabilecektir."

Atatürk'ün 1930'lardaki bu öngörülerinin tamamı gerçekleşmiştir: Çok kısa bir süre sonra nazizm ve faşizmin saldırganlıkları sonunda II. Dünya Savaşı çıkmış, bu savaş sonunda ise nazizm ve faşizm yıkılmıştır.

İşte AKL-I KEMAL budur...

1935'te dünyadaki totaliter uygulamalardan etkilenen CHP Genel Sekreteri Recep Peker, İtalya ve Almanya'yı inceledikten

---

668   age., s. 159.

sonra bu ülkelerdeki üniformalı gençlik teşkilatı dahil totaliter bir tek parti düzeni kurulmasını öngören bir parti tüzüğü ve program taslağı hazırlayıp Atatürk'e sunmuştur. Atatürk bu parti tüzüğünü ve program taslağını çok sert bir dille şöyle reddetmiştir:

"*İşte orda sözü edilen bütün kuvveti kendinde toplayıp, tek partiyi dolayısıyla devleti ve ülkeyi kendi başına yönetecek Yüksek Meclis üyelerini... diyorum. Onları kim seçecek? Bu zorbalar kurulu, güç ve yetkiyi kimden nasıl alacak? Bu ne sakat düşüncedir, bu nasıl zihniyettir? Görülüyor ki, varmak istediğimiz hedef henüz en yakın arkadaşlar tarafından bile zerre kadar anlaşılmış değildir. Çocuk, biz öyle bir yönetim, öyle bir rejim istiyoruz ki, bu ülkede bir gün eğer dünyada hükümdarlık aleyhine gittikçe artan kuvvetler, akımlar karşısında kalanlar varsa, padişaha yandaş olanlar bile parti kursunlar.*"[669]

1930'lu yıllarda Atatürk'ün çevresindeki devlet adamları ve gazeteciler bile Avrupa'daki faşizan diktatörlüklere sempatiyle bakmışlar ve benzer bir idarenin Türkiye'de kurulmasını arzulamışlardır. Örneğin Mahmut Soydan, Yakup Kadri Karaosmanoğlu, Falih Rıfkı Atay, Yunus Nadi gibi *Hâkimiyet-i Milliye* yazarları bir ara makalelerinde faşizme övgüler dizmişlerdir.[670]

1932'de resmi bir ziyaret için İtalya'ya giden İsmet İnönü bile, Mussolini ve faşizm hakkında övgü dolu sözler söylemiştir.[671]

Atatürk ise Nazizm'den ve faşizmden nefret etmiştir. Bu konudaki düşüncelerini birçok kere çok açık bir şekilde dile getirmiştir. Mussolini ve Hitler hakkında, "*Milletlerarası bir zabıta teşkilatı olsa bu iki eşkıyayı hemen tutuklar,*" demiştir.[672]

Atatürk, İtalyan diktatör Mussolini'nin bir insanlık suçlusu olduğunu belirtmiştir.[673] Ondan "*soytarı*" diye söz etmiştir.[674]

669 İsmet Giritli, **Atatürk Cumhuriyeti**, İstanbul, 1984, s. 80; Feyzioğlu, **age.**, s. 77; Uğur Mumcu, **Uyan Gazi Kemal**, 3. bas., Ankara, 2004, s. 224.
670 Bkz. **Hâkimiyet-i Milliye** gazetesi, 3 Aralık 1930, 26 Aralık 1930, 28 Ekim 1932.
671 **Cumhuriyet gazetesi**, 27 Mayıs 1932.
672 Falih Rıfkı Atay, **Atatürk Ne İdi**, İstanbul, 1980, s. 6, 7.
673 Celal Bayar, **Atatürk'ten Hatıralar**, İstanbul, 1954, s. 96.
674 Özakman, **age.**, s. 283.

Mussolini'yi üniformasıyla çalım satarak askercilik oynayan bir oyuncuya benzetirken, Hitler'den de *"seyyar tenekeci"* olarak söz etmiş, onun Mein Kampff'daki delice düşüncelerinin midesini bulandırdığını söylemiştir.[675] Atatürk, Napolyon'un da demokrasinin doğuşunu 60 yıl geciktirdiği düşüncesindedir.[676]

Atatürk, diktatörler çağında, dünyanın herhangi bir yerinde krallık veya diktatörlük kurulduğunu duyunca çok üzülmüş, çok öfkelenmiş ve bunun millete ihanet olduğunu belirtmiştir. Örneğin Arnavutluk'ta Cumhurbaşkanı Ahmet Zago'nun 1 Eylül 1928'de krallığını ilan etmesine çok öfkelenerek, 5 Eylül'de bu yeni rejimi asla tanımayacağını ilan etmiştir.[677] Zago'nun milleti tarafından seçilme onurunu, krallık gibi bayağı bir unvana feda etmesini affedememiştir.[678]

Şevket Süreyya Aydemir'in dediği gibi, *"Çağında birtakım liderlerin yarattığı toplama kampları, işkence odaları, siyasi cinayetler, aydınlara, fikir adamlarına karşı tertiplenen haysiyet kırıcı hareketler, onun memleketinde görülmemiştir. Hatta İstiklal Mahkemelerinin tedhiş günlerinde bile..."*[679] Amerikalı yazar D. E. Webster, *"Atatürk Türkiyesi"* adlı eserinde, Atatürk'ün neden Hitler, Mussolini ve Stalin'den çok daha büyük bir lider olduğunu şöyle açıklamıştır:

"Tanınmış çağdaşlarından bazıları ne kadar korku uyandırmışlarsa, o da o kadar saygı uyandırdı.

Mussolini'yi kendi yurttaşları bir sokak fenerine ayaklarından astılar. Hitler, bir sığınakta kendi hayatına son verip, en yakınlarına cesedini yaktırdı. Fakat Alman milletinin Nazi zulmünü lanetleyen anıtlar dikmelerini önleyemedi. Sağlığında

675 P. Peruşev, **Atatürk**, çev. Naime Yılmaer, İstanbul, 1981, s. 332, 333; Özel, **age.**, s. 99; Meydan, "Atatürk'ü Doğru Anlamak İçin" Nutuk'un Deşifresi, s. 238.
676 **Atatürk'ün Söylev ve Demeçleri**, C 3, s. 124.
677 İlirjana Demirlika, **Arnavutluk Kaynaklarında Atatürk ve Türk Devrimi**, Basılmamış Yüksek Lisans Tezi, İÜ Atatürk İlkeleri İnkılâp Tarihi Enstitüsü, İstanbul, 2001, s. 113; Özel, **age.**, s. 91; Meydan, **age.**, s. 238, 239.
678 Ahmet Cevat, *"Büyük Gazi ve Millet"*, **Muhit**, no:3, s. 162; Özel, **age.**, s. 91; Meydan, **age.**, s. 239.
679 Aydemir, **age.**, C 3, s. 484.

ilahlaştırılan Stalin'in en az on milyon masum yurttaşının katili olduğu açıklandı. Cesedi Kremlin'den atıldı. Heykelleri yıktırıldı. Adı kitaplardan ve sokaklardan kaldırıldı.

Bu kişilerin çağdaşı olan Atatürk'ü, köylüsü ve kentlisi, yaşlısı ve genci, kadını ve erkeği ile bütün bir millet gözyaşları ve sonsuz bir sevgi içinde ebediyete uğurlarken, bütün dünya milletleri de onu aynı sevgiyle ve saygıyla selamlıyordu. Aradan geçen yıllar Atatürk'ün büyüklüğünün Türkiye'de ve dünyada daha iyi anlaşılmasına yol açtı.[680]

A. Afet İnan Atatürk'ün, *"Demokrasi esaslarına uyan bir cumhuriyet rejiminin kurulmasını daima samimiyetle istediğini,"* belirtmiştir.[681]

İsmet İnönü, Atatürk'ün gerçek bir demokrat olduğunu belirtmiştir: *"Atatürk, temel kanaatte Cumhuriyet ve millet egemenliğinin, iktidar ve muhalefet partileri rejiminde olacağına yürekten inanmaktaydı. Demokratik rejim, Atatürk idaresinin amacı olmuştur. Atatürk, ömrünün sonuna kadar demokratik rejimi kurmak için uğraşmış ve çok güçlükleri yenmiş, tamamlanmasını, milletin diğer bazı ihtiyaçları gibi yeni nesillere bırakmıştır."*[682]

Kemalizm'in kitabını yazan Tekinalp'e göre Türk Devrimi liberaldir. Atatürk de liberal ve demokrat bir liderdir. Tekinalp, bunun gerekçeleri olarak da Atatürk'ün iliklerine kadar cumhuriyetçi olmasını, sınıf ayrımı yapmadan bireyin refahını ve gelişmesini amaçlamasını göstermiştir.[683]

Ünlü yazar Yakup Kadri Karaosmanoğlu Atatürk'ün bir diktatör değil, devrimci bir devlet adamı olduğunu söylemiştir: *"Yalnız düşmanlarımız değil, dostlarımız bile, 'O gidince ne yapacaksınız?' diyorlardı. Bu endişenin sebebini Kemalist rejimin diktatörlüklerle karıştırılmış olmasında aramalıdır. Bütün diktatörlükler şahsi idarelerdir ve başa geçen insanın kuvvetinden*

---

680 Feyzioğlu, **age.**, s. 78, 79; Meydan, **age.**, s. 239, 240.
681 A. Afet İnan, *"Atatürk ve Cumhuriyet İdaresi"*, **Atatürkçülük Nedir?**, Ankara, 1963, s. 97.
682 Hamza Eroğlu, **Atatürkçülük**, Ankara, 1981, s. 36.
683 Tekinalp, **Kemalizm**, İstanbul, 1988, s. 201.

başka bir kanuna veya müesseseye dayanmadıkları için diktatörlerin ömrüyle birlikte nihayet bulurlar. *Halbuki Atatürk bir diktatör değil, inkılâpçı bir devlet kurucusu idi.*"[684] Tarık Zafer Tunaya, Atatürkçülüğün temel amacının demokrasiye ulaşmak olduğunu ifade etmiştir. *"Atatürk'ün siyasal iktidarını ve kuvvetini, diktatörlük olarak değil, geri müesseseleri yıkma ve medeni bir düzeye çekme vasıtası olarak kabul etmek gerekir. Atatürkçülük, uygarca bir düzeyde, yirminci yüzyılın şartları içinde kurulacak demokratik bir sisteme ulaşmayı amaç edinmiş bir akımdır.*"[685]

Attilâ İlhan, *"Mustafa Kemal Paşa, sosyalist değildi, büyük bir demokrattı,"* demiştir.[686]

Murat Belge'ye göre, *"Atatürk otoriterdi. Başka türlü olması beklenemezdi. Ama komşu Bulgaristan'dan 3. Rech'e kadar haritayı kaplayan faşist veya faşizan rejimlerden birisini kurmamıştı. Serbest Fırka'yı kurdurması-kapattırması, bu tür rejimlerin ve önderlerin toplumsal koşullarından ötürü yaşamak zorunda olduğu çelişki ve paradoksların iyi bir örneğidir. Ama Mussolini veya Hitler'in bir muhalefet partisi denemeye kalkışması söz konusu olamazdı.*"[687]

1930'ların diktatörler çağında Atatürk'ün de "diktatör" olduğu yönündeki gerçekdışı iddiaların artması üzerine dönemin aydınları bu iddialara *Hâkimiyet-i Milliye* gazetesinde yanıt vermişlerdir.

Mahmut Soydan, *"Türkiye'de Diktatör Yoktur, Olamaz"* başlıklı makalesinde, Türkiye'de rejim sorununun artık tartışma konusu olmaktan çıktığını, anayasanın yönetim usullerinin ilkelerini belirlediğini, Türkiye'nin cumhuriyetçi ve laik bir devlet olduğunu, Atatürk'ün sultanlık, halifelik ve yakın geçmişte

684 Yakup Kadri Karaosmanoğlu, **Atatürk**, 4. bas., İstanbul, 1971, s. 76.
685 Tarık Zafer Tunaya, **Devrim Hareketleri İçinde Atatürk ve Atatürkçülük**, 2. bas., İstanbul, 1981, s. 113.
686 İlhan, **Hangi Atatürk**, s. 306.
687 Murat Belge, *"Mustafa Kemal ve Kemalizm"*, **Modern Türkiye'de Siyasal Düşünce**, C 2, İstanbul, 2002, s. 38.

de ömür boyu cumhurbaşkanlığı önerilerini nasıl karşıladığının herkesçe bilindiğini yazmıştır.[688]

Falih Rıfkı, "*Şef ve Diktatör*" başlıklı makalesinde Atatürk'ün diktatör değil şef olduğunu belirtmiş, şefin kuvvet aradığında sokağa çıkıp halka gittiğini, diktatörün ise surların içindeki saraya kapandığını, Atatürk'ün bir gün meclissiz yaşamayı düşünmediğini, demokrasi kurumlarını kurmak için çalıştığını, bunların tümünün diktatörü korkutan tehlikeler olduğunu vurgulamıştır.[689]

Vedat (Nedim) Tör, Atatürk'ün ölümünün ardından yazdığı "*Son Demokrat*" başlıklı makalesinde Atatürk'e karşı en büyük günahı Ona diktatör diyenlerin işlediğini, en demokrat ülkelerde bile halkın mutlak ve tam egemenliğinin erişilmez bir ideal olduğunu, oyların %51'i ile yetinildiğini, Atatürk'ün ise milletin %100'ünü kazandığını belirtmiştir.[690]

Atatürk'ün cenaze kortejini izleyen Zekeriya Sertel'in, Atatürk ve demokrasi konusundaki şu özeleştirisi çok çok önemlidir: "*Vicdanımda bir hesaplaşma yapma gereğini duydum. Sağlığında biz bu insana karşı hürriyet ve demokrasi savaşı yapmıştık. Onu demokrasi ve hürriyet getirmediği için adeta suçlu sayıyorduk. Onun hareketlerini diktatörce buluyorduk. Çünkü o vakit ormanın içindeydik. Ağaçları görüyorduk ama ormanı bütün büyüklüğü ile göremiyorduk. Şimdi geçenleri daha aydın görebiliyordum. Atatürk, memleketin sosyal, siyasal ve ekonomik hayatında büyük devrimler yapmıştı. Halifeliği ve padişahlığı yıkmış, yerine bir cumhuriyet rejimi getirmişti. Halkın sosyal hayatında ve geleneklerinde birçok esaslı değişiklikler yapmıştı. Halife ve padişahtan yana olanlar ona cephe almışlardı. İttihatçılar ona suikast tertiplemişlerdi. Emperyalistler memleket içinde isyanlar çıkarmışlardı. İstanbul'da bütün halifeci, padişahçı*

688 Mahmut Soydan, "*Türkiye'de Diktatör Yoktur, Olamaz*", Hâkimiyet-i Milliye gazetesi, 26 Aralık 1930.
689 Falih Rıfkı, "*Şef ve Diktatör*", Hâkimiyet-i Milliye gazetesi, 4 Ocak 1931.
690 Vedat (Nedim) Tör, "*Son Demokrat*", Hâkimiyet-i Milliye gazetesi, 15 Kasım 1938.

ve gerici basın Atatürk'e karşı yaylım ateşi açmıştı. Bütün bu koşullar içinde hürriyet ve demokrasi gelişebilir miydi? Tersine, devrim düşmanlarına karşı az çok ters davranmak gerekir. Atatürk de iç ve dış düşmanlara karşı ihtiyatlı, tedbirli bulunmak ihtiyacındaydı. Böyle olmakla birlikte Mussolini ve Hitler biçiminde diktatörlüğe gitmedi. Kişi yönetiminden çok meclis egemenliğine, yani halk egemenliğine önem verdi. Bütün koşullar onun Doğulu bir diktatör olmasına elverişliydi. Fakat asker olmasına rağmen 'benevolent dictatorship' diye adlandırdıkları biçimde yumuşak, sevimli ve akıllı bir otorite kurdu. Bu otorite diktatörlükte olduğu gibi korkuya değil sevgiye dayanıyordu. Ona bu kuvveti veren şey, halkın kendisine sevgiyle bağlı olmasındaydı... Biz eleştirilerimizi özgürce yapabiliyorduk. Nazım Hikmet, en devrimci şiirlerini onun devrinde yazdı... Atatürk dün de büyüktü, bugün de büyüktür, yarın da büyük kalacaktır. Biz uğrunda savaştığımız özgürlük ve demokrasiye ancak onun açtığı yoldan ulaşabiliriz."[691]

Ünlü *"Atatürk"* biyografisinin yazarı Lord Kinross, Tek Parti Dönemi'ndeki rejimin tam anlamıyla bir demokrasi olmadığını belirtmekle birlikte, bunun başka diktatörlüklerden çok farklı bir karakter taşıdığını belirtmiştir. *"Bu rejimin demokratik şekillere dayalı olduğunu"* ve Atatürk'ün *"Anayasa ve yasalarla çizilen çerçeveye titizlikle uyduğunu"* belirtmiştir.[692]

Fransa'nın eski Ankara Büyükelçisi Comte de Chambrun, Atatürk'ün istese hükümdar, halife, diktatör olabileceğini, fakat milletinin sevgisiyle cumhurbaşkanı olmayı yeterli sayarak basiretinin başka unvanlar istemesine, şiddete başvurmasına veya hükümdarlığa özenmesine engel olduğunu belirtmiştir.[693]

İngiltere'nin Atatürk dönemi büyükelçilerinden Sir Perey Loraine, Atatürk'ün kendisinden sonra devam edebilecek bir yönetim ve hükümet sistemi kurmak için çalıştığını, düşünceleri-

691 Zekeriya Sertel, **Hatırladıklarım**, 5. bas., İstanbul, 2001, s. 192, 193.
692 Lord Kinross, **Atatürk, The Rebirth of a Nation**, London, 1964, s. 221, 478; Feyzioğlu, **age.**, s. 72.
693 Giritli, **age.**, s. 79; Feyzioğlu, **age.**, s. 72; Meydan, **age.**, s. 233.

ni zorla kabul ettirmek yerine açıklamak ve öğretmek için çaba harcadığını, büyük küçük herkese emir vermek şöyle dursun, bakanları görevlerini yerine getirmeleri konusunda daima sorumlu tuttuğunu ve onun izlediği dış politikada diktatör olduğunu çağrıştıracak hiçbir şey olmadığını belirtmiştir. Atatürk dışişlerinde kendisine değil doğrudan ilgili bakanlığa başvurulmasını istemiştir. Cumhurbaşkanı olarak dışa karşı görevleri icrai değil temsili olmuştur. Başkalarını dinlemeyi asla ihmal etmemiştir.[694] Avusturya'nın ilk Türkiye Büyükelçisi August R. von Kral, 1935 yılında yazdığı *"Kemal Atatürk'ün Ülkesi"* adlı kitabında Atatürk'ün neden demokrat bir lider olduğunu şöyle anlatmıştır:

"Kemal Atatürk ve arkadaşları, ulusun ortak amaç ve çıkarlarını Türk halkına açık biçimde anlatmayı başardılar. Yepyeni bir vatan sevgisi, özgüven ve kararlılık ruhu aşıladıkları bu halkı, tüm olanaklarını büyük bir özveri içinde devletin ve ulusal birliğin hizmetine sunmaya inandırdılar. Böylece Türk toplumunun kanında var olan, atadan kalan geleneklere ve yüzlerce yıllık yasalara dayanan demokratik düşünce ruhu yeniden dirildi. Türkiye'nin yeni yöneticileri, sınıf ayrımı gözetmeksizin, herkesin birlik ve eşitliğini vurgulayarak yeni devletin sağlam temeller üstüne oturmasını gerçekleştirmiş oldular. Bu demokratik düşünce geleneği, halkın seçilmiş temsilcilerinden oluşan, devletin tüm gücünü özünde toplayan, hiç kimsenin değiştiremeyeceği önemli kararları alan, yeni seçimlerin tarihini belirleyen ve devlet başkanını seçen Büyük Millet Meclisi'nin tüzel kişiliğinde somutlaşmıştır. Devlet Başkanı'nca atanan hükümet meclisin güvenoyunu almadan hiçbir girişimde bulunamaz. Bu bir diktatörlük düzeni değildir. Atatürk, Millet Meclisi'nin ya da sorumlu konumdaki hükümetin bilgisi dışında hiçbir eylemde bulunmamıştır. Anayasada da belirtildiği gibi sınırları belirlenmiş, gücünü kendisini seçen halktan alan ve temsilci olarak görev yapan bir hükümet söz konusudur. Kemal Atatürk'ün bu denli etkili olmasının nedeni saygın kişiliği, kurtardığı ve birleştirdiği Türk

---

694 *"Kemal Atatürk"*, The Listener dergisinden çev. Perran Eralp, Ülkü Dergisi, C 3, S. 136, s. 8-11; Özel, age., s. 107; Meydan, age., s. 233.

halkına karşı güvenini yerine getirirken ulaştığı unutulmaz başarılar, savaştan zaferle ayrılması, devleti yeniden yapılandırması ve ülkeye içeride çekidüzen verip dışarıda saygın bir konuma getirmiş olmasıdır. Sözü edilen başarılar, kendisine her zaman büyük bir alçakgönüllülük ve sağduyuyla kullandığı kişisel gücünü kazandırmıştır."[695]

Alman yazar Emil Ludvig, Atatürk'ün demokrasi ruhuna sahip bir lider olduğunu belirtmiştir.[696]

Amerikalı gazeteci Mr. Allen, Atatürk'ün tam bir demokrasi ve özgürlük âşığı olduğunu ifade etmiştir.[697]

Başka bir Amerikalı gazeteci Clarence K. Streit ise Kurtuluş Savaşı yıllarında Anadolu'da gördüklerini ve Atatürk'le yaptığı röportajları topladığı *"Bilinmeyen Türkler"* adlı kitabında Atatürk'ün "demokrat bir lider" olduğunu şöyle ifade etmiştir:

"Ülkesi savaş içerisindeyken demokratik ilkelere böylesine sadık kalan başka bir hükümet lideri tanımıyorum. Yakın Doğu'da demokrasi kurmak için diğerlerinden çok daha fazlasını yaptığı kesin."[698]

Raymond Poincare, Atatürk'ün her türlü diktatörlüğe karşı demokrasi ve özgürlük tutkunu bir lider olduğunu belirtmiştir.[699]

İngiliz yazar Herbert Sideabotham, Atatürk'ün gerçek bir demokrat olduğunu şu çarpıcı cümlelerle anlatmıştır:

"Eğer demokrat diye bir şey varsa Atatürk demokrattır.

Atatürk'ün istencinin özü gerçekten demokrat olmasıydı ve bu öz bütün halkı etkilememiş olsaydı, devrimler gerçekleşebilir miydi?

Türk aydınları halkın iyiliği için işleyen demokrasiyi 'Halkçılık' diye niteliyorlar ki, Bentham'ın 'En büyük sayıya en büyük mutluluk diye" anlatmak istediği şeyin bir anlatımıdır.

---

695 R. von Kral, **age.**, s. 231, 232.
696 **Hâkimiyet-i Milliye** gazetesi, 31 Mart 1930.
697 **Hâkimiyet-i Milliye** gazetesi, 1 Temmuz 1930.
698 Clarence K. Streit, **Bilinmeyen Türkler-Mustafa Kemal Paşa, Milliyetçi Ankara ve Anadolu'da Gündelik Hayat**, Ocak-Mart 1921, çev. M. Alper Öztürk, 2. bas., İstanbul 2012, s. 106.
699 Özel, **age.**, s. 107; Meydan, **age.**, s. 233.

Ve bu konuda Atatürk'ün yönetimi kimi Batı demokrasilerini utandırabilir."[700]

Atatürk, kendisine neden diktatör denilemeyeceğini Afet İnan'a örneklerle şöyle anlatmıştır:

"Bak Afet!.. Diktatör başka, bambaşka bir şeydir. Batı, Türkiye'yi de Türkiye'de olup bitenleri de daha kavrayamadı. Türkiye'nin özelliklerini bilmiyorlar. Bilseler Fransızlar Çukurova'ya girmez, Yunanlıları İzmir'e çıkarmaz, Ankara'ya kadar yollamazlardı. Millet beni biraz hizmetim geçtiği için bir aile büyüğü olarak görüyor ve sayıyor. Bilirsin biz de aile büyüğü çok önemlidir. Benim gücüm işte bu. Gördüğüm sevgiyi, saygıyı bazı şaşkınlar diktatörlük diye yorumluyor. Buna canımın sıkıldığını itiraf etmeliyim. Eskiden beri düşündüğüm yenilikler var. Bunları birçok insanla paylaşıyorum. Uzlaşırsak uygulamaya geçiyoruz. Bütün devrimler kanunla, yani hükümetin rızası ve meclisin onayı ile yapılıyor. Birdenbire de yapmıyoruz. Usul usul ilerliyoruz. Arada zaman bırakıyoruz. Diktatör olsam Terakkiperver Cumhuriyet Fırkası kurulabilir miydi? Alfabe Devrimi için İsmet Paşa'yı ikna etmek, meclis çoğunluğunu kazanmak için üç yıldır bekliyorum. Diktatör olsam, 'bu olacak' derim, olurdu. Bizdeki tek parti faşist ya da komünist tek partilere benzemez. Onlar gibi seçmeci, bir örnekçi, tektipçi değiliz. Herkes üye olabilir. Bu yüzden partide saltanatçılık dışında her türlü düşüncenin temsilcileri var. Bir diktatörün partisi böyle olur mu? Anayasamız birden çok parti kurulmasına elverişli. Mussolini gibi demokrasi aleyhinde hiç konuşmadım. Tam tersine idealimizin demokrasi olduğunu her fırsatta hepimiz söylüyoruz. Üniformalı, silahlı, sopalı gençlik kollarımız da, geniş bir polis örgütümüz de yok. Düşünsene İzmir suikastını motorcu Şevki'nin ihbarı ile öğrendik, ikincisi rastlantı eseri ortaya çıktı. Milli Mücadele başladığından beri seçimsiz, kurulsuz bir başıma hiçbir iş yapmadım. Hep seçi-

---

700 Ozankaya, *age.*, s. 189, 190.

311

lerek, seçilmiş kurullar ve meclisle çalıştım. Milli Mücadele'yi meclisle sıkıyönetimsiz ve sansürsüz yürüttüm. Diktatörlerin kendilerine göre orduları olur. Bizim ordumuz halkın, Cumhuriyetin ordusudur. Şimdi Cumhuriyeti ve çağdaşlığı korumak için dinin sömürülmesine fırsat ve izin vermiyoruz. Bu dikta mıdır? Dinin sömürülmesine fırsat verdiğin anda ortalık tarikatlar, cemaatler, gizli medreseler, cinci hocalar ile doluverir. Hurafelere yeni hurafeler eklenir. Türbeler dolup taşar. Ümmetçilik hortlar. Dinciler toplumu baskı altına alırlar. Milli devleti örselerler. Zorlukla sağlamaya çalıştığımız birlik bölünür. Biz toplumu, dayanışma, bütünlük ve barış içinde tutmaya çalışıyoruz. Amacımız, uygarlığa ve demokratik Cumhuriyete yürümektir... "[701]

Demokrasinin Kitabı: Vatandaş İçin Medeni Bilgiler

Dünyada ve Avrupa'da meclislerin kapatıldığı, anayasaların rafa kaldırıldığı, faşizmin ve diktatörlüğün yükseldiği 1930 yılında, Türkiye Cumhuriyeti'nin kurucusu Atatürk, Afet İnan'a dikte ettirdiği "*Vatandaş İçin Medeni Bilgiler*" kitabında, dünyadaki ve Avrupa'daki gelişmelerin aksine, adeta geleceği görerek demokrasiyi yüceltmiştir.[702] Bu kitap, Atatürk'ün isteğiyle ortaöğretim kurumlarında okutulmuştur. Böylece Atatürk, faşizm çağında demokrasinin kitabını yazan ve o kitabı ortaöğretim çağındaki gençlere okutan dünyadaki tek lider olarak tarihe geçmiştir.[703]

---

701 Bu anlatı, Atatürk'ün demokrasi konusundaki düşünce ve uygulamalarını dikkate alan Turgut Özakman tarafından kurgulanmıştır. Bu kurgusal anlatıyı tarihsel gerçeklere tamamen uygun olduğunu düşündüğüm için buraya aldım (S.M.) (Özakman, age., s. 311, 312).

702 Bkz. Afet, **Vatandaş İçin Medeni Bilgiler**, Devlet Matbaası, İstanbul, 1931.

703 Atatürk'ün bu kitabı kendi adıyla değil de Afet İnan adıyla yayımlatmasının altında da "demokratik" bir yaklaşım vardır. Çünkü Atatürk bu kitabı eğer kendi adıyla yayımlatsaydı, kendisine duyulan büyük saygıdan dolayı kitabın özgürce sorgulanıp eleştirilmesi mümkün olmayabilirdi. Bu nedenle Atatürk, kendi yazdığı bu kitabı herkesin özgürce, irdeleyerek ve eleştirerek rahatça okuyabilmesi için Afet İnan adıyla yayımlatmıştır.

Atatürk bu kitapta sadece demokrasiyi tanımlamakla kalmamış, demokrasinin temel ilkelerini, demokrasiye düşman akımları, demokrasi-özgürlük-laiklik-kadın hakları ilişkisini çok ayrıntılı olarak incelemiştir. Demokrasi kavramını tarihsel gelişimi içinde anlatmış, demokratik ulus ve yurt kavramları ile Türk milliyetçiliği ve Türk yurdu kavramlarını da demokratik bir şekilde tanımlamıştır.

İşte, "Vatandaş İçin Medeni Bilgiler" kitabında yer alan Atatürk'ün DEMOKRASİ dersi:

1. Demokratik Ulus Tanımı:

"Türkiye Cumhuriyeti'ni kuran Türkiye halkına Türk ulusu denir. Türk ulusu halk yönetimi olan cumhuriyetle yönetilir bir devlettir. Türk devleti laiktir. Her yetişkin dinini seçmekte özgürdür.

Türk ulusunun oluşumunda etkili olan doğal ve tarihsel olgular şunlardır: Siyasi varlıkta birlik, dil birliği, ırk ve köken birliği, yurt birliği, tarihsel akrabalık, ahlaki yakınlık.

Özetle: Zengin bir anılar mirasına sahip bulunan, birlikte yaşamak konusunda ortak istek ve kararda içtenlikli olan ve sahip olunan mirasın korunmasını birlikte sürdürmek konusunda arzuları ortak olan insanların birleşmesinden ortaya çıkan topluma ulus adı verilir."

2. Demokrasi ve Demokrasiye Karşı Akımlar:

"Demokrasinin en belirgin şekli cumhuriyettir. (...) Demokrasi temeli, bugün çağdaş anayasanın genel ayracı gibi görünmektedir. Hükümdarlık ve oligarşi, artık zamanı geçmiş gerici şekillerden başka bir nitelikte anlaşılamazlar. (...) Bir milletin pratikte demokrasi ilkesi, o millet çoğunluğunun toplumsal kuvvetinin bir sonucudur. Millet yeteri derecede kuvvetli olunca, kuvvet ve kudreti eline alır. Bu olay bazen ihtilal ile bazen de hükümdarlar ile barışçı bir anlaşma ile ortaya çıkar.

Artık bugün demokrasi düşüncesi sürekli yükselen bir denizi andırmaktadır. Yirminci yüzyıl birçok baskıcı hükümetlerin bu denizde boğulduğunu görmüştür. Çarlık Rusyası, Osmanlı Padişahlığı ve Hilafeti, Almanya ve Avusturya Macaristan imparatorlukları bunların başlıcalarıdır. Bundan başka demokrasi ile yönetilen Portekiz gibi ılımlı hükümdarların, demokrasinin daha belirgin bir şekilde uygulanmasını kapsayan cumhuriyet ile birlikte silindiği görüldü. En sonunda bugün İngiltere, Belçika gibi büyük eski demokrasilerin, daha açık ve daha iyi düzenlenmiş bir demokrasinin gerçekleştirilmesi yolunda çalıştıkları görülmektedir. Demokrasi düşüncesi, çağdaş anayasanın bir öğesi olduğu gibi düşünce çok eskidir. (...) Türk milleti en eski tarihlerde, meşhur kurultaylarıyla, bu kurultaylarda devlet başkanlarını seçmeleriyle demokrasi düşüncesine ne kadar bağlı olduklarını göstermişlerdir. Son tarih dönemlerinde Türklerin kurduğu devletlerde, başlarına geçen padişahlar bu yoldan ayrılarak baskıcı (zorba) olmuşlardır.

Kralların ve padişahların baskısına dinler dayanak olmuştur. Krallar, halifeler, padişahlar, etraflarını saran papazlar, hocalar tarafından yapılmış özendirmelerle ilahi hukuka dayanmışlardır. Egemenliğin bu hükümdarlara Allah tarafından verilmiş olduğu düşüncesi uydurulmuştur. Buna göre hükümdarlar ancak Allah'a karşı sorumludurlar. Kudret ve egemenliğinin sınırı yalnız din kitaplarında aranabilir. İlahi hukuka dayalı bir mutlakıyet kuralı önünde demokrasi ilkesinin ilk aldığı durum iddiasızdır. O öncelikle hükümdarı devirmeye değil, onun yalnız kuvvetini sınırlamaya, mutlakıyeti kaldırmaya çalıştı. Bu çalışma 400-500 yıl öncesinde başlar. Öncelikle kuvvetin milletten geldiği ve kuvvet sahibi olmayan bir ele düşerse onun ele geçirilebileceği, bu kuvvetin, milletin vekillerinden oluşan meclis tarafından kullanılması gerekeceği ifade edildi.

On altıncı yüzyılda demokrasi ilkesi hükümdarların gücünü kırmak için siyasi mücadele aracı olarak kullanıldı.

Bu mücadelede en sonunda ortaya atılan düşünceler şunlardan oluşuyordu: 'Kuvvet millete aittir. Onu yasa çerçeve-

sinde bir hükümdara vermiştir. Bazı durumlarda geri alabilir.'
On sekizinci yüzyılda da demokrasi ilkesi karşı konulmaz bir
kuvvet ve akım kazandı. Demokrasi ilkesi milli egemenlik il-
kesi şekline girdi ve anayasaya geçti. Artık milletle hükümdar
arasındaki sözleşme düşüncesi kayboldu. Ortaya, egemenliğin
bölünmez ve hiç kimseye verilmez düşüncesi çıktı.

Bu düşünceyi şöyle açıkladılar: 'Egemenlik bireylerin ira-
desinin üzerinde, bireylerin oluşturdukları milletin ortak kişili-
ğine dayanan genel toplumsal iradedir.' Bu nedenle egemenlik
tektir, parçalara ayrılmaz ve egemenliğin ifade ettiği toplumsal
irade onun sahibi olan ortak kişilik, millet tarafından hiçbir
zaman başkasına devredilmez ve bırakılmaz. Demokrasi ilkesi,
egemenliği kullanan araç ne olursa olsun esas olarak milletin
egemenliğine sahip olmasını ve sahip kalmasını gerektirir.
Bu noktayı birkaç kelime ile açıklayalım:

a. *Demokrasi, temeli bakımdan esas itibariyle siyasi nite-*
   liktedir. Demokrasi bir toplumsal yardım veya ekonomik
   örgüt sistemi değildir. Demokrasi maddi refah meselesi de
   değildir. Böyle bir görüş, vatandaşların siyasi özgürlük ih-
   tiyacını uyutmayı hedef alır. Bizim bildiğimiz demokrasi,
   özellikle siyasidir; onun hedefi milleti idare edenler üzerin-
   deki kontrolü sayesinde, siyasi özgürlüğü sağlamaktır.

b. *Demokrasinin birinci özelliği ile ortak ikinci bir özelliği*
   daha vardır. O da şudur; demokrasi fikirdir; bir kafa mese-
   lesidir. Herhalde bir mide meselesi değildir. Hükümet ilkesi
   de bir adalet sevgisini ve ahlak düşüncesini gerektirir. De-
   mokrasi memleket aşkıdır. Aynı zamanda babalık ve ana-
   lıktır.

c. *Demokrasi esasında bireyseldir. Bu özellik vatandaşın ege-*
   menliğe insan sıfatıyla katılmasıdır.

d. *En son olarak demokrasi eşitlik severdir; bu özellik de-*
   mokrasinin bireysel olması özelliğinin zorunlu bir sonu-
   cudur. Şüphesiz bütün bireyler aynı siyasi haklara sahip
   bulunmalıdırlar. Demokrasinin, bu bireysel ve eşitlik sever
   özelliklerinden genel ve eşit oy ilkesi çıkar. Bizim devlet ör-

315

gütümüzde esas ilkelerimizi oluşturan demokrasi (...) bazı düşüncelerin hücumuna uğramaktadır.

1. *Bolşevik düşüncesi*
2. *İhtilalci siyasi sendikalizm düşüncesi*
3. *Menfaatlerin temsili düşüncesi*
   Bu düşüncelerin demokrasi kavramına hücumunda ne kadar haksız olduklarını açıklayalım.

1. *Bolşevik düşüncesinin Rusya'da uygulanan şekline bakalım. Bütün Rus milleti içinden, işçi, deniz ve kara kuvvetlerinden ibaret bir azınlık ekonomik esaslara dayalı komünist partisi adı altında birleşerek bir diktatörlük yaratmışlardır. Amaçlarında milli değildirler. Kişisel hürriyet ve eşitlik tanımazlar. Halk egemenliğine saygıları yoktur. İçerde, çoğunluğu zorla ve baskı ile düşüncelerine boyun eğmeye zorunlu tutarlar; dışarıda propaganda ve ihtilal örgütü ile bütün dünya milletlerine kendi ilkelerini yaymaya çalışırlar. Oysa hükümet oluşturulmasından amaç, özellikle kişisel hürriyetin sağlanmasıdır. Bolşevik hükümet şeklinde baskı öğesi görülmektedir. Bir topluma bir kısım insanların düşüncelerinin zorla, esir ve acizliğini yaşatmak şekline elbette ki akla uygun bir hükümet görüşüyle bakılmaz.*

2. *İhtilalci siyasi sendikalizm düşünce sahipleri de her türlü siyasi kuruluşları yalnız kendi menfaatleri lehine yaptırmak ve sonunda siyasi kuvvet ve egemenliği ellerine geçirmek isteyen işçi gruplarıdır. Bunlar amaçlarını zorla elde etmek fırsatını beklerken, zaman zaman genel grevler yaparak hükümet adamları üzerinde etkili olmakta ve bazı işleri kendilerinden taraf bitirebilmektedirler. (...)*

3. *Menfaatlerin temsili düşüncesi, çeşitli meslek sanat ve iş adamları toplum içinde ayrı ayrı birer topluluk, birer küçük toplum haline dönüşürlerse her bir topluluğun birbirinden farklı menfaatleri vardır. Bu nedenle diyorlar ki, her özel menfaat sahibi gruplar ayrı ayrı mecliste kendilerini temsil etmelidirler. O zaman seçim, millet bireyleri tarafından değil, gruplar tarafından ve grupların sahip olduğu menfaat*

derecesinde gerçekleşecektir. Mecliste bu gruplardan birkaçı birleşip iktidar mevkiine geçince yalnız kendi menfaatleri lehine çalışacaklardır. Buna kim engel olacaktır?

İşte bu sebeplerden dolayıdır ki biz, bu ve bundan önceki düşünceleri ülke ve milletimiz için uygun görmemekteyiz. Biz ülke halkı bireylerinin ve çeşitli sınıf mensuplarının diğerine yardımlarını aynı değer ve özellikte görmekteyiz. Hepsinin menfaatlerinin aynı derecede ve aynı eşitlik severlik duygusuyla sağlamaya çalışmak istemekteyiz. Bu şeklin milletin genel mutluluğu, devlet yapısının kuvvetlenmesi için daha uygun olduğu inancındayız. Bizim düşüncemizde çiftçi, çoban, işçi tüccar sanatkâr, doktor, kısaca herhangi bir toplumsal kurumda çalışan bir vatandaşın hak, menfaat ve hürriyeti eşittir. Devlete bu anlayış ile yüksek düzeyde faydalı olmak ve milletin güven ve iradesini o yere harcayabilmek bizce, bizim anladığımız anlamda halk hükümeti yöntemiyle mümkün olmaktadır.

Cumhuriyette meclis, cumhurbaşkanı ve hükümet, halkın özgürlüğünü, güvenliğini ve rahatını düşünüp sağlamaya çalışmaktan başka bir şey yapamazlar... Bunlar bilirler ki güç yerine saltanat sürmek için değil, ulusa hizmet için gelmişlerdir. Ulus tarafından, ulus adına kendilerine devleti yönetmek izni verilenler ulusa hesap vermek (zorundadırlar). (...)"

3. Bireysel Özgürlükler

"Her türlü hakkın özgürlüğün kökeni bireydir. Çünkü gerçekte özgür ve sorumlu olan yaratık yalnız insandır.

Özgürlük hiçbir zaman mutlak anlamda alınamaz. Doğanın kendisi bile belli yasaları izlemek zorunluluğunda olduğundan mutlak anlamda özgür değildir. Özgürlüğün mutlak anlamda alınması durumunda herkesin herkesle kavga içinde olması isteniyor demektir.

Türkler demokrat, özgür ve sorumlu vatandaşlardır. Türk, baskı ve esaret zincirlerini parçalayabilmek için iç ve dış düşmanlar karşısında hayatını ortaya attı; çok kanlı ve tehlikeli mücadelelere girdi, sayısız özverilere katlandı, başarılı oldu ancak ondan sonra özgürlüğüne sahip oldu. Bu nedenle özgürlük Türk'ün hayatıdır. Artık Türkiye'de her Türk özgür doğar, özgür yaşar. (...)

Çağdaş demokrasilerde birey özgürlükleri özel bir değer ve önem kazanmıştır; artık birey özgürlüklerine devletin ve hiç kimsenin karışması söz konusu değildir. Söz konusu olan özgürlük toplumsal ve uygar insan özgürlüğüdür. Bu nedenle bireysel özgürlüğü düşünürken, her bireyin ve en sonunda bütün ulusun ortak yararı ve devlet varlığı göz önünde bulundurulmak gerekir. Birey özgürlüğü mutlak olamaz: Başkasının hak ve özgürlüğü ve ulusun ortak yararı birey özgürlüğünü sınırlar. Devlet birey özgürlüğünü sağlayan bir örgüt olmakla birlikte, aynı zamanda bütün özel etkinlikleri genel ve ulusal amaçlar için birleştirmekle yükümlüdür. Bu düşünce basittir, ama uygulanması çok güçtür. Çünkü bireysel özgürlüğün ölçüsü, devlet etkinliklerini zayıflığa düşürmemelidir. Devletsiz bir toplum ya da zayıf bir devlet yaşamının sonucu herkesin herkese karşı mücadele etmesidir. Bu mücadele çoğunluğun özgürlüğünü boğmayacak biçimde değiştirilmek gerekir. (Ancak) bu değiştirme işi (de), bireyin sorumluluğuna, girişimine ve gelişimine zarar verecek ölçüye götürülmemelidir. Bu hususlarda alınacak önlemlerin ağırlık ölçüsünü ve sınırlarının genişliğini ölçmek büyük bir sanattır. Devlet sanatı işte budur.

Her birey istediğini düşünmek, istediğine inanmak, kendine özgü siyasal bir düşünceye sahip olmak, bağlı olduğu bir dinin gereklerini yapmak ya da yapmamak hakkına ve özgürlüğüne sahiptir.

Türkiye Cumhuriyeti'nde her ergin dinini seçmekte özgür olduğu gibi, dinsel tören özgürlüğü de dokunulmazdır. Doğal olarak dinsel törenler güvenliğe ve genel töreye aykırı olamaz, siyasal gösteri biçiminde de yapılamaz.

Türkiye Cumhuriyeti'nin resmi dini yoktur. Devlet yönetiminde bütün yasalar, bilimin çağdaş uygarlığa sağladığı ilke ve biçimlerle dünya gereksinimlerine göre yapılır ve uygulanır.

318

Din anlayışı vicdan işi olduğundan, Cumhuriyet, din düşüncelerini, devlet ve dünya işlerinden ve siyasetten ayrı tutmayı ulusumuzun çağdaş ilerlemesinde başlıca başarı etkeni sayar.

Hoşgörü (taassupsuzluk) o kimsede vardır ki, yurttaşının ya da herhangi bir insanın vicdani inanışlarına karşı hiçbir kin tutmaz; tersine saygı gösterir. Hiç olmazsa başkalarının kendisininkine uymayan inanışlarını bilmezlikten, duymazlıktan gelir. (...)

Düşüncelerin inanışların başka başka olmasından yakınmamak gerekir. Çünkü bütün düşünceler ve inançlar bir noktada birleşecek olursa bu hareketsizlik belirtisidir, ölüm işaretidir. Bunun içindir ki gerçek özgürlük severler, hoşgörünün genel bir huy olmasını isterler. (Ancak) özgürlükçü olmayanlara karşı da geniş davranılmasını isteyenlerin, hiçbir zaman elleri ayakları bağlı kurbanlık koyun durumuna razı olacakları düşünülmemelidir. (...)

Hoşgörünün yaygınlaşması, huy durumuna gelmesi, düşünce eğitiminin yüksek olmasına bağlıdır."

4. Basın Özgürlüğü

"Basın özgürlüğü: Çağdaş düşünce örgütlenişinde, gerçekte iki seçme kesimin etkinliği vardır. Bunlardan biri basın girişimlerini ortaya koyan ve yönetenlerdir.

Basın, düşünceleri ortaya atmak ve yaymak için gerekli olan araçlardır. (...)

İyice bilmek gerekir ki, gazeteler okul kitapları değildir. Aşağılık insanların parayla yaptırdıkları basın mücadeleleri vardır. Basının sopayla satın alınabilmesi, uluslararası yüksek para dünyasının basın üzerindeki gizli etkisi, ya da yalnızca yabancı devletlerin örtülü ödeneklerinin etkisi, işte bunların kamuoyunu aldatıp yanıltmasından gerçekten korkulur.

Ama özgürlükten çıkan bu kötülükler hiç de çaresiz değildir. Önce basın özgürlüğüne meşru bir sınır çizilir. İkincisi gazeteler kendi aralarında bir örgüt kurarak bununla kendi üzerlerinde ahlaki bir etkide bulunabilirler. İlk zamanlarda bir kazanç işinden başka bir şey olmayan gazetecilik toplumsal bir kurum durumuna gelebilir. Bundan başka halkın düşünsel ve siyasal eğitimi de bir güvencedir. Halk birçok gazete okumaya ve onları birbiriyle denetlemeye ve gazeteci yalanlarına inanmamaya alışır. Basın özgürlüğünden ileri gelecek kötülükleri ortadan kaldıracak etkin araç, asla geçmişte olduğu gibi basın özgürlüğünü bağlayan bağlar değildir. Tersine yine basın özgürlüğünün kendisidir."[704]

5. Kadınların Siyasal Hakları

"Kadının siyasi yetersizliğine mantıklı hiçbir sebep yoktur. Bu konudaki kararsızlık ve olumsuz düşünce geçmişin sosyal durumunun can çekişen bir hatırasıdır. Hatırasından bahsettiğim düşünce papaz düşüncesidir. San Pol diyor ki: 'Erkeğe emretmeyi ve ona karşı güç kazanmak konusunda kadına izin vermem. Kadın sessiz kalmalıdır. Çünkü Adem başlangıç ve Havva sonradan var olmuştur!' İnsanların köklerine cahil olan bu havari unutuyor ki, erkeklere ilk öğüdü, ilk eğitimi veren ve onun üzerinde ilk analık güç ve etkisini kuran kadındır.

Latin ülkelerinde kadınlık hakkında devam eden bu görüş, artık bugünkü toplumların ahlaki ve ekonomik durumlarına uymamaktadır. İslam ülkelerinden bahsetmiyorum. Sebebi, Türkiye Cumhuriyeti'nden başka dünya yüzünde ya tam anlamıyla bağımsız Müslüman devlet yoktur ya da var olanlar da tam anlamıyla demokrasi yoktur.[705]

Kadınları, siyasi haktan yoksun bırakmak gereğini, kadınla erkek arasında iş bölümü kuralının bir sonucu olarak gösterenler vardır. Gerçek işbölümü düşüncesi ne kadınlara ve ne de

---

704 Sadeleştirilmiştir.
705 Atatürk'ten sonra aradan geçen 80 yıla rağmen bugün (2012 yılında) bile İslam dünyasında Türkiye'den başka tam anlamıyla bağımsız ve demokratik bir Müslüman ülke yoktur. İşte Cumhuriyet mucizesi... İşte AKL-I KEMAL bu olsa gerektir...

erkeklere yapamayacakları görevler verilmemelidir sonucunu ortaya koyar. Oysaki kadının genel ve siyasi görevleri yerine getirmeye yeteneği olmadığını ispata imkân yoktur, çünkü aksi gerçekten sabit olmuştur.

Kadın bugün istenilsin, istenilmesin, genel ve ekonomik hayata samimi bir şekilde karışmıştır. Kadın, bugün tezgâhlarda, fabrikalarda, büyük mağazalarda, ticarethanelerde, bütün genel hizmetlerde çalışmaktadır. Rusya'da en etkin sınıflarda aktif olarak askerlik görevini de yapmaktadır. Amerika okullarında genç kızlar silah eğitimleri ile ilgilenerek askerlik görevine hazırlanmaktadırlar.

İngiltere'de 'Süfrajet'lerin yıllarca kalkıştıkları gayet şiddetli mücadelelerin sebep olduğu olayları gösterecek değilim ancak sadece hatırlatmak isterim ki, kadınların siyasi haklarını tanımak için aynı olayların görülmesine demokrasinin ihtiyacı yoktur.

İngiltere'de 1920'de yapılan bir yasa 'Kadınlık dolayısıyla her türlü yetki sahibi insanın ortadan kaldırıldığını' onaylamıştır. Şimdi İngiliz kadınları, karar vermek konumundaki görevler de olmak üzere her türlü görevleri yapmaktadırlar. Kuzey Avrupa ülkelerinin tamamı bugün kadınlara oy hakkı vermiştir. (...)

Bugün çeşitli ülkelerde 160 milyon kadın milletvekili, bakan, elçi olmak hakkına sahip bulunmaktadır. Bunu da söylemeliyiz ki seçme hakkı vermekle bütün kadınların evini barkını bırakıp parti mücadelelerine başlayacağını sanmak doğru değildir.

Kadınlığın siyasi ideali olan bu hakka sahip olmayı isteyen kadınların sosyal ve siyasi düşünce ve eğitimde her gün çok daha yükselmeye çalışmalarına ihtiyaç olduğu da unutulmamalıdır. Kadınlar ancak siyasi eğitime sahip oldukları zaman gerçekten özgür olduklarını hissedebilirler. Ancak bu durumda evlatlarına özgürlüğün kutsallığını aşılayabilirler. (...)

Özetle kadın, seçmek ve seçilmek hakkını elde etmelidir. Çünkü demokrasinin mantığı bunu gerektirir. Çünkü kadının savunacağı menfaatler vardır. Çünkü kadının topluma karşı yerine getireceği görevler vardır. Çünkü kadının siyasi haklarını uygulaması kendisi için faydalıdır.

Türk kadınına belediye seçimlerine katılım hakkının tanınması, yasama meclisine üye seçmek ve seçilmek hakkının da yakın zamanda onaylanıp uygulanacağı şüphesiz mutluluk verici bir önsözdür.

Türk tarihinin bu dönemine kadar Türk kadınına çoktan yakışır olduğu bu siyasi hakkını vermek, doğal olarak geçmişin baskıcı yöneticilerinden beklenmezdi. *Ancak demokrat Türkiye Cumhuriyeti'nin bu konuda da erdemli tutumunun yüksek eserini görmek elbette gerektiğinden fazla gecikmeyecektir.*"[706]

Atatürk'ün *"Vatandaş İçin Medeni Bilgiler"* kitabında demokrasiden söz ettiği bölümler içinde özellikle altı çizilmesi gereken cümleler şunlardır:

* Türkiye Cumhuriyeti'ni kuran Türkiye halkına Türk ulusu denir.

* Demokrasinin en belirgin şekli cumhuriyettir.

* Artık bugün demokrasi düşüncesi sürekli yükselen bir denizi andırmaktadır.

* Türk milleti en eski tarihlerde, meşhur kurultaylarıyla, bu kurultaylarda devlet başkanlarını seçmeleriyle demokrasi düşüncesine ne kadar bağlı olduklarını göstermişlerdir.

* Kralların ve padişahların baskısına dinler dayanak olmuştur.

* Demokrasi ilkesi, egemenliği kullanan araç ne olursa olsun esas olarak milletin egemenliğine sahip olmasını ve sahip kalmasını gerektirir.

* Demokrasi fikirdir; bir kafa meselesidir. Herhalde bir mide meselesi değildir.

* Demokrasi memleket aşkıdır. Aynı zamanda babalık ve analıktır.

* En son olarak demokrasi eşitlikseverdir; bu özellik demokrasinin bireysel olması özelliğinin zorunlu bir sonucudur.

* Bizim düşüncemizde çiftçi, çoban, işçi, tüccar, sanatkâr,

---

706 Kadınlara 1935 yılında milletvekili seçimlerinde seçme ve seçilme hakkı verilmiştir.

doktor, kısaca herhangi bir toplumsal kurumda çalışan bir vatandaşın hak, menfaat ve hürriyeti eşittir.

- Türkler demokrat, özgür ve sorumlu vatandaşlardır. Özgürlük Türk'ün hayatıdır. Artık Türkiye'de her Türk özgür doğar, özgür yaşar.

- Başkasının hak ve özgürlüğü ve ulusun ortak yararı birey özgürlüğünü sınırlar.

- Her birey istediğini düşünmek, istediğine inanmak, kendine özgü siyasal bir düşünceye sahip olmak bağlı olduğu bir dinin gereklerini yapmak ya da yapmamak hakkına ve özgürlüğüne sahiptir.

- Türkiye Cumhuriyeti'nde her ergin dinini seçmekte özgür olduğu gibi, dinsel tören özgürlüğü de dokunulmazdır.

- Hoşgörü o kimsede vardır ki, yurttaşının ya da herhangi bir insanın vicdani inanışlarına karşı hiçbir kin tutmaz; tersine saygı gösterir.

- Düşüncelerin, inanışların başka başka olmasından yakınmamak gerekir. Çünkü bütün düşünceler ve inançlar bir noktada birleşecek olursa bu hareketsizlik belirtisidir, ölüm işaretidir.

- Kadının siyasi yetersizliğine mantıklı hiçbir sebep yoktur. Bu konudaki kararsızlık ve olumsuz düşünce geçmişin sosyal durumunun can çekişen bir hatırasıdır.

- Kadının genel ve siyasi görevleri yerine getirmeye yeteneği olmadığını ispata imkân yoktur, çünkü aksi gerçekten sabit olmuştur.

- Kadınlığın siyasi ideali olan bu hakka sahip olmayı isteyen kadınların sosyal ve siyasi düşünce ve eğitimde her gün çok daha yükselmeye çalışmalarına ihtiyaç olduğu da unutulmamalıdır.

- Türkiye Cumhuriyeti'nden başka dünya yüzünde ya tam anlamıyla bağımsız Müslüman devlet yoktur ya da var olanlarda tam anlamıyla demokrasi yoktur.

- Özetle kadın, seçmek ve seçilmek hakkını elde etmelidir. Çünkü demokrasinin mantığı bunu gerektirir.

323

- Demokrat Türkiye Cumhuriyeti'nin bu konuda da erdemli tutumunun yüksek eserini görmek elbette fazla gecikmeyecektir.

Faşizm çağında demokrasinin kitabını yazan Atatürk'e "diktatör" diyen "aydınların" yaşadığı bugünün (2012) Türkiyesi'nde her şeyden çok AKLA ihtiyaç vardır!..

Atatürk'e Göre Demokrasi'nin Kökeni

Batı merkezli tarihe göre demokrasinin kökeni, eski Yunancadaki *demos*, yani halk ve *kratos*, yani otorite sözcüklerinin birleşmesinden meydana gelen *demokratia* sözcüğüne dayanır. Anlamı, halk idaresidir.

Arkeolojiye, antik tarihe ve dilbilime çok meraklı olan Atatürk, bu konularda yüzlerce kitap okumuş olmasına karşın "demokrasi" sözcüğünün kökenini, bütün dünyada kabul gören bu bilgiden çok daha başka bir biçimde açıklamıştır. O, demokrasi sözcüğünün kökeninin **antik Yunan**'a değil **eski Sümer**'e dayandığını iddia etmiştir.

Atatürk, *"Vatandaş İçin Medeni Bilgiler"* kitabında *"Demokrasi İlkesinin Tarihi Gelişimi"* başlığı altında bu konuda şu bilgileri vermiştir:

"Bundan en aşağı 7000 yıl önce Mezopotamya'da insanlığın uygarlıklarından birini kuran Sümer, Elam ve Akat kavimlerinde demokrasi ilkesi uygulanmıştır. Gerçekte bu Türk ırkları, birleşik bir cumhuriyet kurmuşlardır. Bundan sonra Atina ve Isparta gibi Yunan şehirleri, bir tür demokrasi ile idare olunurlardı.

Roma'da demokrasi hayatı yaşamıştır.

Türk milleti en eski tarihlerde meşhur kurultaylarıyla, bu kurultaylarda devlet başkanlarını seçmeleriyle demokrasi düşüncesine ne kadar bağlı olduklarını göstermişlerdir. Son tarih dönemlerinde Türklerin kurduğu devletlerde, başlarına geçen padişahlar bu yoldan ayrılarak baskıcı olmuşlardır..."[707]

---

707 Mustafa Kemal Atatürk, **Medeni Bilgiler**, 2. bas., Toplumsal Dönüşüm Yayınları, İstanbul, 2010, s. 54 (Afet İnan'dan günümüz Türkçesine çeviren Neriman

Atatürk'ün 1930 yılındaki bu iddiaları, son yapılan araştırmalarla doğrulanmıştır. Gerçekten de hem antik Yunan'dan en aşağı 3000 yıl önce eski Sümer'de "demokrasi" sözcüğüne rastlanmış, hem Sümerlerin kullandıkları eklemeli dilin şekil olarak, sözcük yapısı olarak ve gramer kuralları bakımından Türkçeye benzediği anlaşılmış, hem de Sümerlerle Türkler arasında sayısız kültürel benzerlik ortaya çıkarılmıştır. Böylece Atatürk'ün "Sümerlerin Türk kökenli olduğu" yönündeki iddiası doğrulanmıştır.[708] Demokrasi sözcüğünün kökeni Sümercedeki DUMUGİRA-TUKU sözcüğüne dayanmaktadır.

M. Ünal Mutlu, *"Sümerce ve Etrüskçe Arkaik Türk Dilleridir"* adlı makalesinde bu gerçeği şöyle açıklamıştır: *"Demokrasi kavram ve kelimesinin ilk görüldüğü uygarlık Sümer uygarlığıdır. Sümercedeki DUMUGİRATUKU kelimesi günümüze Demokratika, Demokrasi olarak gelmiştir. Bu kelime ve kavramı Sümer uygarlığının doğuşundan 3000 yıl sonra tarih sahnesinde görülen Grek uygarlığına mal etmek, bilim ve insanlık adına utanç verici bir durumdur."*[709]

Batı merkezli tarihe, akılla, bilgiyle, başkaldırmak bu olsa gerektir...

AKL-I KEMAL bu olsa gerektir...

Altyapısız Demokrasi

Türkiye'de Cumhuriyet'in Atatürk'lü ve İnönü'lü yıllarında tek partinin hüküm sürdüğü ve çok partili gerçek bir demokrasinin kurulamadığı söylenir. Bu değerlendirme kısmen doğrudur. Ancak bu durumun nedeni olarak ileri sürülen, Atatürk'ün tepeden inmeci (jakoben) bir devrim yaptığı, bu nedenle çok partili

Aydın).
708 Sümerlerle Türkler arasındaki şaşırtıcı benzerlikler için bkz. Meydan, **Atatürk ve Türklerin Saklı Tarihi**, s. 391-533.
709 M. Ünal Mutlu, *"Sümerce ve Etrüskçe Arkaik Türk Dilleridir"*, **Tarihten Bir Kesit Etrüskler, 2-4 Haziran 2007, Bodrum, Sempozyum Bildirileri**, TTK Yayınları, Ankara, 2008, s. 120.

sistemin kurulmasına ve demokratik bir ortamın oluşmasına bilinçli olarak izin vermediği iddiası tamamen yanlıştır.

Türkiye'de 1923-1946 yılları arasında egemen olan tek partili sistem, toplumu "faşizme" alıştırmak için değil "demokrasiye" hazırlamak için kurgulanmış bir sistemdir. 1920'lerin ve 30'ların Türkiyesi'nde çok partili demokrasinin kurulabileceği sosyal, kültürel ve toplumsal bir ortam olmadığı için Atatürk, öncelikle demokrasinin temeli olan ulusal egemenliği ve laikliği yerleştirmeye çalışmıştır. Bu sırada gerçekleştirdiği devrimlerle de demokrasinin altyapısını hazırlamıştır.

"Atatürk çok partili demokrasiyi kurmadı," diyerek Atatürk'ü "diktatör" diye adlandıranların, Atatürk'ün demokrasiye giden yolu temizlemek için sürekli ulusal egemenlik vurgusu yaparak saltanatı ve hilafeti kaldırıp cumhuriyeti ilan ettiğini, eğitim-öğretim seferberliğiyle nakilci, ezberci bir biat toplumundan, akılcı ve sorgulayan bir ulus yaratmak için verdiği mücadeleyi unuttukları anlaşılmaktadır!

"Atatürk çok partili demokrasiyi kurmadı," diyenler, o günlerin Türkiyesi'nin hastalıklarla, bataklıklarla, bitle, okul ve yol yokluğuyla, eğitimsizlikle, din istismarıyla, ekonomik yetersizlikle mücadele etmek zorunda olduğunu da bilmemektedirler anlaşılan!

Atatürk döneminde Türkiye'deki demokrasiyi Avrupa ülkelerindeki demokrasilerle karşılaştırıp sonuç çıkarmak da son derece yanlıştır. Çünkü Avrupa ülkeleri, Rönesansını yapmış, laikliği içselleştirmiş, Sanayi Devrimi'ni gerçekleştirmiş, okuryazarlık oranı yüksek, çağdaş uygarlığın bütün nimetlerinden yararlanan ülkelerdir.

Peki ya cumhuriyet ilan edilirken Türkiye ne haldedir?

Dört yıl süren bir ölüm kalım savaşından çıkmıştır. Bu nedenle gerçek anlamda bir yokluk ve yoksunluk durumu hâkimdir. Halkın çoğu ortaçağda yaşamaktadır. Ülkenin neredeyse dörtte birinde derebeylik sistemi egemendir. Gariban halk, ağanın, şeyhin, şıhın kölesi durumundadır. Bu insanların özgür iradeleri; siyasi ve ekonomik özgürlükleri yoktur. Kadın erkek eşitliği söz konusu değildir. Okuryazarlık oranı erkeklerde %7, kadınlarda %04'tür. Bütün modernleşme çabalarına karşın okullarda hâlâ falaka bir eğitim aracı durumundadır. Toplum, tekke ve tarikatların, din istismarcılarının etkisi ve baskısı altındadır. Tarikat üyeleri, şeyhlerinin görüşlerine uymak zorundadır. Mezhepler arası çekişmelerin çok köklü ve kanlı bir geçmişi vardır. 40.000 köyün büyük bir çoğunluğunda okul yoktur. Bütün basının toplam tirajı 100.000'i geçmemektedir. Toplumun en temel sorunu, sıtma, verem, trahom gibi bulaşıcı hastalıklardır.[710] Takdir edilir ki, bu durumdaki bir toplumun demokrasiden önce çok daha başka şeylere ihtiyacı vardır. Bu durumdaki bir toplumda çok partili bir sistem olsa ne olur, olmasa ne olur? Olsa bile buna demokrasi denilebilir mi? Bu koşullarda bir demokrasi ancak sözde demokrasi olur. Sözde demokrasinin egemen olduğu bir ülkeye gerçek demokrasinin gelmesi çok daha zordur.

Türkiye Cumhuriyeti kurulurken ülke o kadar geri ve ilkeldir ki, Atatürk öncelikle demokrasiyle değil, ülkeyi çağdaşlaştırmakla uğraşmıştır. Çünkü o, gerçek demokrasinin ancak her yönüyle çağdaş bir ülkede kurulabileceğine inanmıştır.

Sabiha Gökçen anılarında, Atatürk'ün bir gün yakın dostlarıyla uzun uzun Türkiye'deki ve dünyadaki demokrasiyi tartıştığını belirtmiştir. Gökçen'in o tartışmaya ilişkin notları, Atatürk'ün demokrasi anlayışını doğru anlamak bakımından çok önemlidir.

Atatürk, Türkiye'de demokrasinin gelişimi konusunda şunları söylemiştir:

"Ülkemiz teokrasi ve monarşi geriliğinden kurtularak cumhuriyet rejimini benimsemekle demokrasiye doğru bir adım atmıştır. Çünkü Türk ulusunun karakterinde özgürlük vardır. Demokrasi vardır. Eşitlik inancı vardır. Ancak ben gerçek demokrasiye daha kısa bir zaman dilimi içinde geçebileceğimizi ummuştum. Beni az çok tanırsınız. Tahminlerimde pek aldanmam. Fakat bu tahminimde yanıldığımı söylemek mecburiye-

710 Özakman, age., s. 812, 813.

tindeyim. Elbette, 'Serbest Fırka' denemesinden bahsetmekte olduğumu anlamış olacaksınız. Cumhuriyet Halk Partisi'nin karşısında muhalefet görevi yapması gayesi ile kurulmasına önayak olduğum bu partinin başına ve kurucuları arasına en yakınlarımı, en güvendiğim kişileri yerleştirdim. Biliyorsunuz, ideal demokrasi idarelerinde biri birilerine rakip durumda en azından iki kuvvetli parti bulunur. Halk oyları ile bunlardan birini iktidara getirince öbürü onun çalışmalarını denetler. Partilerin programları, ülkenin genel çıkarları bakımından birbirinden pek farklı olmaz. Ve bu partiler gene halkın oyları ile zaman zaman yer değiştirirler. Böylece bir denge, böylece bir ülkeye dahi iyi hizmet etme yarışı başlar. İşte demokrasi budur. Ama bizde ne oldu? Ne kadar rejim düşmanı, ne kadar halifecilik ve saltanat özlemi çekenler, yeni kurduğumuz cumhuriyet rejimini devirmek isteyen ne kadar kişi varsa bu partinin yanına koştular. Zavallı Fethi Bey şaşırdı kaldı. Bu partiyi kapatma kararını bana bildirirken ikimiz de bir yakınımızı kaybetmiş kadar üzgündük. Bu olay bana, yurtta demokrasi rejimi kurabilmek ortamının henüz olgunluğa kavuşmuş olmaktan ne kadar uzak olduğunu gösterdi. Evet, demokrasi benim yaratılışıma en uygun olan rejimdir. Çünkü bir rejim ne kadar geniş halk kitlesine dayanırsa o ülke için o derece sağlam ve yararlı olur. Bir yapıyı tasavvur ediniz: Önce ne yapılır? Temel kazılır değil mi? Temeli yapılır! Sağlam olması, kurallara uygun olması için bu ana koşuldur. Yapısına çatısından başlanan bir bina tasavvur edilebilir mi? Böyle bir bina gerçekleştirilebilse bile, sağlam olabilir mi? Bir binayı ayakta tutan nasıl temeli ise, bir rejimi ayakta tutabilecek olan kuvvet, onun geniş halk kitlelerine, yani tabana dayanmasıdır. Anayasamızdaki 'Halkçılık' ilkesinin felsefesi budur."

Bu sırada Atatürk'e şöyle bir soru sorulmuştur: "Şu halde demokrasiye geçmeden önce halka demokrasi terbiyesinin verilmesine taraftarsınız efendim?"

Atatürk bu soruya şu yanıtı vermiştir: "**Elbette ki öyle, elbette ki. Bu terbiyeyi de ancak demokrasi ilkelerine gönülden** *inanmış kişilerin kuracakları partiler verebilir. Bugün ise elimizde bu karakterde tek bir parti var. Cumhuriyet Halk Partisi. Tek parti ile de ne yaparsanız yapın demokrasi olmaz."*

"Efendim, demokrasi ile yönetilen ülkelerde parti sayıları çoğaldıkça ve halk kitleleri görüş ayrılıkları yüzünden gruplaştıkça kurulan hükümetlerin ömürleri kısa oluyor ve doğru dürüst bir icraatta bulunabilmek fırsatını da bulamıyorlar. Buna nasıl bir çare bulunabilir?"

"Fransa'daki durumdan mı bahsediyorsunuz?"

"Evet efendim."

"Haa, bakınız bu önemli bir konudur. Bana kalırsa Fransa'nın bugünkü demokrasisi dejenere olmuş bir demokrasidir. Ve eninde sonunda kendileri de bu demokrasiye yeni bir düzen vermek zorunda kalacaklardır. Bu bir tarihi zorunluluktur. Leon Blum gibi aşırı bir sosyalist, üstelik soyca Fransız, dince Katolik olmadan Fransa'nın kaderini eline geçirebiliyor. Yürümez bu iş."

"Peki sizce Fransa'daki demokrasi Fransa'yı neden bu hale getirdi efendim?"

"Yerinde bir soru bu beyler. Şimdi dilerseniz eğer bu konuyu önemle vurgulayalım burada. Bir kere demokrasi geleceğini ancak ve ancak akıl ve bilimden alır. Bunlardan yoksun bir yönetime demokrasi demeğe olanak yoktur. Demokrasinin temelinde kişisel çıkarlar değil, geniş halk kitlelerinin ve ülkenin genel çıkarları egemendir. Böyle olmalıdır. Bir de özgürlükçü demokrasinin durumu var. Özgürlüksüz demokrasi olmayacağı gibi demokrasisiz de özgürlük düşünülemez. Bunlar birbirinden hiçbir şekilde ayrılmayan ikiz kardeştirler. Biri zedelendi mi diğeri hırpalanmış, biri hırpalandı mı diğeri zedelenmiş olur. Batı'da da pek çok örneği görüldüğü gibi demokrasi ve özgürlük rejimleri, akıl ve mantıktan, bilimden yoksun olarak uygulandığında toplumlar sarsıntı geçirmektedirler. Önce tabanı bu konuda eğitmek, hazırlamak, olgunlaştırmak, belirli bir noktaya getirmek şarttır. Bunu daha önce de söylediğim gibi siyasi partiler, politikacılar yapacaklar, onlara bilim adamları, fikir adamları yardımcı olacaklardır. Sınırsız bir özgürlük

anarşinin baş mimarıdır. Özgürlükler, kişilerin ve toplumların yararlanmasına değil gelişmelerine öncülük ettikleri sürece muteberdirler. Bu onlarda doğal bir içgüdüdür. Ancak toplumlar onları kendi eski yasalarına göre şartlandırdıkları içindir ki, uyarılmadıkları ya da uyandırılmadıkları sürece bu duygu küllenerek, hatta ve hatta dumura uğrayarak içlerinde tutsak kalır. Özgürlüğün ana vasıflarından biri eşitlik olduğuna göre adaletin ve gerçek bir demokrasinin de düsturudur diyebiliriz. Demek oluyor ki demokrasi ile özgürlük, adalet ve eşitliği birbirinden ayrı düşünmek, bunları birbirinden ayrılabilir olarak kabul etmek çok yanlış bir düşünce tarzı olur. Evet, ne diyorduk? Fransa'daki durumdan bahsediyorduk değil mi?"

"Evet efendim. Fransa'daki demokrasinin ülkeyi neden bu hale getirdiğinden söz ediyordunuz."

"Tamam, tamam, işte bunu iyice öğrenmeli. Bu sorunun yanıtını tam olarak vermeli ve onların sapmış oldukları yola sapmadan kaçmalıyız. Bence Fransa'yı bu hale getiren şey Fransız anayasasının aşırı derecede hayale dayanan bir anayasa olmasıdır. Bu anayasaya sığınarak kralcısından komünistine kadar bir alay parti kurulmuştur. Bunlar görüldüğü gibi elbirliği ile Fransa Cumhuriyeti'ni acımasız bir şekilde yemektedirler. Beni en çok düşündüren mesele de budur. Ülkenin yarınlarını tehlikeye atmayacak bir anayasa hazırlamak. Bunun içindir ki Cumhuriyet Halk Partisi'nin altı ok umdesini aynı zamanda anayasanın ilkeleri olarak kabul etmekten başka çıkar yol yoktur. Türkiye Cumhuriyeti'nin Milliyetçi, Halkçı, Laik, İnkılâpçı, Cumhuriyetçi, Devletçi bir cumhuriyet olduğu belirlendi mi, bu fikirlerin dışında, demokrasiyi yozlaştıracak bir partiyi kimse kuramaz. Doktrinler konusuna gelince, ben asla doktrin istemem. Doktrinler, insanları ve kitleleri bir nokta da dondurup bırakırlar. Şartlandırırlar. Birtakım kırılması son derece güç kalıpların içine sokarlar. Bu nedenle diyorum ki doktrin istemem, donar kalırız; biz yürüyüş halindeyiz. Devamlı yürüyecek, devamlı gelişecek, devamlı mutluluklar arayıp bulacağız. Türk ulusu buna layıktır."[711]

---

711 Gökçen age., s. 159-161.

Görüldüğü gibi Atatürk, çok açık bir biçimde demokrasiye taraftardır. O, Türkiye'de demokrasinin bir altyapı sorunu olduğunu kabul ederek hareket etmiştir. Dünyadaki demokrasileri de yakından takip etmiştir. Dahası, Fransa gibi bazı Batılı ülkelerdeki demokrasi anlayışlarını eleştirecek kadar demokrasi kültürüne sahiptir. Türk Devrimi'ni düşünceden uygulamaya geçirirken birçok bakımdan Fransız aydınlanmasından esinlenen Atatürk'ün, Fransız demokrasisini eleştirmesi, onun Batı'yı çok iyi analiz ettiğini ve Batı'nın hastalıklarının da farkında olduğunu göstermektedir.

Atatürk'ün Demokrasi Projesi'nin Getirdikleri

- Atatürk döneminde Türkiye'de hiçbir zaman askeri veya sivil bir dikta yönetimi kurulmamıştır. Kurtuluş Savaşı bile bir meclisle yürütülmüştür. Anayasa, yasalar, cumhurbaşkanı, başbakan, bakanlar, hükümet ve meclis hep vardır. Ordu asla siyasete katıştırılmamıştır.

- Tek partili sistem vardır, ama tek parti CHP, Cumhuriyetçiliği ve Laikliği benimsemiştir ve herkese açıktır. Birçok farklı görüşü tek bir parti çatısı altında toplayan bir yapıya sahiptir.

- İki kez çok parti denemesi yapılmıştır (Terakkiperver Cumhuriyet Fırkası ve Serbest Cumhuriyet Fırkası). Her iki deneme de karşı devrimciler yüzünden başarısızlıkla sonuçlanmıştır.

- 1924 Anayasası, çok partili rejime elverişli bir anayasa olarak hazırlanmıştır. Nitekim Türkiye 1960 yılına kadar bu anayasa ile yönetilmiştir.

- İkinci Meclis binası çok partili sisteme uygun olarak inşa ettirilmiştir.

- Atatürk, hiçbir zaman demokrasiyi eleştirmemiş, aşağılamamış ve diktatör rejimleri yüceltmemiştir. Ortaöğretimde okutulması için yazdığı *"Vatandaş İçin Medeni Bilgiler"* kitabında demokrasiyi *"daima yükselen bir deniz"* olarak adlandırmıştır.

- Çok partili sistem demokrasinin çok şeyidir, ancak her şeyi değildir. Bir ülkede demokrasinin olabilmesi için laikliğin egemen olması, aşiret düzeninin etkisiz hale getirilmesi, hukuk devletinin varlığı, insana saygı duyulması, hoşgörü anlayışına sahip olunması, devlet önünde eşit olunması, okur-yazar, eğitimli olunması, kadın-erkek eşitliğinin sağlanması, emeğe saygı duyulması, yargının bağımsız olması, ordunun siyasetten ayrılması ve her şeyden önce bütün bunların olabileceği bağımsız bir vatana ihtiyaç vardır. Nitekim Atatürk'ün genç Cumhuriyet'i, bu gerekliliklerden birçoğunu başarıyla gerçekleştirmiştir.

- Şeyh Sait İsyanı, İzmir Suikastı, Ağrı ve Dersim isyanları gibi devrim karşıtı bölücü ve irticai ayaklanmaları bastırmak için İstiklal Mahkemelerinin devreye sokulması, bu sırada bazı sıkıntıların yaşanması, antidemokratik bir düzen kurmak olarak değil de, daha yeni yeni temelleri atılan bebeklik çağındaki demokrasiyi, demokrasi düşmanlarından korumak olarak yorumlanmalıdır.

- Dincilik ve bölücülük dışındaki bütün görüşler özgürce dile getirilmiştir. Nitekim, Nazım Hikmet bütün önemli şiirlerini bu dönemde yayımlamıştır.

- Kanun önünde her bakımdan kadın-erkek eşitliği sağlanmıştır.

- İşçi hakları arttırılmıştır. Sosyal fabrikalar kurularak işçilerin kültür düzeyleri yükseltilmiştir. Ekonomide demokrasi ilkesi egemen kılınmıştır.

- Halkevleri kurularak, Türkiye'nin her bölgesinde herkesin bilinçlenmesi sağlanmıştır.

- Aşar vergisi kaldırılarak, tarım ve hayvancılık iyileştirilerek ve *"İskân Kanunu"* kabul edilerek köylünün, çiftçinin durumu iyileştirilmiştir.

- Yeni Türk Harfleri kabul edilerek, Millet Mektepleri açılarak, yeni okullar kurularak Türkiye'nin her bölgesinde neredeyse herkese okuma yazma ve temel bilgiler öğretilmiştir.

- Saltanat ve hilafet kaldırıldığında hanedan üyeleri idam edilmemiş, sadece sürgünle yetinilmiştir.

- Üniformalı gençlik örgütleri, toplama kampları kurulmamış, yüzellilikler bile affedilmiştir.
- Hümanist ve kültür-uygarlık eksenli bir tarih anlayışıyla Batı'nın ırkçı tarih tezlerine başkaldırılmış; aşağılanan Türk ulusunun ulusal onurunu korumak amacıyla Türk Tarih Tezi ve Türk Dil Tezi geliştirilmiştir. Bu tezlerle Türklerin "üstünlüğü" değil "eşitliği" savunulmuştur. Okutulan tarih kitaplarında dinci, ezberci değil, akılcı, bilimsel bir anlayış egemen olmuştur.
- Osmanlı döneminde devlet yönetiminde ayrıcalıklı bir konuma sahip olan dönme-devşirme saltanatına son verilerek, devlet yönetimi Müslüman-Türk halkına açılmıştır. Böylece yüzyıllar sonra sıradan halk çocukları devletin en üst kademelerine kadar yükselebilmiştir.
- Osmanlı döneminde, önce Millet Sistemi'yle kısmen ikinci plana itilen, sonra Tanzimat Fermanı'yla şımartılan gayrimüslimlere, Müslüman Türklerle aynı haklar verilmiştir.
- Bilime, sanata, spora, kültüre büyük bir önem verilerek halkın her bakımdan kendini geliştirip, çağdaş dünyaya uyum sağlamasına çalışılmıştır.
- Türkiye'yi dünyanın gerisinde bırakan bütün yasalar, bütün kurumlar, ortadan kaldırılarak Türkiye'nin dünyaya uyum sağlamasına yardım edecek yasalar ve kurumlar oluşturulmuştur.

Türkiye, 1946'da çok partili hayata, 1950'de ise siyasal anlamda demokrasiye geçmiştir. Atatürk sağlığında, Türkiye'nin o dönemdeki koşullarından dolayı, çok partili bir demokrasi kuramamış, ama oluşturduğu altyapıyla kısa bir süre sonra Türkiye'nin çok partili sisteme geçmesini sağlamıştır.

Atatürk'ün Demokrasi Projesi'ni, onun yine Sabiha Gökçen' e söylediği şu sözlerle bitirelim:

"Hayatımda en çok isteyip de maalesef bugüne kadar göremediğim şeylerin başında yurdumuzda demokrasinin kurulması konusu geliyor. Türk ulusu çok zekidir. Kendisi için hayırlı olan şeyleri kavramakta gecikmez Sabiha. Girişmiş olduğum denemelerin istediğim gibi sonuç vermemiş olmasının nedeni

333

halkın bu rejimi istememesi değildir kuşkusuz. Demokrasinin gelmesi ile bazı kimselerin de huzuru kaçacaktı, bu bir gerçek. Onlar da bu girişimimi şu ya da bu kanallardan baltaladılar. Sonra devrimlerin karşısında olan az da olsa bir çıkar grubu, bilinçlenmemiş halkı kışkırttılar. Onlara laiklik ilkeleri dışında, cumhuriyet ilkeleri dışında bazı vaatlerde bulundular. İşte buna hiçbir zaman tahammül edemezdim. Bu gibi hareketler, genç cumhuriyetimizi daha pek körpe iken ağır bir şekilde yaralayabilirdi. Benim samimiyetimi bir yerde istismar etmek istediler. Bu insan ahlakının zaafını gösteren acıklı bir tablodur. Ülke çıkarları yerine, kişisel çıkarlar, ya da gerici akımların başkaldırması halinde tecelli eden bu olay içimde ölene kadar bir ukde olarak kalacaktır çocuğum. Ancak şuna kesinlikle inanıyorum ki, demokrasi gereği olan çok partili bir dönemle, Türkiye'mize de gelecektir. O zaman ben hayatta olmasam bile ruhum bilesiniz ki şad olacaktır. Ancak bu dönem için de tek korkum, bu güzelim yönetim tarzını yozlaştıracak, onu anlamsızlaştıracak, hatta ve hatta halkın gözünden düşürecek kişiler ve partiler çıkmasıdır. Gerçi Batılı ülkelerde de demokrasilerin yerleşmeleri uzun yıllar, hatta asırlar almıştır ama gelişen dünyada Türkiye'nin bu konularda kaybedecek vakti yoktur."[712]

Bakın ne demiş Atatürk 80 yıl önce bugünleri görmüşçesine: *"... Ancak (...) tek korkum, bu güzelim yönetim tarzını yozlaştıracak, onu anlamsızlaştıracak, hatta ve hatta halkın gözünden düşürecek kişiler ve partiler çıkmasıdır."*

Bugünleri o günlerden gördüğü için şöyle bir şey de demiş tabii: *"... İşte bu ahval ve şerait içinde dahi vazifen Türk İstiklal ve Cumhuriyeti'ni kurtarmaktır..."*

Demokrasi Projesi'nin Yok Edilmesi

Atatürk, *"yükselen bir deniz"* diye adlandırdığı demokrasinin altyapısını oluşturmak için büyük bir mücadele vermiştir. Bu doğrultuda öncelikle tam bağımsız bir ülke, sonra ulusal egemen-

---

712 **age.**, s. 172.

liğe dayanan ve eksiksiz işleyen bir parlamenter sistem kurmuştur. Daha sonra da Cumhuriyetçilik, Halkçılık ve Laiklik ilkeleri doğrultusunda "eşitlik" ve "özgürlük" mücadelesi vermiştir. Devrimleriyle her bakımdan aydınlanmış bir toplum yaratmak istemiştir.

Atatürk'ün temellerini attığı Türk demokrasisi, Atatürk'ün ölümünden çok kısa bir süre sonra meyvelerini vermiş, Türkiye 1946'da çok partili hayata, 1950'de ise demokrasiye geçmiştir. Ancak Türkiye o günden bugüne tam anlamıyla demokratikleşmeyi bir türlü başaramamıştır. Çünkü, Atatürk'ün ölümünden hemen sonra büyük yanlışlar yapılmıştır.

Atatürk Türk demokrasisini; tam bağımsızlık, ulusal egemenlik (Cumhuriyetçilik), Laiklik ve Halkçılık ilkeleri üzerinde yükseltmeyi amaçlamıştır. Ancak Atatürk'ten sonrakiler bu ilkelere gereken önemi vermemişler, hatta bu ilkelerden vazgeçmişlerdir.

Geri dönüş, Atatürk'ün ölümünden hemen sonra başlamıştır. Önce demokrasinin olmazsa olmazı "tam bağımsızlık" ilkesi çiğnenmiştir.

İsmet İnönü'nün Irkçılarla Dansı

İsmet İnönü, Atatürk'ün her türlü ırkçı, dinci ve yayılmacı milliyetçilik anlayışına karşı olduğunu unutarak, II. Dünya Savaşı başlarında Almanya ile yakınlaşma politikası gereği ırkçı Turancılık'ın, II. Dünya Savaşı sonlarında ABD ile yakınlaşma politikası gereği de dinci Turancılık'ın yükselmesine ses çıkarmamıştır. 1940'larda ırkçı Turancıların önü açılmış, dahası ırkçı Turancı propaganda zaman zaman devlet tarafından desteklenmiştir. Irkçı bir niteliğe sahip olan Varlık Vergisi bu dönemde çıkarılmıştır. Bu dönemde Türkiye'de, Atatürk'ün hümanist ve kavrayıcı milliyetçilik anlayışına karşı Nihal Atsız'ın bayraktarlığını yaptığı ırkçı Turancı bir milliyetçilik anlayışı gelişmeye başlamıştır. İsmet İnönü, Almanya'nın II. Dünya Savaşı'nı kaybedeceğini anlayınca "Turancılık davasıyla" ırkçı Turancılardan kurtulup ABD eksenine kaymış, bu süreçte komünist ve sol akımları susturmuş ve dinci Turancı (Türk-İslam Sentezci) akımlara hareket alanı yaratmıştır.

335

Bu süreçte, önce Milli Eğitim bakanı sonra başbakan yapılan eski İslamcı Şemsettin Günaltay'ın rolü büyüktür.

Irkçı Turancılık ve Almanya

Atatürk, ırkçılığa kaydığı gerekçesiyle 1931'de Türk Ocaklarını kapatmış, 1933'te İstanbul Üniversitesi'ndeki ırkçı Turancı hocaları tavsiye etmiş, her türlü ırkçı, dinci, yayılmacı milliyetçilik anlayışına karşı mücadele etmiştir. Ancak, Atatürk'ün ölümünden sonra Türkiye'de birdenbire ırkçılık yükselmeye başlamıştır. Örneğin ırkçı Turancı görüşleri nedeniyle Atatürk'ün, İstanbul Üniversitesi'ndeki görevine son verdiği Zeki Velidi Togan, Atatürk'ün ölümünden hemen sonra, 1939 yılında yeniden İstanbul Üniversitesi'nde tarih profesörlüğüne atanmıştır. Bu dönemde ırkçı Turancı yayınların sayısında çok ciddi bir artış görülmüştür. 1939-1945 arasında Türkiye'de son derece bilinçli olarak ırkçı Turancılık'a pirim verilmiştir.

İsmet İnönü'nün, II. Dünya Savaşı yıllarında ırkçı Turancılık'a pirim vermesinin nedeni, ırkçı Almanya ile yakınlaşma politikasıdır. Çünkü, Almanlarla yakınlaşmak beraberinde "ırkçıkla" yakınlaşmayı getirmiştir. Örneğin o yıllarda Nazi siyasetinin önemli isimlerinden F. von Papen Ankara'ya büyükelçi olarak atanmıştır. Kısa süre sonra da Turancılarla von Papen arasında çok sıkı ilişkiler kurulmuştur. "*Türkiye'de Faşist Alman Propagandası*" adlı kitabın yazarı Johannes Glasneck, Alman emperyalizmiyle sıkı ilişkiler kuran Türkiye'deki Turancılardan, "aldatılmış aldatıcılar" diye söz etmiştir.[713]

18 Haziran 1941'de Ankara'da Alman Büyükelçisi von Papen ve Türkiye Cumhuriyeti Başbakanı Şükrü Saraçoğlu tarafından Türk-Alman Saldırmazlık Paktı imzalanmıştır. Bu anlaşma dostluk anlaşması olması yanında, hem ekonomik işbirliği hem de ortak basın ve yayın çalışmalarında bulunulabileceğine yer vermiştir.

1941'de Enver Paşa'nın kardeşi Nuri Kıllıgil Paşa Almanya'ya

---

713 Johannes Glasneck, **Türkiye'de Faşist Alman Propagandası**, çev. Arif Gelen, Ankara, 1976, s. 202.

çağrılmıştır. Nuri Kıllıgil Paşa, Alman Dışişleri Bakanı Müsteşarı Weizsaecker ve Müsteşar Yardımcısı Woerman ile uzun görüşmeler yapmıştır.[714] Bu görüşmeler Alman bakanlardan Ribbentrop'a aktarılmıştır. Nuri Paşa ayrıca Berlin'deki Türk Büyükelçiliği ile bağlantı kurmuştur. Johannes Glasneck'e göre Nuri Paşa'nın bu ilişkilerinden Başbakan Refik Saydam'ın da haberi vardır.[715]

Asya'daki ve Ortadoğu'daki çıkarları için Türkiye'deki ırkçı Turancı hareketi güçlendirip ondan yararlanmak isteyen Almanya, bu amaçla "Alman Turancılık Masası"nı kurmuştur.[716]

Türkiye'deki Pan-Turanizm hareketini desteklemeye karar veren Hitler Almanyası, hareketin lideri olarak Nuri Kıllıgil Paşa'yı seçmiştir.[717] 1941'de Hitler'le anlaşıp Turan hayalleri kuran Nuri Paşa, Turancı Enver Paşa'nın kardeşidir. Almanlar, Türkiye'ye yönelik ırkçı politikaları için Nuri Paşa dışında, II. Abdülhamit'in oğlu Prens Abdülkadir'i de yedekte bekletmiştir.[718]

Hüsnü Erkilet ve Ali Fuat Erden Paşalar Hitler'le görüşürken

---

714 Uğur Mumcu, **40'ların Cadı Kazanı**, 20. bas., İstanbul, 1990, s. 1 vd.
715 Glasneck, **age.**, s. 205-207.
716 Mumcu, **age.**, s. 7 vd.
717 **age.**, s. 11.
718 **age.**, s. 11, 12.

II. Dünya Savaşı'nda Nazi Almanyası'nın en büyük düşmanı Sovyet Rusya'nın Türkiye ile kapı komşu olması, Hitler'in Türkiye'yi kendi yanına çekmek istemesinde etkili olmuştur. Hitler, bir taraftan von Papen'i büyükelçi olarak Türkiye'ye gönderirken, diğer taraftan da Alman askeri zaferlerini göstermek için Türk generallerini Almanya'ya davet etmiştir. Bunun üzerine Hüsnü Erkilet ve Ali Fuat Erden paşalar, Almanya'ya gidip Doğu Cephesi'ni ve Hitler'in karargâhını gezmiştir.[719] Ayrıca Cemil Cahit Toydemir'in başkanlığındaki bir Türk subay heyeti Hitler'in davetlisi olarak 25 Haziran-7 Temmuz 1943 tarihleri arasında Doğu Cephesi'ni ve Manş Kanalı'nı gezmiştir.

Bu ilişkiler sonrasında Nazi Almanyası ile İnönü Türkiyesi o kadar yakınlaşmıştır ki, Türkiye silah ihtiyacını Almanya'dan karşılamaya başlamıştır.[720] Ayrıca Türkiye, 18 Nisan 1943 tarihli anlaşmayla, krom ve bakır madenleriyle pamuk hammaddesinin neredeyse tamamını Almanya'dan satın almaya başlamıştır.[721]

İsmet İnönü iktidarı, bir taraftan el altından Nazilerle işbirliği yaparken, diğer taraftan Turancılardan yararlanarak Sovyet karşıtı bir politika izlemiştir.[722] Bu ilişkilerde Başbakan Şükrü Saraçoğlu'nun rolü çok büyüktür.[723] Varlık Vergisi'nin çıkarılmasının da Alman yakınlaşmasıyla ilgisi vardır.[724] Yine hükümetin göz yummasıyla ve hatta desteklemesiyle General Hüseyin Emir Erkilet, General Ali Fuat Erden ve Enver Paşa'nın kardeşi Nuri Killigil gibi ırkçı Tu-

— Paktın takviye ettiği dostluk —
Millî Şefimizle Führer arasında samimî tebrikler

719 age., s. 24, 25.
720 age., s. 29.
721 Glasneck, age., s. 274-276.
722 Akçam, age., s. 292.
723 age., s. 295.
724 Niyazi Berkes, **Unutulan Yıllar**, ed. Ruşen Sezen, 3. bas., İstanbul, 2005, s. 245.

rancılar, Nazilerin emrindeki "Bozkurt Alayları"na moral gezileri düzenlemiştir.[725]

II. Dünya Savaşı'nı Almanya'nın kazanamayacağı anlaşılınca İsmet İnönü iktidarı, birdenbire ırkçı Turancılardan kurtulmaya karar vermiştir. Nitekim ırkçı Turancılık'ın şahlanışı 1944'teki "Turancılık davasıyla" önlenmiştir. Bu davada birçok ırkçı Turancı yargılanıp tasfiye edilmiştir.[726]

1944 yılına kadar Almanlarla yakınlaşma politikası gereği ırkçı Turancılara türlü tavizler veren İsmet İnönü, 19 Mayıs 1944 tarihli konuşmasında "son zamanların zararlı ve hastalıklı göstergesi" olarak adlandırdığı Turancılığı ve Turancıları şöyle eleştirmiştir:

"Turancılar, Türk milletini bütün komşularıyla onulmaz bir surette derhal düşman yapmak için bir tılsım bulmuşlardır. Bu kadar şuursuz ve vicdansız fesatçıların tezvirlerine Türk milletinin mukadderatını (alın yazısını) kaptırmamak için elbette Cumhuriyet'in bütün tedbirlerini kullanacağız. Fesatçılar, genç çocukları ve saf vatandaşları aldatan fikirleri, millet karşısında açıktan açığa münakaşa edemeyeceğimizi sanmışlardır. Aldanmışlardır. Daha da aldanacaklardır."[727]

1944'te ırkçı Turancılar tasfiye edilmiş, ama çok geçmeden onların yerini dinci Turancılar almıştır. İnönü, II. Dünya Savaşı'nın başlarında, savaşı Almanya'nın kazanacağını düşünerek Nazi Almanyası'na yakınlaşma politikası izlemiş, bu nedenle ırkçı Turancıları ön plana çıkartmış; II. Dünya Savaşı'nın sonlarında Almanya'nın yenileceğini anlayınca da ırkçı Turancıları etkisizleştirmiştir. İnönü, 1946'dan itibaren ABD'ye yakınlaşma politikası izleyeceği için de komünizm ve sola karşı mücadele başlatıp dinci Turancıları ön plana çıkartmıştır.[728]

---

725 Akçam, age., s. 294.
726 Davanın ayrıntıları için bkz. Mumcu, age., s. 44 vd.
727 Mumcu, age., s. 46.
728 Meydan, Atatürk ve Türklerin Saklı Tarihi, s. 378.

Dinci Turancılık ve Amerika

İsmet İnönü, Atatürk'ün ölümünden beş ay sonra, 1 Nisan 1939'da ABD'yle imzaladığı bir anlaşmayla ABD'ye ithalat ve ihracat başta olmak üzere birçok konuda haklar tanımıştır. Örneğin bu anlaşma ile ABD'ye %12 ile %88 oranında gümrük indirimi yapılması kabul edilmiştir.[729] 27 Şubat 1946'da ABD ile yapılan başka bir anlaşma ile ABD'den 10 milyon dolar kredi alınmıştır.[730] 7 Eylül 1947'de alınan ekonomik kararlarla Türkiye ekonomisi Nazi Almanyası yörüngesinden emperyalist ABD yörüngesine doğru yön değiştirmiştir.

Nisan 1947'de Missouri zırhlısı İstanbul'a gelmiş, 14 Şubat 1947'de IMF ile anlaşılmış, 22 Nisan 1947'de Truman Doktrini, 4 Temmuz 1948'de Marshall Planı kabul edilmiştir.[731] Türkiye, 1949'da Avrupa Konseyi üyesi olmuştur.[732] Böylece Türkiye, 1946-1949 arasındaki üç yıl içinde Atatürk'ün "tam bağımsızlık" anlayışından bir hayli uzaklaşmıştır.

İsmet İnönü, II. Dünya Savaşı'nın sonlarına doğru ABD ile yakınlaşma politikası gereği, kendisi ile Roosevelt'in ve Washington ile Atatürk'ün yan yana fotoğraflarının yer aldığı pullar bastırmıştır.

İsmet İnönü, bu süreçte ABD istekleri doğrultusunda sol ve komünizm ile mücadele ederek, laiklikten tavizler vererek adeta dinci Turancıların (Türk-İslam Sentezcilerin) ekmeğine yağ sürmüştür. Türkiye'de 1945-1946 yıllarında solun susturulmasından sonra Şemsettin Günaltay'ın iktidara gelip dini açılımlar yapması hiç de tesadüf değildir.

---

729 Memduh Yaşa, **Cumhuriyet Dönemi Türkiye Ekonomisi**, İstanbul, 1980, s. 611.
730 Metin Aydoğan, **Türkiye Üzerine Notlar, 1923-2005**, 26. bas., İstanbul, 2005, s. 127.
731 **age.**, s. 129.
732 Sina Akşin, **Kısa Türkiye Tarihi**, İstanbul, 2007, s. 240.

O günlerde "*Türk Ceza Kanunu*"nun 141. ve 142. maddeleri komünizm propagandasına 7,5 yıldan 15 yıla kadar uzanan cezalar getirmiştir. Solcu şair Nazım Hikmet sürgün hayatı yaşamak zorunda kalmıştır. 4 Aralık 1945'te Zekeriya Sertel'in çıkardığı solcu *Tan* gazetesine saldırılmış, 1946'da üç solcu parti kapatılmış, Recep Peker, başkanlığı sırasında Köy Enstitülerini "daha milli" kılmaktan söz etmiş, 1947'de Dil Tarih Coğrafya Fakültesi profesörlerinden Niyazi Berkes, Pertev Naili Boratav ve Behice Boran "solcu" oldukları gerekçesiyle görevlerinden ayrılmak zorunda bırakılmıştır.[733] O yıllarda Türkiye'de öyle bir ABD seviciliği ve Rus düşmanlığı vardır ki, dünyaca ünlü Rus salatasına bile "Amerikan salatası" denilmeye başlanmıştır.[734]

---

733 **age.**, s. 244.
734 **age.**, s. 241.

1946'dan "sol akımlar" zincirlenirken "dinsel akımlar" özgür bırakılmıştır. Bu çerçevede 15 Ocak 1949'da Hasan Saka istifa etmiş, yerine Şemsettin Günaltay gelmiştir. Günaltay, II. Meşrutiyet yıllarında İslamcı akım içinde yer almış bir tarihçidir. Güven oyu alırken sağlam bir demokrasi kurmaktan söz etmiş, ancak ilk uygulamaları din alanında olmuştur. Zaten 1948'de CHP 10 aylık imam-hatip kursları açmıştı. Günaltay Hükümeti de ilk okullara seçmeli din dersi koymuş ve Ankara Üniversitesi'ne bağlı bir İlahiyat Fakültesi kurmuştur.[735]

Şemsettin Günaltay

1940'ların ikinci yarısında sadece siyaset değil, ordu da ABD eksenine doğru kaymaya başlamıştır. Örneğin 1940'ların sonlarında aralarında Alparslan Türkeş'in de bulunduğu birçok subay ABD'de eğitim görmüştür. 1947 yılında Alparslan Türkeş ve 15 Türk subayı ABD Kara Harp Akademisi ve Piyade Okulu'nda iki yıl eğitim görmüştür. ABD Piyade Okulu'ndan mezun olan Türkeş, 1955-1957 yılları arasında Washington'da NATO daimi Komitesi'nde "Türk Genelkurmayı Temsil Heyeti"nde görev yaparken aynı zamanda ekonomi eğitimi görmüştür. Aynı Türkeş, 1959 yılında Almanya'da Atom ve Nükleer Okulu'na gönderilmiş, buradaki eğitiminden sonra albaylığa yükseltilerek NATO Şube Müdürü olarak atanmıştır.[736]

İsmet İnönü'nün Demokrasi Karnesi

İnönü Savaşları kahramanı ve Lozan fatihi İsmet İnönü'yü değerlendirirken "Atatürk dönemindeki İnönü" ve "Atatürk sonrasındaki İnönü" diye ikiye ayırarak değerlendirmek gerekir. "Atatürk dönemindeki İnönü", önce Atatürk'ün en yakın

735 age., s. 246.
736 Akçam, age., s. 13.

silah arkadaşı, sonra iyi bir devlet adamı ve Atatürk'ün çok yakın bir dostudur.[737] Ancak, "Atatürk sonrasındaki İnönü", Türk Devrimi'nden; özellikle "tam bağımsızlık" anlayışından ciddi tavizler veren, solu susturarak hiç istemeden ırkçı ve dinci akımların gelişmesine yol açan bir liderdir.

İsmet İnönü, Köy Enstitüleri uygulamasıyla, çok partili sistemin altyapısını hazırlamış olmasıyla, yapıcı muhalefetiyle ve askeri müdahalelere karşı olmasıyla demokrasiye hizmet etmiştir. Ancak, solu susturup, ırkçı-dinci akımların gelişmesine izin verdiği için ve Atatürk'ün ölümünden sonra 26 Aralık 1938'de yapılan CHP olağanüstü kurultayında Atatürk'e "ebedi şef", kendisine de "milli şef" ve "değişmez genel başkan" sıfatlarının verilmesine ses çıkarmadığı için de demokrasiye zarar vermiştir.

Sina Akşin, İsmet İnönü'nün devrim ve demokrasi karnesini şöyle özetlemiştir: "*İnönü, iktidarda olsun, muhalefette olsun Atatürk devriminin başarılı bir savunucusu ve sürdürücüsü oldu. Dahası var. Devrime önemli katkılarda bulundu. Bir köy enstitüleri, öbürü çok partili dizgeydi. Denebilir ki, köy enstitüleri sayesinde Atatürk devrimi geri döndürülemez bir süreç haline getirilmiştir. Çok partili dizgeye geçilmesi ise, Atatürkçü bütünsel kalkınma anlayışının, evrensel değerlerin ölçüt alınması anlayışının bir sonucu sayılabilir. İnönü hem iktidarda hem muhalefette, kıraç topraklarda yetiştirilmeye çalışılan narin bir çiçek olan çok partili dizgeyi esirgemek için yıllarca sabırla didindi, uğraştı. Siyasal rakibini yere seren 27 Mayıs 1960 Devrimi'nden sonra bir an önce çok partili dizgeye dönülmesi için çaba gösterdi. Talat Aydemir'in öncülüğünü yaptığı iki askeri darbe girişimini bizzat önleyip kırdı...*"[738]

İsmet İnönü'nün hepimizin gurur duyduğu başarılarını bir kenara koyduktan sonra hatalarını da ortaya koymamız gerekir. Bana kalacak olursa İnönü'nün en ciddi hatalarından birkaçı şunlardır:

737 İsmet İnönü'ye yönelik haksız saldırılara, iftiralara ve ithamlara verdiğim yanıtları görmek için bkz. Meydan, **Cumhuriyet Tarihi Yalanları**, 1. Kitap, s. 364-410; Meydan, **Cumhuriyet Tarihi Yalanları**, 2. Kitap, s. 585-623.
738 Akşin, **age.**, s. 247, 248.

- Irkçı ve dinci Turancılara yüz vermesi: 1940'ların başlarında Nazi Almanyası ile yakınlaşma politikası gereği ırkçı Turancılara destek olması; 1946'dan sonra ABD ile yakınlaşma politikası gereği dinci Turancılara ses çıkarmaması, çok daha önemlisi ırkçı ve insan haklarına aykırı Varlık Vergisi uygulamaları...
- Solu susturması: Solcu şair Nazım Hikmet'in yıllarca hapiste kalması, solcu Tan matbaasının basılması, Dil, Tarih ve Coğrafya Fakültesi'ndeki solcu hocaların tasfiye edilmesi, sol partilerin kapatılması ve çok partili düzenin solsuz bir sistem olarak kurulması...
- Atatürk'ün Türk Tarih Tezi'nin önce Greko-Latin Tezi'ne sonra Türk İslam Sentezi'ne dönüştürülmesine ses çıkarmaması...
- En önemlisi de Atatürk'ün "tam bağımsızlık" anlayışından çok ciddi tavizler vermesi...

Bu noktada Sina Akşin'in şu değerlendirmesine katılmamak mümkün değildir: *"Belki İnönü bunları istememişti, bunlardan rahatsız olmuştu, fakat önlemeye gücü yetmemişti. Çünkü, İnönü büyük bir devlet adamıydı ve bir dönemin de milli şefiydi, ama Atatürk denli güçlü ve etkili değildi. Onda ne Atatürk'ün nüfuzu ne de olağanüstü kişilik gücü vardı."*[739]

Demokrat Parti Ne Kadar Demokrat?

Türkiye'de çok partili demokratik sistemin kuruluşunun temel nedenleri şunlardır:

1. Atatürk'ün 1919-1938 yılları arasında Türkiye'de monarşik sisteme ve tüm kalıntılarına son verip, ulusal egemenliğe dayanan ve iyi işleyen bir parlamenter sistem kurmuş olması. 2. II. Dünya Savaşı'nı demokratik sisteme sahip ülkelerin kazanmış olması. 3. İsmet İnönü'nün mutlak iktidar hırsıyla kışkırtıcı ve saldırgan davranmayıp, tam tersine son derece soğukkanlı ve yumuşak bir üslupla Türkiye'de muhalefetin filizlenmesine izin ver-

---

739 **age.**, s. 248.

miş olması. 4. Mecliste *"Çiftçiyi Topraklandırma Kanunu"*nun görüşülmesi sırasında büyük toprak sahibi bazı milletvekillerinin bu durumdan rahatsız olup kendilerini partiden dışlatmaları ve çok geçmeden yeni bir parti kurmaları... Cumhurbaşkanı İsmet İnönü, 1945 yılındaki 19 Mayıs Gençlik ve Spor Bayramı mesajında "halk idaresi"nin geliştirileceğini müjdelemiştir.

Aynı günlerde Türkiye'de toprak reformunu gerçekleştirmek için *"Çiftçiyi Topraklandırma Kanunu Tasarısı"* meclise sunulmuştur. Cumhurbaşkanı İsmet İnönü ve Tarım Bakanı Şevket Raşit Hatipoğlu tarafından hazırlanan bu kanun tasarısının 17. maddesine göre topraksız ya da az topraklı çiftçiyi topraklandırmak için devlet, büyük toprak sahiplerinin topraklarını kamulaştırabilecekti. Kamulaştırma gerekirse toprak sahibinin elindeki toprağın yarısını topraksız çiftçiye verebilecek kadar kapsamlı olabilecekti. Üstelik, tasarının 21. maddesine göre kamulaştırma bedelleri de gerçek değere göre değil, arazi vergisine matrah olarak beyan edilen değerden ödenecekti. İşte bu maddeler, meclisteki bazı büyük toprak sahibi milletvekillerini çok rahatsız etmiştir. Örneğin Aydın'ın büyük toprak sahiplerinden Adnan Menderes, kanun tasarısı görüşülürken ağır eleştiriler getirmiştir.[740]

Bunun üzerine 7 Haziran 1945'te dört CHP'li milletvekili; Adnan Menderes, Fuat Köprülü, Refik Koraltan ve Celal Bayar, CHP grubuna "parti içi demokrasiden" söz eden "Dörtlü Takrir"i vermişlerdir. 12 Haziran'da Dörtlü Takrir reddedilmiş-

---

740 Atatürk'ün son olarak 1937 meclis açış konuşmasında gündeme getirdiği toprak reformu, 1945'te meclis gündemine gelen *"Çiftçiyi Topraklandırma Kanunu"* ile gerçekleştirilmek istenmiş, ancak milletin bazı vekilleri milletten çok kendilerini düşündüğü için Atatürk'ün bu büyük ideali maalesef gerçekleştirilememiştir. Kanun, 11 Haziran 1945'te mecliste kabul edilmiş, ancak kanunu uygulayacak kişiler etkisiz hale getirilmiştir. Öncelikle kanunun mimarlarından Tarım Bakanı Hatipoğlu sonraki hükümetlerde bakan yapılmamış, dahası 1948'de kurulan II. Hasan Saka Hükümeti'nde Tarım Bakanlığı'na, *"Çiftçiyi Topraklandırma Kanunu"*na karşı olan Cavit Oral getirilmiştir. Nitekim, söz konusu 17. madde hiç uygulanmamıştır. Çok az bir miktardaki hazine toprakları topraksız çiftçilere dağıtılmıştır (Akşin, **age.**, s. 242).

tir. Bunun üzerine Adnan Menderes, Fuat Köprülü ve Refik Koraltan *Vatan* gazetesinde "demokratikleşmeyi" savunan yazılar yazmaya başlamışlardır. Bu davranışı parti disiplinine aykırı bulan CHP, 21 Eylül'de her üçünü de üyelikten çıkartmıştır. Bunun üzerine 28 Eylül'de Celal Bayar arkadaşlarına destek vermek için milletvekilliğinden istifa etmiştir.

İsmet İnönü, 1 Kasım 1945'te yaptığı TBMM'yi açış konuşmasında ülkenin bir muhalefet partisine ihtiyacı olduğunu söylemiştir. İsmet İnönü, aynı konuşmasında demokrasiden övgüyle söz etmiştir: *"Demokrasinin her millet için müşterek prensipleri olduğu gibi, her milletin karakterine ve kültürüne göre bir çok özellikleri de vardır. Türk milleti kendi bünyesine ve karakterine göre, demokrasinin kendi için özelliklerini bulmaya mecburdur."*

1945 sonlarında solcu Tan matbaası basılmış, 1946'da CHP'nin solundaki üç parti kapatılmış ve 1947'de Dil Tarih ve Coğrafya Fakültesi'ndeki 3 solcu profesör görevden ayrılmak zorunda bırakılmıştır. Anlaşılan o ki, bir muhalefet istenmiştir, ama bu muhalefetin solda değil sağda konuşlanması arzulanmıştır.

Soldan sağa: *Adnan Menderes, Refik Koraltan, Celal Bayar, Fuat Köprülü*

7 Ocak 1946'da Demokrat Parti (DP) kurulmuştur. DP'nin "demokrasiden" söz ederek halka yayılmaya başladığını gören CHP, "demokrasi" konusunda yeni kurulan DP'den hiç de geri kalmadığını göstermek için bir dizi "demokratik açılım" yapmıştır: Örneğin Türkiye'ye ilk kez tek dereceli seçim sistemini getirmiş, gazete kapatma yetkisini hükümetten alarak mahkemelere vermiş, üniversitelere özerklik vermiş, köylü ve işçinin desteğini

almak için Toprak Mahsulleri Vergisi'ni kaldırmış, *"Çalışma Bakanlığı ve İşçi Sigortaları Kanunu"* çıkarmış, İnönü'nün "değişmez genel başkan" sıfatına son vermiş ve sınıf partileri ile sendikaların kurulmasını kabul etmiştir. CHP bu reformlarına güvenerek 1947'de yapılması gereken seçimleri 1946'ya almıştır.[741] Türkiye, 21 Temmuz 1946 seçimlerine iki partiyle gitmiştir. Seçimler tek derecelidir, ama yargı denetimi yoktur. Oylar açıkta verilmiş gizli sayılmıştır. DP 66 milletvekili çıkartmıştır, ama haklı olarak seçimlerin dürüst yapılmadığından şikâyet etmiştir.[742] Böylece DP ve CHP kavgası daha ilk seçimlerden itibaren başlamıştır.

İlk büyük kongresini Ocak 1947'de yapan DP, "Hürriyet Misakı" adlı bir bildiri yayımlamıştır. DP'liler demokratikleşme sağlanmazsa meclisten ayrılacaklarını belirtmişlerdir. Bunun üzerine iki parti arasında gerginlik daha da tırmanınca Cumhurbaşkanı İsmet İnönü, hakem rolünü üstlenerek DP Genelbaşkanı Celal Bayar'ı ve CHP Başkanı Recep Peker'i dinledikten sonra iki tarafı uzlaştırmaya yönelik "12 Temmuz Beyannamesi"ni yayımlamıştır.

Bu sırada 20 Temmuz 1948'de Mareşal Fevzi Çakmak'ın genel başkanlığında Millet Partisi (MP) kurulmuştur.

---

741 (Akşin, **age.**, s. 244.) Özetle, 1946 seçimleri ile 1950 seçimleri arasında geçen zamanda CHP, DP'nin popüler çizgisine yaklaşma çabası içinde olmuştur. CHP'nin *"altı ok"*unu oluşturan ilkeler bu süreçte yumuşatılmıştır. Devrimcilik ilkesinin radikal niteliği azaltılarak demokratik gelişmenin önemine vurgu yapılmış, Devletçilik ilkesi özel sektörü daha da kapsayacak biçimde yeniden yorumlanmış, Laiklik ilkesinin *"İslam düşmanlığı"* biçiminde algılanmaması için ise bazı önlemler alınmıştır. CHP, aynı zamanda *"devlet"* ile *"parti"*yi ayırmanın yollarını aramış, küçük ilerlemeler kaydettiyse de bu konuda kamuoyundaki yerleşik algıyı kırmayı başaramamıştır.

742 Celal Bayar *"Başvekilim Adnan Menderes"* adlı kitabında, durumu Demokrat Parti ve kendi gözünden şöyle anlatmıştır: *"DP teşkilatının sandık müşahitleri eliyle topladığı rakamların hesabından, 1946 seçimlerinde DP'nin 279 milletvekilliği, CHP'nin de 186 milletvekilliği kazandığı anlaşılıyordu. Fakat meclisteki fiili durum, 395 Halk Partisi milletvekili ve 66 DP milletvekili idi. Bu rakamlar, o günlerin TBMM Başkanı Kazım Karabekir'in, seçimler arifesinde verdiği bir özel demeçte 'Mecliste 60-70 muhalif milletvekilinin bulunması yeter bir ölçüdür' sözüne uyuyordu. Demek oluyor ki, CHP iktidarı, seçimlerden önce, DP için bir kontenjan kabul etmiş ve bu kontenjanı, valileri vasıtasıyla aynen tahakkuk ettirmiştir."*

20 Haziran 1949'da ikinci büyük kongresini yapan DP bu kongreden sonra da "Milli Teminat Andı"nı yayımlamıştır. Burada geçen "husumet" sözcüğünden dolayı CHP bu bildiriye "Milli Husumet Andı" adını takmıştır.

Şubat 1950'de nispi temsil yerine çoğunluk sistemi ve yargı denetimi getiren yeni bir seçim sistemi kabul edilmiştir.[743] Bu sistem 1950'lerde yapılan üç seçimde de CHP'nin aleyhine işlemiştir.[744]

14 Mayıs 1950 seçimlerinde DP, oyların %55'ini, CHP ise %41'ini almış ve serbest seçimler sonunda kansız kavgasız DP iktidar olmuştur (DP: 408 sandalye, CHP: 69 sandalye).[745]

Celal Bayar cumhurbaşkanı, DP Genelbaşkanı Adnan Menderes de başbakan olmuştur. Refik Koraltan TBMM başkanı, Fuat Köprülü ise dışişleri bakanı olmuştur. Böylece DP kurucuları bir anda tüm ülke yönetimini ele geçirmiştir.

"Demokrasi" diyerek iktidara gelen DP, iktidara gelir gelmez, bir taraftan "dinsel açılımlar" yaparak, diğer taraftan ABD kredileriyle ekonomiyi canlandırarak kısa sürede halkın sempatisini ve güvenini kazanmıştır.

14 Mayıs'ta iktidara gelen DP, 16 Haziran'da Türkçe ezana son verip yeniden Arapça ezana dönüşü sağlamıştır.

DP, 1951'de, CHP'nin 1948'de imam-hatip yetiştirmek amacıyla açtığı 10 aylık kursları okula dönüştürerek İmam Hatip Okullarını açmıştır.

---

743 Katılma oranının en yüksek olduğu 1950 seçimleri, ülkemizde ilk kez adlî denetim ve gözetim ilkesini getiren 21.2.1950 tarih ve 5545 sayılı *"Milletvekilleri Seçimi Kanununa"* göre yapılmıştır. Seçim güvenliği tamdır. Partiler, propaganda için radyodan yararlanmışlardır. Seçmenler karma liste imkânına sahip olmuştur.

744 Basit çoğunluk sistemine örnek verecek olursak; partilerin 4 adaylık listeler hazırladığı bir seçim çevresinde söz gelimi üç farklı siyasi parti yarışıyor olsun. A, B ve C partilerinin sırasıyla %40, %32 ve %28 oy aldığı bir durumda, ilgili seçim çevresinden TBMM'ye girecek tüm vekiller, A Partisi'nin hazırladığı listeden olacaktır. İki partili bir senaryoda durum daha da adaletsiz hale gelecektir; geçerli oyların yarısının bir fazlasını elde eden siyasi parti, ilgili seçim çevresi için belirlenen tüm koltuklara sahip olacaktır.

745 (Akşin, **age.**, s. 246, 247.) CHP, Türkiye genelinde DP'den yalnızca %13 oranında az oy almış olsa da, parlamentoda 408 DP sandalyesine karşın 69 sandalye edinerek işlevsiz bir muhalefet partisi haline gelmiştir.

DP, 1956'da ortaokullara seçmeli din dersi koydurmuştur.[746]

DP, 8 Ağustos 1951'de Halkevlerini kapatarak Atatürk aydınlanmasının en önemli kurumlarından birine son vermiştir.

Halkevleri hazineye devredilirken Türkiye'nin her yerinde toplam 478 Halkevi merkezi, 5000 Halkevi ve 4322 Halkodası vardı.[747]

DP, 1954'te Köy Enstitülerini önce klasik öğretmen okullarına dönüştürerek işlevsizleştirmiş, sonra da 27 Ocak 1954'te tamamen kapatmıştır.

DP, 1950'de ABD desteğinin sürekliliği için Kore Savaşı'na asker göndermiş, bunun karşılığında 1952'de Türkiye NATO'ya üye yapılmıştır.

DP, 23 Haziran 1954 tarihinde ABD ile imzaladığı bir ikili anlaşma ile ABD'ye birçok konuda, kapitülasyonları bile aratacak haklar vermiştir.[748]

Sina Akşin, DP'nin bu bağımlı, ABD eksenli dış politikasını şöyle eleştirmiştir: *"Amerikalılarla yapılan çok sayıda –hatta kimi sözlü olan– ikili anlaşma ABD'ye çok geniş hareket alanı sağlamış, böylece DP iktidarının bağımsızlık konusunda hiç de titiz olmadığını ortaya koymuştur."*[749]

DP, 14 Aralık 1953'te CHP'nin bütün malvarlığını "haksız iktisap" diye adlandırıp hazineye geçiren bir yasa çıkartmıştır. Bu sayede muhalefeti zayıflatacağını düşünmüştür.

DP, 8 Temmuz 1953'te Millet Partisi'ni kapattırmıştır.

DP, 1954 seçimleri yaklaşırken, basından gelen eleştirilere karşı çok ağır cezalar getiren bir *"Basın Kanunu"* çıkartmıştır. Bu cezalara hukuksal dayanak teşkil eden yasalardan biri, 1956'da *"Basın Kanunu"*na eklenen 32. maddedir.

"Madde 32– Memleket ahlakını, aile nizamını bozacak veya cürüm işlemeye teşvik veya tahrik edecek şekilde heyecan uyandıracak tafsilat ile hakiki veya hayali vakıaları hikâye veya tasvir veya tersim edenler veya intihar vakıaları hakkında haber

---

746 Din dersleri, 12 Eylül Darbesi'nden sonra zorunlu hale getirilmiştir.
747 Akşin, **age.**, s. 250.
748 Aydoğan, **age.**, s. 129.
749 Akşin, **age.**, s. 260.

çerçevesini aşan ve okuyanları tesir altında bırakacak mahiyette tafsilat ve resimler neşredenler hakkında (1000) liradan (10.000) liraya kadar ağır para cezası hükmolunur." Bu yasayla mahkemeye çıkarılan gazetecilerin iddialara yanıt verme hakkı bile ellerinden alınmıştır.

Bu duruma tepki duyan 19 DP milletvekili "ispat hakkı" mücadelesi vermeye başlamış, bunun üzerine partiden ihraç edilmiştir. DP'den atılan 19 milletvekili 1955 sonunda Hürriyet Partisi'ni kurmuştur.

2 Mayıs 1954 seçimlerinde DP oyların %57'sini, CHP ise %36'sını almıştır. CHP, 1950 seçimlerine göre oransal olarak daha yüksek oy almasına karşın sandalye sayısı 31'e inmiştir.

DP ölçüsüzce ve plansızca para saçmaya devam etmiş, para sıkıntısı baş gösterince de ABD'den 300 milyon dolar kredi istemiştir, ama alamamıştır. Bunun üzerine 1955 yılında polis ve mahkeme önlemlerine, fiyat denetimlerine ve tayınlama yöntemine başvurmuştur. Bu dönemde DP, memurları zorla emekliye sevk etmiş, üniversiteler ve yargıçlar üzerinde baskı kurmuş, gazetecilere ağır hapis ve para cezaları vermiştir.

1954 Genel Seçimleri'nde Osman Bölükbaşı Kırşehir'deki oyların neredeyse tamamını alarak meclise girince DP bu durumu kabullenemeyerek Kırşehir'i ilçe haline getirmiş ve Nevşehir'e bağlamıştır. Bölükbaşı, Haziran 1957'de *"meclise alenen hakaret ettiği"* gerekçesiyle hakkında Başbakanlık tezkeresi çıkartılıp oyçokluğuyla dokunulmazlığının kaldırılmasına karar verilerek tutuklanıp cezaevine konulmuştur. DP, 1954 Genel Seçimleri'nin hemen ardından, kendisine oy vermeyen Adıyaman'ı Malatya'dan ayırarak ilçe yapmış, Kastamonu'nun Abana ilçesini ise köy haline getirmiştir.

DP, 1956'da çıkardığı 6761 sayılı *"Toplantılar ve Gösteri Yürüyüşleri Hakkında Kanun"* ile toplantı ve gösterileri yeniden "beyan" yerine "izin" esasına bağlamıştır. En az üç kişinin yapması öngörülen bildirimde; etkinliğin konusu ve amacının, yer ve zamanın, toplanma ve dağılma yerlerinin, idareci ve konuşmacıların kimlik ve ikametgâh bilgilerinin de belirtilmesi şart koşulmuştur. Buna karşılık mülki amirliğin, bildirime konu olan toplantı veya gösteri hakkındaki kararını, başvuruda bulunan kişilere etkinliğin başlama saatinden önce bildirmesi kararlaştırılmıştır. Mülki amirliğin başvuruyu reddettiği durumlarda herhangi bir açıklamada bulunmakla mükellef olmadığı belirtilmiştir. Kanun ayrıca toplantı veya gösteriyi izleyecek hükümet komiserine, istediği durumlarda, güvenlik güçlerine kalabalığı, ateş ederek veya zor kullanarak dağıtma yetkisi vermiştir. Bu kanunun siyasi partilerin miting ve toplantılarını düzenleyen 2. maddesi, seçim dönemleri dışında kalan zamanlarda siyasi propaganda yapılmasını imkânsız hale getirmiştir.

"**Madde 2**– *Siyasi partilerce veya siyasi propoganda kasdiyle hakiki veya hükmi şahıslar tarafından tertip edilecek toplantılar ve gösteri yürüyüşleri ancak muhtelif seçimler dolayısiyle 'Milletvekili Seçimi Kanunu'na göre muayyen olan seçim propaganda devresi zarfında ve mezkur kanun hükümleri dairesinde yapılır.*"

Bu kanun hükmü nedeniyle muhalefet partileri propaganda hakkını yitirirken, iktidar partisi yöneticileri ve vekilleri, hükümet üyesi sıfatıyla her türlü gösteri ve toplantıyı organize etmekten geri durmamışlardır. Düzenlemenin sonuçları hemen görülmeye başlanmıştır. Örneğin 1955 yazında Karadeniz gezisine çıkan CHP Genel Sekreteri Kasım Gülek, Sinop'ta tutuklanarak İstanbul'a getirilmiş ve bir gün hapiste tutulmuştur. Gülek'in, 1956'da Rize'de dükkân sahiplerinin ellerini sıkması "gösteri yürüyüşü" diye adlandırılmış ve Gülek bu nedenle 6 ay hapse mahkûm edilmiştir. CMP'nin Giresun Kongresi'nde parti genel başkanı Osman Bölükbaşı'nı alkışladıkları gerekçesiyle 9 delege tutuklanmıştır, Ankara Üniversitesi Siyasal Bilgiler Fakültesi dekanı Turan Feyzioğlu akademik yılın açılışı sebebiyle yaptığı konuşmada siyasi içeriğe yer verdiği iddiasıyla vekâlet emrine alınmıştır. Hürriyet Partisi (HP) Ankara İl Başkanlığı'nın toplantılarını sürdürmesine izin verilmiştir. 6761 sayılı *"Toplantılar ve Gösteri Yürüyüşleri Hakkında Kanun"* kullanılarak girişilen antidemokratik eylemler, 1957-1960 arasında da devam etmiştir.

DP, 1957 genel seçimlerinden önce yaptığı değişikliklerle; bir partiden milletvekili adaylığı reddedilen kişilerin başka partilerden aday olmalarını yasaklamış, devlet memurlarının milletvekili adayı olmadan altı ay önce istifa etmelerini yasalaştırmıştır. DP, 1957 genel seçimleri öncesinde, muhalefet partileri arasında oluşan seçim ittifakı eğilimini yine yasa yoluyla engellemiştir. Seçimlere bir ay kala düzenlenen yasa, muhalefet partilerinin karma liste oluşturma şansını ortadan kaldırmış ve CHP-CMP-HP ittifakı başlamadan sona ermiştir.

DP, 1957 seçimleri öncesinde muhalefet partilerinin radyodan propaganda yapmalarını da engellemiş, buna karşın kendisi seçim günü de dahil olmak üzere radyodan seçim propagandası yapmaya devam etmiştir. Bu hakkın muhalefetin kullanımına kapanmasıyla ilgili Menderes şu açıklamayı yapmıştır: "*Radyoda konuşmanın, meydanlarda konuşmanın adabını öğrenelim. Ondan sonra hak isteyelim. Bugün muhalefet partileri işte bu sebepten devlet radyosunu kullanmaktan mahrumdurlar.*" Menderes'in bu açıklaması onun "demokrasi" anlayışını ortaya koyması bakımından dikkat çekicidir.

1957 seçimlerinde DP oyların %48'ini, CHP ise %41'ini almıştır.[750] DP yavaş da olsa erimeye başlamıştır.

1957 genel seçimlerinden hemen sonra, 27 Aralık 1957'de Meclis İç Tüzüğü'nde yapılan değişiklik uyarınca, TBMM çatısı altında bile muhalefet faaliyetleri engellenirken, basının da TBMM'nin çalışmaları hakkında yapacağı haberler kısıtlanmıştır.

1958'de Türk ekonomisinin krizin eşiğine gelmesi üzerine DP, IMF ve Dünya Bankası'nın dayatmalarını kabul etmek zorunda kalmıştır. 4 Ağustos 1958'de istikrar önlemleri alınmış ve dolar 2,80 TL'den 9 TL'ye çıkarılmıştır. Enflasyonu dizginlemek için KİT ürünlerine zam yapılmıştır. İstikrar önlemleri ve ağır devalüasyon halkı perişan etmiştir.

Bu ekonomik sıkıntıların yarattığı hoşnutsuzluğun partiye yönelmesini engellemek için olsa gerek, DP 1958 güzünde çok şiddetli bir baskı dönemi başlatmıştır. Bu sırada 14 Temmuz 1958

---

750 Osman Bölükbaşı'nın Cumhuriyetçi Millet Partisi ve Hürriyet Partisi de 4'er milletvekili çıkarmıştır.

Irak Devrimi, DP iktidarında bir darbe veya devrimle alaşağı edilme korkusu başlatmıştır. Bu korku nedeniyle olsa gerek, ABD ile zaten çok sıkı fıkı olan DP, 5 Mart 1959'da ABD ile karşılıklı birer işbirliği paktı daha imzalamıştır. Paktlara göre, Türkiye'de bir ayaklanma veya bir karışıklık olursa Türk hükümetinin isteği üzerine ABD Türkiye'ye silahlı birlikler gönderecektir.[751]

Menderes, 6 Eylül 1958'de Balıkesir'de muhalefeti, Türkiye'de Irak Devrimi'nin benzerini yapmak istemekle suçlamış ve darağaçlarını hatırlatmıştır.

Menderes, Eylül'de İzmir'de Fransa'nın "demokratik diktatörü" De Gaulle düzeninden övgüyle söz etmiştir.

Menderes, 12 Ekim 1958'de Manisa'da muhalefetin "Kin ve Husumet Cephesi"ne karşılık "Vatan Cephesi" kurulması çağrısında bulunmuştur. Bu çağrının ardından faşist bir örgütlenmeyi andırır şekilde ülkenin her tarafında Vatan Cephesi örgütleri kurulmaya başlanmıştır. Vatan Cephesi'ne katılanların adları her gün radyoda tek tek okunmuştur.

DP'nin ülkeyi hızla kutuplaştırmaya başlaması ve muhalefeti susturma girişimlerinin artması üzerine muhalefet güç birliği yapmış, 24 Kasım 1958'de HP, CHP ile birleşme kararı almıştır.

Bu arada CHP 14. Kurultayı "İlk Hedefler" beyannamesini kabul etmiştir. Bu beyanname bir tür demokratik açılım paketi gibidir. Beyannamede, sosyal devlet, basın özgürlüğü, grev ve sendika hakkı, ikinci meclis, anayasa mahkemesi, nispi temsile dayanan seçim sistemi, özerk üniversite, yüksek yargıçlar kurulu, devlet yayın araçlarının tarafsızlığı gibi ilkeler yer almıştır. Bu ilkeler daha sonra 1961 Anayasası'nın iskeletini oluşturmuştur. CHP "demokratik açılımdan" söz ederken "demokrasi" diye diye iktidar olan DP, baskıcı ve diktatör bir yönetim sergilemiştir.

DP, muhalefet liderlerinin yurtta dolaşmalarına bile tahammül edemeyecek duruma gelmiştir. Bu yöndeki baskılara daha 1952'de başlamışlar. İnönü'nün 1952'deki Ege gezisi sırasında İzmir'de kişisel müdahaleler, Akhisar ve Manisa'da DP'nin organize ettiği protesto gösterileri yapılmıştır. 8 Ekim 1952'de İnönü'nün Balıkesir gezisi öncesinde, kentin dışında İnönü'yü karşılayan vali, olaylar çıkacağını, olanlardan sorumlu olmayacağını, kendisini koruyamayacağını bildirmiştir. Bunun üzerine İnönü kente girmekten vazgeçmiştir. 18 Nisan 1954'te İnönü, Mersin'deki açık hava toplantısı sırasında DP'lilerin saldırılarından kurtulabilmek için yüksekçe bir duvardan atlamak zorunda kalmıştır. 30 Nisan 1959'da İnönü, Uşak'ta Kurtuluş Savaşı karargâhı olan evi ziyaret etmek istemiş ama Uşak valisi bu isteği kabul etmemiştir. Emniyet müdürü ve Jandarma komutanının valiyi görevden almaları sonunda İnönü kente girebilmiştir. O gece DP'li partizanlar toplanmıştır. Ertesi gün İnönü otomobilinden inip kalabalığın arasından geçerken başına gelen bir taşla yaralanmıştır. Uşak valisi İlhan Engin'in ve DP örgütünün İsmet Paşa'ya yönelik tertipleri boşa çıkmıştır. Ancak DP il ve ilçe başkanlarının Uşak Cumhuriyet Savcılığı'na şikayetleri üzerine CHP Merkez İlçe Başkanı Muzaffer Mert, Gençlik Kolu Başkanı Cemal Uçoğlu ve arkadaşları hakkında DP'ye hakaretten, *"Toplantı ve Gösteri Yürüyüşleri Kanunu"*na muhalefetten dava açılmış, *"Suçüstü Kanunu"*na göre yürütülen dava gece geç saatlerde beraatla sonuçlanmıştır.[752] Eylül 1959'daki Geyikli Olayla-

---

752   Ali Rıza Akbıyıkoğlu, **Demokrasi ve İsmet Paşa**, Ankara, 1986, s. 54.

rı (CHP ekibine yapılan saldırıdan sonra CHP yetkilileri bölgeye girmiş ancak basının olayla ilgili haber yapması yasaklanmıştır) ve 2 Nisan 1960'ta Kayseri'de CHP'nin Tarım Kredi Kooperatifleri seçimlerini kazanmasının ardından patlak veren çatışma, durumu iyiden iyiye kritik bir hale getirmiştir. Durumu incelemek için Kayseri'ye hareket eden İnönü'ye engel olunmuştur. DP, İzmir'de CHP'nin bütün etkinliklerini engellemiştir. DP'li partizanlar *Demokrat İzmir* gazetesini yakmışlardır. 4 Mayıs'ta İnönü, İstanbul'da havaalanından kente gelirken Topkapı'da toplanan taşlı sopalı DP'li partizanların saldırısına uğramıştır.[753]

Bütün bunlar da yetmemiş 26 Şubat 1960 tarihinde CHP Genel Başkanı İsmet İnönü'nün Uşak olayları ile ilgili olarak 6761 sayılı *"Toplantı ve Gösteri Yürüyüşleri Kanunu"*na muhalefetten dolayı dokunulmazlığının kaldırılması amacıyla hazırlanan Başbakanlık Tezkeresi TBMM'ye gönderilmiştir. Uşak C. Savcılığı'nın 21 Temmuz 1960 tarihli ve karar 960/479, Hz. 960/808 sayılı kararı ile İsmet İnönü hakkında takipsizlik kararı vermiştir.[754]

DP, provakatif eylemlerle CHP'yi durduramayınca kanun gücüne başvurmuştur. DP Grubu, 12 Nisan 1960'ta CHP'yi "silahlı ve düzenli ayaklanmalar" hazırlamakla, bir kısım basını

753 Akşin, age., s. 257.
754 Akbıyıkoğlu, age., s. 105.

da bunu desteklemekle suçlayarak üç ay içinde bir "Tahkikat Komisyonu" kuracağını bildirmiştir. 16 Nisan'da "Tahkikat Komisyonu" kurulmuştur. Tamamı DP'li olan 15 kişilik komisyon ilk aşamada üç şeyi yasaklamıştır:

1. Partilerin tüm etkinlikleri,
2. Komisyonun etkinlikleri ile ilgili yayınlar,
3. TBMM'de komisyon konusundaki görüşmeler ve bunlar hakkındaki yayınlar...

Ancak faşist ülkelerde olacak şekilde muhalefetin ve basının susturulması amacıyla Tahkikat Komisyonu'nun kurulması üzerine İsmet İnönü mecliste yaptığı konuşmada; "*Bu demokratik rejimi istikametinden ayırıp baskı rejimi haline götürmek tehlikeli bir şeydir. Bu yolda devam ederseniz ben de sizi kurtaramam... Şartlar tamam olduğu zaman milletler için ihtilal meşru haktır,*"[755] demiştir.

DP durmak bilmemiş, muhalefet ve basın üzerindeki baskıyı daha da arttırmak için 27 Nisan 1960'da "Tahkikat Ko-misyonu"na olağanüstü yetkiler tanıyan bir kanun çıkarmıştır. Bu kanun, komisyona her türlü yayınları yasaklama, süreli yayınları ve basımevlerini kapatma, soruşturmanın seyri sırasında önlem kararları alma ve bu amaçla hükümetin bütün olanaklarından yararlanma yetkisi vermiştir. Komisyonun önlem kararlarına "her ne suretle olursa olsun" karşı çıkanlar 1-3 yıla kadar ağır hapis cezasına, gizli soruşturmalar konusunda açıklama yapanlar 6 ay ile 1 yıl arasında hapis cezasına çarptırılacaklardır. Tahkikat Komisyonu, 27 Nisan 1960 tarihinde 7469 sayılı "*TBMM Tahkikat Encümenlerinin Vazife ve Salahiyetleri Hakkında Kanun*" ile, anayasaya aykırı biçimde, meclis ve mahkemeleri de aşan yetkilerle donatılmıştır.[756]

---

755 Akşin, **age.**, s. 258.
756 İşte Tahkikat Komisyonu'nun o yetkilerinden bazıları: "*Madde 1 – Türkiye Büyük Millet Meclisi Tahkikat encümenleri ve naib olarak vazifelendirecekleri tali encümenler; Ceza Muhakemeleri Usulü Kanunu, Askerî Muhakeme Usulü Kanunu, Basın Kanunu ile diğer kanunlarda Cumhuriyet Müddei Umumisine, sorgu hâkimine, sulh hâkimine ve askerî adlî âmirlere tanınmış olan bilcümle hak ve salâhiyetleri haizdir. Madde 2 – Türkiye Büyük Millet Meclisi Tahkikat encümenleri:*
a) Tahkikatın selâmetle cereyanını temin maksadıyla her türlü neşriyatın yasak edilmesine,

İnönü, bu kanunu şöyle eleştirmiştir: *"Biz tedbiri aldık. Bu tedbiri yürüteceğiz, diyorsunuz. Gayrimeşru baskı rejimine girmiş olan idarelerin hepsi böyle demiştir. Bu tedbire teşebbüs eden baskı tertipçileri zannediyorlar ki: Türk milletinin Kore milleti kadar haysiyeti yoktur."*[757]

Bu konuşması üzerine meclis İnönü'ye 12 oturum meclise katılmama cezası vermiştir.[758]

Tahkikat Komisyonu, ilk kararlarını 19 Nisan günü kamuoyuna duyurmuştur. 1 numaralı tebliğ ile vazife taksimini gerçekleştiren Komisyon, 2 numaralı tebliğ ile partilerin ve yerel teşkilatların her türlü toplantı ve kongreleri yasaklanarak siyasi faaliyetlerini durdurmuş, 3 numaralı tebliğ ile de Tahkikat Komisyonu'nun bizzat yapacağı bilgilendirmeler haricinde, Komisyon'un toplantıları, kararları ve bu kararlara ilişkin yorumları içeren her türlü yayınını yasaklamıştır.

DP'nin Tahkikat Komisyonu'nu kurup ülkedeki bütün özgürlükleri yok etmek için hareket ettiği 1960 baharında önce üniversite gençliği DP'ye başkaldırmıştır. 28 Nisan'da İstanbul Üniversitesi öğrencileri, polisi çaresiz bırakacak derecede büyük bir gösteri yapmıştır. Ordu birliklerinin çağrıldığı gösteride 1 öğrenci ölmüş 40 kişi de yaralanmıştır. Ertesi gün Ankara'da Hukuk ve Siyasal Bilgiler öğrencileri gösterilere başlamıştır. 21 Mayıs günü de Harp Okulu öğrencileri Atatürk Bulvarı'nda yürüyüş yapmıştır.[759]

b) Neşir yasağına riayet edilmemesi halinde mevkute veya gayrimevkutenin tabı veya tevziinin men'ine,
c) Mevkute veya gayrimevkutenin toplatılmasına, mevkutenin neşriyatının tatiline veya matbaanın kapatılmasına,
ç) Tahkikat için lüzumlu görülen veya sübut vasıtalarından olan her türlü evrak, vesika veya eşyanın zaptına,
d) Siyasi mahiyet arz eden toplantı, hareket, gösteri ve emsali faaliyetler hakkında tedbir ve karar almaya,
e) Tahkikatın selâmetle intacı için lüzumlu göreceği bilcümle tedbir ve kararları ittihaz etmeye ve Hükümetin bütün vasıtalarından istifade eylemeye, dahi salahiyetlidir".

757 Kore diktatörü Rhee, öğrenci ve halk gösterileri karşısında 21 Nisan 1960'ta istifa etmek zorunda kalmıştır (Akşin, **age.**, s. 258).
758 Akşin, **age.**, s. 258, Akbıyıkoğlu, **age.**, s. 135.
759 Akşin, **age.**, s. 259.

Siyasî faaliyetler durduruldu

Dün kurulan 15 kişilik DP Tahkikat Komisyonu çalışmaya başladı ve tahkikat sonuna kadar kongrelerle her türlü parti toplantılarını menetti

Komisyon, tahkikata konu olan maddelerle ilgili her türlü yayına da yasak koydu

② NUMARALI TEBLİĞ

① NUMARALI TEBLİĞ

③ Numaralı

Anlayacağınız DP, "demokrasi" diye diye "demokrasi düşmanlığı" yaparak Türkiye'yi 27 Mayıs 1960 darbesine doğru sürüklemiştir.[760]

Ali Rıza Akbıyıkoğlu, *"Demokrasi ve İsmet Paşa"* adlı kitabında *"Demokrat Parti'nin Zihniyeti"* başlığı altında DP'nin demokratlığını şöyle özetlemiştir:

"DP iktidarı artık yasalara bağlı kalmak, kendi dışında kalanlara hayat hakkı tanımak niyetinde değildir. Muhalefeti etkisiz bırakmak, basını sindirmek, 'dikensiz gül bahçesi' yaratmak emelindedir. İnönü'nün değişiyle, 'iktidar çok partili hayat tarzını benimsememiştir.' Başından itibaren sürekli bir iktidarın yollarını aramıştır.

DP liderleri, muhalefette bulundukları dört yıl boyunca ağızlarına sakız ettikleri 'Antidemokratik Kanunlar' sloganını tamamıyla unutmuşlar, gericiliğe ödün vererek halkı kandırmanın yolunu tutmuşlardır. Atatürk'ün Türkçeleştirdiği ezanın, iktidarlarının daha ilk günlerinde Arapça okunmasını sağlamıştır. Anayasanın dilini, tekrar 1924 'Teşkilat-ı Esasiye Kanunu'nun diline çevirmişlerdir.

---

760 DP'nin ne kadar "demokrat" olduğunu görmek için bkz. Şevket Çizmeli, **Menderes Demokrasi Yıldızı**, 2. bas., Ankara, 2007.

CHP muhalefetinin gazetesi, matbaası ve malları elinden alınmıştır.

Her seçim, büyük çoğunlukla kazanılmış olmasına rağmen, iktidarın başlarını daha çok hırçınlaştırmış; seçim ve basın yasalarında yapılan değişikliklerle memleketin havası daha fazla ağırlaştırılmıştır. Verdikleri oylar yüzünden iller, ilçeler cezalandırılmıştır.

Tek partili dönemin Milli Şef'i iken ülkede çok partili demokratik hayatı başlatan İnönü, Başbakan Menderes tarafından 'Milli Münafık' olarak tanımlanmış, değişken mizacına göre, partiler arasında zaman zaman estirdiği 'bahar havası' kısa aralarla yine kendisi tarafından bozulmuştur.

Milleti ikiye bölen 'Vatan Cephesi' icadı DP adına, en azından korkunç bir sorumsuzluk örneği olmuştur. Sürekli bir iktidarın tek engeli görülen CHP Genel Başkanı İsmet İnönü'nün yok edilmesi düşünce ve girişimleri de demokrasi tarihimize kara bir leke olarak geçmiştir.

İşin ilginç yönü, bütün bu anormalliklerin, Atatürk ilke ve inkılaplarından sapmaların 'Atatürk seni sevmek milli ibadettir,' diyen Celal Bayar'ın cumhurbaşkanlığı döneminde meydana gelmesidir. Bayar DP rumuzlu bastonla yurt gezilerine çıkmaktan, 'Muhaliflerimizi karınca gibi ezeceğiz' demekten çekinmemiştir."[761]

Gerçek demokrasinin olmazsa olmazı "tam bağımsızlık" ve "laiklik" konusunda akıl almaz tavizler veren, özgür iradesiyle hareket edip karar veren bilinçli ve aydınlanmış bireyler yetiştiren Halkevlerini, Halkodalarını ve Köy Enstitülerini kapatan, feodal yapıya son vermek amacıyla hazırlanan toprak reformuna karşı çıkan, muhalefeti ve basını susturmak için "Tahkikat Komisyonu" kuran, ana muhalefet liderinin seçim gezilerini, radyo konuşmalarını engelleyen DP'nin "demokrat" olduğunu iddia etmek için ancak İkinci Cumhuriyetçi veya karşı devrimci olmak gerekir!

2. cildin sonu

761 Akbıyıkoğlu, age., s. 107-108.

Kaynakça

Afet, **Vatandaş İçin Medeni Bilgiler**, Devlet Matbaası, İstanbul, 1931.

Ahmet Cevat, *"Büyük Gazi ve Millet"*, **Muhit**, no:3, s. 162.

Akarsu, Bedia, **Atatürk Devrimi ve Temelleri**, 3. bas., İstanbul, 2003.

Akbıyıkoğlu, Ali Rıza, **Demokrasi ve İsmet Paşa**, Ankara, 1986.

Akçam, Alper, **Anadolu Rönesansı Esas Duruşta**, Ankara, 2009.

Aksoy, Suat, *"Atatürk'ün Toprak Reformuna İlişkin Görüşleri"*, **Ata'nın Anısına Doğumunun 100. Yılında Tarım Semineri, Ankara Üniversitesi Ziraat Fakültesi, 12-16 Ekim 1981**, Ankara, 1982, s. 42.

Akşam gazetesi, 18 Haziran 1934.

Akşin, Sina, **Kısa Türkiye Tarihi**, İstanbul, 2007.

Akşin, Sina, **Türkiye Önünde Üç Model**, İstanbul, 1997.

Akyüz, Yahya, **Türk Eğitim Tarihi**, Ankara, 1982.

Angı, Hacı, **Atatürk İlkeleri ve Devrim Tarihi**, İstanbul, 1983.

Anonim, **Halk Okuma Kitabı**, Tarım ve Kültür Bakanlığı Köy Eğitmeni, Tarım ve Kültür Bakanlığı Köy Eğitmeni Yetiştirme Kursları Neşriyatı, S. 23. İstanbul, 1928.

Anonim, **Köy Eğitmenleri Kanun ve Talimatnamesi**, Kanun No: 3238.

Anonim, **Köy Kıraati**, Devlet Matbaası, İstanbul, 1928.

Arar, İsmail, **Atatürk'ün İzmit Basın Toplantısı**, Eylül 1997.

Arar, İsmail, **Hükümet Programları 1920-1965**, İstanbul, 1966.

Aras, Tevfik Rüştü, **Vatan** gazetesi, 21 Temmuz 1944.

Aşkın, Sait, *"Atatürk Döneminde Doğu Anadolu, (1923-1938)"*, **Atatürk Araştırma Merkezi Dergisi**, S. 50, C 17, Temmuz, 2011.

Atatürk, Mustafa Kemal, **Medeni Bilgiler**, 2. bas., Toplumsal Dönüşüm Yayınları, İstanbul, 2010, s. 128, 130 (Afet İnan'dan günümüz Türkçesine çeviren Neriman Aydın).

Atatürk, Mustafa Kemal, **Nutuk**, hzl. Bilge Bahadır, İstanbul, 2002.

Atatürk'ün Bütün Eserleri, Kaynak Yayınları, 30 Cilt, İstanbul, 1998-2011.

Atatürk'ün Okuduğu Kitaplar, Anıtkabir Derneği Yayınları, 24 cilt, Ankara, 2001.

Atatürk'ün Söylev ve Demeçleri, C 1, İstanbul, 1945, Ankara, 1961, Ankara 1997.

Atatürk'ün Söylev ve Demeçleri, C 2, 3, Ankara, 1959.

Atatürk'ün Tamim Telgraf ve Beyannameleri, C 4, Ankara, 1964.

Atay, Falih Rıfkı, *"Gazi'nin Düsturları"*, **Hâkimiyet-i Milliye** gazetesi, 1 Şubat 1931.

Atay, Falih Rıfkı, **Atatürk Ne İdi**, İstanbul, 1980.

Atay, Falih Rıfkı, **Çankaya**, Pozitif Yayınları, İstanbul, 2009.

Avar, Banu, **Kaçın Demokrasi Geliyor**, İstanbul, 2011.

Avar, Sıdıka, **Dağ Çiçeklerim**, Öğretmen Dünyası Yayınları, Ankara, 1999.

Avcıoğlu, Doğan, **Milli Kurtuluş Tarihi**, C.4, İstanbul, 2000.

Aybars, Ergun, **İstiklal Mahkemeleri**, 2. bas., İstanbul, 1998, Ankara, 2009.

Aybars, Ergun, **Yakın Tarihimizde Anadolu Ayaklanmaları**, İstanbul, 1998.

Aydemir, Şevket Süreyya, **İkinci Adam**, C 1, 9. bas., İstanbul, 1999.

Aydemir, Şevket Süreyya, **İkinci Adam**, C 3, 6. bas., İstanbul, 2000.

Aydemir, Şevket Süreyya, **İkinci Adam**, C 2, 7. bas., İstanbul, 2000.

Aydemir, Şevket Süreyya, **Tek Adam**, C 3, 22. bas., İstanbul, 2007.

Aydoğan, Metin, Atatürk ve Türk Devrimi, "Ülkeye Adanmış Bir Yaşam, 2", 10. bas., İzmir, 2008.

Aydoğan, Metin, **Türkiye Üzerine Notlar, 1923-2005**, 14. bas., İzmir, 2005.

Ayın Tarihi, Eylül 1938, S. 58, s. 19-22, Haziran 1936, S. 30, s. 67, Ocak 1936, S. 25, s. 25 vd, Temmuz 1938, S. 55, s. 9.

Babuş, Fikret, "*Türkiye'de İskân ve Toprak Sorunu*", Teori dergisi, S. 218, Mart 2008, s. 53.

Babuş, Fikret, **Osmanlı'dan Günümüze Etnik-Sosyal Politikalar Çerçevesinde Göç ve İskân Siyaseti ve Uygulamaları**, Ocak 2006.

Baltacıoğlu, İsmayıl Hakkı, **Halkın Evi**, Ankara, 1950.

Banoğlu, Niyazi Ahmet, **Nükte, Fıkra, Çizgilerle Atatürk**, İkinci kitap, Yeni Tarih Dünyası Özel Sayısı, İstanbul, 1954.

Barkan, Ömer Lütfi, "*Çiftçiyi Topraklandırma Kanunu ve Türkiye' de Zirai Bir Reformun Ana Meseleleri*", İstanbul Üniversitesi **İktisat Fakültesi Mecmuası**, C 6, S. 1-2, Ekim 1944-Ocak 1945, s. 60.

Barkan, Ömer Lütfi, **Türkiye'de Toprak Meselesi: Toplu Eserler 1**, İstanbul, 1980.

Başaran, Mehmet, **Özgürleşme Eylemi, Köy Enstitüleri**, 4. bas., İstanbul, 2006.

Başgöz, İlhan, "*Türkiye'de Laikliğin Tarihsel ve Sosyal Kökleri*", **Bilanço 1923-1998**, 10-12 Aralık 1998.

Bayar, Celal, **Atatürk'ten Hatıralar**, İstanbul, 1954.

BCA (Başbakanlık Cumhuriyet Arşivi), FK: 30.18.1.2, YN: 8.8.9, T: 12.2.1930.

BCA, FK: 30.18.1.2, YN: 14.67.14, T: 15.10.1930.

BCA, FK: 30.18.1.2, YN: 9.13.16, T: 23.3.1930.

BCA, FK: 30.18.1.2, YN: 15.76.13, T: 17.11.1930.

BCA, FK: 30.18.1.2, YN: 88.82.2, T: 25.8.1939.

BCA, FK: 30.10.0, YN: 159.113.22, T: 15.8.1938.

BCA, FK: 30.10.0, YN: 159.114.18, T: 13.1.1937.

BCA, FK: 30.10.0, YN: 158.110.1, T: 18.10.1935.

BCA, FK: 30.10.0, YN: 71.466.85, T: 30.7.1937.

BCA, FK: 30.18.1.1, YN: 5.14.3, T: 30.4.1922.

BCA, FK: 30.18.1.1, YN: 6.43.4, T: 5.1.1923.

BCA, FK: 30.18.1.1, YN: 11.46.2, T: 2.10.1924.

BCA, FK: 30.18.1.1, YN: 9.27.9, T: 28.5.1924.

BCA, FK: 30.18.1.1, YN: 11.43.15, T: 17.9.1924.

BCA, FK: 30.10, YN: 119.837.17, T: 5.1.1931.

BCA. Karton No: 030.18.1/5.45.17.

Belge, Murat, *"Mustafa Kemal ve Kemalizm"*, Modern Türkiye'de Siyasal Düşünce, C 2, İstanbul, 2002.

Berkes, Niyazi, Unutulan Yıllar, ed. Ruşen Sezen, 3. bas., İstanbul, 2005.

Birgen, Muhittin, *"Atatürk'ü Seviyorsak"*, Son Posta gazetesi, 15 Kasım 1938.

Birgen, Muhittin, *"Celal Bayar'ın Üçüncü Planı"*, Son Posta gazetesi, 22 Eylül 1938.

Birinci, Ali, Hürriyet ve İtilaf Fırkası, İstanbul, 1990.

Borak, Sadi, Atatürk, Gençlik ve Hürriyet, İstanbul, 1998.

Bozdağ, İsmet, *"Atatürk'ün Sofrası"* Günaydın gazetesi, 1975.

Bozkurt, Mahmut Esat, *"Öz Türk Köylüleri"*, Anadolu dergisi, İkinciteşrin (Kasım) 1939.

Bozyiğit, A. Esat, Türk Yazınında Ankara, Ankara, 2000.

C.H.P. Halk Evleri Öğreneği, Ankara, 1935.

Caporal, Bernard, Kemalizm Sonrası'nda Türk Kadını, 3, İstanbul, 2000.

Cılızoğlu, Tanju, Kader Bizi Una Değil Üne İtti: Çağlayangil'in Anıları, İstanbul, 2000.

Coşkun, Bekir, *"Atatürk'ün Köpeği"*, Hürriyet gazetesi, 30 Ocak 2000.

Cumhuriyet Dönemi Türkiye Ansiklopedisi, C 5, s. 1203.

Cumhuriyet gazetesi, 2 Aralık 1925, 19 Aralık 1930, 4 Ekim 1930, 27 Mayıs 1932, 25 Temmuz 1948, 3. Haziran, 1952, 10 Kasım 1961.

Cunbur, Müjgan, *"Atatürk Döneminde Kadın Eğitimi"*, **Atatürk Araştırma Merkezi Dergisi**, S. 23, C 8, Mart 1992.

Çavdar, Tevfik, *"Halkevleri"*, **Cumhuriyet Dönemi Türkiye Ansiklopedisi**, C 4, s. 878-879.

Çavdaroğlu, Hüseyin Avni, **Öncesi ve Sonrası ile Lozan**, İstanbul, 2011.

Çeçen, Anıl, **Halkevleri**, Ankara, 1990.

Çiller, Selahattin, **Atatürk İçin Diyorlar ki**, 4. bas., İstanbul, 1981.

Çizmeli, Şevket, **Menderes Demokrasi Yıldızı**, 2. bas., Ankara, 2007.

Çolakoğlu, Elif, *"Kırsal Kalkınma Projelerine Bir Çözüm Arayışı Olarak Köy-Kent Projesi"*, **ZKÜ Sosyal Bilimler Dergisi**, C 3, S. 6, 2007, s. 187-202.

Demirlika, İlirjana, **Arnavutluk Kaynaklarında Atatürk ve Türk Devrimi**, Basılmamış Yüksek Lisans Tezi, İÜ Atatürk İlkeleri İnkılâp Tarihi Enstitüsü, İstanbul, 2001.

Dirik, K. Doğan, **Vali Paşa Kazı Dirik**, *"Bandırma Vapuru'ndan Halkın Kalbine"*, İstanbul 2008.

Diyarbakır İl Yıllığı, Ankara, 1973.

Doğanay, Rahmi, *"1930-1945 Dönemi Doğu Anadolu Bölgesinde Uygulanan Sanayi Politikaları"*, **Fırat Üniversitesi Sosyal Bilgiler Dergisi**, C 10, S. 2, Elazığ, 2000, s. 229, 230.

Dorukan, Ayşe, **Cumhuriyetin Çağdaşlaşma Düşüncesinin Yaşama ve Mekana Yansımaları: Halkevi Binaları Örneği**, İTÜ Fen Bilimleri Enstitüsü, Bina Bilgisi Programı, Yayımlanmamış Doktora Tezi.

Duverger, Maurice, **Siyasi Partiler**, çev. Ergun Özbudun, 2. bas., Ankara, 1986.

Ecevit, Bülent, *"Köylü Milletin Efendisi Olmalıdır"*, **http://www.dsp.org.tr**, (Erişim tarihi: 28.05.2002).

Egeli, Münir Hayri, **Atatürk'ten Bilinmeyen Hatıralar**, İstanbul, 1954.

Eralp, Perran, **Ülkü Dergisi**, C 3, S. 136, s. 8-11.

Erdost, Muzaffer İlhan, **Küreselleşme ve Osmanlı Millet Modeli Makasında Türkiye**, İstanbul, 1998.

Erdost, Muzaffer, *"Toprak Reformunun Ülkemizin Toplumsal Ekonomik ve Siyasal Yapısındaki Yeri"*, **Toprak Reformu Kongresi 1978**, Ankara 1978, s. 207.

Erdönmez, Cihan, *"Köykent: Olumlu ve Olumsuz Yönleriyle Bir Kırsal kalkınma Projesinin Çözümlenmesi"*, **Süleyman Demirel Üniversitesi Orman Fakültesi Dergisi**, Ser: A, Sayı:2, Yıl: 2005, s. 35-51.

Ergin, Feridun, **Ali İktisat Meclis Raporları**, Yaşar Eğitim Kültür Vakfı Yayınları, No: 1.

Eroğlu, Hamza, **Atatürkçülük**, Ankara, 1981.

Es, Hikmet Feridun, *"Sıdıka Avar"*, **Hayat** dergisi, 1957.

Falih Rıfkı, *"Şef ve Diktatör"*, **Hâkimiyet-i Milliye** gazetesi, 4 Ocak 1931.

Feyzioğlu, Turhan, **Türk Milli Mücadelesi'nin ve Atatürkçülüğün Temel İlkelerinden Biri Olarak Millet Egemenliği**, İstanbul, 1989.

Fotoğraflar; **ATATÜRK**, hzl. Mehmet Özel, T.C. Kültür Bakanlığı Yayınları, Ankara, ty.,

"GAP'ın Tarihçesi", TC Başbakanlık Güneydoğu Anadolu Projesi Bölge Kalkınma İdaresi Başkanlığı İnternet Sitesi, (**http://www.gap.gov.tr/gap/gap-in-tarihcesi**).

Gentizon, Paul, **Mustafa Kemal ve Uyanan Doğu**, çev. Fethi Ülkü 3. bas., Ankara, 1997.

Girtli, İsmet, **Atatürk Cumhuriyeti**, İstanbul, 1984.

Glasneck, Johannes, **Türkiye'de Faşist Alman Propagandası**, çev. Arif Gelen, Ankara, 1976, s. 202.

Goloğlu, Mahmut, **Demokrasiye Geçiş**, İstanbul, 1982.

Goloğlu, Mahmut, **Devrimler ve Tepkileri**, **"Türkiye Cumhuriyeti Tarihi, 1924-1930"**, İstanbul, 2007.

Gökçen, Sabiha, Atatürk'ün İzinde Bir Ömür Böyle Geçti, hzl. Oktay Verel, İstanbul, 1982.

Göksel, Burhan, "Atatürk ve Kadın Hakları" Atatürk Araştırma Merkezi Dergisi, S. 1, C 1, Kasım, 1984.

Göksel, Burhan, "Atatürk ve Türk Çocuğunun Eğitim ve Öğretimi", Belgelerle Türk Tarihi Dergisi, S. 71, Ağustos 1973.

Gözler, H. Fethi, Atatürk İnkılâpları, Türk İnkılâbı, İstanbul, 1985.

Granda, Cemal, Atatürk'ün Uşağı'nın Gizli Defteri, drl. Turhan Gürkan, İstanbul, 1971.

Grassi, Fabio L., Atatürk, çev. Eren Yücesan Cenday, İstanbul, 2009.

Gümüşoğlu, Firdevs, Ülkü Dergisi ve Kemalist Toplum, İstanbul, 2005.

Güner, Zekai - Kabataş, Orhan, Milli Mücadele Dönemi Beyannameleri ve Basını, Ankara, 1990.

Gürer, Turgut, Atatürk'ün Yaveri Cevat Abbas Gürer, Cepheden Meclise Büyük Önder ile 24 Yıl, İstanbul, 2006.

Hâkimiyet-i Milliye gazetesi, 7 Şubat 1926, 24 Aralık 1926, 3 Aralık 1930, 5 Aralık 1930, 20 Aralık 1930, 26 Aralık 1930, 31 Mart 1930, Temmuz 1930, 2 Şubat, 1931, 26 Nisan 1931, 28 Ekim 1932.

Hanri Benazus Koleksiyonu; "Sofya'da Askeri Ataşeyken Arkadaşlarıyla", www.isteataturk.com, 27 Mart 2010.

I. TBMM Tutanak Dergisi, Dönem 7, C 17, 18.

İdeal Cumhuriyet Köyü, http://www.cumhuriyetkoyu.org/.

İlhan, Attilâ, Hangi Atatürk, İstanbul, 2010.

İnalcık, Halil, Atatürk ve Demokratik Türkiye, İstanbul, 2007.

İnan, A. Afet, "Atatürk ve Cumhuriyet İdaresi", Atatürkçülük Nedir?, Ankara, 1963.

İnan, A. Afet, Atatürk ve Türk Kadın Haklarının Kazanılması, İstanbul, 1968,

İnan, A. Afet, Devletçilik İlkesi ve Türkiye Cumhuriyeti'nin Birinci Sanayi Planı 1933, Ankara, 1972, Ek 7.

İnan, A. Afet, İzmir İktisat Kongresi 17 Şubat-4 Mart 1923, Ankara, 1989.

İnan, A. Afet, Mustafa Kemal Atatürk'ün Karlsbad Hatıraları, 2. bas., Ankara, 1991.

İnan, A. Afet, Türkiye Cumhuriyeti'nin II. Sanayi Planı, Ankara, 1973.

İnan, Ali Mithat, Atatürk'ün Not Defterleri, Ankara, 1998.

İnce, Erdal, Türk Siyasal Yaşamında Çiftçiyi Topraklandırma Kanunu, İstanbul, 2009.

İnci, İbrahim, "Atatürk Dönemi Türkiyesi'nde Toprak Mülkiyet Dağılımı İle İlgili Bazı Düzenlemeler," A. Ü. Türkiyat Araştırmaları Enstitüsü Dergisi, Erzurum, 2010, s. 357.

İnönü, İsmet, Aziz Atatürk, Ankara, 1963.

İnönü, İsmet, Söylev ve Demeçler, İstanbul, 1946.

İpekçi, Abdi, İnönü Atatürk'ü Anlatıyor, İstanbul, 1981.

Kal, Nazmi, Atatürk'le Yaşadıklarını Anlattılar, Ankara, 2001.

Kansu, Mazhar Müfit, Erzurum'dan Ölümüne Kadar Atatürk'le Beraber, C 1, 4. bas., Ankara, 1997.

Kaplan, Leyla, Cemiyetlerde ve Siyasi Teşkilatlarda Türk Kadını (1908-1960), Ankara, 1998.

Karal, Enver Ziya, "Atatürk, Siyaset Ahlakı ve Siyasi Partiler", Atatürkçülük Nedir? 1963.

Karal, Enver Ziya, Atatürk ve Devrim, Ankara, 1980.

Karal, Enver Ziya, Atatürk'ten Düşünceler, İstanbul, 1981.

Karal, Enver Ziya, Osmanlı Tarihi, C 8, Ankara, 1962.

Karaosmanoğlu, Yakup Kadri, Atatürk, 4. bas., İstanbul, 1971.

Karlıklı, Yücel, Türk Devriminin Temel Belgeleri, "Siyasal Belgeler, Anayasalar, Yasalar", İstanbul, 2010.

Karpat, Kemal, Türk Demokrasi Tarihi, İstanbul, 1996.

Kaya, B. Şükrü "Halkevlerinin Açılış konferansı", "Ülkü-Halkevleri Dergisi", C 11, S. 61 (Mart 1938), s. 1.

Kaymakçı, Mustafa, "Bu Rakamlar Tam Yılmaz Özdil'lik", www.odatv.com, 02 Kasım 2010.

Kaynar, Reşat- Sakaoğlu, Necdet, **Atatürk Düşüncesi**, İstanbul, 1995.

Kılıç Ali, **Atatürk'ün Hususiyetleri**, İstanbul, 1954.

Kırby, Fay, **Türkiye'de Köy Enstitüleri**, 2. bas., Ankara, 2000.

Kıvanç, Halit, "*İlk Kadın Tayyarecimiz Sabiha Gökçen*", Milliyet gazetesi, Yıl 7, S. 2356, 6 Aralık 1956, s. 4.

"*Kızlar İHL'de Erkekleri Geçti*", Milliyet gazetesi, 9 Şubat 2008.

Kinros, Lord, **Atatürk, Bir Milletin Yeniden Doğuşu**, 12. bas, İstanbul, 1994.

Kinross, Lord, **Atatürk, The Rebirth of a Nation**, London, 1964.

Kocatürk, Utkan, **Atatürk ve Türkiye Cumhuriyeti Tarihi Kronolojisi**, Ankara, 1981.

Kocatürk, Utkan, **Atatürk'ün Fikir ve Düşünceleri**, Ankara, 1999.

Komisyon, **Zeitgeist Ne Anlatıyor?**, İstanbul, 2010.

Kut, Dursun, "*Kinyas Ağa Köy Enstitülerini Nasıl Kapattırdı*", **Cumhuriyet** gazetesi, 20 Temmuz 1996

Mechin, Benoit, **Kurt ve Pars**, çev. Ahmet Çuhadar 2. bas., İstanbul, 2001.

Meydan, Sinan, **Atatürk ile Allah Arasında, "Bir Ömrün Öteki Hikâyesi"**, 3. bas., İstanbul, 2009.

Meydan, Sinan, **Atatürk ve Türklerin Saklı Tarihi**, İstanbul, 2010.

Meydan, Sinan, "**Atatürk'ü Doğru Anlamak İçin" Nutuk'un Deşifresi**, 2. bas., İstanbul, 2009.

Meydan, Sinan, **Cumhuriyet Tarihi Yalanları**, 2. Kitap, İstanbul, 2011.

Meydan, Sinan, **Cumhuriyet Tarihi Yalanları**, 1. Kitap, İstanbul, 2010.

Mumcu, Uğur, **40'ların Cadı Kazanı**, 20. bas., İstanbul, 1990, s. 1 vd.

Mumcu, Uğur, **Uyan Gazi Kemal**, 3. bas., Ankara, 2004.

Mutlu, M. Ünal, "*Sümerce ve Etrüskçe Arkaik Türk Dilleridir*", **Tarihten Bir Kesit Etrüskler, 2-4 Haziran 2007, Bodrum, Sempozyum Bildirileri**, TTK Yayınları, Ankara, 2008, s. 120

Mütercimler, Erol, **Fikrimizin Rehberi**, İstanbul, 2008.

"Okyar Hükümeti Programı", **T.B.M.M. Kütüphanesi**, 1930.

Ozankaya, Özer, **Cumhuriyet Çınarı**, Ankara, 1994.

Öcal, Mehmet, *"Atatürk'ün İdeal Cumhuriyet Köyü Projesi, Venüs Projesi Olmuş"*, **Eğitim Yuvası Formu**, 30 Nisan 2011.

Öymen, Altan, *"İmam Hatipler ve Din Adamlığı"*, **Radikal** gazetesi, 9 Eylül 2006.

Özakıncı, Cengiz, *"Dersim'den Tunceli'ye Yurttaş Hakları Devrimi, Dersim Dersi"*, **Bütün Dünya** dergisi, S. 2010/01, 1 Ocak 2010, s. 62.

Özakman, Turgut, **Cumhuriyet**, *"Türk Mucizesi"*, 2. Kitap, 22. bas., Ankara, 2010.

Özakman, Tugut, **Vahdettin, Mustafa Kemal ve Milli Mücadele**, 6. bas., Ankara, 2007.

Özalp, Kazım, *"Atatürk ve Cumhuriyet"*, **Milliyet** gazetesi, 29 Ekim 1963, s. 5.

Özalp, Reşit, **Rakamlarla Türkiye'de Teknik ve Mesleki Öğretim**, Ankara, 1956.

Özbudun, Ergun *"Atatürk ve Demokrasi"*, **Atatürk, Araştırma Merkezi Dergisi**, S. 14, C 5, Mart 1989.

Özel, Sabahattin, **Büyük Milletin Evladı ve Hizmetkarı Atatürk ve Atatürkçülük**, İstanbul, 2006.

Özerdim, Sami N., **Yazı Devriminin Öyküsü**, Ağustos 1998.

Özkaya, Orhan, *"Toprak Reformu, Özgürlük Bağımsızlık ve Gerçek Demokrasi Demektir"*, **Teori** dergisi, S. 237, Ekim 2009, s. 54.

Özkaya, Yücel, *"Atatürk'ün Hukuk Alanında Getirdikleri"*, **Atatürk Araştırma Merkezi Dergisi**, S. 21, C 7, Temmuz 1991.

Öztürk, Cemil, **Atatürk Devri Öğretmen Yetiştirme Politikası**, Ankara, 1996.

Palaoğlu, Mustafa Kemal, **Müdafaa-i Hukuk Saati**, Ankara, 1998.

Palazoğlu, Ahmet Bekir, Atatürk Kimdir, "Atatürk'ün İnsanlığı", C 2, Ankara, 2005.

Parmaksızoğlu, İsmet, İbn Batuta Seyahatnamesi'nden Seçmeler, 1000 Temel Eser, Ankara, 1981.

Pehlivanlı, Hamit, "Cumhuriyetin İlk Yıllarından Günümüze Doğu ve Güneydoğu Anadolu'nun Meseleleri: "Örnek Raporlar Işığında Karşılaştırmalı Bir İnceleme", Yeni Türkiye, S. 23-24, Eylül-Aralık 1998, s. 232-437.

Perinçek, Doğu, Atatürk'ün CHP Program ve Tüzükleri, İstanbul, 2008.

Perinçek, Doğu, Toprak Ağalığı ve Kürt Sorunu, "Kemalist Devrim-7", 2. bas., İstanbul, 2010.

Peruşev, P., Atatürk, çev. Naime Yılmaer, İstanbul, 1981.

Polat, Gülgün, Atatürk ve Kadın Hakları, Ankara, 1983.

R. von Kral, August, Kemal Atatürk'ün Ülkesi, "Modern Türkiye'nin Gelişimi", çev. S. Eriş Ülger, İstanbul, 2010.

Resmi Gazete, 15 Haziran 1945, Düstur, 3, Tertip, C 26.

Resmi Gazete, No: S.10228, 1959, S. 11513, 1963.

Sakin, Serdar, "Milli Mücadele Döneminde Atatürk'ün Demokrasi Anlayışı ve Uygulamaları", Sosyal Bilimler Enstitüsü Dergisi, S. 16, yıl 2004/1, s. 236

Sarınay, Yusuf, Türk Milliyetçiliğinin Tarihi Gelişimi ve Türk Ocakları -1912 - 1931-, İstanbul, 1994.

Sertel, Zekeriya, Hatırladıklarım, 5. bas., İstanbul, 2001.

Sertoğlu, Mithat, "Amasya Protokolü'nün Tam ve Gerçek Metni", Belgelerle Türk Tarihi Dergisi, S. 3, İstanbul, 1967, s. 12.

Sevük, İsmail Habip, Atatürk İçin, Ankara, 1981.

Soyak, Hasan Rıza, Atatürk'ten Hatıralar, C 1, İstanbul, 1973.

Soyak, Hasan Rıza, Atatürk'ten Hatıralar, İstanbul, 2004.

Soydan, Mahmut, "Türkiye'de Diktatör Yoktur, Olamaz", Hâkimiyet-i Milliye gazetesi, 26 Aralık 1930.

Sönmez, Turgut, "Kadın Giyim Kuşamı ve Atatürk", Atatürk Haftası Armağanı, ATESE Yayınları, 10 Kasım 2006. s. 152, 153.

Streit, K. Clarence, **Bilinmeyen Türkler-Mustafa Kemal Paşa, Milliyetçi Ankara ve Anadolu'da Gündelik Hayat, Ocak-Mart 1921-** çev. M. Alper Öztürk, 2. bas., İstanbul, 2012.

Şanal, Mustafa, *"Atatürk Döneminde Kayseri Halkevi ve Faaliyetleri (1932-1938)"*, Atatürk Araştırma Merkezi Dergisi, Kasım 2006, S. 64-66.

Şapolyo, Enver Behnan, **Atatürk ve Milli Mücadele Tarihi,** İstanbul, 1958.

Şimşir, Bilal, **Türk Yazı Devrimi,** Ankara, 2008.

Tarih IV, "Kemalist Devrimin Tarih Dersleri", 3. bas., İstanbul, 2001, s. 282.

Taşkıran, Tezer, **Cumhuriyetin 50. Yılında Türk Kadın Hakları,** Başbakanlık Kültür Müsteşarlığı, 1973, İstanbul, 1965.

TBMM Gizli Celse Zabıtları, C 1.

TBMM Zabıt Ceridesi, Devre: 5, İçtima: 1, C 7, Devre: 6, C 4, Devre: 2, C 33, C 20.

Tekinalp, **Kemalizm,** İstanbul, 1988.

Teori dergisi, S. 218, Mart 2008, s. 74.

Tezel, Yahya, **Cumhuriyet Döneminin İktisadi Tarihi,** 3. bas., İstanbul, 1994.

Tikveş, Özkan, **Atatürk Devrimi ve Türk Hukuku,** İzmir, 1975.

Tonguç, Engin, **Bir Eğitim Devrimcisi: İsmail Hakkı Tonguç,** 3. bas., İzmir, 2007.

Tonguç, İsmail Hakkı, **Canlandırılacak Köy,** Ankara, 1998.

Topdemir, Ramazan, *"Atatürk'ün Güneydoğusu"*, **Hürriyet** gazetesi, 24 Eylül 2009.

Topdemir, Ramazan, **Atatürk'ün Doğu Güneydoğu Politikası ve GAP,** İstanbul, 2009.

Tör, Vedat (Nedim), *"Son Demokrat"*, **Hâkimiyet-i Milliye** gazetesi, 15 Kasım 1938.

Türkmen, İsmet, *"Doğu Anadolu'ya Bayındırlık Hizmetleri Kapsamında Yapılan Kamu Harcamaları ve Yatırımlar, 1920-1938"*, **A.Ü. Türk İnkılap Tarihi Enstitüsü Atatürk Yolu Dergisi,** S. 45, Bahar 2010.

Tunaya, Tarık Zafer, **Devrim Hareketleri İçinde Atatürk ve Ata-türkçülük**, 2. bas., İstanbul, 1981, 3. bas., İstanbul, 1994.

Tunaya, Tarık Zafer, **Türkiye'de Siyasal Partiler**, C 1, 2. bas., İstanbul, 1988, C 3, İstanbul, 2011.

Tunçay, Mete, **Türkiye Cumhuriyeti'nde Tek Parti Yönetiminin Kurulması**, 3. bas., İstanbul, 1992.

Tunçkanat, Haydar, **İkili Anlaşmaların İç Yüzü**, Ankara, 1969.

Turan, Şerafettin, **Mustafa Kemal Atatürk, Kendine Özgü Bir Yaşam ve Kişilik**, 2. bas., Ankara, 2008.

Turgut, Hulusi, **Kılıç Ali'nin Anıları**, İstanbul, 2005.

Turhan, Mümtaz, **Kültür Değişmeleri**, İstanbul, 1987.

Türkoğlu, Pakize, **Tonguç ve Enstitüleri**, İstanbul, 1997.

Ulusu, Mustafa Kemal, **Atatürk'ün Yanı Başında, "Çankaya Köşkü Kütüphanecisi Nuri Ulusu'nun Hatıraları"**, İstanbul, 2008.

Ural, İbrahim, **Bu da Bilmediklerimiz**, İstanbul, 2009.

Us, Asım, "*Çifte Plan İle İcraata Giriş*", **Kurun** gazetesi, 20 eylül 1938.

Uyar, Bahattin, **Tonguç'un Eğitmenleri**, Ankara, 2000.

Varlık dergisi, 2 Eylül 1924, s. 3.

Yaşa, Memduh, **Cumhuriyet Dönemi Türkiye Ekonomisi**, İstanbul, 1980.

Yavi, Ersal, **Cumhuriyet Döneminde Doğu Anadolu**, Ankara, 1994.

Yurt Ansiklopedisi, C 5, s. 5455.

Zürcher, Eric Jan, **Terakkiperver Cumhuriyet Fırkası**, İstanbul, 1992.

İLK KEZ YAYIMLANAN FOTOĞRAFLARLA CUMHURİYET*

* Atatürk 1936 yılında Türkçe, İngilizce, Fransızca ve Almanca *"Fotoğraflarla Türkiye"* adlı bir albüm hazırlatmıştır. Bu albümde genç Cumhuriyet'in eserleri Türk ve dünya kamuoyuna sunulmuştur. Albümün önsözünde *"1923'ten beri var olan Kemalist Türk Cumhuriyeti ve bunun 13 yıl içinde ortaya koyduğu maddi ve manevi gerçeklerdir. Bu albümün görevi yeni Türkiye'nin fotoğrafik belgelerini ortaya koymaktır,"* denilmiştir. Şimdi göreceğiniz fotoğraflar bu albümden alınmıştır.

İsmetpaşa kız Enstitüsü

Institut de jeunes filles Ismet Pacha
Ismet Pasha Young Women's Institute
Ismetpascha Mädchen-Institut

Yüksek Ziraat Enstitüsü

Instituts Supérieurs d'Agronomie (Bâtiment principal)
Institutes for Higher Studies in Agriculture (Main Building)
Landwirtschaftliche Hochschule (Hauptgebäude)

Halkevi ve Etnografya Müzesi

La Maison du Peuple et le Musée Ethnographique
People's House and Ethnographic Museum
Volkshaus und Ethnographisches Museum

Zonguldak-Bartın yolu

La route de Zonguldak à Bartın
The Zonguldak — Bartın Road
Straße Zonguldak — Bartın

Fırat üstünde büyük köprü

Grand pont sur l'Euphrate
The large Euphrates Bridge
Die große Euphratbrücke

İsmetpaşa kız Enstitüsünde bir dikiş atelyesi

Atelier de couture à l'Institut d'Ismet Pacha
Dressmaking for Children at the Ismet Pasha Institute
Kinderkleidchenschneiderei im Ismet Pasa-Institut

Ankara Ticaret Lisesinde

Au Lycée de Commerce d'Ankara
At the Commercial College of Ankara
Im Handelslyzeum Ankaras

İzmir'de bir tütün atelyesi

Manufacture de tabac à Izmir
Tobacco Manufacture at Izmir
Tabakmanufaktur in Izmir

Doğu Anadoluda köylü kızları

Jeunes paysannes de l'Anatolie Orientale
Peasant-Girls of East Anatolia
Bauernmädchen Ostanatoliens